甘肃行业史话丛书

总主编　火荣贵　张克复

甘肃交通史话

GANSUHANGYE SHIHUA CONGSHU

主编　杨咏中

甘肃文化出版社

甘肃行业史话丛书编委会

主　　任　陆　浩　　徐守盛
副 主 任　火荣贵　　张余胜　　张克复　　管钰年
委　　员　赵　春　　李　平　　白继忠　　贡保甲
　　　　　田宝忠　　周多明　　庞　波　　张力学
　　　　　杨咏中　　武文斌　　邵　明　　刘维忠
　　　　　袁爱华　　谢国西
总 主 编　火荣贵　　张克复
副总主编　谢国西

《甘肃交通史话》编写组

主　　编　杨咏中
副 主 编　辛　平　　杨映祥
编写人员　赵生跃　　胡殿弼　　刘　波　　张国藩
　　　　　王兴孝　　蔡富选　　李　萍　　骆喜春
　　　　　张丽蓉
摄　　影　蔡富选　等
总　　纂　张国藩
工作人员　冯惠珍　　索煜晖　　张彩霞

总　序

中共甘肃省委书记　陆　浩

以史为鉴，可以知兴替。

《甘肃史话》丛书的出版，有助于我们更好地了解甘肃的过去，把握甘肃的今天，展望甘肃美好的未来。

甘肃曾有过骄人的辉煌和繁荣。地处黄河中上游的甘肃，对华夏文明的孕育和发展作出过重要贡献。以秦安大地湾为代表，遍布全省的新石器时期文化遗存，以及羲皇和女娲的故事，都是灿烂的远古文明的见证，辉映着先民智慧的光芒。有文字记载并给华夏文明以重大影响的人和事，更是不胜枚举。周王朝的先祖就发祥于泾河流域和陇东地区，横扫六合、统一中国的秦始皇的先祖就崛起于天水一带。自西汉张骞通西域后，随着丝绸之路的开通，甘肃成为中西文化交流的主要通道，也曾孕育了一大批杰出人物，产生了李广、赵充国、金日磾、窦融、张芝、王符、马超、姜维等众多的英雄豪杰。到了魏晋南北朝，随着传入中国的佛教文化进入兴盛时期，甘肃境内沿丝绸之路主干道上出现了一批旷古胜迹，这就是以敦煌莫高窟和天水麦积山为代表的众多佛教石窟。进入隋唐时期，甘肃

总序 ZONGXU GANSU JIAOTONG SHIHUA

的政治经济文化都发展到了一个鼎盛阶段。河陇地区沃野千里，胡商蕃客穿行如织，《资治通鉴》记载"天下称富庶者无如陇右"。政治上，李唐王朝周围聚集了一大批关陇贵族，众多的陇右籍政治家、文学家纵横政坛与文坛，风云一时。那个时期，可以说是甘肃历史上的黄金时代。

甘肃也有过长期的萧条和凋敝。自宋而降，随着海路的开通和政治经济中心的东移南迁，甘肃渐渐地失去了区位优势，成为偏僻之地。加之历史上各游牧民族同中原王朝在这里进行激烈的碰撞，使陇原大地烽火连绵，兵燹不断，生灵涂炭，生态毁坏，更兼天灾频仍，经济社会发展陷于停滞状态。到了近代，左宗棠坐镇陕甘时，发出了"陇中苦瘠甲于天下"的感叹。即使如此，这块土地因众多民族的融合繁衍，为中华民族多元一体格局的形成做出了不可磨灭的重要贡献。

甘肃正坚韧地走向崛起和复兴。新中国的成立，开辟了甘肃历史发展的新纪元。甘肃在一穷二白的基础上开始了大规模的开发与建设。依托资源开发，建成了以石化、有色、冶金、电力、机械制造、电子、轻纺、建材为主的工业体系，产生了众多"共和国第

一",一批新兴工矿城市拔地而起,成为国家重要的能源、原材料基地;面对贫瘠的土地,陇原儿女坚韧不拔,艰苦奋斗,建成了以景电、引大为代表的一批骨干水利工程,将陡峭的山坡地修建成层层梯田,改写了"一方水土养活不了一方人"的历史;同经济发展相适应,教育、科技、文化等社会事业也取得了历史性的成就,一批高校和科研院所相继建立,聚集和培养了数以万计的优秀人才,使这块古老的土地焕发了无限的生机和活力。西部大开发战略的实施,给甘肃的全面振兴带来了宝贵的机遇,经济社会持续快速发展,现代化建设日新月异,甘肃进入了一个全新的历史发展阶段。

穿越历史的时空,我们可以清楚地看到,一个地区的兴衰同国家和民族的命运紧密相联。伴随着中华民族伟大复兴的脚步,甘肃必将创造新的历史辉煌。

透过历史的烟云,我们还可以领悟到,一个地区一个民族的生存发展都离不开精神力量的支撑。甘肃各族人民淳朴敦厚、热情豪放的性格,吃苦耐劳、坚韧不拔的品质,兼容并蓄、开放豁达的胸襟,在历史的长河中薪火相传,生生不息,是一笔非常宝贵的精神财富。

总序 ZONGXU GANSU JIAOTONG SHIHUA

　　回顾历史的进程，我们深深地感到，每一代人都承担着自己的历史使命。在建设中国特色社会主义道路上，奋发图强，加快发展，为甘肃的全面振兴奠定坚实的基础，是我们义不容辞的责任。知史明志，我们应当多一点责任感和紧迫感，以求无愧于历史。

　　我们坚信，甘肃的明天将会更加美好。

　　是为序。

序

甘肃省交通厅党组书记、厅长 杨咏中

甘肃交通历史悠久，是中国交通文化的发祥地之一。早在七八千年前，大地湾文化一期的先民就创造了灿烂的交通文化，出现了部落内部道路和通向外界的桥梁。五六千年前，随着仰韶文化沿渭河向西传播，在甘肃逐渐形成了以大地湾为中心东通陇东、西达洮河流域的原始交通线。随着马家窑、齐家等诸文化的成熟，这条交通线跨越黄河延伸到了河西走廊，奠定了商、周时期甘肃道路的雏形。先秦时期是甘肃陇东、陇西道路成型的一个重要时期，周人和秦人先后在陇东和陇西开辟了通往关中的道路，当时称之为贡道。大量的物资通过这些道路源源不断地运往中原。秦昭襄王修长城，促进了道路网络的形成，由关中通往长城沿线的支线道路得到较快发展。秦王嬴政时期横贯陇东、陇西的驰道形成，为秦王朝建立后在全国大修驰道起到了示范作用。公元前220年，秦始皇首次出巡就巡视了陇西、北地，后又命蒙恬率30万大军扩修长城，修建直道，把道路延伸到了黄河南岸，有效地阻挡了匈奴南下。

汉王朝建立后，经过文、景两朝的休养生息，国家繁荣昌盛，

序 XU GANSU JIAOTONG SHIHUA

商贸活动范围扩大，但由于匈奴占据河西走廊，阻碍了中原王朝与西域的正常交流。汉武帝即位后，首先派张骞两次出使西域，然后派遣霍去病大败河西走廊的匈奴，使陇西、河西、西域之间的道路交通真正连接起来，形成一条横贯亚欧大陆的大通道，这就是后世所称的"丝绸之路"。丝绸之路的贯通，标志着中西方经济、文化交流的开始。从此，中原的丝绸、瓷器、凿井术、冶金术以及"四大发明"等传到了西域，西域的驴、骡、骆驼和葡萄、核桃、石榴、苜蓿、胡椒等奇畜异草传到了中国，促进了中国封建经济的发展。尤其东汉明帝时期佛教传入中国，逐渐与儒学、道教文化结合，形成汉传佛教，河西走廊遂成为佛教东传的必经之地和译经中心，对中国文化影响深远。丝绸之路上的莫高窟、炳灵寺、麦积山等石窟造像、壁画艺术，就是佛教文化在甘肃的集中反映。

魏晋南北朝时期，中原多故，甘肃割据政权蜂起，生活在陇西的羌、氐、吐谷浑、拓跋、鲜卑等民族在战争之余均重视交通建设，加强与外界的交流。特别是河西的五凉政权，承担着沟通中原与西域的"居间"角色，凉、甘、肃、沙四州成为中西贸易物资的集散地。

隋王朝建立后,加强了对西域的管理。隋炀帝西巡使丝绸之路南线变得畅通无阻。唐代丝绸之路南线成为"国路",河西走廊更是繁荣,凉州、敦煌成为国际性贸易都会。唐诗中"一驿过一驿,驿骑如流星","无数铃声遥过碛,应驮白练到安西"等诗句真实地描写了道路的畅达和物资运输的繁忙。

宋代以后,由于政治中心的东移和海上交通的日渐发展,丝绸之路逐渐衰微。尤其明代关闭嘉峪关后,甘肃交通的国际地位下降,但西北的于阗、西夏、喀厮啰、金、窝阔台、鞑靼、乌思藏等少数民族政权与中原王朝的关系仍很紧密,开创于北宋的"茶马互市"历经千年而不衰。清代,甘肃交通在稳定边疆、维护民族利益、保障国家安全等方面均起到了积极作用。清末左宗棠西征期间为便利军需运输开辟了被后人誉称的"左公大道",即陕甘新大驿道,为近代公路的兴起奠定了基础。

民国初年,由于军阀混战,无暇顾及交通建设,甘肃交通十分落后,物资运输主要靠人背肩挑、畜驮完成。从20世纪20年代开始,甘肃公路交通在一片"开发西北"的呼声中兴起,先后兴修了西兰、甘新、兰包、甘青、华双、甘川公路六大干线和部分支线。

序 XU GANSU JIAOTONG SHIHUA

抗日战争爆发后，甘肃成为国际援华物资的主通道，公路交通得到较快发展，修建的公路占全省公路总里程的80%。汽车成为长途运输的重要工具。同时为弥补运力不足，重新恢复了驿运，征雇大量的马车、驮畜运输短途物资，古老的皮筏也一度兴盛，首创了通过嘉陵江注重庆运油的先例。但随着抗日战争的胜利，甘肃公路交通再度陷于停滞，公路失修失养，汽车损坏严重。到1949年8月，全省能通行汽车的公路只有19条，全长3200公里；全省民用汽车只有1800多辆。

中华人民共和国成立后，甘肃公路交通事业用3年时间进行了恢复。"一五"期间又续修了甘川、兰郎、两郎等公路，加快了农村公路建设，实现了县县通公路，同时又进行了私营运输业的社会主义改造。1958年为适应"大炼钢铁"的需要，开展"全民大办交通"活动，修建公路达1万多公里，但由于赶急图快，所修公路质量不高，汽车运输业也损失严重。1960年以后经过"调整、巩固、改善、提高"，公路交通又恢复到了1957年的水平。1962年甘川公路全线贯通，结束了甘川间无公路的历史。"文革"期间，公路交通在曲折中前进，战备公路建设直接推动油路大规模发展，汽车渐

渐取代传统运输工具成为公路运输的主力。到1976年底，全省公路通车里程达到3.45万公里，民用汽车达到2.93万辆。

中共十一届三中全会以后，甘肃交通进入新的发展时代。1979年实现全省社社通公路，以干线公路为骨架的公路网基本形成，并通过技术改造提高了干线公路等级标准，采取"以工代赈"方式解决边远山区群众"行路难"的问题。公路运输业在开放搞活中逐渐形成多种经济成分并存的新格局，交通体制改革稳步推进，国有运输企业在下放经营过程中，采用多种形式的承包经营责任制，经济效益有所提高。特别是西部大开发战略的实施，给甘肃交通发展带来了千载难逢的大好机遇，甘肃交通迎来了"大建设、大发展、大改革"的良好局面。1994年，天北高速公路建成，标志着甘肃高速公路建设的开始。"九五"期间，甘肃交通基础设施建设投资达125.85亿元，开工建设高速公路262公里，建成二级及二级以上公路927公里。路网结构进一步优化，公路通达度有了新的提高。客货运站场建设步伐加快，运输企业结构改革、运输管理体制改革稳步推进，运输市场生机勃勃，快速客运全面起步，运输服务水平进一步提高。"十五"期间，甘肃坚持发展抓项目不动摇，交通基础

序 XU GANSU JIAOTONG SHIHUA

设施建设实现了历史性突破,新建成高速公路14条993公里,高速公路通车里程达到1006公里,成为全国第18个高速公路突破1000公里的省份。路网改造和农村公路有新发展,实现从市、州到县通油路和全省所有乡镇通公路。运输站场建设加快,实现全省所有县区拥有等级客货运汽车站,快速客运、现代物流、农村客货运输得到较快发展。"十一五"以来,甘肃全力实施公路建设"东部会战"战略和道路运输"提速中部"战略,进一步加强国道主干线和西部省际通道甘肃境内路线的建设和改造,每年交通基础设施建设投资规模在100亿元以上,2007年达到136.48亿元。高速公路通车里程达到1316公里,高速公路在建和通车里程突破2000公里。宝鸡至天水、平凉至定西、天水至定西、康家崖至临夏、武都至罐子沟等一批高速公路项目正在建设之中。运输站场建设及水运设施项目建设快速推进,农村公路"通达"、"通畅"工程建设力度加大,"千乡万村"农村客运网络化建设工程启动并取得新突破,在全省掀起了农村公路建设新高潮。交通规费证收再攀新高,交通体制机制改革稳步推进,交通法制建设和行业管理进一步加强,交通科技创新及人才队伍建设取得新成果。行业精神文明建设和党风廉政建设迈上

新台阶。截至2007年底,全省公路通车里程达到10.06万公里,其中二级以上公路达到6536公里,公路密度22.14公里/百平方公里。全省营运性车辆达到13.54万辆,全省乡镇通客车率达到99%,行政村通客车率达到89%。内河航运构成了以临夏、兰州、白银、陇南4个港口为龙头的水运体系,全省通航里程达到873.77公里,有各类船舶1438艘。不难看出,甘肃交通经过八十余年特别是近十多年的发展,取得了前无古人的重大成就,这是党中央、国务院及甘肃省委、省政府正确领导和亲切关怀的结果,是全省各族人民大力支持的结果,也是全省交通系统干部职工自力更生、艰苦奋斗的结果。我相信经过"十一五"的继续努力,甘肃公路、水路交通将会发生根本性变化,"人便于行,货畅其流"的和谐交通局面将展示在世人面前。

为弘扬甘肃悠久的交通文明,记录千百年来甘肃各族人民在交通建设上取得的伟大成就,挖掘和整理我省交通行业的珍贵历史资料,弘扬交通行业文化,全面形象地向世人展示甘肃公路、水路交通发展的新面貌,使国内外有识之士进一步了解、关注、支持和参与甘肃交通建设,促进甘肃交通事业又好又快发展,省交通厅组织

序
XU GANSU JIAOTONG SHIHUA

编写了《甘肃交通史话》。该书按照"详古略今"的原则，以史话形式从不同角度反映了甘肃交通历史的各个方面，融史料性、故事性、趣味性、知识性、借鉴性为一体，是了解甘肃交通历史与现状的通俗读物，具有"存史、资治、教化"的功用。希望该书的出版，能搭建起广大读者了解甘肃交通发展历史的平台，也希望交通系统广大干部职工从中受到教育和启迪，更加热爱本职工作，全身心地投入到蓬勃发展的交通事业中去，谱写甘肃交通历史发展的新篇章。

是为序。

2008 年 10 月

甘肃交通史话 | 目录

概说古今

交通历史源远流长 /003
交通管理机构沿革 /027

回眸历史

周先祖开辟陇东交通 /063
秦先祖开辟陇西交通 /066
陈仓古道经过两当、徽县 /071
秦皇、汉武巡游陇西、北地 /075
张骞"凿空"与丝绸之路贯通 /079

丝绸之路过甘肃 /082
丝绸之路"三绝三通"与
　班超父子的历史贡献 /092
诸葛亮北出祁山道 /094
五凉时期的河西交通 /097
历史上的灵州道 /101

目录 GANSU JIAOTONG SHIHUA

纵横陇南的羌氐道与阴平道 /105
裴矩与《西域图记》/111
隋炀帝西巡陇西、河右 /112
汉藏"金桥"唐蕃道 /115
大唐"国路"关陇道 /118
盛唐河西贸易忙 /120

杜甫流寓陇上路线 /125
茶马互市长盛不衰 /128
腐败的元、明驿政 /132
明代商路贯陇上 /135
元、明、清驿道网络的形成 /139
左宗棠与左公大道 /142
左宗棠西征军进甘、进疆军需
　运输 /147
延续千年的传统运输工具 /150
驿骑星流话驿站 /158
河陇锁钥说关隘 /163
丝绸之路上的传法、取经人 /171
历代诗人咏交通 /175

甘肃交通史话 目录

独具特色的皮筏运输 /210
长盛不衰的木筏运输 /213
古老的木船运输 /215
拉卜楞寺建立后的夏河交通 /218
抗战时期兰州特殊的交通地位 /221
抗战时期交通行业人才济济 /223

千年桥渡

第一辆汽车驶入甘肃 /180
孔繁锦整修陇南大车道 /181
民国初年的民间运输业 /182
陇中民间的扁担运输 /184
早期的公路网规划 /186
早期的公路勘测设计 /187
兴修六大干线公路 /189
红西路军战俘河西筑路 /200
陇东苏区的道路建设 /202
陇东苏区的食盐运输 /203
开办汽车运输业务 /205
改装木炭汽车 /208
抗战时期的中苏贸易 /209

飞渡江河的卧桥 /227
渡船成梁的浮桥 /232
铁链锁江的吊桥 /235
宛若飞虹的拱桥 /239

目录 GANSU JIAOTONG SHIHUA

陇东沟涧的土桥 /240
公路桥梁的初兴 /241
江河上下渡运忙 /244

文物撷英

原始文化与原始交通 /253
陪葬的车马坑 /256
壁画、砖画中的交通活动图 /259
居延、悬泉汉简《传置道里簿》/264
悬泉置遗址 /266
《沙州都督府图经》反映的唐代
　敦煌驿置 /268

子午岭直道遗址 /271
陇山古道遗址 /273
陇南栈道遗址 /276
全省各地的交通碑铭 /278
摩崖石刻《西狭颂》/281
《新修白水路记》摩崖碑 /284
塔影河声中山桥 /286
渭水源头灞陵桥 /290

甘肃交通史话 目录

兰州永安桥 /291

动人传说

远古帝王过甘肃 /295
鲁班造桥的故事 /297
仙姑造桥渡汉兵 /299
玉斯哈智搭便桥 /301

陇原通途

干线公路形成网络 /305
县乡公路快速发展 /314

国防战备交通保障 /318
"黑色路面"连通县区 /322
高等级公路连市通州 /325
虹桥卧波连接四方 /333
边远山区吊桥密布 /337
公路隧道贯穿山岭 /347
勘察设计科技先行 /350
依法管理路产路权 /355

目录 GANSU JIAOTONG SHIHUA

公路运输日新月异 /360
各时期重点物资抢运 /366
快速客运驰骋陇原 /369
汽车站点遍布城乡 /373
民营运输生机勃勃 /377
科学管理运输市场 /382
交通规费逐年增长 /388
内河航运稳定发展 /397
重大险情确保畅通 /401
精神文明建设硕果累累 /408
"十一五"规划描绘蓝图 /415
后记 /419

概说古今

舟楫之利，不能开发利用。上述自然条件，客观地形成甘肃以陆路交通为主要运输方式的格局，同时，也形成了甘肃开辟道路交通的必要性和艰巨性，以及道路交通维护上的经常性。

古代交通

甘肃道路交通的历史源远流长。甘肃是古人类的主要聚居地和古代农业的发祥地之一，境内发现的旧石器时代的遗址，多集中于陇东黄土高原，距今4万年至2万年的晚更新世。采集及狩猎经济，在当地人类社会经济中占有显著地位。这一时期的道路，主要是人类在采集和狩猎中自然形成的，采集和狩猎的物品，以人背肩扛为主要运输方式。

新石器时期遗址几乎遍及甘肃各地，目前发现共千余处，其中最为仰韶文化著名。

仰韶文化源于今河南省渑池县仰韶村，大约在一万年前开始沿渭河向西传播，在甘肃形成了以大地湾为中心的仰韶文化区。大地湾遗址地处渭河上游陇山西坡，位于秦安县五营乡邵店村东，目前发现的遗址面积32万余平方米。遗址所含文化层位时间跨度较大，约在7800年前至4500年间，含大地湾一期及仰韶文化早中晚期。遗址中发现的建筑、建材、地图、彩陶图案以及

甘肃省位于黄河上游，东连陕西，西邻新疆，南接四川、青海，北靠宁夏、内蒙古，并与蒙古人民共和国接壤，是中原连系西北乃至中西亚的咽喉和纽带，在政治地理和经济地理上，占有十分重要的地位。因此，自古以来，甘肃交通运输，特别是东西交通运输的地位和作用就十分突出。

甘肃省大部位于我国腹心地带，地形地貌类型复杂多样，其特点是：东西长（1 655公里），南北窄（最宽处为530公里，最窄处只有25公里），境内地势高亢，多高原和山地，大部海拔为1 000米~3 000米。东南部重峦叠嶂，山高谷深，水流侵蚀作用强烈；中部、东部属黄土高原，水土流失严重；河西走廊地势平坦，绿洲与沙漠、戈壁参杂分布。中西部气候干燥，风力剥蚀作用显著；西南面地势高耸，气候寒冷，祁连山中有冰川分布。境内河流分属黄河、长江、内陆河三个流域九大水系，除个别地段外，绝大部分河流，水流急湍，比降大或水量不足，少

文字符号等，说明早在新石器时代，区域社会经济及文化已达到了相当高的程度。

随着部落的发展壮大，大地湾文化开始向周边扩展，形成了各自不同的文化特征。在众多的文化中，以马家窑文化最具代表性。马家窑文化的农业和畜牧业进入了一个新的发展阶段，部落与部落之间联系相当紧密，以物易物的交换方式逐渐产生，开始有了畜力驮运。当然这一时期主要还是使用石器，生产力低下，缺乏建筑道路的手段和制作运输工具的条件，所以，部落之间以自然型的道路为主，运输工具也极简单，道路和运输的规模也极其有限。

分布于黄河沿岸及其东境、河西（限于武威）地区的齐家文化，

平凉崆峒山朝天门镌刻的"黄帝问道处"

临洮寺洼山遗址出土的马鞍形陶罐

距今约4 000年左右。这一时期铜、铅矿的开采、冶炼及加工业已相当发达。齐家文化晚期的辛店文化、寺洼文化、沙井文化，其时代略早于或相当于西周时期。这一时期农业、畜牧业及手工业有较大的发展，商品交换已有所扩大，墓葬中普遍发现的松绿石珠、玛瑙球、海贝、蚌饰，均由交换而来，是商业经济发展的产物。这一时期道路交通的地位和作用日益显示出来。同时由于工具制造技术的进步，修筑道路和制作运输工具的手段大大改善，所以，甘肃境内的道路运输如同社会经济生活一样，进入了一个新的时代。

据我国古籍记载，人文始祖伏羲氏的祖先为华胥氏，生伏羲于成纪（今秦安县北、静宁县南），其部落发展壮大后，又从西北回迁中原，

都于陈（今河南淮阳县），并在那里定居下来。一说黄帝族起初亦居住在西北，后来迁入中原。传说黄帝统一各部落后，曾到甘肃平凉崆峒山向广成子问治国之道，并"游乎赤水之北，登乎昆仑之丘。"这就是说黄帝既到过平凉，也到过酒泉。颛顼、帝尧，均西涉流沙。舜迁三苗于三危，大禹导河于积石，这些传说与甘肃地下文物的时间基本吻合，说明远古时期的甘肃，与中原就有密切的交通往来。甘肃是个多民族的地区，早在远古时期，东部的汉族先民和西部的羌族、西南部的氐族先驱就有着频繁的交往。

周、秦时期，甘肃的道路交通已有相当的规模。甘肃东部的渭河和泾河上游各地，是周、秦两朝的发祥地。大约在夏商之际，周部族即活动于陕甘之间，是一个以农业经济为主的民族。后稷子不窋在夏末奔窜于今甘肃庆阳一带，以后又迁于陕甘交界之豳地。周朝建立后，与陇东诸方国建立了密切关系，贡道随之开辟，干线道路能够通行车马。

周孝王以后，甘肃东部有秦人部族兴起，成为屏障周朝西陲的重要力量。秦最初的活动中心在今清水一带，秦武公十年（前688年），秦占领邽、冀地，"初县之"。当为我国置县之始，邽县在今天水市清水、张家川县境，冀县在今甘谷县境。秦昭襄王三十五年（前272年），秦昭王灭义渠戎，在甘肃设置陇西、北地郡。秦在甘肃东部从临洮东北沿黄河以南修筑长城。秦始皇三十四年（前213年），秦始皇又开始了大规模的长城修筑活动，起自临洮至于碣石。这些事实说明，当时甘肃东部地区，由于农业先进，人口稠密，加之征战频繁，长城工程浩大，物资运输量大。车的使用已相当广泛，道路标准也相应提高。秦惠文王九年（前316年），秦惠文王举兵灭蜀国，徙秦民一万户到蜀地。后又灭巴国，沟通了甘肃和四川的联系，陇南山区成为由甘入川的必经通道。

秦始皇二十六年（前221年），秦始皇统一全国，次年，秦始皇从咸阳出发巡行陇西、北地二郡，在甘肃东部和中部作了一次巡游。秦始皇西巡，不仅起了"以示强威，服海内"的作用，而且进一步提高了甘肃的道路水平，所经道路达到了能通过御驾的驰道等级。甘肃东西走向的驰道主要是从咸阳出发，沿渭水西行，越陇山进入甘肃，经秦安、陇西、渭源直达临洮。秦王朝建立前，咸阳通往陇东的道路业已通达，统一后，在原有道路的基础上又加以拓展和扩建。

随着道路的基本形成，管理设施开始建立。秦王朝不仅在甘肃境内驰道上设亭管理交通，而且设驿和邮传，承担政府公文、书信的传递任务和给过往官员提供交通工具。

西汉时期，道路交通比秦代有进一步的发展，建设了以长安为中心的道路网。汉武帝先后于建元三年（前138年）和元狩四年（前119年），两次派张骞出使西域，沟通了与西域诸国的交通。以后经过若干年的努力，开辟了从渭河流域起通过河西走廊，经新疆、地中海东岸，再转至罗马各地的横贯欧亚大陆的通道，这就是举世闻名的丝绸之路。丝绸之路依靠古老的马、牛车和骆驼等驮运工具，促进了欧、亚、非各国同中国经济文化方面的友好往来。

汉初，匈奴不断南下搔扰，严重威胁边郡社会经济的发展和东西交通的畅通。汉武帝元光二年（前133年），汉朝开始了对匈奴的战争。

汉武帝元狩二年（前121年）骠骑将军霍去病西出陇西，过焉支山，深入匈奴居地千余里，大败浑邪王及休屠王，匈奴退出河西。"始筑令居（甘肃永登）以西，初置酒泉郡，后稍发徙民充实之，分置武威、张掖、敦煌，列四郡，据两关焉。"随着河西四郡的建立，汉在河西修筑了从令居到敦煌的长城要塞，东西长达1 000多公里。同时还沿长城设置亭障、烽燧，派大批戍卒镇守。这无疑对丝绸之路商道的畅通起了重要的保证作用。丝绸之路的开通，使中国的丝绸以更大的规模向西输出，西域的物产也源源不断地传入中国。同时，中国的蚕丝、冶炼、凿井技术以及思想文化传向西方，西域的音乐、乐器及舞蹈艺术和佛教哲学、艺术等传入中国。

东汉时期，由于匈奴的南侵和民族之间的争斗，致使中西交通发生"三绝三通"。魏文帝黄初元年（220年），曹魏政权统一了中国北方后，中西交通基本恢复正常。西晋末年，民族矛盾加剧，甘肃境内先后建立了前凉、后凉、北凉、西凉、西秦等割据政权，后赵、前秦和后秦的势力都曾及于甘肃。在

玉门关汉长城一段

天井山古栈道桩孔遗迹

河西的几个民族政权，虽有战乱，但在一般的情况下，都相对稳定。这时丝绸之路局部通达，西域同河西走廊各地及割据政权同中原的交通均没有中断。

甘肃的陇南地区是氐、羌等古老民族聚居的地方，交通素来不便。汉武帝元鼎六年（前111年），始置武都郡（郡址在今西和县西南）。氐、羌族为了加强同关中、四川、陕南等地的联系，他们依据山形地势，因地制宜地修建山区道路，在江河沿岸陡壁上，凿孔架桥，筑起连阁而成的栈道，如故道、天井山道、沓中道、阴平道、祁山道等。这些道路的开辟对发展陇南地区的政治、经济和沟通蜀、秦、陇之间的商业贸易，起了重要的作用。

这一时期，甘肃的主要渡口，有位于黄河上游炳灵寺的临津渡、兰州西固城附近的金城渡、靖远附近的鹯阴渡和小口渡等。主要的桥梁，有始建于409年西秦乞伏氏时期黄河上的伸臂木梁桥，这种建桥方法后来逐渐推广到甘肃中部和陇南山区。其它河流上多以索桥、溜索和石台木面、木柱木面、石台石板等为主要桥型。

甘肃各地的陆路交通工具，经过劳动人民使用和改进，比周、秦时期又有所发展。这从武威市凉州区出土的东汉铜骑俑以及牛拉木车、马拉木车等实物可得到证明。车的牵引，再不是以人挽为主，而是用牲畜作动力。在数千里的东西大道上，牲畜和车已是征战、商贸的主要运输工具。车辆构造上，已由单辕演变为双辕，结构也渐趋合理。

武威汉墓出土的木制牛拉车

隋、唐统一，丝绸之路再次畅达，甘肃境内驿站设置、交通管理逐步完善，道路运输空前发达。为了显示国威，巩固河西在中西交通上的重要地位，隋炀帝大业五年（609年）春，炀帝率大军从长安出发，途经甘肃、青海到达张掖，高昌王麴伯雅和西域二十七国使臣俯伏路旁谒见。至唐代，甘肃的国际贸易地位更达到前所未有的高峰。唐初，杨慕仁为凉州总管，"慕仁素习边事，晓羌胡情伍。民夷悦服，自葱空以东，并入朝贡"。贞观之后，唐囊括葱岭以西地域，西域各国称臣纳贡向东者不绝于途。河西既是国家对外贸易的重要场所，也是东西交通的主要通道。

唐太宗贞观十五年（641年），唐太宗将宗室养女文成公主嫁给松赞干布，松赞干布率领军队亲迎文成公主。唐中宗景龙四年（710年），唐中宗又将金城公主嫁给弃隶蹜赞。唐与吐蕃联姻，开辟了唐蕃间的道路，这就是后世誉称的"唐蕃大道"，对唐初的社会安宁和汉藏经济文化交流都起到了重要的作用。当时兰州已是西北的交通重镇，从长安到兰州多经渭水流域，越陇坂（陇山），经成纪、天水、陇西、临洮到兰州，由兰州渡黄河到鄯州、河源至柏海进入西藏。唐朝使臣及地方官员多循这条路线入藏。唐穆宗长庆二年（822年），大理司卿刘元鼎以遣吐蕃会盟使的身份，与吐蕃首领论纳罗在拉萨会盟，也是沿这条路线入藏的。唐代宗至德元年（756年）以后，吐蕃先后占有廓州、岷州、渭州、洮州、兰州、河州、鄯州等地。陇西、河西全部为吐蕃控制。吐蕃的进占，使甘肃东西交通受到影响。唐宣宗大中元年（847年），张议潮在敦煌起义，甘肃东部大部归唐，至大中五年，瓜、沙等十一州全部归唐，甘肃境内东西道路复通。

五代十国，作为唐末藩镇割据的余绪，割据政权互相封锁，道路交通梗阻无常。北宋基本上结束了藩镇割据的局面，为道路的发展创造了条件。但到北宋中期，甘肃以黄河为界，河东属北宋，河西属西夏，北宋建都开封，不能有效地控制西北，中原通往甘肃乃至西域的交通受到不同程度的影响。十世纪以后，海路开通，北宋通过丝绸之路和西方的交往规模已逐渐缩小。然西夏同西域的交往，西夏同北宋的交往频繁，如茶马互市等。所以这一时期，甘肃道路运输还是比较发达和兴盛的。

唐、宋时期，道路交通管理渐趋完善。官府在全国主要驿道上普遍设置驿站，站距大致为30里。各级政府均有管理驿政的部门或官员，官府对交通要塞、边防关隘、江河渡口的管理也是很严格的。《唐律》

规定：过往关隘的商贾行旅、转输货物等要凭官府签发的证件——"符传"才能通行，同时还要缴纳税金。北宋时，在环庆、泾原、秦凤、熙河四路设马递铺、急递铺等。同时，桥梁建修工艺也有了新的发展，唐宪宗元和八年（813年），吐蕃在靖远黄河上修建乌兰桥；北宋在修复兰州附近金城关时，修建了浮桥；在临夏境内黄河上修建了安乡浮桥；西夏在靖远黄河上修建了莎桥，以利运输。

元代立国，疆域广大，超过汉唐盛世，出于开拓疆域和军战需要，道路建设规模空前。"元有天下，薄海内外，人迹所及，皆置驿传，使驿往来，如行国中"，可见交通发达之一斑。通过甘肃的主要驿道有：长安至兰州南道，长安至兰州北道，长安过宁夏至永昌道，河西走廊通西域道，甘州路至亦集乃道、纳怜站道，以及秦州至陇南的各条驿道等。当时从中国到欧洲，有两条主要驿道，一条从元代国都大都（今北京）经和林（今蒙古人民共和国哈尔和林）、天山北路，过中亚、西亚而达欧洲；另一条从陕西、甘肃经天山南路到中亚、西亚亦达欧洲。这两条国际驿道，一条和甘肃境内东西走向的驿道重合，另一条与河西走廊通西域道相接。国际通道的畅通，进一步密切了中外人民之间的友好往来。13世纪70年代，意大利人马可·波罗从地中海岸东行到元大都觐见元世祖忽必烈，就是沿着古丝绸之路这一"国际驿道"经敦煌、酒泉等地入大都的。

明、清两代，为了巩固边防，明王朝在甘肃境内整修旧长城，沿长城设置了九边，屯军驻营，形成一条重要的军事交通路线。明、清两朝都很重视在甘肃的屯田戍边，屯田对发展甘肃的农业，特别是边远地区的农业起了十分重要的作用。手工业和商业也有了较大的发展，尤其是清朝中后期，甘肃的毛织品、皮革、药材加工等手工业的兴起又促进了近代工业的发展。由于农业和工业的发展，贸易范围扩大，水烟、羊皮、药材等土特产品外销量增大，内地货物也运销甘肃各地。清康熙时（1662年—1722年），兰州商品市场已开始繁荣，清乾隆时（1736年—1795年）已是"广居鳞次，商民辐辏"，成为西北一大都会。兰州以外的重要市场尚有天水、临夏、武威、平凉及庆阳等地，此外，还有民族贸易市场，与国内各省的贸易市场以及国际贸易市场等。由于经济的发展，甘肃的驿道在元朝驿道的基础上，有新的延伸和提高，政府动员民众整修主要驿道，宜林路段还栽种了杨柳树。尤其是左宗棠督甘期间整修了陕甘、甘新大驿道，促进了甘肃道路交通的发展，为近代公路的兴起奠定了基础。这一时期的桥梁成为驿道上的主要设施，特别是兰

左宗棠督军植树图

州黄河铁桥的建成，不仅极大地便利了东西交通，而且为修建现代化的桥梁摸索了一些经验。

明、清之际，甘肃戍边驻军较多，军粮运输是大宗物资。明代甘肃驻军3.5万人，年需粮食约2 000万斤，这些粮食多来自关中及中原一带。清代甘肃驻军6.85万多人，年需粮食约5 000万斤。左宗棠在新疆用兵时，所需粮食更多，运输任务更为繁重，到光绪二年（1876年），从武威、张掖、酒泉等地往新疆运粮，一次征雇官商大车3 300多辆，驮畜1.48万头，不足半年的时间往哈密、巴里坤等地运粮一千多万斤。

由于运输的需要，驿站设置数量增加，明朝在甘肃设驿站83处，清朝增至132处。两朝对驿道、驿站的管理都比较严格，制度也比较健全。到了晚清，由于帝国主义的侵略和封建经济的恶化，到辛亥革命前夕，道路交通呈现衰败状况。

近代交通

辛亥革命胜利以后，国家一度曾计划进行现代化的交通建设。民国11年（1922年）9月，中华全国道路建设协会向北洋政府提出《全国道路意见书》，并附《建设中华全国汽车道路图》，计划以甘肃兰州为中心，修筑经线4条、纬线5条，共长10.6万公里。民国17年（1928年）国民政府交通部又拟定了《全国道路修建计划》，把全国道路分为国道、省道、县道三种，国道又分为干线、支线两类，干线又分经、纬两线，兰州是经、纬线的中心。以兰州为中心的全国道路修建计划的提出，对甘肃公路建设的发展，有很大的促进和推动作用，但由于军阀混战，财政困难，民不聊生，修路计划未能实现。

民国13年（1924年），甘肃督军陆洪涛、陇东镇守使张兆钾、陇南镇守使孔繁锦分别在兰州市东稍门至东岗镇，平凉市花所至泾川县窑店，天水市至张家川县马鹿镇等处按通行汽车的要求各修建了一段汽车路。民国16年（1927年）甘肃省政府成立后，由国民政府拨款，采取"以工代赈"的办法，征雇民工，组织军工，在原大车道的基础上，整修了8条（兰平、兰肃、兰秦、兰宁、兰固、兰临、兰煌、宁平）可以勉强通行汽车的汽车路。后因政局变化，无汽车行驶，已修路段大都废弃。民国23年（1934年）全国经济委员会在西北成立公路管理机构，正式修建西兰公路，制定了管理制度，提出了筑路标准，这时甘肃的公路才开始按照技术标准和修筑程序进行修建。1934年至1937年间，甘肃先后修筑过10条公路，长约3 050公里，但因种种原因，只修通1 577公里，除西兰、甘新两路外，其余均不能全线通车。

民国10年（1921年）有人从北京开了一辆小汽车送给甘肃督军陆洪涛，这是甘肃有载客小汽车的开始。民国14年（1925年）冯玉祥的国民军入甘，带来了军用卡车，这是甘肃有载货汽车的开始。民国15年（1926年）冯玉祥部的军用汽车，最先在西兰路上经营旅客运输。此后，经营客运的军工商车逐渐增加，到民国22年（1933年），除军车外，有商车99辆，分属于63家车行。民国24年（1935年）5月，西北国营公路管理局开始经营汽车运输，有客车49辆，同年10月间拟定了《西兰公路车务段、修车厂站办理运输、支配车辆暂行办法》，这是西北国营汽车运输企业车辆管理业务工作的开始。同年设西安修车厂一所，民国25年（1936年）又增建兰州、平凉、宝鸡3个修车分厂，这是开办甘肃国营汽车修车厂的开始。

抗日战争爆发后，由于甘肃交通地位的重要，政府对甘肃的公路建设比较重视，加以专业人才云集，因此公路事业得到较快的发展。在抗日战争前已动工兴修的10条干、支线公路续修的基础上，又由国民政府投资新修9条干、支线公路，甘肃省自建7条支线公路，计长1 451.7公里。至民国34年（1945年）8月抗日战争胜利为止，全省共修干线公路26条，修通里程4 501.7公里。公路的修建促进了汽车运输的发展，民国31年（1942年）底，西北公路运输局实有汽车1 383辆。但技术状况较差，实际能用的只有600辆，以后报废300多辆。到民国34年（1945年）有汽车1 185辆。营运路线由722公里增加到5 126公里，其中甘肃境内3 000多公里；运输站点由8处增加到71处，其中甘肃境内30处，这一时期在机构设置、调度管理、行车管理、运输管理以及油料、材料等管理方面都有一定建树。同时加强了车辆修理工作，还自己制造汽车配件，自己打制客车和改装木炭车等。

抗日战争时期，在私营汽车的调度与管理上，交通部制订了《统一调度公商车辆办法》。但因当时的车辆来源困难，统一管理办法严格及经常征调参加战时运输等原因，发展比较缓慢。私营汽车修理业，从无到有，兴办最早的是"大东铁工厂"，创办于民国26年（1937年）2月。到民国33年（1944年）8月间，仅兰州市即有汽车修理行、厂22家。从业人员264人，共有资本108万元，为甘肃的汽车保养、修理业的发展起了一定作用。抗战时期由于汽车、汽油、配件等进口困难，运输十分紧张，国民政府决定加强驿运，甘肃省政府成立了车驼管理局，并在兰州、平凉、张掖、酒泉、星星峡等处设立办事处，办理驿运业务，交通部也在甘肃设立直属驿运机构，办理干线驿运业务。民国28年至民国34年（1939年—1945年）间，每年组织几千辆大车和几万头驮畜参加驿运，对抗战期间的运输发挥了重要作用。

抗日战争胜利后，西北的公路不再是抗战物资和国际进出口物资的运输干线，政府对公路的投资减少，公路修建规模缩小，管理机构和经费压缩，员工减少，公路养护工作削弱，公路技术状况下降。但是，为了军事目的，国民军和地方政府整修了窑店至庆阳的公路，并整修了沿陇东和陕甘宁革命根据地的6条大车道，为封锁边区创造条件。在河西地区，由驻军和第七区公路工程局主持新修了酒泉至建国营、桥湾至公婆泉、马莲井至明水3条支线公路；在陇南修建了江洛镇至成县等8条公路，共长659.4公里。这一时期，还对甘川、西兰、甘青等主要公路和一批支线公路进行了整修。同时，还修建和改善了一些重要的桥梁和渡口。

抗日战争胜利以后，在中共中央和陕甘宁边区政府的号召和支持下，陇东分区的军民，积极参加修路建桥活动，曾动员2 800人对环县到盐池的道路进行突击整修，还修建了许多乡镇道路，对支援前线、保障供给和改善人民生活都起了重要的作用。

随着西北军事战略地位发生变化，汽车不再承运国际援华、贸易物资，以兰州为中心的公路运输业呈现萧条状况。国营汽车运输业的车辆减少，管理机构缩编，部分员工改行，运量下降。民国36年（1947年）6月，在第七区公路工程管理局运输处的基础上，成立交通部公路总局第七运输处，专营公路运输业务。当时第七运输处有汽车1272辆，除去外借、待修的实有营运汽车798辆，经常完好的仅有300

20世纪40年代民工涉水过河运输物资

第七运输处的客运轿车

辆左右,到1949年8月解放时,第七运输处在甘肃的车辆只有280多辆,且技术状况极差,能行驶的很少。私营运输业在抗战胜利后的数年间发展较快,政府从政策上允许私人经营汽车运输,并将部分公车卖给私人经营。同时,战争剩余物资中,美式汽车廉价出售,因此私营汽车运输业逐年发展,到1949年解放时,兰州私营商车行(司)有30家,有汽车943辆。当时,私营商车基本上是自由竞争式的经营,车主大多数为自车自开,车辆保养较好,运效也较高。私营汽车运输业,成为一支重要的社会运输力量,对公路运输业的发展起过重要作用。机关企事业车辆除玉门油矿有一支约300辆汽车的专业运输力量外,其他单位车辆很少,只有一二辆生活用车。在汽车运输业发展变化的同时,汽车维修业和交通监管理业务有所加强,各地修车厂(场)已能承担大、中、小修业务,并视情况磨制一些配件。监管理业除增设管理机构外,还对车辆的号码、汽车驾驶人员的考核、汽车行车管理,以及安全和事故处理等方面都进行了比较有效的管理工作。

现代交通

1949年8月兰州解放,同年底全省解放,甘肃进入一个新的历史时期。公路交通是国民经济的先行官,五十多年来,在中国共产党的领导下,虽然走过一些曲折的道路,但总的来说,发展是很快的。公路由3 000多公里发展到10.06万公里(其中村道6.8万公里),高速公路达到1 000多公里。乡乡和绝大部分的村都通了汽车,公路交通四通八达,桥梁实现了永久化,接近1/2的路面实现了油路化;汽车由1 800多辆发展到15.4万辆,拖拉机发展到20多万台,公路运输的能力基本上可以适应工农业生产和国民经济发展的要求。人便于行,货畅其流。在公路和运输发展的同时,水路运输、交通工业、规费征收业务也都有了大的发展。

中华人民共和国成立后，甘肃省公路交通事业的发展，可以分为五个阶段：

第一阶段：积极恢复，重点发展（1949年—1957年）　早在兰州解放前，陇东、天水、定西等地的养路职工和公路沿线的广大群众，曾对西兰、华双、宝平等公路进行了临时性的抢修并组织大批车辆支前，以保证大军进行兰州战役军需物资供应。兰州解放后，兰州军管会交通处，一方面抓紧军事接管和机构组建等工作，一方面号召公路交通部门的职工，尽快复工，抢修被国民党军队破坏了的公路和车辆，在很短的时间内即修复了西兰、甘新、华双、甘川、兰宁等公路干线和一大批车辆，为人民解放军西进新疆、青海，南下四川以及解放甘肃全境，作出了积极的贡献。1950年初，西北军政委员会交通部公路局成立了平凉、天水、兰郎等公路工程处，加快了公路恢复和抢修工作的进度。

为了加强对全省公路交通的领导，1950年4月25日成立了甘肃省交通厅。省交通厅成立以后，西北交通部即将公路修建养护和运输管理等工作，逐步交由省交通厅管理。1951年6月1日召开了全省第一届交通会议。这次会议强调了要依靠各级党政、依靠群众养好和管好公路，强调了各级人民政府要成立交通管理部门，并明确了若干政策。这次会议以后，全省公路交通工作全面展开，发展速度加快并为以后的工作打下了良好的基础。在三年恢复时期，公路沿线的广大农民，为整修和改善公路作出了巨大的贡献。1950年—1952年3年间，农民义务建勤的工日即达219万个，车日6.5万个，牲畜12.7万头次。同时还注意了对破旧汽车的整修工作，成立了甘肃省整车委员会。广大职工以工人阶级主人翁的态度，参加抢修车辆。在物资十分困难的情况下，千方百计，修旧利废，采取焊、铆、镶、补等办法，修复了一大批汽车，仅1950年用半年时间就整修出旧车200多辆，解决了当时运力十分紧张的问题，特别是保证了西安至新疆的长途物资运输。

1953年，国民经济建设进入第一个五年计划时期。为了适应经济建设的需要，保证石油东运和内地物资西运的任务，首先对甘新公路打柴沟至玉门段进行了全面整修和改善，张掖至玉门间进行了"洒油灭尘"，并加固和维修了兰州黄河铁桥。与此同时，对西兰、华双、甘川、甘青、兰包、宝平等干线公路进行了重点改善。甘川公路岷县至武都间长期不能通车，1953年依靠地方政府，发动群众，进行抢修和改建，至年底即通车武都。主要干线公路，经过改建，通过能力提高，行车时速加快，对支援国家重点建

设发挥了重要作用。"一五"期间（1953年—1957年），还重点修建了武威至九条岭、永登至天祝、永登至窑街等煤运路线，修通了河西堡至雅布赖的盐运路线以及平庆地区的几条粮运路线，对两郎、兰郎等木材运输路线进行了整修，为能源、粮食、木材等重点物资的开发和运输提供了便利条件。同时，全省各级党政部门积极动员群众大修县乡公路。到1957年，公路通车里程达到1.3万公里，使19个不通车的县通了汽车，实现了全省县县通汽车，初步改变了交通不便的状况。

"一五"期间，根据交通部提出的意见，在地方国营运输企业中进一步开展了"安全、四定、车吨月产两千吨公里运动"，开展了以提高运效为中心的双班拖挂运输，实现运行作业计划等措施，使运输企业的运效大大提高。1957年一个车吨的运效比1952年提高48.4%。同期根据国家有关政策，对1 000多辆私营汽车进行了编组编队管理，进一步组织公私合营和合作社运输，1956年完成全行业的社会主义改造。到1957年全省民用汽车已达到8 109辆，比1952年增加了5 808辆。在搞好汽车运输的同时，加强了对民间运输的管理和改造，当年参加运输的民间运输工具有胶轮大车2 120辆，木轮大车9.2万辆，人力架子车5 573辆，驮畜9.7万头，完成的货运量占全省公路货运量的80.65%，占总周转量的30.84%。这是一支巨大的运输队伍，对缓和当时运输紧张局面起了很大的作用。

第二阶段：**全面发展，调整巩固（1958年—1965年）** 1958年，国民经济第二个五年建设计划开始。同年5月中共八届二次会议上提出了"鼓足干劲，力争上游，多快好省地建设社会主义"的总路线，国民经济进入了快速发展的时期。为了适应"大跃进"和"大炼钢铁"运动的形势，同年6月省属交通企业单位下放给地、州、市领导，省地交通部门根据交通部提出的"依靠地方，依靠群众，以普及为主"发展公路事业的方针，先后重点修建和改造了武威至九条岭、临泽至岔路河、靖远至红会等煤炭专用公路，并对兰宁、西兰、康临、庆环等主要公路进行了整修和改造，修建了甘谷渭河、清水牛头河、舟曲白龙江、平凉长庆等大型桥梁多座。各地在3年大跃进中，修建公路一万多公里，改建公路4 000多公里，但由于要求过急，忽视了质量和经济效益，修建的公路质量差，有些使用价值不高，以后还报废了一部分，1960年公路实际通车里程达到了2.65万公里。

1960年冬，中共中央提出"调整、巩固、充实、提高"的方针以后，交通部提出"切实整顿，加强

养护、积极恢复、逐步改善"的方针,全省交通部门认真贯彻了这一方针,压缩了建设规模,新建工程主要集中在红柳园至当金山口,重点改造了甘川公路,把主要力量集中在养护方面。在交通部统一领导下,组织了对公路养护质量的大检查。在加强公路养护的同时,修建了一批大型桥梁,主要有羊儿坝、白龙江、黑河、广通河、临江铺、通北口桥等。省人民政府很重视和支持县乡公路建设工作,解决了修路民工的口粮问题,全省11个地、州、市动员群众修路,组织民工建勤,先后在56个县动员建勤246万个工日,1.65万个畜日,2.81万个车日,修建、改善县乡公路3 000多公里,到1965年全省公路通车里程达到2.2万公里。从1959年开始试铺高级、次高级路面,到1965年全省已有高级、次高级路面310公里。

这一时期,特别是1958年"大跃进"开始后,社会运量大于运力的矛盾十分突出。因运力不足,积压的煤炭、粮食、矿石等物资很多,当时运输工具又不可能很快增加,在这种情况下,全省国营运输企业中开展了双班、拖挂运输,以多拉快跑的方法解决运力不足的问题,在开展"安全、节约、车吨月产万吨公里"运动中,甚至搞所谓"列车化"、"放卫星"等,超越了车辆负荷,忽视了车辆的保养维修,车辆技术状况恶化。到1961年底,大批车辆损坏,有的停驶待修,有的已无法修复。车辆完好率只有46.45%,报废了890多辆。1962年以后,随着全省国民经济的好转,普遍注意加强了车辆维修保养工作,开展了爱车教育,实行了责任制,加强了技术工作。车辆维修保养质量有了明显的提高。到1965年车辆完好率恢复到73.47%,千吨公里成本下降到219.26元,运输企业扭转了亏损局面,全年盈利1 009万元。

机关企事业单位汽车发展迅速,各级交通部门注意了对这些车辆的组织管理和安排担任社会物资运输的工作。省市机关车辆办公室曾多次组织和调度机关车辆紧急运煤和运粮。对解决电厂等用煤大户和兰州市等地用粮发挥了重要作用。

在汽车运力严重不足的情况下,民间运输工具发挥了重大的作用。当时,全省有畜力车22万多辆,驮畜27万多头,参加了公路运输,一年完成短途物资运输约2 000多万吨。

第三阶段:排除干扰,曲折发展(1966年—1976年) 1966年5月开始的"文化大革命",使党、国家和人民遭到解放以来最严重的挫折和损失,甘肃公路交通也受到了很大的干扰和破坏。"文革"前期生产指挥系统基本瘫痪,公路建设停顿,公路养护削弱,运输生产下降,公路好路率由1966年的65.3%下降到

1970年的59.9%。公路运输总货运量由1966年约985.57万吨，下降到1968年的431.81万吨，其中交通部门的货运量由426.2万吨，下降到271.89万吨，车辆完好率由85.39%，下降到65.46%，主挂车吨由3.77万吨公里，下降到2.67万吨公里。1970年以后，广大干部和职工排除干扰，狠抓生产建设，加之汽车和石油工业的发展和当时国际形势的需要等，甘肃省公路交通在十年动乱中仍得到了较快的发展。

为了适应战备的需要，这一时期共修建战备公路12条，长1 752公里。1970年以后，采取以养路职工自力更生为主，结合"民工建勤"，集中力量组织施工的办法，对西兰、华双、甘新、甘川、甘青、兰郎等主要公路进行了大规模的改造，到1976年共改造公路5 138公里，使三级以上的公路由1965年的3 900公里，增加到了8 400公里，既提高通过能力，又为铺设油路创造了条件。在改造旧路的同时，改造和新建了一大批桥梁，使永久性的桥梁由1965年的8 800米，增加到4.9万多米。1970年10月，甘肃省召开油路工作会议，对全省油路的铺筑做了具体安排，全省各级党政和公路沿线的广大群众，投入油路建设，到1976年，全省油路已由1965年的几百公里，增加到5 940公里，大大改善了公路的路面质量。在抓好干线公路的改造和铺筑黑色路面的同时，大抓了县乡公路建设。为了加强县乡公路建设，省交通主管部门，曾于1972年和1975年两次召开县乡道路建设会议，研究山区公路建设问题，各地结合农田基本建设，广泛发动群众，大修县乡公路，仅1974年就修建和改建县乡公路1 974公里，到1976年全省县乡公路的通车里程已达到1 988公里，便利了城乡物资交流，解放了农村大量的劳动力。

这一时期，一方面是社会运量大幅度增长，另一方面是我国的汽车工业有了较大的发展。全省民用汽车由1966年的1.18万辆，增加到1976年的2.93万辆，其中交通部门的营运货车由1966年的2 510辆增加到1976年的4 438辆，公路货运量由985.57万吨，增加到2 437.62万吨。在运输力量发展的同时，运输条件也得到了改善，先后修建大型车站7个，新修2 000平方米以上的保修车间13座，增加大型设备110多台，全省82个县、市都先后建立起自己的汽车运输企业，增强了县乡运输能力。这一时期公路运输经济效益较好，1976年全省地以上运输企业利润达到3 632.05万元。同时注意加强了对机关企事业车辆和民间运输业的组织和管理，制定了管理办法和具体措施，发挥了机关车辆和民间运输的作用。交通工业得到较大发展，除修车外，还注意了汽车配件的生产，并创办了轮胎和水泥工业，对解决当时汽车配件供应不足和交通部门轮胎、水泥等物资缺乏的问题起了重要的作用。

第四阶段：改革开放，开拓前进（1977年—1990年） 中国共产党十一届三中全会以后，国家的工作重点转移到社会主义现代化建设上来，在这一新的历史条件下，甘肃省公路交通部门把改善干线公路的技术状况，提高技术等级，发展县乡公路，改善运输管理体制，从宏观入手，实行行业管理等列为工作重点，大力发展公路交通事业。

公路建设，大抓了主干公路的技术改造和县乡公路改善与提高。尤其是"七五"期间（1985年—1990年），公路建设和养护取得了很大的进展，列入"七五"国家和省重点建设项目的一洞（七道梁隧洞）三桥（大河家桥、关头坝桥、庆阳东河桥）五条路（兰包公路兰州至唐家台段、甘青公路河口至享堂段、西兰公路兰州至巉口段以及红柳园至当金山、桥湾至跃进山公路的改建）建设任务全部完成。共投资3.04亿元，改建二级公路376公里，三级公路62公里，隧道两座1 910米，大桥3座，总长516米。上述各项工程的完成，不仅解决了兰州、白银等城市出口交通的拥挤问题，而且对全省乃至省际之间的经济发展起到了重要的作用。在进行国道干线改造的同时，先后对酒泉、张掖、嘉峪关、天水等城市出口公路及永登至窑街、西和至成县、武都至双城等公路进行了改建。肃北县是我省唯一不通油路的县，1990年铺上了油路，使全省实现了县县通油路。

为了尽快改变贫困地区、边远山区和少数民族地区交通落后的状况，自1985年以后，全省各地发动群众，利用库存粮、棉、布和中低档工业品，采取以工代赈方式，共计投资2.4亿元（包括实物折价），新建、改建县乡公路5 000多公里，修建桥梁460余座，使全省99.8%的乡镇通了公路，基本上解决了山区和边远地区群众行路难、过河难的问题，有力地促进了当地社会经济的发展。

"八五"期间（1991年—1995年），加大投资力度，贷款修路、收费还贷，以实施"两纵两横"公路主骨架为重点，先后完成国道312线柳园至星星峡、安西至柳园、兰州绕城线一期工程，兰州至巉口、静宁至巉口和国道109线唐家台至刘寨柯段建设任务。其中静宁至巉口全长151公里，1997年8月开工，1995年10月竣工。新线避开华家岭、祁家大山，缩短里程54公里，完全按二级公路标准修建，行车时速由原来的每小时30公里提高到60公里，由静宁至兰州只需5个小时。

对张掖、平凉、金昌、庆阳等

地、市的过境路和出口路段进行了改造。1994年7月建成中川公路（时称一幅高速）长24公里和国道109线大沙坪至忠和16公里改建工程，时速达到80公里。同月，天水至北道高速公路竣工通车，长13公里，是甘肃历史上第一条高速公路。还有国道312线张掖段、省道212线河永段、国道312线平凉市区段和武南一级公路都是这几年建成的二级以上标准的公路。

积极实施GBM工程，促进公路标准化、美观化。从1991年开始，先后在国道312线兰州至安西、国道313线安西至敦煌、国道212、213线兰州至合作、西峰至长庆桥等8条路线和收费路段实施GBM工程，计长1 550公里，从而提高了公路养护水平，改善了路网结构。

在抓好重点项目建设的同时，继续实施了"以工代赈"县乡公路项目，重点解决老区、贫困地区和少数民族地区交通不畅的矛盾。一部分省道和县乡公路技术状况得到彻底改善。在这些以工代赈项目中，定西红土窑至通渭马营公路的修建，使定西到通渭不再绕道华家岭，缩短里程21公里，由兰州到通渭只需5个小时。

截至1996年底，全省公路总里程达到3.5万公里，其中等级公路2.45万公里。等级公路中有高速公路13.1公里，二级专用路23.1公里，二级路2 486公里，三级路9 118公里，四级路1.28万公里。公路桥梁达到3408座、长10.16万米，其中永久性桥梁3 374座、长10.12万米，半永久、临时性、危桥仅剩52座。路面黑色化建设速度加快，除对老油路进行重铺、罩面外，把铺油的重点放在省道和县道上。到1996年底全省共有高级、次高级路面1.17万公里，有路面里程达到2.83万公里。

公路养护方面，坚持贯彻"修、养、管并举，以养为主"的方针，以养好路面为中心，疏通水系为重点，通过加强道路管理，推行经济承包责任制，开展各种形式的竞赛活动，加强了对公路的全面养护。各地还认真贯彻了省政府颁发的《甘肃省民工建勤修建养护公路的暂行规定》，掀起了一个大规模的群众性义务整修公路的热潮。各县、乡对养护公路作了全面安排，动员大量的人力和车辆，整修公路，使公路的质量有了较大的提高。1990年底，省养路好路率达到65.6%，比1985年提高5.9%；县乡公路好路率达到37.8%，比1985年提高5.3%。

在加强公路养护的同时，公路路政管理工作也得到了加强。省政府颁发了《甘肃省公路路政管理办法》，从省到各地县、各公路总段都建立了路政管理机构。几年来，通过广泛深入宣传公路路政法规，提高了公路沿线广大群众爱路、护路的自觉性和路政管理人员依法治路的责任感，查处了一批违章案件，保护了路产路权，保证了公路的安全畅通。

公路运输，一方面进行体制改革，将原来由省管理的运输企业，下放归各地、州、市管理，发挥地、州、市办运输的积极性，发展以地区为中心的运输管理体系，鼓励机关厂矿企业和个体户从事公路运输，在全省形成了一个多层次、多渠道、多成分的综合运输力量。同时，建立省、地、县、乡四级管理体制，加强了行业管理。

在国营企业中实行承包责任制和车站对全行业开放等措施，使公路运输得到较大的发展。

运输市场治理整顿工作取得了显著的成效。一是完成了对运输经营者的清理和经营资格的审验，基本上制止了无证经营的现象；二是初步整顿了经营行业，运输市场秩序有了好转；三是从开展车辆综合性能检测入手，加强了对营业性运输车辆的技术管理；四是从加强货源管理入手，逐步探索建立指令性计划运输、指导性计划运输和市场调节运输相结合的经济运行机制；五是初步建立了新增营运车辆"先审批，后购置"的制度，增强了交通部门对运输市场调控的能力。

以公有制为主体，多种经济成分并存的运输新格局基本形成。在原有全民、集体所有制企业的基础上，个体运输业得到迅速发展，打破了单一经济成分和垄断经营的旧格局。运输能力、运输组织形式、运力结构发生了显著变化。三轮机动车逐渐代替手扶拖拉机，成为城乡短途运输的主要工具，到1995年，全省运输拖拉机已达25.42万台。同时，个体户汽车大量增加，并走上联营之路，到1995年发展到2.77万辆。当年，城乡个体（联产）客运量4 675万人次，旅客周转量17亿人公里；全年货运量5 828万吨，货物周转量32.8亿吨公里。

汽车运输业已成为公路运输业的主力，但货运市场已退出交通运输企业，各类物资大部由机关企事业单位和个体户自营自运，交通运输企业主要承担客运任务。1995年，全省民用汽车26.81万辆，其中货车8.56万辆，客车5.57万辆。1995年，全省货运量1.77亿吨，其中交通系统和个体（联户）货运量分别为420万吨和5 828万吨；客运量达到9 563万人次，其中交通系统和个体（联户）分别为4 049万人次和839万人次，分别占全省总客运量的42.3%和48.9%，但旅客周转量分别为59%和33%，说明这一时期交通部门客车以长线为主，个体（联户）客车以短线为主，表现出农村客运业良好的发展势头。公路客货运量在五种运输方式中所占比重越显重要。由1990年的87.6%和85.5%提高到1995年的89.5%和87.3%。

公路运输业的发展提高了运输服务水平。货运信息中心和客运站建设步伐加快。"八五"期间全省就建成一二级汽车站13个，三四级站59个，货运中心9个。地、州、市客运站都进行了新建和改建。1995年，全省一二级汽车站达到52个，全部实现"三化"达标。河西五地、市的客运企业率先购置了豪华大轿车，运输效率大大提高，实现了河西五地、市到兰州间的"朝发夕至"。

国营运输企业在下放、扩大企业自主权的基础上，推行各种形式的承包经营责任制，有的还实行了股份制，促进了企业内在经营机制的改善，企业活力不断增强，企业经营管理得到不断的改善，经济效益有所提高，先后有15家交通企业晋升为省二级企业，天水汽车运输公司晋升为省一级企业。

交通科技和教育事业也得到了很大的发展。甘肃省交通科技仅"七五"期间就先后有30余项科研新产品通过省级鉴定，其中9项科研成果获甘肃省科技进步奖，20项科研成果获省交通厅科技进步奖，4项交通科技情报成果获甘肃省科技情报奖，6项设计被评为甘肃省优秀设计奖，9项工程获甘肃省优秀工程奖。交通教育方面除交通学校外，又新建了交通干校、交通部电视中专甘肃分校，形成了多渠道、多形式的中等专业教育网络。

第五阶段：抢抓机遇，跨越发展（1996年—2007年） 20世纪90年代，是甘肃交通发生深刻变化的一个重要时期，尤其是1998年以后，国家实施了西部大开发战略，甘肃省交通厅在省委、省政府的有力支持下，抢抓机遇，果断实施了高等级公路建设项目和有利于农村经济发展的富民工程。"九五"期间省政府出台了四项交通法规，保证了公路路政、运输管理、规费征收、水路运输行业依法行政。交通行业正式迈向现代化发展的轨道。

1996年，亚欧铁路桥贯通，甘肃省在《九五规划》中提出了加快建设以兰州为中心，以东西大通道和南北主干线为重点，构筑以"两纵两横"为主骨架，县乡公路为支脉，布局合理，技术较为先进的公路网络体系。力争实现省会兰州至各地、州、市驻地为二级以上公路，地、州、市驻地至县为三级以上公路的目标。在中心城市、主要商品集散地建成一批客货运站点和运输分中心，初步建立起统一、开放、竞争、有序的交通运输市场。

为了实现这一目标，省交通厅积极拓展投资、融资渠道，通过养路费、车购费、运管费、以工贷赈和贷款加快交通基础设施建设。1998年，党和国家做出加快基础设施建设、扩大内需的西部开发战略，省交通厅按

照省委、省政府的要求和交通部的部署，先后5次调整了交通基础设施建设投资计划，从年初的7亿元调整到20亿元。1999年国务院总理朱镕基视察甘肃后，对甘肃公路工作作了重要指示。当年底，省人民政府向国务院上报了《关于加快甘肃公路建设有关问题的请示》，重新调整了2000年和"十五"加快公路建设的主要目标，计划6年投资507亿元（其中2000年85亿元），并依据这一精神制订了《十五规划》。从此以后，省交通厅紧紧抓住西部大开发这一千载难逢的历史机遇，切实加快交通基础设施建设步伐，掀起了轰轰烈烈的建设高潮，使甘肃交通面貌发生了翻天覆地的变化。据统计，"九五"期间（1996年—2000年），全省交通基础建设投资125.85亿元，"十五"期间（2001年—2005年），累计完成投资猛增到437.2亿元，年均增长19.29%，是"九五"期间投资的3.5倍。其中公路建设投资422.5亿元，运输站场建设投资13.19亿元，水运建设1.53亿元，分别是"九五"的3.5倍、4.5倍和3倍。对拉动全省经济增长起到了重要促进作用。

公路建设 一、二级高等级公路建设。1994年，天北高速公路建成通车，标志着我省高速公路零的突破。此后由于条件所限，修建了几条二级公路。1996年，国道312线武威过境公路建成，长44.6公里，同年河窑公路一期工程竣工，长79.8公里。1997年，国道312线酒泉至嘉峪关过境公路竣工，长53.35公里；同年国道312线树屏至徐家磨段竣工通车，长79公里，该线避开兰州市区，为省内第一条二级汽车专用公路。1998年，牛北公路竣工通车，全长114公里，这条公路为"八五"重点项目，施工期5年，总投资3.56亿元，它的建成打开了甘肃东大门，由天水至陕西宝鸡比绕道张家川或两当缩短里程129公里和196公里。1998年开工新建了国道310线天水至巉口（192公里）、国道227线扁都口至张掖（91.84公里）、国道211线曲子至庆阳（50.26公里）和木钵至板桥（84公里）、国道316线江洛镇至天水（98公里）、国道312线天祝界牌村至古浪（84公里）、国道312线凤翔路口至郿岘（80.97公里）等公路；1999年开工新建了国道312线徐家磨至界牌（149公里）等公路。2000年又开工新建了国道312线古浪至永昌（71公里）、永昌至山丹一级公路（二期）；当年竣工通车的有国道211线曲庆段、木板段和国道316线天水市区段。2001年和2002年，永山、凤郿、天巉、徐古、江武、江天等6条二级公路建成通车或具备通车条件。整个"九五"期间，全省共开工新建一级公路174公里，二级专用公路519公里，二级公路1 014公里。建成二级或二级以上公路927公里。

全省二级公路发展到3 368公里。

"十五"期间，继续加大二级公路建设力度，续建或新开工二级公路45条计长2 705公里，已建成36条计长1 755公里。2006年，国道213线康家崖至临夏、临夏至合作段二级公路建成，与此前建成的合作至郎木寺二级公路连接，通往西部大通道全部建成二级公路。由兰州通往各市、州的公路基本以二级公路及其以上等级公路连通。

高速公路建设。"九五"末期到"十五"期间，在大力发展二级收费公路的同时，从1999年开始，充分利用"贷款修路、收费还贷"的政策，加大公路建设投入力度，斥巨资修建高速公路。先后开工修建了巉口至柳沟河、柳沟河至忠和、白银至兰州、尹家庄至中川机场、古浪至永昌、兰州至海石湾、兰州至临洮、刘寨柯至白银、树屏至徐家磨、清水至嘉峪关、武威过境段、宝鸡至天水、平凉至定西等17条高速公路，总里程达1 397.2公里，总投资规模达到394.1亿元。2002年，柳忠、白兰、巉兰、尹中、古永、永山6条计长320公里高速公路建成通车；2003年，忠和至树屏段22公里建成高速公路，使兰州到中川机场高速公路全线贯通；2004年，兰海、兰临、永山（一、二期）、山临4条计长344公里高速公路建成通车。其中兰海高速公路建成标志着西北第一条省际高速公路（兰州至西宁）全线贯通；兰临高速公路的建成标志着兰州市6条出口路全部建成高速公路，形成了以兰州为中心呈放射状的高速公路网雏形。2005年，临清、刘白、树徐、清嘉4条计长319公里高速公路建成通车。至此，我省共建成高速公路14条（段）总长1 006.63公里，总投资241.27亿元。丹拉国道主干线甘肃境内路段以及连接银川、兰州、西宁的高速公路全线贯通。连霍国道主干线甘肃段高速公路里程占全段里程的50%以上，其他路段也均为二级或二级以上公路标准。2006年，武威过境段、永山一级改高速和嘉安一级（235.4公里）建成通车，甘肃定西以西路段基本实现高速化。"十一五"（2006年—2010年）实施了"东部会战"战略，重点项目宝天、天定、罗定、临罐高速公路也正在实施中。我省成为全国高速公路第18个突破1 000公里的省份。

高速公路建设促进了全省交通体制改革，使公路建设市场进一步完善，施工管理水平得到提高，投资融资工作成效显著。柳忠高速公路是我省第一条利用世行贷款修建的项目，刘白高速公路是我省第一条利用日元贷款修建的项目。

路网改造和农村公路建设。从2000年开始，实施了路网改造工程，先后修建了22条1 189公里国扶贫困县连接国道公路、19条1 561公里通县油路、43条3 528公里县际公路，实现了从市、州到县区通油路的目标。大力发展农村公路，新建、改建农村公路2 459条1.95万公里，新增8个乡镇和2 913个行政村通公路，实现了全省所有乡镇通公路，90.1%的村通公路，97.1%的村通机动车路。金昌、兰州市实现乡乡通油路，嘉峪关市实现村村通油路。公路养护方面实施大中修工程、安保工程和GBM工程，全面提高了公路路况质量。同时，职工生产、生活水平普遍提高，养管站、道班建设取得进展，县乡公路养管机构设到乡镇。

截至2007年底，全省公路通车里程达到10.61万公里，其中二级以上公路达到6 536公里，比2000年增加3 100公里。有高级次高级路面里程达到2.4万公里，其中沥青混凝土路面3 674公里，水泥混凝土路面1 246公里；有次高级路面2.02万公里。全省有公路桥梁7 173座，计长24.09万米，其中特大桥11座3 202米，大桥471座7.34万米。新中国成立前，甘肃黄河上仅有一座公路桥，到2007年底，黄河上有公路桥梁近30座。甘南玛曲桥、兰州新城桥、兰州盐雁桥、靖远公铁两用桥等都是各个时期建设的重点桥梁。陇西、河西实现了真正意义上的"天堑变通途"。公路隧道全省有74座，计长4.12万米，最长的隧道是新七道梁隧道，长4 003米。在建的宝天高速公路大坪里隧道全长12.286公里，是仅次于陕西秦岭隧道的亚洲第二长隧。

公路运输 高等级公路建设推动了公路运输能力的显著提高。首先是运输装备进一步改善。1997年，全省民用汽车保有量17.5万辆，其中营业性汽车7.9万辆（货车6.1万辆，客车1.8万辆）。重型货车和小型客车、出租车分别占到25%和65%。集装箱、危险货物运输车等专用货车增加，达到5 273辆。到2007年底，全省仅营运汽车就达13.54万辆，其中客车3.91万辆，货车9.63万辆，车辆结构得到根本改善，长线客车全部更新为豪华车辆，旅客真正享受到了快速、舒适、安全的优质服务。其次是客货运量迅速增长。1997年，全省公路运输共完成客运量1.042亿人次，旅客周转量58.72亿人公里，完成货运量1.91亿吨，货物周转量98.34亿吨公里。到2007年底，全省公路运输完成客运量1.85亿人次，旅客周转量120.93亿人公里，完成货运量2.53亿吨，货物周转量156.5亿吨公里，道路运输年产值达到73.5亿元。第三，快速客运发展迅速。2000年，以产权为纽带，多方入股筹建成立了甘肃陇运快客有限责任公司，于5月18日正式开业，首先在兰州至平凉班线投入4辆高级客车营运，以一流的服务、一流的信誉赢

得广大旅客好评。11月8日，成立天水陇运快客公司，年底前又组建了临夏陇运快客公司。快速客运的开展使公路客运服务水平提升到一个新的台阶，它以班次连发和"朝发夕至"、"夕发朝至"的效率很快占领长途班线市场。到2004年底，各市、州运输集团都组建了各自的快速客运公司，极大地方便了旅客出行。2000年，还开设了天水至兰州、兰州至嘉峪关快速货运业务。第四，站场建设加快，运输服务范围不断拓展。"九五"期间新建、改建汽车站47个，全省市、州汽车站均完成改建。"十五"期间，制定并实施了"一主五辅"运输主枢纽规划，重点加快了"村村通班车"客运网络化工程为主的运输站场设施建设。5年共新建、改建等级客货运站89个，新建乡镇汽车站318个，行政村停靠点1 688个。实现了全省所有县区拥有等级客货运汽车站的目标。客运站达到414个，货运站达到32个。2005年底，历时近十年酝酿的兰州公路主枢纽客运中心站正式开工。全省14个市、州汽车站智能化改造全部完成。全省客运线路进一步拓展，全省乡镇通客车率达到99%，行政村通客车率达到89%。省级道路运输中心和白银、嘉峪关、定西、庆阳、平凉、武威等信息中心相继建成，并实现联网运行。运输站场建设开始向乡镇延伸，仅2007年就建成10个客货运站，新开工21个客货运站，新建乡镇汽车站120个。乡镇汽车站达到588个，行政村汽车停靠点达到3 048个，等级站达到1 033个。开通客运班线3 592条、日均发班次1.74万个。第五，运输结构进一步调整。随着高速公路的不断延伸，现代物流业开始起步，运输管理注入新的理念，实行了垂直管理体制。各市、州运输企业二次改制全面结束，出现了庆阳三力、甘南雪羚等一批民营运输企业集团。在我省基本形成了以兰运、陇运集团为龙头，20家区域运输企业为骨干，450家客运企业和2.9万户道路运输业户共同参与的道路运输市场竞争格局。"十一五"开始实施"提速中部"战略，已取得显著成绩，运输保障能力开始提升。

水路运输 甘肃水运千百年来以筏运业为主。70年代以后重点是库区运输和渡口运输，河道运输仅限于黄河兰州段。1974年成立省水运处，对小峡航道险滩进行了整治。建成炳灵寺、大坝码头。1987年兰州港客运中心码头建成。1988年至1990年又在碧口库区建成码头14处。1995年至2000年建成码头17处，完成黄河兰州段38.4公里航道整治。"十五"期间建设了黄河白银四龙至龙湾段航运建设项目一期工程和黄河刘家峡库区航运工程，新建成崆峒山等8处码头和52处渡口。同时对农村公路渡口实施改造工程，"十一五"期间开工建设了黄河兰州段航道延伸工程，改造渡口116个。渡口标准化建设取得显著成效。截至2007年底，全省水运航道总里程1 355.9公里，有船舶1 438艘，其中营运船舶490艘，水路运输完成客运量246万人次，旅客周转量2 349万人公里，货运量53万吨，货物周转量758万吨公里。在黄河上，水上旅游客运和羊皮筏漂流已成旅游业品牌，深受国内外游客的欢迎。

规费征收 1987年，自管理体制改革以后，养路费征稽部门和其他规费征收部门始终把科技练兵、文明征稽放在首位，使征费范围逐年扩大，费额逐年增长，弥补了甘肃交通建设资金的不足。"八五"期间争取出台了包括提高养路费征收标准，开征客、货运建设费等项政策，养路费征收额比"七五"翻了一番。"九五"期间，依法征费能力大大提高。2000年，认真贯彻国办（2000）2号文件，加大征费环境治理，开展了大规模的稽查专项治理活动。2001年，完成交通和车辆税费改革，车辆购置附加费改为车辆购置税，确保了代征工作的顺利进行。公路通行费收费手段提高，实现了全省主干线路收费联网，其他费用也逐年增长。仅"十五"期间，共征收公路养路费、客货运附加费、运管费及拖养费53.5亿元。全省联网收费里程达到1 347公里，5年共收取车辆通行费36.5亿元。"十一五"开局之年效果更加明显，全年征收各类交通规费28.1亿元，比2005年增收3.89亿元。2007年达到35.33亿元。

交通管理 "九五"以来，交通管理工作逐步得到强化，先后制定实施了公路建设市场管理规范性文件12个，健全完善了项目法人制、工程招标制、施工监理制、合同管理制和质量终身责任制。积极推行政务公开，实行首问责任制，限时办结制，"一站式"服务承诺制度和服务形式。治理乱收费，实现全省所有公路基本无"三乱"，深入开展了"管理年"活动，促进了行业管理的法制化、规范化。"九五"以来省人大先后出台《甘肃省公路路政管理条例》、《甘肃省道路运输管理条例》、《甘肃省交通规费征收管理条例》、《甘肃省水路运输管理条例》，"十五"期间报请省人大修改了其中三部《条例》。交通行政审批项目由133项减少合并到40项，精减幅度达70%。

交通科技与精神文明 科技兴交通战略和人才强交通战略全面实施并取得成绩。仅"十五"期间就投入科研经费5 500万元，组织并实施各类科研项目55项，完成32项。道路运输网络工程和办公自动化建设取得重大进步。5年引进专门人才1 705人，实施了百名优秀专业技术人才工程。加强行业精神文明建设。仅"十五"期

间，全省交通系统共创建国家级文明单位4个，省部级文明行业单位19个，全国交通系统创建文明行业先进单位5个、先进集体8个，厅市级文明单位15个，县、区级文明单位50个，全省文明诚信示范行业、示范单位4个，全国青年文明号8个，先进个人和先进工作者50余名。2007年省交通厅被交通部评为全国文明行业。尤其在2008年的抗震救灾中，交通系统职工表现突出，涌现出了一大批英雄集体和先进个人。在党和政府的领导下，甘肃交通行业文明之花永不凋谢，常盛不衰。

交通管理机构沿革

驿政管理机构

甘肃古代交通体制实行的是中央与地方双重领导，大部分时间无专门的道路交通管理机构，地方行政长官兼理驿政事务，兵曹、户曹、仓曹等分别督办道路修治、物资运输、商旅盘查等事宜。"凡津梁、道路治以九月。"唯有唐、宋在地方政府设过专门的道路交通管理官员。

据《唐六典》载："每驿设驿长一人，驿夫若干人，一县之驿，由县令兼理；一州之驿，掌于州之兵曹；一道之下，于节度使下置管驿巡官四人，判官一人以治理之。"实行兵部（尚书）、驾部（郎中员外郎）、道（观察使）、节度（巡官、判官）、州（刺史、兵曹）、县（县令）、驿站（驿长）七级管理体制。宋代在路一级设诸路提举马递铺官，州设巡辖邮驿使臣，县令兼知馆驿使。宋代战事频繁，道路运输压力大，于是在各路设都转运使、转运使、转运判官，专门负责军需运输事宜，还于各路抽调老弱病残兵卒成立专门的修治道桥、运输物资的部队。总之，古代道路交通管理体制以州县兼理为主，几千年间变化不大。沿路设置的驿站、递运所、铺是承担运输任务的业务部门。道桥修建大多通过征调民工来完成。

民国初年，南京临时政府设立交通部，部内设路政、邮政、电政、航政四司，延续几千年的驿运管理系统始按运输方式分别管理。这时甘肃的道路运输无专门管理机构，先后或分别由布政司、都督（后改将军）、巡按司、督军总其成。省以下先后由道尹（后改观察使）、镇守使、县知事兼理。民国16年（1927年），甘肃省政府成立，内设建设厅等职能机构，管理道路、运输等实业。抗日战争时期，驿运重兴，甘

肃境内驿运机构先后分别由甘肃省政府、交通部、军事委员会管理。具体情况如下：

民国27年（1938年）10月，国民政府行政院召开全国水陆交通会议，决定利用人力、畜力运输，以弥补汽车运力不足。民国28年（1939年），在重庆成立车驮运输管理所，旋改称驿运总管理处，统管全国驿运事务。同年7月，甘肃省政府成立车驼管理局，并于平凉、兰州、张掖、酒泉、星星峡设办事处，开办驿运业务。民国29年（1940年）初，兰星线车驼运输所在兰州成立，并由交通部运输总局直接领导。同年3月，由于业务扩大，改称兰星车驼运输所，并在兰州、永登、武威、张掖、酒泉、安西、星星峡、平凉等地成立8个车驼站及兰州东岗、金城关两个检查站。同年6月，兰星车驼运输所改称陕甘车驼运输所，同时撤销甘肃省车驼管理局，其业务和所属机构由陕甘车驼运输所接管。由于黄河皮筏运输业兴盛，同年成立了水上运输队，隶属于驿运总管理处。

同年7月，国民政府军事委员会召开全国驿运会议，对驿运事业的方针、政策、组织管理等重大事项作了决定，对国际运输和跨省干线驿运业务等，交由交通部驿运总管理处直接领导，各省开辟的驿运业务由各省管理。据此，甘肃省政府于同年11月成立甘肃省驿运管理处。同年7月16日将陕甘驿运干线和甘肃驿运管理处裁并，改称交通部甘肃省政府驿运管理处兰星、兰天总段，直接受省政府领导，并受交通部监督指挥，统一办理干、支线驿运业务。

民国31年（1942年）12月，交通部电令：合并后的兰星、兰天总段再次改组分设，即在兰星、兰天总段的基础上分为交通部甘新线驿运管理分处和甘肃驿运管理处两个驿运管理机构，分别办理干、支线驿运业务。

交通部甘新线驿运管理分处，下辖兰张（设武威）、兰星（设酒泉）、兰天（设天水）3段；甘肃驿运管理处，内设总务、营运、监理、技术4科及会计室。民国32年（1943年）5月，又增加4室（即秘书、会计、视察、医务）一台（电台）。

民国34年（1945年）1月，军事委员会成立战时运输统制局，接管交通部主办的公路和驿运业务。支线驿运机构归并于西北公路运输管理局管理。同年2月，战时运输统制局将甘肃省内两个驿运机构再次合并，改称军事委员会战时运输管理局西北公路管理局驿运管理处，继续办理驿运业务。

抗日战争胜利后，公路交通业务恢复平时建制。民国35年（1946年）1月，甘肃的驿运机构又改称交通部公路总局第七区公路工程管理局甘新线驿运管理分处。同时，交通主管当局鉴于驿运是战时形势下的一种权宜措施，公路交通应大力发展汽车运输，遂将结束驿运的具体办法，呈报国民政府行政院，并于民国34年（1945年）10月批准，将所有驿运机构全部撤销。甘肃因有大批军粮急需运往新疆，汽车运力不足，仍需通过驿运来完成，经军事委员会第八战区呈报国民政府批准，甘肃驿运处于民国35年（1946年）3月改由第八战区直接指挥。同年7月运粮任务完成后，于8月移交甘肃省政府接管，并改称甘肃驿运管理处，继续办理各县粮运。直到民国36年（1947年）6月停办，历时8年之久的驿运机构从此撤销。

国家和大区驻甘交通机构

公路部门 民国16年（1927年）以后，甘肃始设公路交通管理机构。民国23年（1934年）3月，全国经济委员会公路处在西安设立西兰公路工务所，主管西兰公路修建事宜，民国24年（1935年）1月，在西安成立西北国营公路管理局，同年9月接管西兰公路。民国26年（1937年）9月在天水成立天宝公路工程处（次年改为天凤公路工程处），同时在西安成立西兰、西汉两路工程处。同年11月奉令改隶全国经济委员会西北公路运输处，并改名为西兰公路工程处，兼办西汉公路工程。民国27年（1938年）1月，全国经济委员会合并于交通部，部下设总管理处。公路总管理处在兰州设立西北公路特派员办事处，由陈体诚兼任特派员，西兰公路工程处又改组为西兰、西汉两路工程处，直隶于特派员办事处。同年10月西汉、西兰工程处移并于西北公路运输管理局，局下设工务科，并在平凉设总工程司（师）办公室。民国28年（1939年）10月，交通部公路管理处在兰州成立西北工程处，并在河口等地设工务所。民国30年（1941年）2月，交通部又在天水成立西北公路管理处，接管西北公路运输管理局的公路业务，同年5月又接管了甘肃省建设厅管辖的部分路线。西北公路管理处内设总务、工务、设计、会计、材料、管理6个科，并在兰州、平凉、彬县（陕西境内）、天水、双石铺（陕西境内）、武都、文县、临洮等地设立工务所。工务所下设工务段，同时在平凉、褒城设立交通管理段，在公路要冲处设管理站。同年7月西北公路管理处又改称为西北公路工务局，归军事委员会运输统制局管辖，至民国32年（1943年）1月又移归交通部公路总局领导。

民国26年（1937年）抗战开始后，为了加强西北国际交通线路的管理，在武威成立了甘新公路督办公署，下设工程、养护两个处，处下设武威、张掖、酒泉总段，3个总段管辖10个分段，并设有养护大队、中队和小队，全按军事编制。甘新公路督办公署于民国32年（1943年）移交给西北公路工务局。

民国34年（1945年）3月，西北公路工务局和西北公路运输局合并，在兰州成立西北公路管理局，归属军事委员会战时运输管理局统辖，同年7月在敦煌成立南疆公路甘段工程处，负责建修敦煌至索尔库利公路。

民国35年（1946年）1月，交通部恢复公路总局建制，同年3月，西北公路运输管理局改组为第七区公路工程管理局，沈圻任局长，最初公路、运输合并，后将运输分出。甘肃公路分别由第七区公路工程管理局和甘肃省建设厅管理，直至民国38年（1949年）8月兰州解放。

1949年7至9月，人民解放军西进解放甘肃，原第七区公路工程管理局下属机构人员、车辆及全部公路设施随之被各地军事管制委员会接管，并在兰州成立西北公路局，使其成为社会主义全民所有制的企事业单位。西北公路局正式成立时，内设工务处、国道科、工程科、养路科、材料科、会计科、交通监理科、人事室。其在甘肃境内直属的公路建设和养护机构有平凉、天水两个工程处和兰州材料供应站及平凉、天水、兰州、武威、张掖、酒泉、岷县等7个工务段。

1950年1月，中华人民共和国交通部成立公路总局，西北军事委员会设立交通部。3月，政务院发出《关于1950年公路工作的决定》，确定公路划分成国道和省道；国道由交通部公路总局直接管理，省道由各大行政区交通部督导各省交通部门管理。据此，西北公路局由军管会移交西北交通部领导，后又成立工程总队，负责西北各省区干线公路的建修与养护。1951年初，西北交通部为贯彻"依靠地方政府、依靠群众，少花钱，多修路"的方针，对公路养护机构作了调整，将西北公路局所属之工务段分别移交西北各省交通厅，各省相继成立了公路局（处），继续负责各线路的养护工作。1952年5月，西北公路局又成立了兰星国道管理处，将甘新、甘青、安敦、酒建（酒泉至建国营）各线共1 481公里，划归该处养护。

为了适应经济建设的需要，中共中央对各大行政区机构与任务予以改变。根据中央指示精神，西北公路局于1953年2月间撤销，成立了西北公路管理局，归中央交通部直接领导。同时又成立了兰郎路工程处，属工程总队管理。1954年3月，西北公路管理局改为西北行政委员会交通局，代理局长刘良湛，副局长贾洪民、雷荣、孙发端（总工程师），仍由该局负责指导西北各省、市交通工作。1954年9月，西北行政委员交通局撤销，在原工程总队的基础上，成立了交通部公路总局第五工程局，直接承担中央在西北地区干线公路基建任务。

运输部门 民国24年（1935年）1月，全国经济委员会在西安正式成立全国经济委员会西北国营公路管理局，甘肃的公路运输主要业务由该局直接管辖。民国26年（1937年）抗日战争爆发，西北公路战略地位上升，是年10月在兰州成立全国经济委员会西北公路运输处，刘景山任处长，具体负责国际运输及军运事宜。12月，西北运输处与西北国营公路管理局合并，改组为全国经济委员会陕甘运输局，由谭伯英任局长，局址设兰州。至此，西北公路运输的中心转移至兰州。

民国27年（1938年）1月，全国经济委员会将所属公路运输机构归交通部管辖，陕甘运输局改为交通部陕甘运输管理局，同年2月改称交通部西北公路运输管理局，谭伯英任局长，8月由宋希尚继任局长。民国30年（1941年）7月，将各路机构移交军事委员会运输统制局接管，前运输管理局改称军事委员会运输统制局西北公路运输局。民国32年（1943年）1月，公路运输机构复归交通部管辖，前运输局更名为交通部公路总局西北公路运输局，当年11月扩充组织改科为组，组下设课。民国34年（1945年）2月，军事委员会设战时运输局，公路运输机构移归其管辖，前运输局与西北公路工务局合并，改组为军事委员会战时运输局西北公路运输管理局，沈圻任局长。

民国35年（1946年）1月，交通部复设公路总局，接管全国公路运输机构，前公路运输局改称为交通部公路总局西北公路管理局。民国36年（1947年）5月，工务与运输分开，原属运输处扩充改组为交通部公路总局第七运输处，沈圻兼任处长。民国38年（1949年）3月，高崇善接任处长职务。

第七运输处的营运路线，以兰州为中心，东起陕西白河，西抵哈密，北接包头，南迄广元、成都，贯通甘、陕、宁、青、绥、新、川、鄂八省，长达6 066公里，面积约180余万平方公里，占全国总面积的1/5。第七运输处曾于西安、天水、酒泉、汉中、宁夏设立分处，分辖营运路线。民国36年（1947年）6月，将运输处兼办的兰州业务，划设兰州分处，管辖甘青、兰宁等线，9月裁撤天水、宁夏两分处，改设业务所及第一运输段，其辖线仍旧。

1949年8月兰州解放，第七运输处由兰州军管会交通处接管，其在甘肃各地的机构也由各地军管会或当地政府接管，不久即统一由兰州军管会交通处第七运输处统一收回管理。1950年西北交通部迁来兰州并成立了西北运输总公司及其兰州分公司，甘肃的公路运输业务仍由西北大区统一管理。1952年西北交通部迁西安，西北运输总公司撤销，将兰州分公司移交甘肃省交通厅领导，并改为甘肃省运输公司。

1969年2月28日，为了加强战备运输，交通部在甘肃成立了第九运输公司，地址设在白银市，主要承担战备物资的运输。1971年2月3日，根据形势的发展，将九公司下放甘肃省领导，并将名称改为甘肃省白银汽车运输公司。

甘肃省交通厅

甘肃于民国16年（1927年）秋成立省道委员会，此后还成立过省道办事处、交通处。民国17年（1928年）12月，公路业务合并于省建设厅，兼办省内一般公路的修建与养护事宜。1950年4月，经中央人民政府政务院批准，正式成立了甘肃省人民政府交通厅，任命杨子恒为厅长，内设3科1室，编制35人，其中会计科8人，人事科6人，秘书室7人，正副厅长各1人，另按干部比例配有勤杂人员4名。1951年2月，中央人民政府政务院任命陆为公为甘肃省交通厅副厅长。同年，厅内增设计划、交通、运务及总务4个科，并增强了干部力量，编制达110人。其中工程技术人员占16.36%。

1954年8月，中央人民政府决定撤销宁夏省建制，合并于甘肃省。交通机构除运输计划委员会移交银川专署及河东自治区外，其余交通机构原封不动地移交甘肃省交通厅，并于9月1日起正式行文。原宁夏省交通厅及其下属的9个部门至8月31日移交完毕，移交在册职工846人（不含运输计划委员会5人），其中：厅机关30人；一个养路段及其下属4个养路队共188人；5个管理站计12人；监理所3人；内河航运管理局50人；国营汽车运输公司563人。接收后，将河运局改为甘肃省人民政府交通厅内河航运管理局；运输公司改为甘肃省银川汽车运输公司，归运输局领导；养路段改为兰包公路银川养路段；监理所改为甘肃省银川汽车监理所，管理站改为兰包公路××管理站，三个单位均属公路养护管理处领导。

甘肃省交通机构先后经过数次调整，基本上形成了省级政府部门集中管理的模式。到1955年3月，省交通厅机关及其下属各专业管理机构共有大小单位155个，职工总数达到了6126人。

根据国务院1955年关于调整机构，紧缩编制的精神，甘肃省交通厅重新提出了一个调整方案，再度集中统一领导。拟将运输局、河运局、公路养护管理处、工程总队等逐步合并于厅内，由省交通厅直接领导企事业单位的具体业务；省交通厅增设政治处，主任由党员副厅长兼任，另设副主任及秘书各1人，下分组织、宣传两科，共有编制14人。具体负责全系统的政治思想教育工作。厅属各局（处）政治机构尚未健全者，均予以改组，增强力量。除由局（处）长兼任主任外，另配副主任、秘书、组织、宣传等若干人。其下属的基层单位均设政治指导员，负责本单位的政治工作及组织工作。全系统政工干部共85人，符合中央关于政治工作人员要占职工总数的1%~1.3%的规定。

依照上述调整方案，1956年2月，撤销了公路养护管理处、工程总队、运输局，将河运局移交给内蒙古自治区。不久，为适应公路建设和交通运输新形势，成立了公路局，恢复了运输局，两局直隶于省交通厅。同时，对两个内部机构作了调整，设有办公、监察2室和人事、劳资、财务、计划统计和航运5个科。随着全国经济体制的改变，省交通厅根据中共中央、甘肃省委关于"紧缩机构、减少脱离生产人员"的指示精神，于1958年5月3日对原有机构再次提出了调整方案。

首先，撤销省交通厅公路、运输两局。在厅内增设公路、运输两科，并在运输局技术科和公路局工程技术科的基础上成立技术科，新设教育科；原财务科和计划统计科合并为财务计划科；人事、劳动工资和监察室合并为人事科。共设6科1室，人员编制80名。其次，撤销设在各地的公路段以及运输公司。并在此基础上设立各专、州、市交通运输管理局。

根据实际情况，还成立了玉门、酒泉、白银、张掖4个市交管局（工交局），其中张掖市和酒泉市工交局由张掖专署交管局代管。

各地交管局成立以后，省交通厅于1958年6月10日正式撤销了公路、运输两局。此外，未下放的兰州汽车修理厂、省第四工程队、省机械筑路队、省轮胎翻修厂、省航道队仍旧归省交通厅直属。省交通厅在业务上指导各专、州、市交管局。

同年，宁夏回族自治区在银川成立，甘肃省交通厅移交了宁夏境内公路交通系统各企事业单位以及所有公路路线、车辆、人员和财产。

1959年3月，省交通厅从各单位抽调6名工程技术人员，成立了交通科学研究所。主要承担公路路面病害的形成原因及防治办法等研究课题。科研行政业务均受省交通厅领导。

管理体制调整时期，交通部公路勘探设计院依照全国交通会议有关机构下放的精神，于1958年9月1

033<<

概说古今

日将所属第二分院桥梁钻探组和第五分院测量队下放甘肃省交通厅领导。省交通厅为平衡技术力量，将桥梁钻探组下放定西专署领导，将测量队（当时在红敦公路上执行任务，其中有11人赴陕西执行任务）下放张掖。因桥梁钻探组主要是为修理大、中型桥梁提供地质钻探资料，当时在施工力量不足的情况下，仍承担全省公路大、中型桥梁的钻探任务。由于钻探组行政上归定西专署领导，各地建桥需要钻探时，必须向定西专署提出计划，然后视不同情况决定派遣事宜。

在此期间，承担西北公路主要基建任务的交通部公路总局二局三处的一部分，于1958年7月下放甘肃。到年底该处承担的四川省郎唐公路竣工后，除少数几名人员留在阿坝处外，其余职工（约120余人）于1959年初到兰州，人员、财产移交甘肃省交通厅。省交通厅除将70余人分往甘南、临夏、厅机关、民航局、交通医院、交通学校外，其余职工重新组建了省交通厅机械筑路队。

1961年2月26日，根据中共中央"调整、巩固、充实、提高"的八字方针，遵照甘肃省委《关于调整地方交通管理体制的通知》，决定将专、州、市交管局三权（人权，财权、产权）收回，由省交通厅直接领导。同时对各部门机构设置提出了调整意见：一是调整工程基建部门。全省公路施工力量（包括机具设备及人员）全部集中由省交通厅直接领导，以充实厅直属工程队即第四工程队的施工力量，并在现有工程队的基础上分设第一、二工程队（一队驻张掖，二队驻定西）和一个测量队，担任由国家投资的公路、航道、厂房等基本建设工程。属于县乡公路修建工程，或由地方自筹资金修建的工程，均由地方承担。二是公路养护管理部门，将主要干线公路集中由厅管理，除民工建勤外，以道工养护为主，实行养管合一、监理垂直。在机构设置上，成立8个公路总段负责干线公路的养护管理工作。三是专、州、市交通部门，继续贯彻两条腿走路的方针，各项工作由地方负责管理。各地于1962年陆续设立的交通局（处），行政上受地方政府领导，业务上受省交通厅指导。四是"三权"上收后，厅机关业务量增大。根据需要，对厅内部机构设置也进行调整。除增政治部、监委外，业务上设立1室12处，即办公室、运输处、基建处、路政处、地方交通处、机关车辆管理处、工业处、器材供应处、计划处、财务处、人事处、保卫处、劳资处，具体负责管理全省公路交通企事业单位业务。

体制调整后，干线公路养护与管理归省交通厅直接领导。各专、

州、市交管局也随即撤销,并先后成立了交通局(工交局),具体负责县乡公路的修建和养护。行政上受当地政府领导,业务上受省交通厅(后改省公路局)指导。

1968年3月26日,经甘肃省革命委员会批准,成立甘肃省交通厅领导小组,行使原省交通厅的各项权力。同时,撤销了原甘肃省交通厅和中国共产党甘肃省交通厅政治部及甘肃省交通厅"抓革命、促生产第一线指挥部"三个机构。4月6日,甘肃省交通厅领导小组正式行文。1969年1月24日,甘肃省革命委员会成立,省机关及其下属各局也相继成立"革委会筹备小组"。根据甘肃省革委会甘革发(69)73号通知精神,成立了甘肃省交通运输管理局革命委员会筹备小组,于1969年2月10日开始正式办公并启用公章,同时撤销原甘肃省交通厅领导小组。为了加强各地区在运动期间对省属企事业单位的临时领导,1969年2月18日省交通局革筹小组依据省革委(69)2号通知精神,将省属企事业单位下放各地区领导,交通系统下放的计有11个公路总段,5个汽车监理站,10个汽车运输公司(队),改变了过去垂直管理的管理体制。

随着战备工作的进展,为适应战备的管理机构应运而生。1969年11月21日,甘肃省革委会转发了《国务院、中央军委转发关于邮电体制改革的意见》,要求电信、邮政业务分开管理,其中电信系统归军队;邮政系统归交通部门。省邮电管理局撤销后,邮政部门与交通部门合并。为了便于工作,暂时成立甘肃省邮政局,并成立有省交通局革筹小组负责人参加的领导小组,负责邮政接交工作,管理全省邮政业务。省交通局与省邮政局领导小组研究了合并的具体方案,于1970年6月5日上报了《关于合并问题有关事宜的请示报告》。报告称:"根据交通、邮政业务特点,合并后局机关设立8个组,即政工组、办事组、工业组、综合组、邮政组、运输组、公路组、供应组,干部编制80名,比原编制减少24.5%,合并后直辖企业单位107个,职工总数1.13万多人,办公地址设在省邮政局原址"。报告批复后,于1970年7月27日,原省交通运输管理局与省邮政局正式合并,成立甘肃省革命委员会交通邮政局。同年撤销省公路局,成立省公路工程建设团,直隶于省交邮局。10月3日,省革委会批准成立交通邮政局核心小组。

省交邮局成立不久,分散各地的公路、运输、邮政等单位也很快合并,成立交邮局,直属各地、州、市革委会领导。

下放省属企事业单位,其最终目的在于适应战备,但下放以后仍出现了许多问题,甚至有些地区将公路段、道班层层下放到县、公社。随着国内形势日渐好转和1972年开始的大整顿，各项管理工作逐步得到加强，改革不合理的管理体制已势在必行。1973年，国务院、中央军委发出了60号文件，要求邮电体制再次合并，交通机构需要另设。甘肃省革委、省军区也相继发出了《关于调整邮电体制问题的通知》，决定将邮政部门从省交邮局划出，省交邮局改为省交通局，1973年9月1日起正式对外行文。同年7月11日，省交邮局核心小组向省革委会提出了省交通局机构设置和人员编制的意见，提出省交通局机关设运输、工业、计划财务、劳动工资、材料供应5个处和1个办公室，1个政治部，其中政治部下设宣传、组织、群工、保卫4个处；局机关编制职工134人，其中干部116人，勤杂人员18人。公路管理机构增设公路管理处和监理处，编制40人（其中公路管理处编制30人，监理处编制10人）。两处均为公路事业单位，分别管理公路基建养护及汽车监理和交通安全工作。根据交通运输事业的发展趋势，在测量设计队和实验室的基础上，设立甘肃省公路勘测设计院，县级事业单位，直属省交通局领导，具体负责全省公路测量设计、科学实验、科研情报工作。在原公路工程建设团所属机械站的基础上设立甘肃省筑路机械站（县级

企业单位），具体担负全省公路系统机具设备的维修任务。

1973年9月17日，省交通局办公地址由原省交邮局迁至北园原省林业局旧址（今萃英门），正式开展工作。

在省级机构调整基本结束后，各地交邮局也随之进行了调整，成立了地区交通局（工交局），在行政上领导地区公路总段、汽车运输公司，在业务上指导各县交通局（工交局），重点担负县乡公路建修、养护业务，形成了由省交通局、地方政府双重领导的管理体制，但地区公路总段在具体业务上独立于地方，养路费收支实行统收统支，由省交通局统一管理，这对重点发展干线公路无疑是一个促进。

此后，还于1973年恢复了甘肃省交通学校，1974年恢复了甘肃省交通科学研究所。1975年甘肃省革委会批准在省交通局内设立水运处。同年4月，甘肃省编制委员会正式批准了省交通局内部机构由政治部（下设组织处、宣传处、群工处）、办公室、运输处、公路处、工业处、计划财务处、劳动工资处、材料供应处组成，具体负责全省的公路交通业务。

为加强路政管理和养路费征收，1977年1月26日省交通局增设交通监理处，编制10人。

1978年8月经省革委会批准，将

全省各地、州、市所属的40余个公有制交通企事业单位（包括各公路总段，含嘉峪关公路总段）、交通监理所、汽车运输公司（兰州汽车运输公司白银二队）、汽车修理厂（含临夏、庆阳、武都、张掖汽修厂）及4万多名职工归省直属，实行统一领导、分级管理。为适应这一变革，省交通局内部机构也作了相应的调整。省交通局下设公路局、交通规划设计院、汽车运输总公司、交通工业总公司、物资供应公司5个专业化全能机构。具体负责交通规划与科研、公路建设与养护、机械修理与制造、运输生产与市场管理以及物资供应等工作。在上述机构正式运转后，省交通局于同年11月撤销了公路工程处、运输管理处、工业技术处、材料供应处和汽车货运管理总站。

1980年，省交通局奉省政府令改名为省交通厅，内部机构和下属机构维持原状。对于各地、州、市交通部门领导干部任免与调动，省交通厅和有关地方党委协商决定，按干部管理权限由省交通厅负责办理。

1982年，交通部提出"要努力把交通搞通、搞活、搞上去"的方针。1983年3月提出："有河大家走船，有路大家走车"的方针。1984年9月，根据公路交通多层次、多形式、多渠道的特点，进一步提出了"各部门、各行业、各地区一起干，国营、集体、个人以及各种运输工具一起上"的方针。之后，交通部又提出了"转、分、放"（转变职能、政企分开、下放权力）的要求，政府交通部门开始实行两个转变：一是从主要抓直属企业转变到面向整个交通运输行业，加强行业管理和指导；二是从直接抓企业的具体生产经营活动转变到抓好行政管理。同年12月7日，交通监理处改组为交通监理局。

根据上述方针、政策，甘肃省交通厅于1985年上半年将直属汽车修理厂和运输公司全部下放到各地、州、市。同时撤销了行政性公司，合并了专业管理机构，并对厅、局机关及人员作了适当调整和裁减。在下放企业的同时，各级政府交通部门进一步下放了权力，实行政企分离、政事分离。省交通厅由直接抓直属企业转变到面向整个公路交通行业，应用经济和法律手段管理交通，并逐步建立健全了省交通厅、地（州、市）交通局（处）、县交通局、乡交通管理站四级行政、路政、运政、养路费征稽管理机构，同时还加强了交通科技、规划建设、信息、情报、组织协调和监督服务五个系统，使综合管理和宏观调控的职能有所改善。改革过程中，经省人民代表大会常务委员会和省人民政府的批准，先后制定并颁发了公

路和水运交通法规、办法近30个，使行业管理逐步纳入法制化轨道。

1987年6月22日，撤销交通监理局，成立厅养路费征稽处，专门负责养路费征收，其余业务移交公安部门。

1990年，省交通厅机关设办公室、人事处、计划处、科技处、财务处、宣教处、劳资处、离退休干部工作处、审计处、能源办公室、纪检组、厅直机关党委、公路运输工会工作委员会。直属单位有厅公路局、厅运输局、厅水运处、厅养路费征稽处、省交通规划设计院、厅基建工程质量监督站、省交通学校、交通部电视中专甘肃分校、省交通物资供应公司、省交通劳动服务公司、省驼铃客车厂、省汽车运用工程研究所，以及14个公路总段和15个征稽所。

随着公路交通的不断进步，交通体制在基本稳定的前提下，仍有一些调整。1993年，省交通厅将厅公路局工程处改为省交通厅工程处，行使省交通厅公路建设管理职能，改变了甘肃在公路建设上长期存在的养建合一、建管一体的管理体制，把市场竞争机制引入公路建设，为做好工程招（议）标工作打下了基础。

1994年1月省交通厅成立《甘肃交通报》社，加强了交通新闻宣传工作。9月，成立省交通科技通信中心，重点研发交通系统办公软件。同年成立交通工程建设监理公司，开始对公路工程实行全程监控。

1995年12月，省交通厅公路局、厅运输管理局、厅水运管理处、厅交通基建工程质量监督站分别更名为省公路局、省公路运输管理局、省水运管理局、省交通基建工程质量监督站。1996年1月，将厅征稽处更名为省交通征稽局，进一步促进了这几个方面的职能作用的发挥。为了强化财务监督。1995年还成立了省第三会计师事务所第一分所，隶属省交通厅。

1996年4月，省交通厅成立厅机关后勤服务中心，进一步提高了厅机关后勤服务水平。同年8月，省交通规划设计院更名为省交通规划勘察设计院，扩大了该院的业务范围。由于外资引进工作的需要，同年8月，成立厅引进外资项目管理办公室，专门负责外资引进、接洽、谈判、外资使用等事宜。

1997年3月，成立省公路工程定额管理站，公路工程定额管理工作正式起步。

1997年和1998年，省人大常委会先后颁布了《甘肃省公路路政管理条例》等4部地方性交通法规。为了加强交通法制工作，厅机关增设了体改法规处。

1998年9月，甘肃省公路工程总公司正式与省公路局分离，该公司下辖12个经营实体，其中公路施工企业5个。

2000年，省交通厅成立省高等级公路建设开发有限公司，与省交通厅工程处"两块牌子、一套机构"。同年底，省交通科研所与交通质监站正式分离。随着改革的深入，公路养护运行机制改革正式启动，省交通厅当年正式印发了《甘肃省省级公路养护运行机制改革方案》。运行机制改革试点工作首先在张掖公路总段实施。

2001年2月，根据省政府机构改革总体方案和《甘肃省政府办公厅关于印发甘肃省交通厅职能配置内设机构和人员编制规定的通知》，省交通厅机关实行机构改革，机关内设机构调整为9个处（室），即办公室、体改法规处、综合规划处、财务资产管理处、人事处、劳动安全处、建设管理处、科技教育处、离退休干部管理处，另外设有省监察厅驻省交通厅监察室（中共甘肃省纪委驻省交通厅纪律检查组）和厅直机关党委、省交通工会工作委员会。共计行政编制60名。

2002年5月，张掖公路总段更名为张掖公路分局。按照"一分局四实体"的原则，分局组建甘肃天地路桥工程有限公司、公路路政支队、收费公路管理处、金达路业有限责任公司。随着高等级公路的发展，建设单位如省公路局、厅工程处、甘肃路桥集团、长达路业公司和部分市都先后成立了收费公路管理处、所、站或局，收费业务扩大。为了对收费公路在业务上实行统一管理，同年，省交通厅成立甘肃省高等级公路运营管理中心。同时，省交通厅以引资办为基础，组建成立了长达路业有限责任公司，负责高速公路建设及世行项目的管理工作。同年，又成立甘肃路桥公路投资有限公司，主要从事路桥融资、建设和管理工作。

2003年8月，甘肃驼铃工贸发展有限责任公司（原省驼铃客车厂）与郑州宇通客车股份有限公司完成重组，成立兰州宇通客车股份有限公司，使这个长期亏损的汽车制造企业迎来了新的发展机遇。9月，经省政府批准，省交通学校和省交通干部学校合并组建成立甘肃交通职业技术学院，使之成为一所专科层次的高等职业技术院校。年底，省交通规划勘察设计院完成企业化改制，更名为省交通规划勘察设计院有限责任公司，我省公路勘察设计工作进入市场化轨道。2004年4月，省公路网规划办公室与省交通规划勘察设计院分离，隶属省交通厅领导。7月，成立甘肃交通新闻信息中心，归口管理交通新闻宣传、交通信息和调研工作。为了加强与中央各部委的联络，促进甘肃交通工作，于8月设立了省交通厅驻北京联络处。9月，厅引进外资项目办公室与甘肃长达路业有限责任公司分离，隶属省交通厅。

2004年6月，根据甘肃省机构编制委员会办公室《关于省交通厅设立省交通战备办公室的通知》，从2004年6月起，原设在省经贸委的省交通战备办公室整体划归省交通厅，为处级建制。主要负责贯彻执行国家、省有关交通战备规划、工作规划、制定战时交通保障计划，负责交通战备队伍的组织领导、战备训练、演练计划的拟定及组织实施工作。2005年5月，省交通厅成立审计办公室，挂靠省交通征稽局。2006年6月，经省编办批准为省交通厅内设机构，主要负责全省交通行业内部审计工作。9月，成立了省交通厅信贷管理委员会办公室，加强了公路建设信贷资金的管理和融资工作。2005年12月，省交通厅成立了总工程师办公室，设在省公路网规划办公室，负责全省交通行业工程技术质量等业务的综合管理工作。

2006年12月，甘肃省交通科研所完成企业化改制，更名为甘肃省交通科研所有限责任公司。

甘肃交通体制沿革比较复杂，特别是1949年以后，变化频繁，几上几下，旋分旋并，现在仍在不断完善和变革之中。随着交通事业的不断进步和改革的不断深化，一个适应社会主义市场经济的科学高效的交通管理体制正在形成。

公路养护管理部门

甘肃省原虽设有公路养护机构，但养护力量薄弱，管理路线过长，平均每个道工养路12公里，有顾此失彼之虞。根据西北区第二届公路会议决议，省交通厅于1951年5月对接收的原西北公路局所属的工务段进行了调整，重新设置了养护机构。按照路线行车密度和各地经济状况，在西兰、甘新、甘青、华双、平宝、平宁、兰宁等主要和次要公路沿线设置养护工务段18处，以道工养路为主，以群众养路为辅。

道班的设置，在运输量较大的路线，每20公里设一道班，每班配工目1人，道工16人~20人。

群众养护工作的分配，以每人养护1公里为原则，每10人组成一队，设队长1人。群众养路队受当地县政府和工务段双重领导，贯彻"道群结合，分工共养"的原则。

公路段为当地政府的组成部分，受省交通厅和县政府的双重领导，关于段干部，经征得省交通厅同意后，可与县交通科干部互相调剂。

上述政策的贯彻执行，对提高当地公路养护工作，促进城乡交通的发展，起到了积极的作用。

1952年6月，甘肃省改变了专署以下各地交通建制。按西北军政委员会交公养（52）字第01334号通知，国、省道主要路线设有养路段地点的专、县，于本年6月底以前撤销交通科。定西、平凉、天水、武都、武威、酒泉、庆阳、临夏8个专区的37县及兰州市所设立的交通科，在6月底撤销之前，一切经费开支由各专、县、市人民政府编制决算，呈报省交通厅养路费项下核销，6月底即停供给。其原来经办的交通业务同时归并各专、县、市建设科办理，并在原建设科编制员额内，指定专人负责。其他原来未设立交通科的县、市，根据业务需要与实际情况由建设科指定专人办理交通工作。

随着国民经济建设第一个五年计划的执行，交通建设任务越来越重。为加强甘川、兰阿、兰郎公路施工力量，1952年7月，省交通厅分别由厅机关、工务段等直属单位抽调行政干部和技术人员组建了工程队，下设5个监工处，共编68人。同期，由省交通厅副厅长陆为公和临夏行政公署专员王治国共同主持，成立了临夏公路工程委员会，负责整修兰郎公路夏河至临夏段。

1953年1月，西北交通部决定继续整修兰郎公路，新开夏河至郎木寺路段工程，夏临公路工程原有人员均由西北公路局工程总队接收。

1954年4月，西北交通部决定撤销兰星国道管理处，其业务并由甘肃省交通厅办理。同年5月，遵照中央交通部指示精神，为实现国家过渡时期的总路线，适应公路建设与运输事业的急需，经甘肃省人民政府第153次行政会议通过，省编委会批准，省交通厅增设监交室、保卫科、运输局、公路养护管理处和工程总队。其中公路养护管理处内设1室6股，编制共52人。各地养路段、管理站、渡口管理所、监理所等均属管理处领导。原工程队改编为工程总队，内设1室4股，编制25人，另将测设队划归工程总队领导。

1954年8月，甘、宁两省交通厅合并后机构逐步扩大，人员也随之增多。截止年末，厅属公路养护管理处共辖养路段29个，管理站33个，汽车监理所3个，渡口管理所2个，共67个单位计2 387人。为了便于集中领导，经反复研究，并在全省第三届交通会议上征得各段站及当地政府同意，作如下调整：

将现有养路段和管理站合并，改为"××公路××养护管理段"，每段设正副段长各1名，大段可设副段长2人，行政上受公路养护管理段领导。个别管理站因情况特殊不便于合并者可予保留，但必须归属就近养路段代管。在天水、平凉、银川、兰州、武威、酒泉、岷县等地公路养护管理段的基础上，成立中心段，定名为"××公路××中心养护管理段"，负责各分段的业务指导。其在行政上仍属省公路养护管理处领导，组织关系受地方党委领导。

调整后的公路养护机构设置具体情况如下：

平凉中心段：分辖西峰、泾川、静宁、固原4个管理段及土谷堆、七里店、柳湖3个管理站。

银川中心段：分辖中宁、吴忠2个管理段和银川南门、北门2个管理站。

兰州中心段：分辖定西、河口、临洮3个管理段和庙滩子管理站。

岷县中心段：分辖旧城、宕昌、武都3个管理段。

天水中心段：分辖华家岭、秦安、徽县3个管理段和天水郡、十里铺2个管理站。

武威中心段：分辖永登、永昌、张掖3个管理段和窑雅机动养护队。

酒泉中心段：分辖高台、玉门、安西3个管理段。

夏河、临夏、安宁渡3个养护管理段和东岗、八里窑、西果园3个管理站及银川、兰州、酒泉、仁存渡口、康家崖渡口5个管理所均由省公路养护管理处直接领导。

1955年甘肃省交通体制调整。1956年2月，撤销公路养护管理处、工程队，按地、州、市行政区划成立了10个公路段，合并了原有的公路养护管理段和管理站，成立了甘肃省公路处及6个工程队、1个房屋建筑队。嗣后，省公路处改称公路局。1958年5月，交通体制改变，公路建设、养护各部门相继撤销，公路局改组成厅公路科，公路段及其分段合并于各地（州、市）、县交管局（站），由各地（州、市）专署和县人民政府直接领导。基层道班由当地人民公社领导，干线公路由人民公社包段养护。一部分养路技术人员和骨干工人外调其他部门，打破了一贯实行的公路建设由专业队伍修建、养护和群众修建、养护相结合的方式。

1961年10月前后，交通体制调整，相继成立了安西、武威、临夏、平凉、天水、岷县、张掖、白银、定西9个公路总段，领导34个公路段和58个汽车管理站。此后，根据全省部分专区行政区划的变化和养护业务的大小对养护机构又作了几次调整。同年12月5日，增设甘南、庆阳、兰州公路总段。总段增至12个，核定职工编制7 700人。12月11日省交通厅以（61）交路字1362号通知，取消了养路工区建置，确定了总段、公路段、道班三级养路管理体制。此外，安西公路总段改为酒泉公路总段，办公地址设在酒泉，1962年3月15日迁至安西，名称未变。同年底，鉴于岷县公路总段远离武都，省交通厅决定撤销岷县公路总段，成立武都公路总段，于1963年初迁至武都。1963年11月1日，撤销白银公路总段，将所辖靖远、白银公路段线路、人员、财产，按行政区划分别移交定西、兰州公路总段管理。同年2月18日，省交通厅发出《关于调整公路养护机构的通知》，并于4月1日将武都公路总段管辖的临洮、陇西公路段划归定西公路总段领导；兰州公路总段所辖的永登公路段划归武威公路总段领导；在平凉公路总段辖线内增设平凉公路段；在定西公路总段辖线内恢复华家岭、定西公路段；在天水公路总段辖线内增设盐关公路段。至此，全省共有庆阳、平凉、天水、定西、武都、甘南、临夏、兰州、武威、张掖、酒泉11个公路总段，37个公路段，421个专业养护道班，共有职工6 634人。

1962年3月10日，省交通厅第一、二工程队合并，称为交通厅公路工程队，核定编制1 726人，其中工程队1 576人，测设队150人。同年7月1日，撤销交通科学研究所。因公路桥梁工程测验等工作不能停止，故留10人并入测设队，继续承担科研任务。1963年8月14日，省交通厅为加强交通基本建设管理，减少层次，压缩非生产人员，撤销了公路工程队，与基建处合并组成甘肃省交通厅基本建设处，直接领导第一、二、三、四工区及其测设队、机械站、房产队等单位，处内编制60人。1964年1月1日，公路、运输两局恢复建制，编制155人，其中公路局80人。公路局业务上指导着11个公路总段和汽车监理所以及各地县乡公路的养护和管理。

随着干线公路的巩固和发展，县乡道路建设逐渐得到重视，公路局在技术上给予各地大力支持，并成立了专门的施工管理机构。1964年5月11日，省交通厅以（64）甘交劳字第0058号文通知成立县乡道路测量设计队，为厅直属事业单位，由公路局直接领导。

省交通厅直属工程队也几经调整，1964年10月5日，成立甘肃省交通厅养路工程队，业务上由公路局直接领导，编制300人。主要承担重点工程的施工任务。1965年2月26日，省交通厅上报省人民委员会，要求撤销这一机构，并对机构作了重新调整。同年4月27日，撤销了甘肃省交通厅养路工程队，将该队所属第一、二中队和机械运输队交公路局直接领导，改称为甘肃省公路局工程队和甘肃省公路机械运输队，人员编制300名。同时，为适应公路基本工程建设的需要，将原厅基本建设处改称为甘肃省交通厅基本建设工程处。

1965年6月18日，经省委批准将省交通厅基本建设工程处合并省公路局，经过长达8个月的准备，省交通厅党组扩大会议决定：从1966年3月1日起正式合并办公，机构仍称甘肃省公路局。公路局内部设立政治处（下设办公室、干部科、组织科、宣传科)、工会、团委以及劳动工资科、路政科、工程科、计划财务科、器材供应科和办公室、总工程师室，人员编制100人。其次还下辖第一、二、三、四、五工程队、房建队、测设队、机械站等企事业单位。

1966年3月1日，甘肃省交通厅决定，将原厅监理处直接领导各汽车监理所改为由各总段直接领导，对内作为总段的业务科室（监理科），对外仍以监理所的名义开展工作，名称未变。未设监理所的定西、庆阳地区，所在地总段配备管理干部1人，办理监理业务。养路费、过渡费、管理费仍统一由站所上交公路局，实行统收统支。这时的养护管理实行的是"养管合一，监理垂直"的管理体制。

1966年8月以后，"文革"运动波及到各行各业。公路局成立了以"公路兵团"为主的群众性组织，省公路局"名存实亡"。直到1969年战备公路建设开始后，这种局势才有所改变。

1969年1月1日，省革委会为使省属企事业单位充分发挥地方优势，搞好战备公路工作，下发了《关于下放省属企业、事业单位的通知》。全省除平凉、武威、酒泉、张掖、甘南地区（州）的总段建制存在外，其他地区均撤销了公路总段，庆阳地区甚至撤销了公路段，将道班下放到公社一级，各干线公路由沿线社或队划段包干。兰州市撤销了总段、公路段后，实行军事建制，成立"兰州市公路交通管理团"。团设正副团长、政治委员，团下设4个连一个排，道班建制未变。天水、临夏设立交通运输团，建制亦如兰州市。

1969年2月28日，省革委会生产指挥部指示将公路局房建队连同职工、财产、物资一并移交给省建设公司。12月1日又同意公路局机械站与第三汽车修理厂合并，成立甘肃省筑路机械修配厂。战备公路开始后，为使机关业务转入正常，11月开始筹备成立甘肃省公路建设团，并于1970年1月11日宣告成立。同年3月28日，省交通局根据省革委会政治部的指示决定成立公路工程建设团革命委员会，由15人组成。其中革命领导干部3人，军代表1人，一般干部代表4人，工人代表7人。省公路工程建设团革委会内设办事组、政工组、生产组、外调组4个机构，下设第一、二、三、四、五工程队和1个机械站、1个测设队，各项工作开始转入正常。

为便于定天公路鸳鸯镇、贺家店两工程的管理，1971年8月17日，将第三工程队一分为二，增设第六工程队。同年9月7日，又由各工程队抽出人员组建了第七工程队，驻扎兰州，以适应战备需要。

1972年5月29日，省革委会生产指挥部发出了《关于恢复各地区公路总段及干线公路仍由专业道班养护的通知》，根据《通知》精神，撤销的总段随即恢复，下放的公路段、道班收归总段领导。

为将全省公路基建与养护等工作全面管理起来，经省交邮局核心小组1973年1月22日研究决定，省交邮局公路组与省公路工程建设团合署办公。合署后的公路工程团下设政治处（不设科）、办公室、工程师室、工程科、养路科、计划财务科、地方道路科、劳动工资科、材料供应科。同年12月25日，将甘肃省公路工程建设团更名为甘肃省公路工程处。

1976年1月3日，撤销公路工程处机械站，成立公路工程处机械队、汽车队、保修场，直属省公路工程处领导。同时，处内增设机械运输管理科，编制6人，负责车辆、机械调度、安全管理与维修等工作。同年12月27日，将保修场合并于汽车队，其名称未变。

为了加强对主干线路和国防公路的养护，各地区根据具体情况还增设了一些公路段，即：酒泉地区1970年增设额济纳旗公路段（此前内蒙古自治区额济纳旗划归甘肃管理），1972年又增设金塔公路段。平凉地区1971年2月13日增设灵台、崇信、华亭、庄浪公路段。同年11月5日，甘南州成立舟曲公路段。1972年8月18日张掖地区成立肃南公路段，1976年12月1日又增设民乐公路段。1973年庆阳地区设立环县公路段。同年12月7日，定西地区增设会宁、渭源公路段。1974年7月1日，天水地区设立漳县、张家川公路段。1976年4月1日又增设清水、两当、天水公路段。截至1976年底，全省共有公路总段11个，公路段54个。

1985年1月，经省政府批准，将甘肃省公路局改为甘肃省交通厅公路局，仍为事业性全能机构，具体负责全省公路建设和养护管理。同期，新组建了公路工程公司，将原公路局所属的第二、四工程队、机械队、汽车队划归工程公司；将第一工程队划归兰州公路总段；将第三工程队划归武都公路总段。同年12月，随着甘肃省部分地区行政区划的调整，相应地调整了部分公路养护机构：新设白银公路总段，将兰州、定西、武威三个公路总段分别所属的白银、靖远、会宁、景泰四个公路段，划归白银公路总段管理，管养公路798.3公里；将天水公路总段所辖的徽县和两当公路分段，划归陇南公路总段管辖，划入养护里程241公里；将陇南公路总段所辖的岷县公路段和天水公路总段所辖的漳县公路段，划归定西公路总段管辖，划入养护里程366.5公里。机构调整后，省交通厅公路局直辖一个工程公司、13个公路总段，公路管理段根据情况增设，除特殊情况外基本达到一县一段。包括基层养路道班及附设机构，共有职工1.2万多人，其中生产工人约占75%左右。20世纪70年代末，县、区均成立了县乡公路工程队，80年代改队为站，行政上受当地政府领导，业务上受省公路局指导。公路部门的机构经过不断调整，逐步稳定下来，这对全省公路养护水平的不断巩固和提高起到了有力的保证作用。

1990年1月成立西峰公路段。10月，重新组建厅公路局工程处，撤销甘肃省公路工程公司，1991年1月成立碧口公路段。

1995年，省交通厅公路局更名为甘肃省公路局。1996年1月，嘉峪关公路管理段直属省公路局领导。2月，全省公路段统一更名为公路管理段。9月将40个大道班改为养护管理站。同年成立甘肃省公路工程总公司。河口公路管理段迁往兰州市红古，改名红古公路管理段。合作公路段迁合作市，管养合作市、夏河县境内省养公路。1997年12月，嘉峪关公路管理段升格为嘉峪关公路总段。至此，全省有14个公路总段，下辖75个公路管理段。1998年，隶属于省公路局的公路工程公司与省公路局实行事企分离，组建了甘肃省公路工程总公司，省公路局由过去的兼顾企业经营转变为具有行政管理职能的事业单位。2002年，经省编委会批准省公路局进行机构改革，设置13个处、室和3个工作部门，13个处升格为副县级建制。2005年，在省公路局路政处的基础上，组建成立了省公路路政管理总队，从省公路局分离出来，隶属于省交通厅管理。总段、公路段设政支队、大队。

运输管理机构

国营汽车运输部门 民国17年（1928年）1月2日，甘肃省政府设立交通处，刘郁芬兼任处长，颁发了《甘肃省交通处组织大纲》。民国20年（1931年）2月，省政府奉行政院第2358号训令，设立长途汽车公司。同年4月省政府筹设汽车管理处，并筹划车站及组织章程。民国21年（1932年），制定了《管理商办营业汽车暂行规则》。民国28年（1939年）7月1日，省车驼管理局成立，办理全省驿运业务。

1949年8月26日，兰州市军管会交通处负责接管第七运输处，并成立监交委员会，到年底接收了兰州、酒泉、天水三地交通管理系统的全部财产。计有各型汽车286辆（包括待件及待废车在内），畜力车24辆，机器228台，工具1875件，房屋山洞车棚1 653间，土地372.7亩等。当时参照市面价值估算，全部资产共值47.35亿元。

1950年7月，撤销兰州军管会交通处、运输处，成立国营西北运输公司兰州分公司，属国营西北运输公司管辖。1951年4月，在西北交通部和联管会领导下，成立西北公路汽车营运联合管理委员会甘肃分会。其任务是对军、公、商营汽车统一领导管理，实行三统政策（统一货源、统一调度、统一运价），整顿运输市场。根据全省第一届交通会议决定，交通厅接管了46个专署县市的交通运输管理工作。根据西北区第二届公路会议决定，同年12月1日省交通厅奉令接管国营西北汽车运输公司兰州分公司，包括汽车管理场、酒泉保养场、所辖车站及营运路线5条（兰天、兰酒、兰敦、兰岷、甘青，共计长2 010公里），各型汽车共116辆。

1952年1月，省交通厅改组兰州分公司，成立甘肃省汽车运输公司。西北联运公司成立后，甘肃省联运公司也成立，主要任务是组织货源，办理公路、铁路及民间运输工具的联接运输业务。当年5月省联管分会撤销，私营车辆恢复自由营运，运输市场上出现了哄抬、压抑运价的混乱现象。为了实行计划运输，合理使用运力，大区成立西北运输委员会，在省财经委员会的领导下，成立甘肃省运输委员会，统一掌管货源，平衡运力运量，并将私营汽车组成20个车队，实行了三统政策，改变了运输市场的混乱状况。1953年5月，甘肃省联运公司移交省交通厅领导，与国营甘肃省运输公司合并，公司内设联运科，专负联运业务行政领导之责，下设兰州联运站。同年7月1日在省财委领导下，成立省运输计划委员会，制定了《甘肃省执行公路物资运输计划暂行办法》。1954年6月7日，将省运输公司改组为运输局，局下成立兰州、酒泉两个汽车运输公司，一个汽车修理厂。当年9月，宁夏省和甘肃省合并，原宁夏省汽车运输公司改称银川运输公司，属甘肃省交通厅运输局管辖。

1955年2月，省交通厅运输局撤销，厅内设立运输处，原运输局计划、统计、技术、材料及财务等业务并入厅内有关科室。1957年2月，复设甘肃省交通厅运输局，负责管理全省公路运输业务，直接领导专业汽车运输企业及修理厂等单位。

1958年，撤销运输局，厅内增设运输科，并将省属各运输公司、汽车修理厂下放。有些地方还将汽车下放到县市。运输企业下放后，省交通厅成立了直属车队。

1961年6月15日，省交通厅收回三权。厅下复设运输企业及修理厂，成立酒泉、武威、兰州、白银、定西、平凉、庆阳、天水、武都、甘南、临夏等汽车运输公司，兰州设立客运总站，各运输公司成立保养场，承担汽车保养与小修。厅下还复设汽车修理厂6个，汽车配件制造厂及轮胎厂各1个。于1964年1月1日，又成立甘肃省交通厅运输局。

1969年1月1日，省交通厅将直属的203个企事业单位，下放给各地、州、市或县领导，局直属单位7个，即：汽车运输团（下属11个连站），兰州第一、二、三汽车修理厂、兰州轮胎修理厂，直属车队；另代管交通部直属汽车运输第九公司。1975年4月1日，省交通局将省车办室及兰州汽车服务站，迁至吴家园办公，改组为甘肃省货运汽车管理站，负责办理出兰州的货物托运计划、各运输公司来兰货运汽车业务，及机关企事业单位汽车的管理。省车办室和服务站合署办公后，对外挂两个牌子，对内设一套班子。

1978年8月，省革委会批转省交通局《关于改变公路运输管理体制实行集中领导分级管理的请示报告》，决定各地、州、市专业汽车运输公司、汽车修理厂及监理所由省上集中管理。成立甘肃省汽车运输总公司，属省交通局直接领导。1978年5月16日，设立甘肃省运输市场管理办公室，属省交通局生产计划处领导。12月21日省人民政府以甘政发（1982）370号文批准成立甘肃省公路运输管理处。1983年1月3日，省交通厅决定将省车办与市场办并入省公路运输管理处。

1984年12月7日，省人民政府批准省交通厅关于公路交通管理体制改革的报告，将厅直属12个汽车运输公司，第一、二汽车修理厂，小汽车修配厂、省筑路机械修造厂及水泥厂一律下放给所在各地、州、市管辖。撤销省汽车运输总公司、省公路运输管理处、省工业交通公司，成立甘肃省交通厅运输管理局，局下设公路运输开发服务公司及食宿站两个单位。1985年省交通厅又决定撤销公路运输开发服务公司，食宿站改称招待室。此后运输管理机构相对稳定。1995年，省交通厅运输管理局更名甘肃省公路运输管理局，在业务上指导着15个地、州、市公路运输管理处，当时全省计有86个运管所，运管人员1 365人。2003年以来，全省运政管理体制改革不断深化，甘南、定西、嘉峪关、临夏、陇南、庆阳市（州）道路运输管理机构实行了市（州）以下垂直管理，并组建了省、市、县三级运政执法队伍，履地运政执法、稽查和执法监督职能。

民间运输 甘肃省在辛亥革命以前设有车马局一类的民间运输管理机构，民国初年撤销。抗日战争开始后，为弥补运力不足，于民国28年（1939年）恢复驿运，开始对民间运输实行管理。民国36年（1947年）驿运业务停办，驿运机构撤销。民间运输业者恢复自由经营。

中华人民共和国建立初期，全省民间运输业务由军管会统一管理、组织，参加支前运输，但未设立专门的管理机构。1951年西北交通部在西安成立西北区联运公司，下放兰州、天水等若干个联运站，开始试办民间运输业务。甘肃省以兰州市为重点试办区。同年10月1日，全省设立交通科的县开始办理运输业务；未设立交通科的县由建设科代办。1952年7月，成立省联运公司，并设立天水北道、陇西、天水、酒泉、岷县、敦煌、临洮、永登等8个分支机构。同年9月兰州市成立了搬运公司，11月天水成立了搬运公司，分别负责两个市区搬运业务，其中兰州市搬运公司下属机构比较健全，公司内设秘书室、人事科、财务科、业务科、劳资科、国营股东运输科，还设有5个办事处，13个搬运站，1个修理厂，1个浴池。共有干部职工3 423人，其中固定职工370人，非固定职工3 053人。

1953年1月，西北交通部将民间运输业务移交甘肃省交通厅，省交通厅当即派出工作组分赴定西、临洮、岷县、武都、碧口等地，协助地方政府组织管理民间运输业务。同年，成立甘肃省运输委员会，各专区（州）以及有条件的县根据甘运字第273号通知精神也成立了相应的办事机构。1954年4月1日，撤销西北联营会及甘肃省分会，兰州、天水、武威、酒泉、岷县、陇西等6个联运站也于同时撤销。

1956年，为加强民间运输业的组织与管理，将地、县两级运输委员会改组为群众运输管理所和群众运输管理站，行政、业务均受专署（自治州）和县人民委员会直接领导。但要求设立群运所的专区不设群运站，其业务由群运所兼办。1957年，根据中共八大会议精神，加强了对民间运输的管理。未设立群运机构的县，均在短期内成立了群众运输管理站，管理网络初步形成。

1958年5月，为适应"大办运输"的新形势，将群众运输管理机构撤销或合并。1961年体制调整中，省交通厅设立了民间运输处，负责制定和贯彻民间运输的方针、政策以及全面管理等。各专区在新成立的交通局（工交局）内设民间运输科或组，统一组织和管理全区的民间运输业务。但由于偏重于发展汽车运输，而放松了对民间运输的管理，所以在1962年精减机构中，对各县原有机构未能全面恢复，到1965年，全省只有民间运输管理站34个，配备管理干部134名。

1974年，开始对民间运输行业进行整顿，凡有民间运输组织的县，均成立了民间运输管理站。各县根据业务量的繁简，或独立办理，或与县车办室合署办公，一套人马，两个牌子。此后，管理机构相对稳定。

1982年,省交通厅改组了民间运输处和机关企事业车辆办公室,业务归并公路运输管理处,开始对全省民间运输业进行宏观管理。此后,机构再未改变。

机关企事业汽车运输 1951年1月,西北局在兰州成立西北公路汽车营运联合管理委员会(以下简称联管会),甘肃也成立了联管分会。1952年,联管会撤销,大区成立了西北运输委员会,甘肃成立了省、地两级运输委员会,并于1955年设立了企事业汽车管理办公室,但组织机关企事业汽车参加运输的工作并未全面铺开。根据国务院1957年5月颁发的《关于组织和运用机关企事业载货汽车的指示》和中共中央《关于征用机关企事业汽车参加运输的通知》,于1958年9月将原机构改为甘肃省省市机关企事业车辆管理办公室。1960年4月,中共中央批准了19个部关于《充分组织运用机关企事业载货汽车联合通知》,国家经委和交通部先后又颁发了组织机关企事业车辆的有关指示,把机关车辆组织起来成立地区运输公司。中共兰州市委制定了贯彻方案,把兰州市1 300辆货车全部组织起来,以"条条"、"块块"、"就地集中"三种形式,组建成19个专业车队,统一领导,统一调度。1962年省委批准了省交通厅《改进和加强机关企事业车辆管理的报告》,将甘肃省省市机关车辆管理办公室改组为甘肃省机关企事业车辆管理办公室。各地、州、市也成立了相应机构,实行统一计划运输,调剂部门间和淡旺季运量不均的矛盾,分季分月下达计划。同时,把社会上的保修力量也组织起来,由车辆办公室分配车源。

在"文化大革命"期间,机关企事业单位汽车增加很快。省交通局1971年又重新成立了甘肃省机关企事业车辆办公室,各地、州、市也相应成立了对口机构,全省共配备了370多名管理干部,加强对社会车辆的组织领导。

根据(1984)221号文件精神,撤销省车辆办公室,业务归并省运管局。此后,机关企事业车辆由各单位自行管理。

交通监管理机构

甘肃的公路交通监理机构是随着公路的兴修和公路运输业的逐步发展而不断加强的。民国24年(1935年)西兰公路粗通,汽车逐渐增多,西北国营公路管理局始设管理机构。不久因业务清淡,由甘肃省建设厅主管。之后,由西北国营公路管理局和甘肃省建设厅分管。民国27年(1938年)陕甘运输局成立,在局车务科下设交通股,配练习生1人,专门经办征收商车月捐工作;同年8月底在西兰、华双公路的兰州东岗镇和秦安云山镇设立管理站,这是甘肃省建立基层交通管理机构之始。民国28年(1939年)8月,交通部成立汽车牌照管理所,统一办理全国公商汽车检审验等工作。这时西北地区的监理业务由西北公路运输业务科交通股承办。民国30年(1941年)3月,公路工程与驿运业务分离,在天水成立西北公路管理局,局下设监理科。同时成立了3个管理股和35个管理站,其中在甘肃境内的有兰州、平凉两个管理段和兰州、定西、华家岭、静宁、平凉、天水、徽县、河口、永登、武威、张掖、酒泉、玉门、临洮、岷县15个管理站。民国31年(1942年)8月,管理站全部改为养路费征收站。同年12月交通部派员在兰州设立第二督察区办事处,由交通部汽车牌照管理所直接领导,专门办理西北地区的监理业务。民国33年(1944年)4月,督察区制撤销,改组为甘宁青区汽车监理所,业务仍旧。民国34年(1945年)1月,全国军事委员会临时运输管理局将全国公路工程、运输、监理业务合并,改组后的西北公路管理局将甘宁青和豫陕区汽车监理所分别改为兰州、西安汽车监理所。民国35年(1946年)4月成立第七区公路工程管理局,按照组织规程,内设监理科、管理站,机构组织渐趋完善。于是重订规章,配备人事,详拟各站设置及业务开展等计划,监管理工作走向正轨。按照公路总局的规定,每250公里设管理站1处,但因业务需要及地理环境,于民国36年(1947年)分别对各线管理站进行了调整,将原甘草店、泾川、秦安站撤销;在城固(今宕昌)设分站1处,隶属汉中站管辖;将水泉站移设中宁(今宁夏境),兼顾平宁公路管理业务;将天水站所属二十里铺分站及3处代办站撤销,另设秦安分站1处,隶属天水管理站管辖。为使管理业务日趋周密,先后又增设东岗镇、小西湖、乾县分站各1处,分别属于兰州、咸阳管理站管辖。兰州管理站所属庙滩子分站,因业务冷清,于同年9月撤销。至此,第七区公路工程管理局共设管理站29处,分站8处,其中甘肃境内管理站15处,分站6处。与此同时,监理机构得到加强,民国35年(1946年)辖有兰州、西安、宝鸡3个监理所。民国36年(1947年)1月又奉令在西安设监理所,不久因河西地区运输繁忙,监理所移至酒泉。同年7月,监理机构移交陕、甘两省政府管理,甘肃省政府管辖兰州、酒泉两个监理所,各管理站仍由第七区公路工程管理局直接领导,监理和管理业务从此分离。

1949年8月兰州解放,兰州监理所由兰州市军管会交通处接管并撤销,随着酒泉的解放,又将酒泉监理所接收并撤销。1950年1月,兰州、酒泉监理所业务恢复。同年4月交通部公路局内设交通监理科，先后于西安、平凉、兰州、十里店、酒泉、天水、宝鸡、宁夏、咸阳、郴县、长武、柳湖、华家岭、东岗镇、武威、安西、襄城、乾县、泾川、静宁、定西、张掖、秦安、天水北道埠、徽县、双石镇、河口等地恢复和设立管理站28处，其中西安、平凉、兰州、十里店、酒泉、天水、宝鸡、宁夏8站为一等站，每站编制6人；咸阳、邠县、长武、柳湖、华家岭、东岗镇、武威、安西、襄城9站为二等站，每站编制4人；其他11站为三等站，每站编制3人。上述管理站中，设在甘肃境内的站共18处，共计员工68人。同年6月1日，将兰州监理所及庙滩子、水泉、晏家坪、临洮、岷县、河口、固原7个管理站移交甘肃省交通厅接管。不久又增设沈家坡、安口镇两个管理站，其他管理站隶属关系仍旧。1950年8月，养路费改为按月征收，因此水泉、临洮两站无设立必要，即予撤销。同时将河口站归并河口工务段。同年12日，畜力车养路费改成按次征收，因此于1951年1月16日恢复河口站，同年4月22日恢复临洮站。又因业务重心的转移，将晏家坪管理站迁至西果园，安口镇管理站迁至土谷堆。1951年8月，甘肃省交通厅正式接管了省境内的国道工务段及管理站，并恢复了酒泉管

理所，设立了安宁渡口管理所。管理站经过调整由18个增加到27个，业务上受厅交通科指导，行政上受各地方人民政府领导，监理与管理业务合并。

为适应运输发展的需要，省交通厅于1956年8月25日和9月1日分别在天水、平凉设立汽车监理所，所长由当地公路段段长兼任。这时全省交通监管理业务统归省公路局领导。

1958年，各地监理机构下放各专区交通运输管理局领导，省交通厅无专设机构和专职干部，各交管局一般有1人~2人专管汽车监理业务，局下设监理所和管理站，有些专区把管理站下放到县，实行三站（运输、群运、管理）合一；有些专区增设了车辆监理所，如定西、庆阳等。由于管理体制不合理，致使监管理业务特别是在养路费使用上出现混乱。1961年在机构调整中实行养管合一，监理垂直。省交通厅在路政处设专干2人，专管监理事宜，并根据工作需要及车辆分布状况，对全省监管理机构重新调整为兰州、酒泉、平凉、天水4个车辆监理所。在靖远红嘴子、文县羊儿坝、玉垒关和临洮洮河设立4个渡口管理所。在主要干线公路上设置58个管理站。为使业务归口，便于领导，年底将管理站划归各监理所领导。1965年4月，省交通厅分别在武威、岷县增设两个汽车监理所和柳园、

玉门东、山丹、碧口、庆阳5个管理站。武威汽车监理所管辖永登、武威、张掖、河西堡4个管理站；岷县汽车监理所管辖文县、武都、望子关、岷县、陇西、临夏、完尕滩、合作、临潭、定西、临洮11个管理站，后因临洮管理站距离太远，管理不便，仍划归兰州监理所管辖。同时羊儿坝、玉垒关、毛坝3个渡口管理所过渡费票据也由岷县汽车监理所审核。

1966年，为了精简机构，减少层次，加强监管理工作的领导，省交通厅决定于3月1日起各监理所仍改由公路总段领导，即兰州、酒泉、平凉、天水、武威、岷县监理所分别由兰州、酒泉、平凉、天水、武威、武都公路总段领导，对内作为总段的业务科室（即监理科），对外仍以监理所名义挂牌。原未设监理所的定西、庆阳等地区，在总段内配备管理干部1名，办理监管理业务；张掖、甘南、临夏总段由于所辖管理站少，没有配备专职干部，其业务由总段指定附近管理站办理。1969年，因上述体制层次太多，政策不能统一，人员缺额较大，特别是在跨区、跨省行驶车辆多的情况下，管理部门不能行使职权，致使部分地区工作处于瘫痪状态。根据出现的这些情况和以往的经验教训，省交通厅对监管理体制又进行调整，由过去的养管合一改成监管合一，将天水、平凉、兰州、岷县、武威、酒泉6个监理所，分别由所在专（州）、市革委会生产指挥部直接领导。所、站名称改为"甘肃省××监理所和"甘肃省××公路交通管理站"，作为省交通邮政管理局的派出机构，代表交通邮政管理局行使监管理职权。1970年省交通邮政局筹建了张掖、定西、庆阳、临夏、甘南监理所，1971年陆续开办业务。至此，全省监理所增至11个。各监理所先后隶属于各地、州、市交通邮政管理局和交通局，监管理机构相对稳定。

20世纪70年代后期，公路车辆日渐增多，事故频繁，为加强交通安全管理工作和对全省监管理业务的领导，1977年1月26日省交通局成立监理处，编制10人，直接领导各地、州、市监理所。各公路交通管理站重新划归公路系统，以加强公路路政管理和养路费的征收。1979年将管理站改称监理站，监理站也增加到69个，分别分布在全省11个地、州、市和69个县、市（区），除嘉峪关监理站直属省交通局监理处领导外，其余各站分别由各监理所直接管理。所、站也通称"交通监理所（站）"。

随着交通监理业务的不断扩大，省交通厅交通监理处于1984年12月7日经甘肃省人民政府批准改组为交通监理局，局内设办公室、政工科、计财科、监理科、安全科、稽查科等，管辖着庆阳、平凉、定西、天水、武都、甘南、临夏、酒泉、张掖、金昌、武威、兰州12个交通监理所。1985年6月，部分地区行政区划调整，为便于管理，省交通厅于同年12月13日决定对下述监理所隶属进行调整。新设白银交通监理所；将武威交通监理所所辖景泰监理站、兰州交通监理所所辖白银监理站和定西交通监理所所辖会宁、靖远监理站划归白银交通监理所领导；原武都交通监理所更名为陇南交通监理所；将天水交通监理所所辖盐关、徽县监理站划归陇南交通监理所领导；将天水交通监理所所辖殪虎桥监理站、原武都交通监理所所辖岷县监理站划归定西交通监理所领导。全省共有13个交通监理所（增设金昌交通监理所）、82个交通监理站，共有职工945人。

1986年10月7日，《国务院关于改革道路交通管理体制的通知》下发各省。通知的主要精神是："全国城乡道路交通由公安机关负责统一管理"。即养路费征收和路政、运政由交通部门管理外，其他诸如交通安全宣传教育、交通指挥、维护交通秩序、处理交通事故和车辆检验、驾驶员考核与发牌发证、路障管理以及交通标志、标线等安全设施的设置与管理等均由公安机关负责。根据文件精神，1987年2月3日，省交通厅党组首先任命李自治为厅养路费征稽处处长。同年6月22日正式成立甘肃省交通厅养路费征稽处，处下设13个养路费征稽所和84个养路费征稽站。7月6日，甘肃省人民政府下发了《关于贯彻国务院改革道路交通管理体制的通知的实施意见》，对业务、人员、财产进行了具体划分。明确规定：交通部门只负责征收公路养路费和车辆购置附加费，以及公路路政和公路运输管理。原省交通厅监理局的945名职工中，84人划归省交通厅，其余684人按局、所、站建置分别划归省、地（州、市）、县公安机关。房产、场地，新的归公安，旧的归交通；大的归公安，小的归交通；原监理局办公楼及所、站共用办公用房或家属宿舍产权归公安；原监理局王家庄宿舍楼产权归交通。汽车，原监理局、所、站有一辆的归公安，有两辆以上的留一辆给交通部门；原监理局的9辆汽车，拨三辆给省交通厅，摩托车全部移交省公安部门；用于监理工作的设备及录相机、电视机、照相机、电影机、收录机归公安机关；用于征费用的微机处理机归交通部门掌握；交通管理所需经费，维持原有开支渠道，不足部分仍从养路费中开支；开支标准按1983年至1985年从养路费中开支的比例报取。

同年9月3日，征稽处研究确定

任命了各征稽所正、副所长。9月30日，省交通厅研究决定：省养路费征稽系统人员编制620人（含车辆购置附加费征收人员），其中厅养路费征稽处机关人员编制40人。处内设办公室、计划财务科、征费科、政工科、稽查科（对外称甘肃省交通厅养路费稽查大队）。10月29日，征稽处根据养路费征管工作的需要，批准新增肃北、阿克塞、渭源、东乡、广河、卓尼、玛曲、崇信、长庆桥、西和、两当11个征稽站，撤销盐关、礼县2个征稽站。同时在原13个建置所的基础上，增设嘉峪关和矿区2个养路费征稽所。全省养路费征稽所增至15个。

为了满足征费工作的需要，从组建工作一开始，就分期分批从公路部门选调了242名年龄较轻、文化程度较高、思想表现好的职工，充实到各征稽部门，确保了征费工作的顺利开展。

1988年2月，厅征稽处为了突出重点，加强大站的责任心，调动其积极性，将征收任务接近或超过300万元的征稽站列为计划单列站，这些站分别是：东岗、沈家坡、河口、武威、张掖、敦煌、白银、北道、八里桥、庆阳、临夏、合作、武都、定西站。上述14站全年的养路费收入占全省养路费总收入的45%。

1989年1月12日，河口养路费征稽站更名为西固养路费征稽站。同年3月1日以后，各养路费征稽所先后组建了稽查队（对内称稽查股），队长由正、副所长兼任，各队人员除兰州由7人组成外，其余3人~5人不等。4月1日，东岗、沈家坡、西固3个征稽站改由省交通厅养路费征稽处直接领导，站内设办公室，业务上行使所一级职权。11月29日，在兰州新增安宁养路费征稽站和河口养路征稽站，隶属于兰州养路费征稽所。1990年增加临夏双城站。截至1990年底，全省共有养路费征稽所15个，养路费征稽站96个，有正式职工675名，代征员（集体）108人。

1996年1月，省交通厅养路费征稽处更名为甘肃省养路费征稽局，下级所升格为处，站升格为所。此后，征稽系统机构相对稳定。2004年12月，车购税征管工作移交国税部门，一同移交的征管人员200多名。

水运管理机构

1951年11月16日，西北五省交通厅厅长联席会议在兰州召开，要求对渡口和筏户进行管理。会后，航运业务由省交通厅业务科兼办。1954年，宁夏省撤销，原宁夏河运管理局改为甘肃省交通厅内河航运管理局，编制25人，办公地点设在银川市。1956年，管理局与内蒙古内河航运管理局合并，成立黄河中游航运管理局，由交通部直接领导。

1958年9月，省交通厅内设航运科，编制6人。1963年，航运科撤销。

1972年，省交通局成立航道组，负责省内航道的调查。1974年，成立甘肃省水运处，编制40人，处内设办公室、材料科、生产科、船队、政工科、航道队。1979年，刘家峡航运站移交省水运处管理。1980年，处内增设航政所。1985年，刘家峡航运站下放永靖县管理，处内生产科下放兰州市，成立兰州航运站。同年在厅监理局设立甘肃省港航监督处和甘肃省船舶检验处。1986年，省水运处更名为甘肃省交通厅水运管理处。1987年，将省港航监督处和省船舶检验处及其下属刘家峡、碧口港监、船检所划归厅水运处管理，对外为处级单位，对内为科室。1988年，在碧口、刘家峡成立省港监、船检东、西区分处。1995年厅水运处更名为甘肃省水运管理局。2001年5月，成立省地方海事局，与省水运局合署办公。原甘肃港航监督处、船舶检验处人员归属省地方海事局。2002年，在临夏、陇南、兰州、白银市设立了4个地方海事机构，甘肃省重点水域地区形成了省、市(州)、县三级海事管理机构，实行"条块结合、以块为主"的管理模式。

交通工业管理机构

民国25年（1936年），西北国营公路运输管理局在甘肃境内设立兰州、平凉修车分厂，业务由西安修车厂指导。民国27年（1938年）局下设机务科，机务科直接领导兰州机车厂和华家岭、酒泉两个修理所以及永登救济站。平凉修理所（静宁设救济站）和新成立的天水修理厂分别由西安办事处和天水办事处领导。民国28年（1939年）7月，西北公路运输管理局对机务管理机构进行了调整，这期间直属机构有兰州机车厂和酒泉修车厂、华家岭修车所等。民国33年（1944年）西北公路运输处机务管理机构扩大，实行厂、场（站）管理体制；处下设机务组，组内分设技术、考工、管理3个课和制造厂，另外有兰州、平凉、天水、酒泉等6个修车厂，厂下有汽车保修救济场、站、所等。这种机构体制对保证抗战时期西北国营运输汽车的正常运行起了一定作用。

民国35年（1946年）9月，第七区公路工程管理局奉交通部指示，机务管理机构缩编，机务工作由局运输处管理，并将天水、平凉修车厂改为保养场，兰州修车厂由运输处直接领导。其余厂、场分别由各运输分处、段管辖。民国36年（1947年）6月，第七运输处成立后，甘肃境内仍有兰州、酒泉、天水、平凉、华家岭5个修理保养厂、场，共有员工312人。厂、场员工虽有所增加，但保修能力远远满足不了汽车运输的需要。

1949年8月兰州解放后，各修理厂、场、所被各地军事管制委员会交通处接管。1950年5月甘肃省交通厅成立，厅内部设机务科，机务科直辖兰州汽车修理厂、兰州配件制造厂和华家岭、武威两个救济站。天水、平凉、酒泉汽车修理厂由当地人民政府领导。1951年3月至12月，各修理、制造厂由省交通厅接收，下设汽车管理场和酒泉汽车修理厂；汽管场内又设修造、管理、材料3股，具体负责兰州汽车修理厂和兰州配件制造厂的生产业务。1956年，在兰州私营厂、行的基础上改组成立的公私合营第一、第二汽车修理厂，分别迁武威、平凉。至此，省交通厅辖兰州（2个）、武威、酒泉4个修理厂和一个轮胎翻修厂。

1958年，为了发挥各级地方政府的积极性，将上述企业管理权限全部下放，由专、州、市管理。由于管理权限下放过多、过猛，使力量分散、企业转产，修理能力大大减弱。为了合理调整管理体制，适应交通运输发展的需要，根据"集中调度，分散管理，大统一、小分散，有收有留"的原则，于1961年将专业性较强的交通工业企业重新收回，由省交通厅直接管理。同时省交通厅内设工业处，在业务上指导兰州第一、第二、酒泉、武威、天水、平凉6个汽车修理厂和1个汽车配件制造厂、1个轮胎翻修厂。另外，每个运输公司设有1个保养场，负责车辆的保养、小修业务。

1969年初，为发挥革命委员会一元化领导的作用，将酒泉、武威、平凉、天水汽车修理厂下放所在地区领导。1974年1月将上述企业又重新收回，实行双重领导。1978年8月在体制调整中，将70年代各地发展起来的兰州、张掖、庆阳、武都、临夏汽车修理厂收归省交通局统一管理。工业企业增至16个，其中汽车修配厂13个，其他（筑路、轮胎、水泥）3个，职工总数7 302人。为了适应新的管理体制，省交通局下设交通工业公司，以加强汽车等机械设备的修理与制造，搞好物资统一供应及交通工业的规划工作。交通工业公司内部设办公室、政治处和生产计划、技术、设备、供应、财务、劳资、交通工业协作等9个科（室），在业务上指导省汽车修理一、二厂及省小汽车修配厂、省筑路机械制造厂、省轮胎修造厂、省交通水泥厂和酒泉、张掖、武威、平凉、庆阳、天水、武都、临夏、甘南、兰州市汽车修配厂等16个全民所有制独立核算企业。

据1980年统计，全省16个交通工业企业共占地79.50万平方米，其中企业房屋占32.39万平方米，共有职工7 719人，其中生产工人5 229人。

1981年4月，临夏、甘南、武都3个汽车修配厂下放到地区运输公司。

1982年下半年又将张掖汽修厂下放给张掖地区；轮胎制造厂移交给省石化厅。1983年下半年又将酒泉、武威、天水、平凉、庆阳5个汽修厂下放给各地运输公司管理；省交通水泥厂移交给永登县管理。1984年根据《中共中央关于经济体制改革的决定》精神，于12月对全省公路交通管理体制进行了改革，实行政企职责分开，简政放权，以城市为依托下放企业。到1985年3月底，全部企业下放完毕，省交通工业公司撤销。省汽车修理二厂改为省驼铃客车厂，专门制造驼铃牌客车，由省交通厅直接领导。汽车维修企业中除小汽车修配厂和各地汽修厂由各地（州、市）交通系统间接管理外，其余几个重点企业均移交给兰州市工业公司直接领导管理。省交通厅和各地（州、市）交通系统不再管理企业，主要是加强行业管理，其职责是规划、协调、服务、监督。

1987年，省交通厅对18个汽车维修企业进行了调查摸底，为行业治理整顿做了必要的准备。1988年，各地（州、市）运管处根据交通部（86）交公路字956号文件精神，抽调专门力量组成汽车维修行业整顿办公室，对全省维修行业进行集中整顿。1989年5月，兰州市经市政府批准，正式组建了兰州市机动车辆维修行业管理处，市属4县（区）成立了维修行业管理所、站。1990年，又先后有张掖、白银、天水等地（市）成立了专门的职能机构。汽车维修行业第一次进入行业归口管理的渠道。

20世纪90年代，随着运管体制的强化，维修行业管理职能收回，作为省运管局和各市、州运管处的内设科室存在至今。

附：甘肃省交通厅历届领导人员名录

杨子恒，厅长，1950年—1958年2月。

李振华，副厅长，1950年—1951年1月。

陆为公，副厅长，1950年—1955年8月。

李萍，副厅长、厅长，1955年1月—1956年12月；1958年7月—1962年5月。

林里，副厅长，1955年4月—1958年2月。

朱友铭，副厅长，1957年3月—1965年12月。

郑斯素，副厅长，1957年5月—1958年12月。

李生堂，副厅长，1958年9月—1963年1月。

党奎，副厅长，1959年8月—1964年11月。

曹天祥，副厅长，1960年10月—1963年5月。

李治仁，副厅长，1960年10月—1965年12月。

慕生忠，副厅长，1961年12月—1963年6月；1978年1月—1981年9月。

刘铭，副厅长，1962年5月—1965年12月。

赵亚东，厅长，1962年12月—1969年6月。

杨凤鸣，副厅长，1963年11月—1965年12月。

周焕南，副厅长，1966年3月—1966年11月；1978年1月—1982年3月。

李泰，组长、局长，1969年2月—1973年8月；1974年1月—1979年2月。

杨涤心，副组长、副局长，1969年2月—1973年8月；副厅长，1974年1月—1982年5月。

沈家钱，副组长，1970年10月—1972年12月。

李儒林，副局长、副厅长，1974年1月—1983年4月。

陈玉山，副局长、副厅长，1974年1月—1982年3月。

段福旺，副局长，1974年1月—1978年11月。

陆江，副局长、副厅长，1974年1月—1983年4月。

王云，局长、厅长，1978年3月—1982年5月。

张玉堂，副厅长、纪检组组长，1981年9月—1983年4月；1991年4月—1994年4月。

秦中一，副厅长、厅长，1981年9月—1983年4月；1983年4月—1992年9月。

杨峰，顾问，1981年5月—1983年12月。

马元智，厅长，1982年5月—1983年4月。

姜靖民，副厅长，1982年8月—1990年9月。

夏家邦，副厅长、党组书记，1983年4月—1993年6月。

胡国斌，副厅长、厅长，1983年4月—1993年5月；1993年5月—1998年4月。

史开德，纪检组组长，1983年11月—1988年3月。

王应国，副厅长（正厅级）、党组书记，1990年9月—1993年6月。

王集卒，纪检组组长，1991年4月—1997年4月。

庹述芬，副厅长，1993年6月—1998年4月。

高更新，副厅长，1993年6月—2001年3月。

吉西平，副厅长，1994年11月—2000年11月。

阎正芳，副厅长，1996年3月—1998年4月。

王吉祥，纪检组组长、巡视员，1997年4月—2008年8月；2008年8月—现在，

徐拴龙，厅长，1998年4月—2004年7月。

韩国杰，副厅长，1998年4月—2003年4月。

王志贵，副厅长，1998年4月—2002年6月。

翟文祥，副厅长，2001年3月—2007年4月。

辛平，副厅长，2002年4月—现在。

康军，副厅长，2002年8月—2008年6月。

杨咏中，厅长，2004年7月—现在。

李睿，总工程师，2005年11月—现在，

杨映祥，副厅长（正师职），2006年12月—现在。

艾玉德，纪检组组长，2008年8月—现在。

峨柳高速公路之一段

回眸历史

周先祖开辟陇东交通

据《史记·周本纪》记载，今甘肃庆阳是周道始兴之地。相传周的始祖后稷，姓姬名弃，号为农师，天下得其利，有功被舜封于邰。邰就是今陕西武功县。到了夏末（前1600年）时，后稷的后代不窋率部落奔窜于戎狄间。清《庆阳府志》说："庆阳乃禹贡雍之地，周之先后稷子不窋所居，号北豳。周祖遗踪即府城东山，不窋所居也。"这时的周人只是一个弱小的部族，周边交通仍维持着原始状态。到他的孙子公刘的时候，才真正强大起来。他率领人民开辟出了大片的土地，建立了农业文明。随着土地的扩展和人口的增加，生产资料显得异常缺乏，于是他率众开辟道路，组织了一支庞大的运输队伍，远赴渭水运输所需材料。《史记·周本纪》这样写道：公刘"复修后稷之业，务耕种，行地宜，自漆、沮度渭，取材用，行者有资，居者有畜积，民赖其庆。百姓怀之，多徙而保归焉。"这段记载显示的信息非常丰富。一是"行地宜"，"行"在这里当"行走"解。《说文解字》说："人之步趋也"。"行地宜"意思是因地制宜，开辟供人行走的道路。二是"自漆、沮度渭"，意思是开辟出的这条道路是由"漆、沮"到达渭水的，漆水、沮水均在今陕西彬县境，这条道路的走向很显然是由今庆城沿马莲河谷经合水、宁县、旬邑西、彬县度过渭水。三是"取材用"，包括供宫室建筑用的大型木材，冶炼用的矿石等等。四是"行者有资"，"行者"谓行旅，"资"是为行者备有干粮，路上有食宿之处，说明有了早期传舍的雏形。

在公刘一代的努力下，部落逐渐扩大，建立官制，组建军队，建筑城池，诸侯从之者18国。公刘卒，子庆节立，将国都迁于豳（今陕西旬邑西）。这次大规模的都邑迁徙，是甘肃历史上第一次有组织有计划的道路运输活动，使原来已形成的庆城至关中的南北干线更加畅达。

这次迁徙活动在公刘在世时就已做好了准备。《诗经·豳风·公刘》详细记录了选择道路、运输物资、确定城址的全过程。如"乃裹餱粮"是公刘率众带足了干粮准备远游寻找新的都邑。"爰方启行"是大家拿着武器，向着既定的方向前进。"于胥斯原"、"既庶既繁"是说他们准备到豳地这个地方，察看一下是否能建立邦城，众多的百姓也跟随而来。"陟则在巘，复降在原"

不窋城遗址

是说他们忽而登上了高山,忽而下到了平原。"逝彼百家,瞻彼百家"是说他们沿着溪岸边走边看,见到了豳地广阔的原野,于是定都于这个地方。"其军三单,度其隰原,彻田为粮"说的是,选好城址后,留下三班军队按照井田制度开荒种地,建筑宫室。"涉渭为乱,取厉取锻"是谓把南山的砺石、碫石用木舟运过渭水用于基地建设。"夹其皇涧,溯其过涧"说的是公刘选好都城并开工建设后,又到皇涧、过涧这些河岸走走,见到跟随来的人民都住下了才放心。"止旅乃密"、"芮鞫之即"意思是说定居的人越来越多,村落延伸到密和芮的地面。芮即汭河,泾河的支流,这时统称芮河。说明,公刘时代,周势力已扩展到今平凉一带,随着移民的定居,道路也随之开辟出来。

经过这么大的迁徙,庆阳的道路得到了发展,但道路等级并不高,只是大队人马能通过而已。从《公刘》提供的信息来看,当时庆阳还没有出现车。

到古公亶父时,庆阳、平凉一带为戎狄占有,作为游牧民族,对道路要求并不高,所以这里仍维持着原有的交通状况。古公为了躲避戎狄的不断骚扰,于是率众度漆、沮,逾梁山,至于岐下(今陕西岐山东周原)。

到西伯(姬昌,后来的周文王)时,周的国势已十分强盛,对周围的一些小国或部落进行征伐。这时的泾河流域已有商朝的许多邦国。如共(今泾川县南)、阮(今泾川县北)、彭(今镇原与西峰之间)、卢(今华亭境)、密(今灵台县百里镇)、芮(今华亭县境)等国。其中密国势力最强,商朝西部各部族都在他的统辖之下。《逸周书》说:"大夏、莎车、姑池、旦略、貌胡、其尤、东胡、戎翟、匈奴、楼烦、月氏胡、北狄等十二部族悉归于崆峒。"崆峒族即以密为首的部族联盟。密称臣于商。周和其他一些小国既臣于商,又服于密。他们都定期向商朝进贡,也向密进贡。形成了由陇中经关中到中原的贡道。这时的贡道主要是彭国的蒲河道,共、阮国的泾河道,卢国的汭河道或千河道,密的达溪河道等。当然这些道路并不是纯粹沿河谷而行,有些路段要避开沼泽,翻越山岭，所以当时陇东道路多为南北方向，最主要的一条是由泾川县渡泾河，向南上塬，过黑河到灵台什字镇，经百里进入关中。

当周向四周扩展势力时，大部分小国都臣服了周，唯有密国不服，所以密成了灭商的最大障碍，当密发兵侵略周的同盟阮、共时，周便派大军对密进行了征战，显示了强大的实力。《诗经·大雅·皇矣》详细记录了这一征讨过程。诗中提到了使用"临、冲"这种战车的事实，临车高大，上有望楼，而居高临下攻城；冲是冲击城墙的车。商末周初，盛行战车和车战，战车很笨重，一乘车约宽3米，因而战车对道路的宽度和坚实度要求很高，所以，文王时期（前1075年—前1046年）泾河道路已具相当规模。文王卒，子发立，是为武王（前1046年—前1043年）。这时殷纣暴虐，武王乃兴师灭了商纣，建立了周朝。在灭纣的战争中，彭、卢两国也派军队参与了。

到了周康王时期（前1020年—前996年），北方的鬼方强大起来，不断进扰周的边境。康王分别于二十三年（前994年）和二十五年发兵两次征讨，为了控制泾河干流及支流的南北干道，于交通要隘派兵驻守。如于今灵台县西屯乡的两处战略要地，派遣了两位伯爵镇守，即潶伯和疆伯。周穆王三十五年（前941年），穆王亲征太原，太原在今宁夏南部、镇原一带。周共王（前922年—前900年）游历密国，因密康公不献美女，举兵灭了密国。周宣王时（前872年—前782年）北伐狎狁俘获狄人1.3万人，车10辆，马、牛、羊数百头。共王和宣王都是通过早已开辟的车马道到达陇东乃至以北地域的。

西周王朝建立后，实行宗法制，并进行了一系列改革，其中交通管理体系与宗法制有着密切的关系。西周建立后，在畿外500里侯服之内分封诸侯，陇东的一些方国也包括其中。这些方国和侯、伯都要定期朝见天子，输送贡赋，所以通往京畿的道路称为贡道。由于贡道在原野之上，又被称为"野途"，野途宽三轨（一轨合周尺8尺，合今1.8米，三轨合今5.4米），天子经常沿这些道路巡狩，诸侯也经常出行，道路标准较高，而且经常得到维护。诸侯城邑之中的道路分为经、纬、环三等。经、纬各容车七轨，合今13.6米，环途五轨。卿大夫、伯、子、男食邑内道路又次一等，经、纬途各宽五轨，环、野途皆为三轨。卿大夫与侯国间野途容车三轨，规模相当可观。

泾河流域的侯国和卿大夫城邑、采邑近郊有肥沃的土地，农业很发达。西周实行领主公田与农奴私田相结合的井田制，公田与私田、私田与私田之间，必须划分各种疆界。疆界即"阡陌"，是通车的大路，或人行小路。如大路通南北，则小路通东西；大路通东西，则小路通南北。大小路交错，就像无数"井"字。田间道路与沟洫又相辅相成。《周礼·地官·遂人》载："凡治野，夫（一夫百亩）间有遂，遂上有经；十夫有沟，沟上有畛；百夫有洫，洫上有涂；千夫有浍，浍上有道；万夫有川，川上有路，以达于畿。"在遂、沟、渠、浍、川深浅宽窄不一的水渠旁，有相应经、畛、涂、道、路五个等级。经宽5尺（折今1.16米），为步道，能通牛马而不能行车。"畛容大车"，"涂容乘车一轨"（《周礼·遂人》郑玄注）。道容二轨，是井田间通向城邑的路径。路是穿行田野的官道，连接野涂，容车三轨。

道路开辟后，管理设施随之设置。西周与封国间的联系，主要派专差或专使，往返传递信息。官使出外，都要乘四马驾驶的乘车。人畜在路途需要休息，便10里一"庐"，30里一"路室"，50里一"侯馆"。这类乘车称传车，传车只载人，疾驰而行，故称为"急传"。这是中国驿传的早期雏形。除官方设置的外，还有私人开放的"逆旅"和"私馆"。管理人员，朝廷有虞人、牧人、司马、司空，分别掌管饮食供应、驿马提供、战车调配、工程营造等事宜。各路设夏官、秋官、冬官，分掌道路的通塞、修治和城市道路建设。还下设专项负责的人。

道路管理的加强，使物资交流逐渐加快。陇东的畜产品运往关中，换取铜铁、日常用品和金银首饰等。城乡间的物资交流更为频繁，交流的集散地称为"市"。

陇东是甘肃道路交通的策源地，从周先祖不窋、公刘到周王室东迁，经历了由初创到发展、完善的过程。道路的布局基本确定，管理措施也比较完善，为后世的交通发展奠定了基础。

秦先祖开辟陇西交通

夏、商、周时期，陇西地区仍处于原始社会与奴隶制社会交替时代，占据这一地区的民族是羌戎，以犬为图腾。羌的族源是南方的三苗，在舜时，"徙之三危，河关之西南，羌地是也。滨于赐支，至于河首，绵地千里"（《后汉书·西羌传》）。又据《史记·秦本纪》记载："西至临洮羌中。"说明，羌最早的活动区域包括今河西、河湟、洮河流域广大地区，后来东进占据陇西地区，史书称为犬戎。

羌族善养马，是夏、商、周三代战马的主要提供者，被视为荒服之地的方国，关系一直密切，定期朝贡，形成了朝贡路线。到商末周初，一支羌族分离出来别姓为姜，并与姬姓建立了姻亲关系。羌族虽是游牧民族，但也有自己的军队，参与了许多重大军事活动。如武王伐纣时，就有一支由羌族组建的军队。这时陇西的道路只是雏形，标准不高，能通过骑兵即可。道路大致走向是沿渭河东进，在今天的张家川翻越陇山到达关中。而陇西交通真正开辟是秦人西迁西垂以后的事。

秦人姓嬴。前16世纪时，其祖先费昌"去夏归商，为汤御，以败桀于鸣条（《史记·秦本纪》）。"也就是说费昌曾为商汤驾车打败夏桀。到中潏时，率部分族人"在西戎，保西垂"。具体地点在今陕甘交界地区。周初，留在东方的嬴姓族人因助纣为虐，其中一支被发配陇西，与中潏后代联合，势力渐大，嬴姓族人由此崛起。

据《史记·秦本纪》记载：传至非子，"非子居西犬丘，好马及畜，善养息之"，有功，周孝王乃"分土为附庸，邑之秦，使复续嬴氏祀，号曰秦嬴"。"犬丘"实为"西犬丘"，即今礼县东部一带。秦地即今清水、张家川一带，汉代称秦亭。《十三州志》云："秦亭，秦邑是也。"可知非子最初养马的地方虽在犬丘，但封地却在秦邑；秦人被封为附庸，为陇西交通向规模化发展提供了政治保障。

附庸在等级上低于诸侯，但直辖于周王室，邑内道路等级不应低于卿大夫的标准，即容车三轨，宽24尺（周尺），合今5.4米。由邑内通向都城的道路也是一样，也就是早期的贡道。车乘已经出现，按规定应是四马驾辕。由于秦邑东面有陇山阻挡，在当时生产力比较低下的情况下，道路走向选择的是迂远平坦的汧陇道，即由清水、张家川经秦家源沿千河而至关中。

周共和元年（前841年），秦仲即位。开始南下扩张，势力达到今天水、礼县一带，开始在这里建立城邑，道路也随之伸展。周宣王四年（前824年）秦仲被封为大夫，道路、车马等级明正言顺地达到了卿大夫标准。前821年，秦仲与西戎作战死后，周宣王召秦仲子庄公兄弟五人，与兵7000人，击败西戎，巩固了西垂，并封庄公为"西垂大夫"。从史书记载来看，当时秦地还没有戎车一类的车辆。襄公即位后（前777年）越陇山向东发展，建邑于汧（今陕西陇县东南25公里处）。有了田猎之事，小戎、元戎一类的车辆开始在狩猎时使用。前770年，襄公救周有功，被封为诸侯，赐之岐以西之地。前766年，襄公"伐戎至岐而死",秦人又回到了陇西。文公即位后,"以七百人东猎。四年,至汧渭之会(今陕西宝鸡虢镇)。"并于这里正式建邑。秦文公十六年(前750年),文公伐戎至岐,控制了今陕西扶风、岐山、凤翔、千阳、陇县、陈仓和甘肃天水市大片地方。秦文公十五年,在陈仓得鸡血宝石,立陈宝祠。秦文公二十七年(前739年)在武都(今成县)遇大特牛,立怒特祠。这是秦人郊祀制度的开始。大概在这个时间,在西垂宫建立了西畤。郊祀每年一次或数次,对促进道路畅通作用很大。

以上资料从侧面证明,从文公开始,秦人东进关中是沿渭河南北两岸行进的,同时开辟出了经武都到陈仓的道路。秦文公死后葬西山(今礼县西山),他的灵柩由岐山运至礼县,可能走的就是这条道,说明当时道路标准很高。车辆已经在贵族中普遍使用。

秦武公十年(前688年),秦人西进越陇伐邽戎、冀戎,并"初县之"。邽县设在今张家川县恭门古城子村,后因秦的政治中心南移,汧陇道地位下降而移至今天水市马跑泉镇。冀县设在今甘谷县境。这是中国历史上设立最早的两个县,也是中国历史上对交通要道实行严格管理的开始。

陇西地区经过秦人200多年的苦心经营,逐渐成为秦国巩固的后方基地。食盐、战马、粮秣源源不断地运往关中,有力地保障了秦国势力的发展。

从秦仲到武公,五代大夫、诸侯东征西讨,苦心积虑地经营陇西这块地盘,无有暇日。但有时也会乘车到郊外宴游或狩猎。《诗经·秦风》的前几首诗据考证就是歌咏秦仲、襄公乘车田猎的事。《车邻》:"有车邻邻,有马白颠。"邻邻是车铃声,主要作用是警示前方车辆、行人尽快避让。白颠是说驾辕的马额正中有块白毛。《驷驖》歌颂打猎之事,诗中涉及了当时的一种乘车:

驷驖孔阜,六辔在手。
公之媚之,从公于狩。
……
游于北园,四马既闲。
輶车鸾镳,载猃歇骄。

诗中"驷驖"是四匹纯黑色的马。辔是缰绳。輶车是一种轻便车,多用于游乐。使臣也多驾輶车出使,称輶轩使。《风俗通序》:"周秦常以岁八月,遣輶轩使,求异代方言。"鸾是挂在马嚼两端的铃。猃是围猎的长嘴犬。《小戎》描写了秦襄公(一说庄公)出征时的车马仪仗,详述了戎车的车制,现将有关车马部分意译如下:

轻型戎车浅车厢,
五条皮带扎辕上。
马背有环胁和扣,

引车带环白铜镶。
虎皮褥子长车毂,
花马驾车白蹄扬。
思念夫君人品好,
性情温和玉一样。
他去从军住板屋,
使我心乱真惆怅。
四匹公马壮又高,
手中缰绳攥六条。
青马红马中间驾,
黄马黑马两边跑。
龙纹盾牌双合起,
内侧辔绳铜环套。
思念夫君人品好,
温馨但恨边邑遥。
几时才能回家来,
怎能想他不心焦。

礼县大堡子山遗址"乐器坑"

诗中提到的板屋，正是陇西人居屋的特色，边邑指征伐西戎的前线。证明这首诗不仅是传唱于陇西的秦地，而且还是秦君夫人在都邑吟唱的，而都邑指的正是今礼县大堡子山一带。在今陕西陈仓发现的《石鼓文》记录的是秦文公东猎之事，文风与《秦风》如出一辙，弥补了《史记》许多遗漏。在《乍原诗》、《田车诗》、《车工诗》中均提到了修治道路、建立营区和秦公乘车出游的事。

秦穆公时，国力强盛，成为春秋五霸之一。为了消除西部边患，秦穆公三十七年（前623年），用由余谋，进攻西戎，出现了"开地千里，遂霸西戎"的局面，拥有渭河中游土地，汧陇道分别延伸到襄戎（今通渭境）和貌戎（今陇西境）部落。2006年在张家川木河乡发现的贵族墓葬主人极有可能是襄戎领袖，车马坑的发现也证明了由陇城通往通渭的道路已经形成，这就是后来丝绸之路陇西段中线的雏形。

秦献公时（前384年—前362年），进军陇西的洮河流域。置貌道、狄道。秦孝公元年（前361年）第三次进军陇西，鼓角连营，灭貌戎。"咸服羌戎，孝公使太子驷率戎狄九十二国朝周显王。"在九十二国中，就有今临夏枹罕的罕幵侯研。

汧陇道向西延伸到洮河，沿渭河、洮河到今临夏的车马道正式形成，成为秦国的经济生命线。

这一时期，秦国都城通往巴、蜀的陈仓古道并不通畅，秦蜀之间的联系需绕道陇西完成。但汉中以下亦然艰险难行。秦惠文王更元九年（前316年），秦蜀关系恶化，于是决心伐蜀。伐蜀之前对蜀道进行了一次大规模开凿和整修。《蜀王本纪》、《华阳国志》都记载了"石牛粪金"、"五丁开道"的故事，说的就是开通蜀道的事。也有方志记载，石牛道的起点就在今徽县境。秦昭襄王二十七年（前280年），秦为保障巴蜀的食盐资源，派司马错率兵从陇西出发，经由蜀郡，进攻楚黔中。此后，又将秦蜀间陈仓道、石牛道上的山谷道路凿为栈道。后来蔡泽用"栈道千里，通于蜀汉，使天下皆累秦"来形容他的前任范睢的功绩。

关于司马错率兵取道邽县伐蜀的路线，史书并无记载，有幸的是自天水放马滩秦墓出土的战国秦邽县木版地图和木简后，疑团竟解。当时邽县东西312里，南北240里，包括今麦积区、秦城区、清水县、秦安县和陈仓、徽县、两当部分地域。西北设有明关，渭河以下今伯阳乡设有燔史关（后称水关）。路线主要有三条：东路沿渭河直达关中；西路沿耤河到礼县先秦王宫所在地，东可到武都、徽县，接故道；南路沿永川河经甘泉、麦积、党川、利桥、两当县张泉、凤县唐藏接褒斜道，这条路是一条捷径，历代为运兵通道。

秦昭襄王时期，六盘山东西的泾、渭河流域也纳入秦国版图。由鸡头通往汧水河谷、泾渭之会的道路在西周的基础上又有所发展，成为进攻义渠戎的运输线。昭襄王三十五年（前272年），宣太后诈而杀义渠戎王于

天水放马滩遗址

甘泉，接着起兵灭义渠。始置陇西、北地、上郡，"筑长城以拒胡"。甘泉有林光宫，在今陕西淳化县境，这是通往义渠戎中心（今宁县北庙嘴坪）道路的起点。由此北上旬邑、甘肃正宁宫河、宁县沿马莲河至庆城。陇西郡治狄道（今临洮），北地郡治义渠，上郡治今陕西榆林。《史记·货殖列传》说："天水、陇西、北地、上郡与关中同俗，然西有羌中之利，北有戎翟之畜，畜牧为天下饶"。三郡与咸阳道路畅达，交通便利，畜牧区与关中农业区相结合，构成了秦国强大的经济基础。

长城的修筑，进一步加强了三郡与都城的联系，由内地通往长城各重镇、要隘的支线道路也随之形成。而且长城顶部和内侧本身就是两条并行的大道。今通渭北城乡长城梁上的一段县乡公路就是在内侧大道的基础上略加整修而成的。长城的修筑和道路的开通，加快了物资运输效率。《淮南子·人间训》说：秦筑长城，"发卒五十万"，"中国内郡，挽车而饷之"。《汉书》也说：蒙恬将兵十万之众戍于北疆，北地"不生五谷"，关中粮食有限，不得已从山东调粮。当时马用于军事，牛多用于农耕，车多靠人力牵挽，路途遥远，经年累月，跋涉之苦可以想见。

陇西地区的道路，从秦先祖秦仲开始，历经600年的发展，到秦昭襄王时，已形成以渭河主干道为主轴，分别沟通咸阳和长城沿边的交通网络，为此后驰道的修筑奠定了基础。

陈仓古道经过两当、徽县

陈仓道，因经陈仓（今陕西宝鸡市东）而名。又因是沿故道水而行，秦汉设有故道（县），在起点附近即是有名的散关，中段经过徽县的青泥岭，所以历史上把这条路称为故道、散关道和青泥道。后来元、明、清各代的连云栈取这条路的北段，经陈仓、散关到凤州折向东南，合褒斜道南段，由褒谷出口。而从凤州之南的连云寺村，有一条经百丈坡去勉县（古沔县，在今陕西勉县西十里武侯镇）的支路被称为陈仓道。为了与元、明、清陈仓道有所区别，有人就把这条经两当、徽县的路称为嘉陵道或凤州兴州汉中道。

路线西出长安至陈仓，出大散关，上煎茶坪（秦岭），过隘口，西南经黄牛铺、红花铺到凤县，再西南经杨店进入两当县，穿灵官峡过两当，跨越永宁河达徽县，向南越

大散关遗址远眺

青泥岭,在虞关(或嘉陵、白水)过嘉陵江,越岭穿东沟峡到略阳,峡中栈道遗迹仍存。或由嘉陵道沿金牛道南下川蜀。这是古代由长安通往川蜀的主要道路之一,也是甘肃东部通往汉中、川蜀的主要通道。路线全长1 200里以上。《史记·河渠书》中说:"故道多坂,回远。"但故道要比其他各道如褒斜道相比,平坦大道多,河谷路段除少数险段外,其他皆比较开阔,阡陌相连,物产丰富。

这条道上的徽县处于四路交汇地带,由此往北可通天水,往西南可通成县、武都,达阴平(今文县),东北、东南可通往关中、汉中。汉、唐、宋、元之际,在这里进行过大规模的军事活动,是战时重要物资补给线。

故道开辟很早,大约在周朝时就已形成。《散氏盘》铭文就有"封于周道"的记载。《水经注》记述扞水时曾提到"周道谷"。王国维认为"周道"就是"故道"。故道沿线曾有殷、周时期的青铜器发现。秦自文公、德公、穆公(前765年—前621年)居雍,"陇蜀货物多而贾"(《史记·货殖列传》),说明陇蜀道路已经成为一条通商大道,蜀中货物入陇后,与陇货一并在秦州汇合后输入关中地。

楚、汉战争中,汉王刘邦"明修栈道,暗渡陈仓",还定三秦。在此次进军中,曹参"……从至汉中,迁为将军。从还定三秦,初攻下辨、故道、雍、斄……击章平军好畤南,……东取咸阳"(《史记·曹相国世家》)。可知刘邦主力军的行军路线是:由南郑出故道,入下辨(今成县),折东经河池、两当、陈仓,东行入关中。《汉书·沟洫志》载:"抵蜀,从故道。"即指这条道。

故道,路途艰险,运输困难,影响了武都郡与关、汉平原的政治、经济、文化往来,因而有些地方官上任伊始,就致力于这里的交通建设。

汉安帝(107年—125年)时,

武都太守虞诩看到郡治下辨（今成县）到沮县（今陕西略阳境），山道险绝，水中多石，舟车不通，物资全靠驴马驮运，运费浩繁，于是率众整修道路，开通漕运。

汉灵帝熹平元年（172年），武都太守李翕又率众在沮县西嘉陵江右岸郙阁一带，凿石架桥，建成了长300余丈，接木相连，号"万柱"的析里桥。桥成后"百姓夷欣"，又作"阁颂"石刻，以记其事。

三国时，这条路经过地区，又成为魏、蜀争夺的战略要地。建安二十年（215年），曹操与张鲁争夺汉中，曹军越陇坂，过清水，至河池，氐人塞道。经过几次争战，曹军夺取汉中。蜀汉建兴六年（228年），诸葛亮出师北伐，出汉中，攻下祁山，其后于蜀汉建兴七年（229年）、建兴九年（231年）又两次出祁山，终因粮运不继而失利。

南北朝时，由关中入蜀，大多经褒斜道，然天水至略阳间仍能通达。氐人杨氏建立仇池国后，这条线路更显得重要，杨难当称武都王后，亦经此道南夺汉中。

唐代，故道又成为关中入蜀的主要通道，沿途设有驿站，所经主要站点是：从凤州西行35里至马岭寨，又15里至两当县（今两当东35里），自两当西南行70里至固镇（今徽县永宁镇附近），又西南行50里至河池县，又25里至青泥岭，又53里至兴州长举县（今陕西略阳白水江镇），又东南行120里至兴州治所顺政县。这条路上的两当当时设驿，由此东到东都洛阳60驿，南到益州（今四川成都）60驿，这里正处洛阳到益州大驿道两端正中，故称两当。

这条路还有数条偏道，在故道正路不能行走时，由这些偏道替代通行。一条是贯穿两当南部的山路，即由金洞南下，在站儿巷过嘉陵江经云坪、广金，在放马坪越分水岭进入略阳。唐玄宗天宝十四年（755年），安禄山反叛。次年，玄宗被迫沿此道逃往成都避难。这条路上至今有传说中的娘娘坟、贵妃坟、娘娘庙等古迹。另一条路是沿江右岸凿石、架木而行，即由凤县经两当西坡、站儿巷、徽县、嘉陵、虞关、陕西白水镇而下，栈道遗迹仍存。

在唐代大部分时间，故道是西南主干道。然"蜀道难，难于上青天"。柳宗元在《兴州江运记》中对此有细微的描述："自长举至青泥山（岭），又西抵成州，崖谷峻隘，十里百折，负重而上，若蹈利刃；盛秋水潦，穷冬雨雪，深泥积水，相辅为害。颠踬腾籍，血流栈道，糗粮刍橐，填谷委山；牛马群畜，相籍故物。运夫力毕，守宰延颈。"还有杜甫"朝行青泥上，暮在青泥中"；李白"青泥何盘盘，百步九折萦岩峦"等诗句，都是反映这条道路艰险情况的。唐代青泥驿是一个

青泥故道今貌

重要驿站，《唐书》先后两次提及。有鉴于青泥岭路难行，宋仁宗至和二年（1055年），利州路（治所兴元府，今汉中）转运使李虞卿上奏朝廷，以"蜀道青泥岭高峻，请开白水路"，得到朝廷允准。筑路工程从宋仁宗嘉祐元年（1056年）开始，其年春先派兴州巡辖马递铺殿直乔达率领桥阁、邮驿士兵500余人，上山砍伐木料，运至工地，做好准备工作。兴州军事虞部员外郎刘拱为修路总指挥。兴州判官厅公事太子中舍李良祐负责长举县修路事宜，凤州河池县事殿中丞王令图"通干其事"。同年七月全面开工，至十二月"诸功告毕"。共修阁道2 309间，邮亭、营屋、运输房舍、仓库等共383间，废除了青泥驿，减少邮兵、驿马156人（骑），每年可省廪铺粮5 000石，畜草万围。路竣后，摩崖勒石于道旁，以警示后人。

白水路自河池经打火店（即大河店）后，折向南行，沿白水江（今称洛河，也叫大河），再经王家河、大石碑、白水峡至长举县的白沙渡（今白水江），全程51.5里，比原来走青泥岭路减少行程33里。嘉祐二年（1057年），朝廷对修路的有功人员进行了晋爵等奖励。

白水路修通不久，青泥路上的豪绅，以青泥路原有的驿站、客房、酒炉被弃用，人员生活无着为由，要求官方仍兴旧路，官司打到朝廷。熙宁十年（1077年）九月四日，宋神宗下诏：旧路重设馆驿、驿马、递铺等，与新开白水路并存，任其商旅自由往来。

南宋高宗建炎年间（1127年—1130年），吴玠布防于河池一线，率桥阁部队和民工对河池一段道路和栈道进行了整修。宋高宗绍兴四年（1134年）二月，吴玠在仙人关（今徽县虞关乡）大败金兀术，扼住了金人南下巴蜀的势头。明朝初年傅

友德取川，仍走此道。

清代，徽县至宝鸡段辟为陕甘驿道的一部分。

秦始皇巡游陇西、北地

秦王政元年（前246年），秦嬴政即位后，对陇东、陇西的经营仍不遗余力，对道路的拓建更加重视，道路标准越来越高，甚至后来的驰道可能是按照陇东、陇西和关中的道路标准修建的，秦始皇后来提出的"车同轨"就是在上述地区实施的。

秦王政二十六年（前221年），秦始皇统一全国。次年，他把第一次巡游的目的地选在了陇西、北地。

秦始皇西巡陇西、北地有他的战略考虑。一是陇西、北地既是秦王朝的战略后方，又是秦王朝防御匈奴的前沿，西巡既可示威匈奴，又可按察边疆，为他巡游天下解除后顾之忧。二是陇西、北地经营近千年，巡游最为安全，带有预演和示威天下的意味。三是先巡陇西，无疑是为了尊重先王故地，顺便寻根问祖。

秦始皇西巡之事在《史记·秦本纪》中记载十分简略，只有"二十七年（前220年），巡陇西、北地，过回中"数语而已，行经路线模糊，也未做"通道"记载，与他后来数次巡游的记载相比过于简略。事实上，在秦始皇巡游之前，陇西、北地以及蒙恬所率领的边防部队已将道路整修了一遍，达到了通行御驾的标准，也就是后来驰道的标准。至于行经路线虽然模糊，但仍可寻出端倪。根据文言文互文见义的习惯，可以将《史记》中的这段文字略作调整，即："二十七年，过回中，出鸡头山，巡陇西；过回中，巡北地。"陇西、北地是巡幸的目的地，鸡头山和回中是经过的地点。鸡头山也叫笄头山，即崆峒前峡处，回中即今宁夏固原（一说在今陇县西北，华亭县之间）。也就是说秦始皇巡游陇西、北地两度"过回中"。《史记·秦始皇本纪》："《集解》应劭曰：回中在安定高平。孟康曰：回中在北地。"这里的高平、北地实指高平一地。汉武帝元鼎三年（前114年）析北地郡置安定，郡治高平。高平以西有朝那湫，为秦汉的大型祭祀场所，应有宫殿一类的建筑。也许后人因为对秦始皇西巡路线过分猜测，出现了多种版本。如果真的秦始皇根本未到陇西郡和北

地郡，只是沿长城到了陇西、北地地面，回中也只能在安定高平，但两过回中仍然是事实。

根据当时的道路情况和秦始皇出巡的战略考虑，秦始皇西巡的路线是：沿渭水到雍（今陕西凤翔），祠雍，然后折西北沿汧水北上，经汧邑（今陕西陇县东南），到陇县，祠山，再沿温水，穿河谷经今甘肃华亭下关、上关、华亭县城西、乌氏（今平凉市）、泾阳（今平凉市西北）、崆峒前峡（或由华亭经泾源），由瓦亭北上至高平（今宁夏固原），休息于回中，祠朝那湫，沿长城内侧大道巡视陇西边防，然后返回沿长城东行，巡视北地防务，沿原路回咸阳。不过后人们总认为秦始皇巡幸不可能不到陇西郡和北地郡，那么最可能的路线是由固原沿长城大道经静宁、平襄（今通渭）、豲道、首阳（今陇西首阳）、渭源达狄道（今临洮）；做短暂停留后，沿渭河大道经豲道（今陇西县桦林）、冀县（今甘谷县地）至邽地（今天水市地），谒先秦王陵，祠西畤，循汧陇道越陇山，沿前道北至乌氏，东北经今镇原、环县、华池巡视长城，南下经马岭、庆城、合水至北地郡治义渠（今宁县北庙嘴坪），然后经今宁县至甘泉宫（今陕西淳化县北），返回咸阳。当时庆阳境内还有一条驰道接回中道，即由今平凉东行经镇原平泉、屯字、西峰、肖金到北地郡治。

秦始皇西巡促进了甘肃中、东部道路的发展，形成了联结直道、驰道、长城的交通网，成为秦王朝西方驰道的主干线。西方驰道的标准，就是全国驰道的标准，后人评价秦国道路交通在中国古代交通史上具有"开创作用和奠基地位"，这是有所指的。司马迁在《史记·贾山列传》中这样记载："道广五十步，三丈而树，厚筑其外，隐以金椎。为驰道之丽至于此，使其后世不得邪径而托足焉。"道广50步，即300尺，

子午岭上的秦直道遗迹

秦六尺为步,一步约今70厘米,计宽约合今35米。这种宽度在子午岭秦直道遗迹中得到证实。当然直道是山脊线,宽度有时不受地形限制。驰道经过的高山、峡谷路段就不易达到这样宽度,但通过御驾是没有问题的。秦始皇出巡时乘座的安车是一种轻便车,能座能卧,车轨宽1.99米,四马拉曳,两马驾辕,行进时两边还有仪仗护卫,道路宽度不低于5米即可。驰道中央三丈而树,称天子道,道路边坡均用石头垒砌"厚筑其外",并埋有稳定路基的"金椎"。

秦祚短促,驰道并未给秦王朝带来经济利益,反而成了秦王朝暴政的工具,更加重了人民的负担。长城未修完,移民实边未结束,驰道随着秦王朝的垮台而埋入历史的尘埃。没几年,驰道失修失养,路断桥毁,车马难行。

汉武帝巡游陇西、北地

西汉建立后,西北疆域不过黄河。与汉隔河相望的是匈奴民族。他们为争夺良好的生存条件,经常渡河侵扰汉地。最严重的一次是匈奴南下侵入关中。《史记·匈奴列传》载:"(汉文帝)十四年冬,匈奴十四万骑入朝那、肖关,杀北地都尉卬。使骑兵入烧回中宫,候骑至雍、甘泉。"朝那在北地郡高平县(今宁夏固原),肖关即萧关,在高平东南90里处。回中当为今陇县、华亭一带的回中,雍即今陕西凤翔。匈奴这次入侵在六盘山以东选择了两条路,烧回中的骑兵走的是秦始皇所走鸡头道,至雍的候骑走的是经灵台县的周古道;大部队走的是平凉经镇原北、庆城北马岭(北地郡治)偏道,候骑南下至甘泉,走的正是秦始皇巡北地的驰道。

由于匈奴的不断侵扰,自文帝始,终武帝之世,曾十次巡游陇西、回中、安定、北地。兹将《汉书》文、武两帝巡幸情况照录于后:

(文帝后元)五年春正月,行幸陇西。三月,行幸雍。

(武帝元鼎)五年冬十月,行幸雍,祠五畤。遂逾陇,登空同,西临祖厉河而还。

(武帝元封)四年冬十月,行幸雍,祠五畤。通回中道,遂北出萧关,历独鹿、鸣泽,自代而还,幸河东。

(武帝太初四年)冬,行幸回中。

(武帝元封)三年冬,行幸回中。

(武帝天汉)二年春,行幸东海。还幸回中。

(武帝太始)二年春正月,行幸回中。

(武帝太始四年)十二月,行幸雍,祠五畤,西至安定、北地。

(武帝征和)三年春正月,行幸

雍，至安定、北地。

（武帝）后元元年正月，行幸甘泉，郊泰畤，遂幸安定。

自武帝以后，西汉帝王鲜有西巡者。原因是匈奴边患彻底解除，而羌、氐内患又起的缘故。

从以上文、武两帝频繁出巡的情况看，西汉时六盘山以东道路有所变化。文帝后元五年（前159年），文帝走汧陇道，他往西是否到了天水乃至更远，已不可考。武帝元鼎五年（前112年），武帝走鸡头道，登崆峒山，北上高平、朝那（今宁夏固原西东海子）、今西吉进入甘肃省会宁土门岘，经车家川、河畔，

崆峒山秦皇汉武西巡纪念碑

北行沿祖厉河到祖厉县（今靖远县地），然后原路返回长安。在祖厉县北今陡城为汉鹯阴县，同为西汉通河西的重要渡口。武帝元封三年（前108年），武帝下令通回中道，北出萧关，经安定郡、富平（今宁夏吴忠）北上进入内蒙古乌审旗和陕西榆林之间的上郡地区，穿越山西北部至代（今河北蔚县境），当时代为九姓国之地。自代而还，又幸河东（今山西地区）返回。从武帝元封三年到武帝太始二年（前95年），连续四次幸回中，路线仍为回中道。武帝太始四年到武帝后元元年（前88年）两次西至安定、北地，一次幸安定。幸安定路线前三次是回中道，从安定到北地是新开辟的一条道。即由安定郡（今固原）东经彭阳县境北部进入汉抚夷县（今镇原东北部）到北地郡治义渠县（今庆城县马岭），此道沿线有秦汉古墓多处。由北地郡沿秦时驰道返回长安。最后一次巡幸安定未走回中道，而是由陕西的淳化甘泉宫经彬县、长武（汉设鹑觚县）进入今甘肃境，经汉阴槃县（今泾川县窑店）、安定县（今泾川县北五里）、乌氏（今平凉市区西南）、泾阳县（今平凉市区西北）至安定郡。泾河道开通后（泾河沿线多沼泽，历代时通时阻），代替了鸡头道，成为西汉通往河西的主要干线。

在汉武帝新辟的泾河道路与抚夷

道路之间的今镇原县地,是匈奴南下的的主通道之一,西汉在这里设临泾县(今镇原县上肖)、彭阳县(今镇原县彭阳)、安武县(今镇原县南川)。这是春秋战国时的一条古道,一直通镇原、武沟、马渠、演武直至环县。在北地以北设方渠县(今环县曲子),北地郡南驰道经过地方设略畔道(今合水县城北),又于稍西南设义渠道(今合水县何家畔),向南有大要县(今宁县城)、泥阳县(今宁县东南15里)、弋居县(今宁县政平,历代设驿),直至甘泉宫。

秦始皇和汉武帝巡幸陇西、北地、安定诸郡使甘肃中、东部的道路交通体系更加完善,形成了关陇道和萧关道两大主干线路,成为西汉王朝进攻河西、河套地区匈奴的后勤保障线,对西汉王朝的强盛起了积极促进作用。

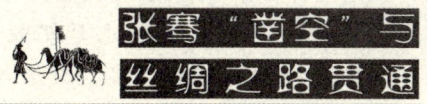

张骞"凿空"与丝绸之路贯通

"丝绸之路"是古代东西方陆路通道的总称。它以丝绸贸易为媒介,成为古代中国与亚洲、欧洲乃至非洲各国之间政治、经济、文化交流的桥梁。丝绸之路分东、中、西三段,东段均经甘肃,中段经新疆,西段经西亚、中亚乃至欧洲。

丝绸之路形成较早,但真正开通是张骞通西域之后。

西域有广狭二义。广义的西域指我国新疆及其以西的中亚、南亚、西亚等地区。狭义的西域指我国新疆天山南北地区。

先秦时,匈奴赶走月支、乌孙,占据河西后,与居住在今青海省的西羌相接。西汉初年,双方联合起来,西羌成为匈奴向西汉发动进攻的"右臂"。汉武帝即位后,决定争取与西域各国结盟,孤立匈奴,并隔断西羌与匈奴的联系,这就是"断匈奴右臂"的战略。同时,汉朝国内经济发展,商业繁荣,在客观上也要求打通对西域贸易的商路。张骞就是在这种背景下出使西域,开通丝绸之路的。

据《汉书·张骞传》记载:张骞,汉中人,建元中为郎。时匈奴降汉者说,匈奴破月氏王,以其头为饮器,月氏逃遁而怨恨匈奴,"无与共击之。"汉武帝听到这一情况后,想通使西域,但必须经过匈奴占领的地区,便招募能通使的人,"骞以郎应募,使月氏"。

汉武帝建元三年(前138年),张骞带着100多人的使团,第一次出使西域。他们从长安起程,经陇西后继续向西进发。一进入河西走廊,就被匈奴骑兵捉住,并押送到了单于王庭（约在今内蒙古呼和浩特市一带）。他在匈奴过了十年半囚犯式的生活，终于乘匈奴防备疏懈之际，和随从甘父等人一起逃出匈奴领地。

张骞逃出后继续西进，越过葱岭（今帕米尔高原），到达大宛（今费尔干纳）。"大宛闻汉之饶财，欲通不得"，见到张骞非常高兴。张骞

计划不走河西走廊，而是"欲从羌中归"，即经柴达木盆地和河湟地区的羌族居住地返回，但不幸仍被匈奴捕获。一年后，张骞乘匈奴内乱之际，与甘父逃出，在汉武帝元朔三年（前126年）回到了长安。

张骞第一次出使西域，历时13年，两次被匈奴捕获，出发时100多

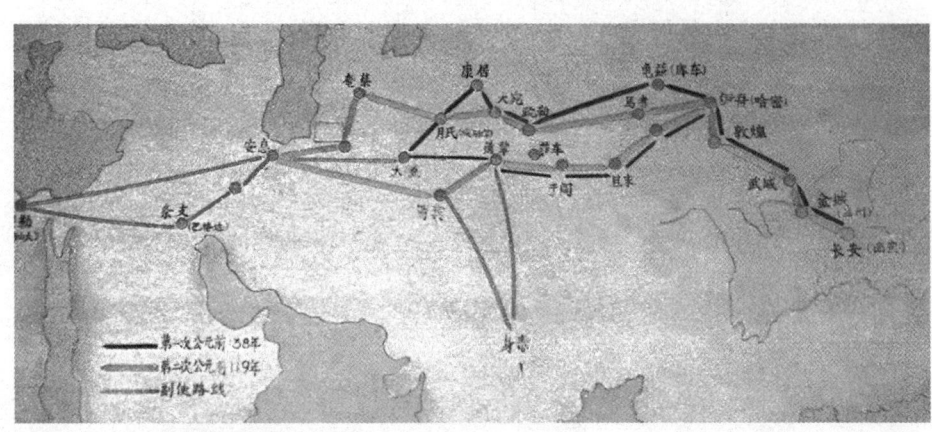

张骞出使西域路线图

向大宛陈述了自己出使的目的后，大宛王派人送他到康居（今撒马尔罕一带），经康居再转达大月氏（今阿姆河上游），终于到了出使的目的地。但是，这时大月氏王已被胡人所杀，其夫人被立为王，而且大月氏还占有了"地肥饶，少寇"的大夏之地，已不想再找匈奴报仇了。张骞在大夏停留一年多，未能说服大月氏王，只好东返长安。在返回途中，为避免再次被匈奴俘获，他

人，归来时仅存他和甘父两人。这次出使虽然没有达到和大月氏结盟、共同攻击匈奴的目的，但"所至者大宛、大月氏、大夏、康居，而传闻其旁大国五六"，了解到了有关西域各国的政治、经济、风俗、民情等情况。

张骞在第一次出使西域时得知分布在今伊塞克湖以东伊犁河流域地区的乌孙国，原来世居河西，与匈奴之间的矛盾很深，便向武帝建

议与乌孙和亲，结成抗击匈奴的同盟，汉武帝纳其建议，决定再次派他去西域联络乌孙。元狩四年（前119年），汉武帝拜张骞为中郎将，带着300名副使及随从，每人带马各二匹，牛羊以万数，金币、帛等，值数千巨万，浩浩荡荡，出使西域。这时，河西走廊已在西汉政府管辖之下，途中没有什么阻碍。从长安经陇西到敦煌，穿过白龙堆（今新疆罗布泊附近）向西北再经焉耆、龟兹，顺利到达乌孙的赤谷城。

张骞到乌孙赤谷城后，由于乌孙内部分裂，所以西汉欲同乌孙联盟共同攻打匈奴的意愿未能实行。但乌孙表示愿与汉建立密切的关系。当张骞返汉时，"乌孙使数十人，马数十匹"，随同张骞到长安向汉朝致谢。张骞在赤谷城期间，还"分遣副使使大宛、康居、月氏、大夏"等国，进行友好活动。这些副使先后完成了使命，并和各国使节一道回到长安。

张骞两次出使西域，长达20余年，行程数万里。他的重大贡献，主要是以其亲身实践，开通了中西陆路交通丝绸之路，为中国和中亚各国、各地区的政治、经济、文化交流开创了新纪元。

早在张骞通西域前的战国时期，中国的丝和丝织品就已传入西方，受到西方一些国家赞誉。前四五世纪，希腊人称中国为"赛里斯"，即"丝国"的意思。但联系中西交通的路线、行经地点，史籍记载却语焉不详。张骞两次出使西域，发现和考察了被匈奴中断和阻塞了的"丝绸之路"，使过去与西域诸国交通的传说和零散记载，得到了进一步的证实和订正，使人们大大增长了对丝绸之路的认识。使已开通的丝绸之路东段与中段、西段连接起来，形成了中西经济、文化交流的大动脉。《史记·大宛列传》和《汉书·西域传》就是根据张骞的报告写成的，详细记载了当时丝绸之路的具体路线和沿线的重要城镇。自此以后，丝绸之路虽然有许多变化和发展，但大体仍是在张骞所发现的主要交通干线的基础上变更和发展的。从此，史书把张骞出使西域誉称为"凿空"。

张骞通西域后，汉朝政府把内地的丝和丝织品、钢铁及其冶炼技术，以及精美的手工艺品如漆器、铜镜、陶器等特色产品，传入天山南北和中亚，并由中亚远播欧洲。后来，中国四大发明中的造纸术、印刷术、火药，也经由这条路传入西方。

"不是张骞通西域，安得佳种自西来。"西方的葡萄、苜蓿、酒杯藤、胡桃（核桃）、胡麻、胡豆（蚕豆）、胡瓜（西瓜）、石榴等物产和后来的佛教、祆教、景教、摩尼教等宗教，以及音乐、绘画、雕塑等艺术，都是由丝绸之路而传入中国的。

张骞通西域后，丝绸之路进入了空前繁荣的时期，赴西域的使者"相望于道"，"一辈（批）大者数百，少者百余人"，一年之中出使使团"多者十余、少者五六辈"。中原使者前往西域，"远者八九岁，近者数岁而反"。他们在出使时往往称颂张骞的功绩，打着张骞的旗号，以取得各国的信任。"张骞凿空，其后使往者，皆称博望侯，以为质于外国，外国由此信之。"前来汉朝的边疆民族和中亚的使者，也"莫不献方奇，纳爱质，露顶肘行，东向而朝天子"，"欲通货市买"的"胡商贩客，日款于塞下"。

丝绸之路过甘肃

丝绸之路东段横贯甘肃，全程1 700公里左右。根据经过地域又分陇西段和河西段，这是丝绸之路主干道。另外还有草原丝绸之路和西南丝绸之路也部分经过甘肃。

陇 西 段

丝绸之路陇西段，古代通称关陇道、陇关道或汧陇道，西汉起点在长安（今西安西北），东汉延至洛阳，隋、唐又起于长安。

从长安往西到河西，必须经过陇山和黄河两道天然屏障。陇山是一条纵贯于陕、甘、宁交界的山脉，因而从什么地方翻越陇山，直接决定着渡过黄河的地点。

北线 由长安经陇山过黄河，最短的交通路线应是穿越宁夏南部地区，所以陇西段第一条通向河西的交通线就是由长安出发到咸阳，沿渭河经凤翔、千阳、陇县，再北上经安口沿六盘山东麓，北上经固原沿祖厉河而下，在靖远乌兰、石门索桥古渡口或鹯阴口渡黄河到达武威。

在这条道经过的平凉一带还有几条叉道，一是由安口北上经平凉出萧关，再经固原，在靖远过黄河；二是由凤翔北上泾川，在平凉与前道接，这条道是汉武帝末年以后特别是隋、唐时代的主通道；三是从长安出发经彬县、长武，在泾川与前道接。这三条叉道都是为绕开陇山东麓的崇山峻岭和六盘山主峰而开辟的。

陇西段丝绸之路北线开通于先秦，汉武帝时对这条路进行了大规模整修，时称"回中道"。整个汉代，通过回中宫的北线是长安通往西域的主要通道。居延汉简《传置道里簿》中就有安定的月氏、乌氏、泾阳、平林、高平和北地的义置等驿置。同时这条路上关卡甚多。秦代就在高平（今固原）东南30里处筑萧关，汉时在高平西南筑有瓦亭关。隗嚣割据陇右时，就派兵分扼番须口（回中道西口）、鸡头道（笄头山）、瓦亭关。此后在六盘山西部今宁夏隆德境筑一新关，称西瓦亭关。

东汉光武帝建武六年（30年），年，光武帝乘驷马车，亲自率兵上陇，削平隗嚣割据政权，之后到高平第一城（今宁夏固原境）。时，河西的窦融率数万骑，车乘5 000辆及小月氏种人，满载粮食及其他物资，从姑臧（今武威）经景泰川，在鹯阴口过黄河，至高平，晋见光武帝，慰劳汉军。窦融此行人数之众，车辆之多，规模之大，在当时还是少

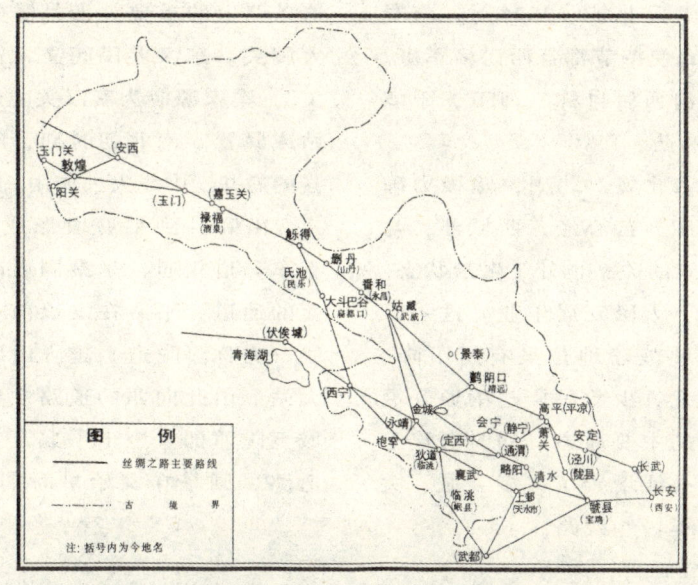

"丝绸之路"过甘肃线路示意图

遣耿弇等7将军从陇道伐蜀，被割据天水一方的隗嚣阻于陇山东，嚣又派王元率兵2万余人从北路进寇三辅（关中地区的京兆、扶风、冯翊），兵至阴槃（今平凉东），为冯异击败，此时汉军已于泾川布防。隗嚣为阻滞汉兵，从北线西上增援，派王猛塞鸡头道，牛邯守瓦亭关。同见的。这从正面反映了当时由靖远过黄河至武威间亦有车马大道存在。汉冲帝建康元年（144年），护羌从事马玄叛汉投羌。奔驰出塞，领护羌校尉王瑶追击，护牛马20余万头，赵冲复追至武威鹯阴河（即靖远县境黄河）。赵冲于鹯阴口渡河后，为羌人伏兵所杀。东汉末年，武威颜

俊、张掖和鸾、酒泉黄华、西平麴演，自号将军，割据独立，交通阻塞。曹丕称帝后，武威卢水胡起事，魏文帝以张既代邹俊为凉州刺史。张既西行时，卢水胡以为张既要在鹯阴渡黄河，集结7 000骑兵，重兵布防于此。进一步说明靖远至武威一线及鹯阴渡口在北线中的重要地位。

东晋太元七年（382年），前秦苻坚派吕光使持节都督西讨诸军事。吕光回至河西后自称三河王，于鹯阴口设兵布防。

前秦、北魏、北周，除极力确保河西走廊，苦心经营西域外，与北方各民族的关系也处于融洽状态。边城晏闭，人民安居乐业。这一时期北线军事战略地位虽有所下降，但仍然是北方少数民族与中原开展民间贸易的主要通道。同时历代王朝还在这一线增置了许多县城、关隘，改移了一些线路，但就其规模而言，远远不及秦汉。

中线 陇西段中线开辟较晚，应该在汉武帝元鼎三年（前114年）在平襄县（今通渭）设天水郡的时候达到畅通。中线从长安到陇县，出陇关（后称大震关）翻越陇山，经张川、陇城（秦安北）、魏店、吉川、碧玉、通渭、定西、榆中，在金城（兰州西固）过黄河，再经永登（汉令居）越乌鞘岭达武威。这条路的陇山段有两条路可通：第一条是由北线的华亭经张棉驿达陇城，是东汉初来歙平定割据平襄的隗嚣政权所开。第二条道出大震关经秦家源（张家川东）、马家涧（有东汉赵壹摩崖碑）、恭门达陇城。这条路上的重要关卡是陇关，唐称大震关。东汉羌民起义，曾"烧陇关"。秦家源应为秦汉关陇道上的兵站或驿置。南北朝时期，随着平襄县的撤并，中线失去作用。

由陇县到平襄段形成于先秦，有车马道相通，是秦国通向羌戎部落的通道。平襄在汉以前一直是中线（亦称汧陇道）越陇山后的第二大站。由此向西的道路主要是沿长城至陇西郡。至于平襄至兰州间的道路，则是在秦始皇时期出现的，

大震关遗址远眺

是一条重要的军事运输线。

秦始皇统一全国后，由蒙恬统帅50万人整修、扩筑或联接了原秦、赵、燕长城。同时自"榆中并（音傍）河以东"置44县，"城河上为塞"，并向榆中一带移民实边，这里的榆中即今兰州、榆中地区。陇关道开始由平襄向西延伸到榆中一带。

西汉是中线全面形成的一个主要时期。汉武帝元鼎三年（前114年）置天水郡，郡治平襄，隶凉州刺史部（初治略阳，后移治乐都）。天水郡领县十六，其中在陇关道置县（道）的有：陇县（今陇县）、清水（今清水县）、戎邑道（今清水北）、略阳道（今秦安、清水县以北）、平襄县（今通渭县地）、勇士县（今榆中、定西县地）等，县置密度较大，说明这条道路在汉初是仅次于北线的主要通道。汉昭帝始元六年（前81年）置金城郡，郡治允吾（今永靖、民和县之间）。金城郡的金城县就设置在今兰州西固城的黄河边，由这里渡河可直达凉州刺史部。据《皋兰县志》记载，"钟家河、新城、八盘、小寺沟为汉时古渡"。上述4渡在今兰州市西固区黄河上。汉武帝元狩元年（前121年），骠骑将军霍去病西征，从这里渡河，说明早在金城县未设之前，这里已是过渡兵马的要津。汉宣帝神爵元年（前61年），大将赵充国奉命击西羌，大军亦从这里渡河。

23年，刘玄起兵反莽复汉，改元更始。同年，成纪人隗嚣、其兄隗义，上邽（今天水）人杨广，平襄人行巡等起兵应汉，攻克平襄，杀新莽镇戎郡（天水郡改名，仍置平襄）大尹李育，共推隗嚣为"上将军"，改元复汉，其势力动摇三辅，名震西州，致使关中、陇右地区"城郭皆为丘墟"。中线严重受阻，也直接影响了东汉政府统一全国的进程。

建武六年（30年）四月，光武帝遣中郎将来歙，奉玺书至镇戎，劝隗嚣归汉，嚣狐疑不决，来歙乘单车，出陇坂东归。五月，隗嚣发兵反汉，使王元据陇坂，"伐木塞道"。建武九年（32年），东汉光武帝派来歙征讨隗嚣，来歙派两千人由鄁须口经庄浪境的罐子峡向西开道，"径至略阳"。此道开通后，成为东汉政府平定隗嚣等割据政权的用兵通道，也成为以后维系关陇交通的重要路段。

当时，陇山设有关卡，王莽派右关将军镇守。《通典·一七三·陇州汧源县》条记载："陇山，一曰陇坂，汉旧关。王莽命右关将军王福曰：'汧陇之阻，西当戎狄。'今（唐）名大震关，在县西。"东汉平定隗嚣后，来歙向光武帝建议："今西州新破，兵人疲馑，若招以财谷，则其众可集。""帝然之，于是大转粮运。"《后汉书·来歙传》注引《东观记》："诏于汧积谷六万斛，驴四百头复驮。"可知汧县为当时中线上的粮运转接点。中线替代回中道，成为关中通河西的主要商旅、用兵线路。

东汉明帝永平十七年（74年），改天水郡为汉阳郡，郡治冀县（今甘谷县东南），平襄为其辖县。郡治的移置，标志着交通重心的转移。略阳经平襄、榆中一段从此衰微，尤其十六国前秦省平襄县后，平襄道荒凉，但古道路仍很通畅，南北朝时高僧宋云由泾川沿番须道进入通渭，到达陇西，西行印度。

兰州路段除了与陇关路段时断时续外，主要与南线的临洮相接。东汉建武十二年（36年），河西窦融奉命入朝，东归洛阳，他与河西五太守同行。《后汉书·窦融传》记载："融等奉诏而行，官属宾客相随，驾乘千余辆，马牛羊被野。"窦融此行即由武威经乌鞘岭（洪池岭）、永登（广武）过河达兰州，然后由南线越陇关东行。《后汉书·种暠传》载：种暠曾任凉州刺史，在任时为政廉洁，体察民情，甚得百姓欢心和少数民族的拥戴，后朝廷调任，在百姓的请求下，又留任一年，后被升迁为汉阳郡太守。他也是取道兰州经临洮到汉阳的。蜀延熙十八年（255年）夏，魏从河西调来军队，从金城渡河去狄道解围。

东晋明帝太宁元年（323年），前赵王刘曜由南路进至金城，声言攻前凉，其军有28.5万之众，临河列营百余里，扬言百道俱渡。史称："钟鼓之声，沸河动地，自古军旅之盛，未有斯也"（《晋书·刘曜载记》）。东晋孝武帝太元六年（376年），前秦伐前凉，梁熙、姚苌等由青石津渡黄河，攻河会城，姚苌自石城津渡河，与梁熙会师，攻缠缩城，凉军布防洪池岭。《甘肃新通志·关梁》载："青石津在皋兰县西青石山下，今移小寺沟渡。"

东晋安帝隆安五年（401年），后秦伐后凉，从金城"直趋广武，凉兵大败"。西魏废帝二年（553年），"帝勒骑三万西逾陇，渡金城河至姑臧（武威）"。

南线 陇西段南线从长安到陇县，出大震关翻越陇山，经陇头、马鹿、阎家店折南经清水，过天水，沿渭河西行经甘谷、武山、陇西、渭源、临洮，渡洮河再经临夏，在永靖渡黄河出积石山，经乐都至青海西宁（或由乐都出祁连山经天祝、古浪到武威），然后经大斗拔谷（扁都口）到张掖。这条路的陇山段开通于汉，盛于隋、唐，石板路至今尚存。陇山顶有古建筑遗址，应为陇头驿古址。古乐府歌辞《陇头水》就产生在这里。

陇山段还有一条平行线，第一条在渭河北岸，古称南由路，因北魏南由县（今陕西省宝鸡市县功镇）

而名。这条路最早开辟于先秦,是秦人东进的道路之一,在关陇道受阻时,这条路做为偏道使用,但大部分时间为私商偷运货物之路。南由路由县功镇西行,入陇山,经吴山南侧青阳峡、八龙滩、苏家河、安夷关,渡元滩河到清水县山门镇,接南线。

陇西段南线还有一条岔道,即由临洮折北越阿干坡或七道梁到兰州,过黄河达乐都。

丝绸之路南线在青海境还另有一种走法,即从青海西宁西行,经青海湖,穿越柴达木盆地,进入南疆,汉称羌中道,南北朝称吐谷浑道,也称河南道(今临夏地区)。

南线形成于先秦。汉王朝继承了秦在交通上的建设成果,积极向西扩展。

汉武帝建元二年(前139年)张骞沿南线首次出使西域。汉武帝元狩二年(前121年)春,汉骠骑将军霍去病率兵出陇西,过黄河,进入青海后,又"逾乌㦝,讨遫濮,涉狐奴"。乌㦝是今青海乐都南山阿尼吉利山,狐奴水是大通河上游的乌兰母伦河,由此可入河西走廊,遫濮是匈奴遫濮王的称号。同年夏,汉分兵两道出击匈奴。公孙敖出南路,走的就是霍去病春季行军路线,但进入青海后,迷失道路,未达到夹击目的,而霍去病一路还是取得了决定性胜利。甘肃境内东西通道基本贯通。

汉武帝元狩四年(前119年),张骞第二次循南线出使西域。

羌人活动的主要地区湟中,是南线必经之地。汉王朝从宣帝开始,对这里进行了近百年的经营和治理,以确保河西走廊的稳固。汉宣帝神爵元年(前61年)义渠安国诱杀先零羌诸豪帅30余人,激起羌变。不久,义渠安国被羌人击败,损失人马辎重甚多,退至令居(今永登)。汉以赵充国为将,前往湟中平息羌乱,获羌人牛羊10余万头,车4 000余辆;并缮乡亭,在湟峡以西修建道桥70多座,使通往内地与青海的道路畅通无阻。为保证文书的传达,又置邮亭,通于金城,驰传长安,仅需7日路程。

东汉建武十一年(35年),朝廷议弃湟中地。马援上书陈说利害,光武皇帝采纳了他的建议,并派他前往湟中处置事宜。马援到湟中后首先招抚羌人,兴修水利,提倡耕牧,招抚塞外诸羌。同时,修缮城廓,建置哨所,治理交通,郡中乐业。但是,由于东汉王朝政策上的失误,引起羌人多次反抗斗争,其中最大的有3次(即107年、139年、159年),每次均被东汉政府镇压。这种战争,除对各族人民财产造成破坏性损失外,往往是交通断绝,如"断陇道"、"烧陇关","凉州路断"等等。政治不明,导致各民

回眸历史

族间关系恶化，经济与交通出现衰微，整个国家分崩离析。

三国、两晋、南北朝时期，割据政权蜂起，陇右战事频仍，南线长期处于通阻无常，甚至闭锁状态。如三国时蜀汉建兴八年（230年），诸葛亮屯兵城固，命魏延和吴壹率兵万人，入羌中联结羌人，扰乱魏之后防。魏延等由城固"钻隙潜行"入羌中，由枹罕入湟中地区。同年秋，魏延由羌中东归，行至阳溪（今渭源南），魏雍州刺史郭淮、将军费瑶，以大木塞道，截击蜀军。

河西段

陇西段南、北、中三线过黄河后，都向一个方向靠拢，最后聚拢于一条通道，即丝绸之路河西段。

河西走廊东起乌鞘岭，西到敦煌，东西长1 000公里，南北宽100公里~200公里，北部是走廊北山，南部是走廊南山，即祁连山，中间形成一条天然的平坦通道。丝绸之路未开通前，河西走廊属匈奴地。前121年，匈奴昆邪王降汉，汉朝政府把河西划分为酒泉、武威二郡。前111年，又析置敦煌、张掖二郡，总称河西四郡。并将秦长城延伸到了黄河以西的令居（今永登）乃至玉门，即所谓"自酒泉列亭障至玉门矣"。在居延，还修建了遮虏障。进一步隔断了匈奴南下的通道，确保了河西走廊的畅通。长城沿线还每隔10里建有亭、燧，数十里建有障，派戍卒把守，起着维护交通安全，为过往商旅提供食宿服务的作用。

张骞"凿空"后，汉与西域各国建立了友好关系。元封元年（前105年），乌孙遣使到长安，愿以千匹马的聘礼，与汉联姻。于是汉以江都王女刘细君出嫁乌孙。汉"赠送甚盛"，"岁遣使者以帷帐锦绣给焉"。细君之后，又有楚王女解忧公主再嫁乌孙。按汉制，公主出嫁，皆乘以驷马车入西域。汉公主嫁乌孙后，对防止匈奴南下，稳定西域局势，保护西域通道，起了很大的作用。汉宣帝甘露元年（前53年），乌孙内部不合，经冯夫人（解忧公主侍女，名冯嫽，乌孙右大将妻，通西域事，甚得各国敬信，号冯夫人）调解，在都护郑吉的协助下，宁息事端。于是汉宣帝诏冯夫人，问其状。后派竺次、甘延寿送冯嫽回乌孙，冯嫽即乘锦车持节而回。汉宣帝本始二年（前72年），匈奴攻打乌孙，乌孙向汉求援，汉遣5将军，发兵15万，配合乌孙，突击匈奴，获得大胜，"于是匈奴遂衰耗。"

河西走廊的畅通，促进了中西贸易的繁荣，西域使者相望于道。甚至有些使者，以贡献为名经商。如罽宾国"奉献者皆行贾贱人。欲通货市买，以献为名。"从此，河西走廊就成为中原地区通向西域的交通要道。

为了确保丝路的畅通，减轻内地转运军需的困难。西汉王朝从内地向河西移民，其主要对象是"或以关东下贫，或以报怨过当，或以悖逆亡道，家属徙焉"（《汉书·地理志》），也就是说移民大都是贫困农民和刑事犯、政治犯。

西汉王朝的移民主要集中在汉武帝时期。初期的移民，大都随部队活动，担任后勤保障任务。之后，才真正"徙民以实之。"其人口大都来自关东各郡国。如"河南郡雒阳缑氏西槐里李实"（居延汉简511.38）、"昌邑国赵垣里士五淳于龙年廿四"（居延汉简517.1）等。

大量的移民，逐步改变了河西地区地旷人稀的状况。河西四郡共有7.1万户、28万余人。史学家估计上述这个数可能偏低，因为武、昭、宣时期河西四郡人口不止此数，在移民数的基础上还应加上戍卒，四郡人口总数不低于50万。

大批的移民到达河西后，西汉政府就将他们安置到"地广民稀，水草宜畜牧"和宜于农业的肥饶之地。移民定居后，首先要向国家著籍，用什伍编制，分属郡、县、乡、里。所以，他们是由国家直接控制的编户齐民。这些移民在政治上皆有不同待遇。屯田的开辟和移民的增加，使乡、里建置不断增加，县通乡、乡通里的道路不断开辟，道路网络随之形成。

为了确保商旅供给，"西至盐水，往往有亭，而仓头有田卒数百人，因置使者护田积粟，以给使外国者"，"设酒池肉林，以飨四夷之客"。丝路线上的驿置、亭障、屯田点构成了完整的交通服务与管理体系。

在河西走廊，丝绸之路第一个大站是武威。武威地处走廊入口，地理位置重要，为历代兵家必争之地。两汉之际，经贸发达，出现了"边城晏闭，牛马布野"的景况，"天下扰乱，唯河西独安，而姑臧称为富邑，通货羌胡，市日四合，每居县者，不盈数月，辄致丰积"。《太平寰宇记》分析：汉末"天下大扰，而河西郡独安，姑臧称为富邑，以通羌故也。"

由武威西行，过永昌（古番乐）、山丹（删丹）到达张掖。这里既是郡治所在地，也是张掖属国都尉府所在地，蕃汉杂处，物资流通便利。西汉末年，陇西战乱，失去与中原的联系，窦融率五郡割据，创造了安定的政治、军事、经济、文化、交通局面。

由张掖西行到酒泉，酒泉处敦煌、居延、张掖三叉路口，战略位置十分重要。由这里西行经现在的嘉峪关、玉门镇，穿越锁阳城一带

到敦煌。敦煌是中西交通线上的咽喉之地,汉代由敦煌出西域有两条路:

南线 由敦煌西南行,出阳关(今敦煌县西南)沿南山(今昆仑山脉)北麓,经鄯善(今新疆若羌县)、且末(今新疆且末县西南15里之废墟)、精绝(今新疆民丰县北尼雅古址)、扜弥(今新疆于田县玄巴什拉乎拉克)、于阗(今新疆和田县南)、皮山(今新疆皮山县一带)、莎车(今新疆莎车县)、疏勒(今新疆喀什市),然后翻越葱岭(今帕米尔高原),向南到达大月氏、大夏、罽宾、身毒(今印度)等国。

北线 由敦煌西北行,出玉门关(今甘肃敦煌县西北),穿过白龙堆,沿北山(今天山山脉)南麓,经尉犁(今新疆焉耆县南)、乌垒(今新疆轮台县东北)、龟兹(今新疆库车县)、姑墨(今新疆阿克苏县)、温宿(今新疆乌什县),到疏勒与南道会合,然后越过葱岭,向西北经大宛,到达康居、奄蔡等国。

丝绸之路所经之敦煌在汉代是军事重镇,汉武帝时李广利两次率军出征大宛,其中第二次在敦煌集中6万人、牛10万头、马3万匹、驴、骆驼数万,同时驻扎在敦煌的接应人马数万。敦煌为"华戎所交"一大都会,中外使者频频出进玉门关和阳关道上,车水马龙,交通繁荣,由敦煌到罗布泊一带均设有驿站,

至今玉门关以西40公里的一个地方,地名叫"都护泉",据考证是当时玉门道上的第一个驿站。西晋和尚法显路过敦煌,描述敦煌城的规模"东西可八十里,南北四十里"。

丝绸之路河西段还有几条重要的南北线:

漠北·酒泉道 此路由今内蒙古额济纳旗境内沿额济纳河向南行,至酒泉,是汉初形成的一条军事通道,沿途设有亭、障、烽、燧、城等防御设施。酒泉(汉初属张掖郡)是汉初匈奴活动的中心区域。匈奴自大漠北而南,进入河西,居延是必经之地。汉武帝太初三年(前102年),西汉开始有计划地修建居延城、障。这一年西汉派军伐大宛,就是出于保障经居延到酒泉去西域道路的畅通。时"句黎湖单于立,汉使光禄徐自为出五原塞数百里,远者千里,筑城障列亭至卢朐,而使游击将军韩说、长平侯卫伉屯其旁,使强弩都尉路博德筑居延泽上"(《汉书·匈奴传》)。这就是历史上有名的居延遮虏障。同年秋,匈奴入云中、朔方等地,坏亭障,右贤王入酒泉、张掖,掠数千人。会任文击之,匈奴尽失其所得。匈奴此次行军路线及其所经地点是:由包头经云白鄂博、准索伦、乌力吉图、巴卜夏毛德、哈日敖尔布格,进入酒泉。

漠北·张掖道 此路以居延为起

点，南行到张掖。额济纳河流域汉代均属张掖郡辖，是匈奴南下的前沿。因此西汉尤其注重这里的防务。沿途设有殄北塞、居延塞、方渠塞、卅井塞、广地塞、橐他塞、肩水塞、北大河塞。以上8塞除北大河塞属酒泉郡东部都尉管辖外，余均属张掖郡，各塞有候官、塞尉。

乐都·武威道 乐都、武威分别为青海、河西东部门户，汉初为羌人和匈奴的主要活动区。自羌中河湟道经过的乐都北行，顺水磨沟越达坂山，沿大通河流域，再越祁连山（姑臧南山）至武威张义堡，即北去武威。赵充国平羌时，其子赵卬屯令居，与金城太守防御祁连羌人，以保证沿乐都武威道可顺利北上武威，南下金城。

东汉时，武威太守任延依靠居住在姑臧南山的黄羝羌人，隔断沿此道北上的湟水羌人。然此路多高山峡谷，行旅艰难，后世从乐都至武威多绕道令居而达。

鲜水·酒泉道 鲜水是羌人活动的又一主要区域。鲜水至酒泉道，起自青海湖西北溯布哈河行，北越托勒南山接呼蚕水（今托勒河、弱水上游支流）而下出祁连山，即与河西走廊道相接。

赵充国平羌时，汉宣帝诏令辛武贤由酒泉率部南下，深入800里到青海湖以北的祁连山平定罕幵羌。这次活动虽因赵充国据理力争而未果，但说明，酒泉、鲜水间有一条道存在。

张掖·青海湖道 张掖沿南线扁都口，由察汉俄博南下经永安营皇城滩西80里百户寺，60里柴得牙合，80里哈尔盖；又永安营南30里黑沟口，西南30里多罗达坂，150里干子河。由古佛寺（黄藏寺）南下200里至青海湖。察汉俄博是祁连山区的交通枢纽，羌人多由此出入祁连山。

草原丝绸之路和西南丝绸之路

在甘肃的陇东、陇南地区还有两条丝绸之路，即草原丝绸之路和西南丝绸之路。草原丝绸之路开通于秦、汉，共有三条：一条是秦直道，秦始皇三十五年（前212年）由蒙恬所筑。第二条是由淳化、旬邑、宁县、庆阳、环县北上直达河套地区，由此向东可到包头（古朔方地），向西可经居延到新疆吐鲁番。第三条是沿陇西段北线经长武、泾川、固原，北上中宁接前道。这三条道路是历代北方少数民族南下关中的通道，从汉到北宋一直战事不断。

西南丝绸之路是经过四川、云南，沟通印度乃至中亚、西亚的另一条通道。即由长安沿渭河西行，经宝鸡、陈仓、凤县，进入甘肃两当、徽县，过嘉陵江进入汉中，折南到四川。这条路开通于先秦，时称陈仓道，沿途崇山峻岭，栈阁相连。亦可由天水经成县、武都沿白龙江而下至四川，开辟于汉武帝开西南夷时期。西汉时，川茶经这条路运到武都（今成县）等地。

丝绸之路"三绝三通"与班超父子的历史贡献

王莽篡夺西汉政权后，改变了以往西汉政府对西域各民族的优惠政策，加剧了国内各民族间的矛盾，破坏了中央政府与西域和匈奴的联系。改王为侯，并贬王为"亡"，称匈奴为"共奴"。与此同时，任张掖属国都尉的窦融，被河西四郡和金城郡太守推为五郡大将军，占据河西走廊和金城。畅通繁荣的东西交通完全中断。

东汉建立后，汉光武帝首先着手陇右、河西的收复。光武五年（29年）窦融遣使洛阳，表示归属。光武十年（34年），陇右归属东汉。自玉门关以东至洛阳的道路复通。此后，着手统一西域，打通河西与西域的交通。

汉光武帝建武二十一年（45年）西域莎车王势盛骄横，欲并西域。于是，车师前王、鄯善等18国俱遣子入侍东汉，献其珍宝，请置汉都护，以保诸国安全。在诸国的坚决要求下，东汉始将侍子留居酒泉、敦煌。莎车王虽不敢横加阻拦，但知东汉无力西进，遂发兵攻杀鄯善王和龟兹王，"绝通汉道"。西域分别由匈奴或莎车控制。"北房乃胁诸国共寇河西"，出现了"郡县城门昼闭"的现象。汉明帝即位后，决心"遵武帝故事，击匈奴，通西域"（《汉书·西域传》）。汉明帝永平十五年（72年），窦固和耿忠出屯凉州，次年春二月，汉四路出师伐北匈奴，其中，窦固、耿忠率酒泉、敦煌、张掖甲卒及卢水胡1.2万骑出酒泉塞，兵至天山，击走匈奴，又在河西走廊至伊吾卢（今新疆哈密县西）间"立屯田于膏腴之地，列邮置于要害之路"（《后汉书·窦融传》）。修道路，建烽燧，置关卡。次年东汉政府又命窦固、耿忠率兵1.4万出玉门，进军车师（今吐鲁番盆地一带），后到鄯善（今若羌东北）、于阗、疏勒等地，驱逐匈奴监护，设立了西域都护、戊己校尉等官。西域与河西的交通恢复，史称"一通"。东汉政府在丝绸之路开通后，将班超以军司马的官衔派到于阗、疏勒等地，坐镇丝路要道。汉明帝永平十八年（74年），西域部分国家首领在匈奴的煽动下，杀害都护陈睦，西域再次陷入混乱，严重威胁丝绸之路安全与畅通。汉担心糜费过大，不愿出兵征讨，汉兵退守玉门关，并诏驻守疏勒的班超撤回，"一通"复绝。班超东返时，于阗王侯以下啼泣号哭，劝他留下，班超不听东汉王朝的命令，毅然率领36人返回于阗、疏勒等地。汉章帝建初五年（80年）班超上书说：西域各地和中亚的康居等，都愿意协助他"破灭龟兹，平通汉道"。东汉王朝终于答应了他的请求。经班超等人近十年的艰苦努力，终于将匈奴赶出西域。汉和帝永元三年（91年），恢复都护之置，以班超为都护屯龟兹，徐干为长史屯疏勒（今新疆喀什市），中西交通恢复，史称"二通"。丝绸之路"二通"完全是班超的功劳。班超40岁时出使西域，在西域29年，"逾葱岭，远县度"，西域诸地"莫不宾从"。他还派甘英出使大秦（罗马）、条支（在今伊拉克境内），到达地中海东岸。在他70岁时，上书汉和帝，说："如自以寿终屯部，诚无所恨"，但考虑到让贤，仍然提出"臣不敢望到酒泉郡，但愿生入玉门关"。102年，他调回洛阳，当年逝世。

汉安帝永初元年（107年），朝中一些大臣认为西域道远，吏士屯住，糜费甚巨，且又是多事地区，加之西域都护府道已隔阻，故发兵接段禧东还。六月，遣都尉王弘强行征发金城、陇西、汉阳三郡羌骑数千往接。积怨很深的羌人，怕远屯不还，行至酒泉，相率逃亡，各郡发兵邀截，又毁羌人村落房舍，于是激起羌变。"群羌奔骇，互相煽动二州（并、凉）之戎，一时俱发，覆殁守将，屠杀城邑"，截断河西道，又断关陇道。匈奴亦乘机南下，占据西域。东西通道又断。汉安帝元初四年（117年），东汉政府镇压羌族起义，陇右至河西渐平，玉门以东复通。汉安帝元初六年（119年），敦煌太守曹宗为抵御匈奴的侵扰，经朝廷批准，由长史索班率4 000人屯驻伊吾（即伊吾卢地），匈奴发兵攻车师（治交河城，今新疆吐鲁番县西），杀害索班。曹宗要求再次出兵，讨伐匈奴，恢复交通。但朝廷中有人主张"闭玉门关，绝西域"。时班超之子班勇向掌权的邓太后建议，西域同河西犹如唇齿相依，唇亡则齿寒，只有控制西域才有河西的安全。应先在敦煌设护羌副校尉，处置西域事宜。邓太后采纳了班勇的建议。汉安帝延光二年（123年），汉以班勇为西域长史，将兵500人出屯柳中。三年正月，班勇至楼兰，以鄯善归附，特加三级。但龟兹王白英犹疑不决，班勇示以恩信，白英才愿内附。班勇利用这一有利机会，发骑兵万余人到车师前王庭，击走匈奴伊蠡王于伊和谷。四年（115年），班勇再发敦煌、张掖、酒泉6 000骑兵及鄯善、疏勒、车师前部兵击匈奴，大破其军，获马等畜5万余头。车师等六国悉平，西域道通，史称"三通"。

东汉时期，河西通西域道，虽发生过几次梗阻，但总的来说，随着中原地区与西域各地关系的不断加强，东西通道特别是河西走廊道仍是一派兴旺景象，"驰命走驿不绝于时月，商胡贩客日款于塞下"（《后汉书·西域传》）。而这种兴旺景象又是与班超、班勇父子的丰功伟绩分不开的。

诸葛亮北出祁山道

祁山道是关陇道南线连接陈仓道进入汉中的一条重要道路，因三国时期诸葛亮数次出祁山北伐曹魏而名闻天下。

祁山道的主干线路走向是由陈仓道的徽县由西向北经伏家镇、栗川、红川、成县、纸坊、西高山、石峡、西和、长道、祁山、盐官、天水关、平南、皂郊抵天水。围绕这条主干道还有许多支线，一是由徽县伏家镇北上经洮阳、江洛、麻沿河、娘娘坝到皂郊；一是由成县沿东河在三渡水翻山达天水关。此外在陈仓道上，由徽县经两当、陕西凤县沿小峪河北上到唐藏镇（古称唐仓）进入两当县张家经天水利桥、党川出麦积达天水。这条路在唐末五代时开辟为大路，成为当时川蜀达天水的主干线。蜀主王衍在宦官王成休的唆使下，专门到秦州亲幸麦积山。由陈仓沿渭河西行抵天水；由嘉陵江青泥河入江口溯流而上至成县。这些道路早在先秦就已开辟，三国时，成为魏蜀争夺的目标。

诸葛亮，字孔明，为三国时期蜀汉政权的主要奠基人之一。刘备子刘禅即位后，被封为武乡侯，领益州牧。辅政期间，他一方面励精图治，推行屯田政策，发展农业生产；一方面连续5次出兵攻魏，争夺中原，其中有4次出兵经过甘肃。即两次出祁山，一次出陈仓，一次出武都、阴平。《三国演义》作者罗贯中将5次出兵演绎为"六出祁山"。

祁山是一条山脉的总称，东起礼县盐官，西至秦公墓地大堡子山，呈东西向横亘在西汉水北侧，是三国时蜀、魏相争的一道天然屏障，山脉中有多条山涧小道通往天水一带。祁山南麓西汉水北岸的祁山堡，东距礼县县城20公里，独峰耸立，四面如削，峰顶坦如平地。当年诸葛亮出祁山讨伐曹魏的前线指挥部就设在这里。北魏郦道元《水经注》载："祁山在蟠冢山之西七十里许。山有城，极为严固，昔诸葛亮攻祁

礼县祁山堡远眺

山即斯城也。"

蜀汉建兴五年（227年），诸葛亮率10万大军屯沔阳（今陕西勉县东），做好了攻魏的准备。建兴六年，诸葛亮使部将赵云率偏师据箕谷，佯攻郿县，自己率主力6万人由汉中经河池、武都北上攻下祁山、西城（今天水西南）、洛门（今武山东）等地。同时，派部将马谡率王平、高详、黄袭、张休、李盛5人及步骑一万北上镇守战略要地街亭。街亭，位于今秦安县城东北45公里的陇城镇与张家川回族自治县城西35公里的龙山镇之间的连柯川地域。这里是汉代关陇道要隘。东越陇关，可入关中；西通天水郡（治所平襄，今通渭）；南下可至上邽（今天水）。马谡屯兵街亭，使魏朝野恐惧，南安、天水、安定三郡降附蜀汉。紧急关头，魏明帝曹叡亲赴长安镇守，并急遣大将张郃率5万步骑由关陇道西进阻击蜀军。由于马谡违背了诸葛亮"当道下寨"的意图，不听王平劝阻，自作聪明地舍水上山，结果被魏军切断水源，围困山巅，遭致惨败。蜀军腹背受敌，诸葛亮只得拔西县千余户退回汉中。退军时，蜀军烧毁褒斜道上的栈道百余里。退回汉中后，收马谡入狱，后被杀掉。为严明军纪，诸葛亮上表，以痛悔的心情写道："臣明不知人，恤事多闇，春秋责师，臣职是当，请自贬三等，以督厥咎"。后诸葛亮为右将军，行丞相事。

同年十月，诸葛亮又从汉中出兵，沿北栈河（在今陕西汉中境），在今徽县的虞关、嘉陵一带渡嘉陵江，经河池、两当，出兵散关，围陈仓不克，并派姜维渡江沿青泥河攻占武都郡治下辨（今成县西）。

建兴七年（229年）春，诸葛亮改变方略，率军由昭化（今四川广元境内）溯白龙江北上攻占阴平，又从汉中沿西汉水西上攻占武都，陇南大片土地归蜀汉所有。

魏明帝太和七年（233年）五月，诸葛亮再次兵围祁山，军队驻扎在上邽、卤城（今礼县盐关附近）一带。这次出兵，蜀军根据陇南道路条件，创制了木牛流马，运送粮草，木牛流马其实就是单轮手推车，易于栈道和狭窄的羊肠小道使用。魏遣司马懿屯长安，督将军张郃、费曜、戴陵、郭淮出兵天水。三月，司马懿使费曜、戴陵率精兵四千守上邽，其余主力救祁山。上邽被诸葛亮破之。后蜀兵在陇上等处抢收麦子，与魏兵遭遇。司马懿在天水依险固守，不出迎战，诸葛亮数攻不下，原路撤回。司马懿追至卤城，对峙多日。五月，司马懿派张郃攻诸葛亮，亮派魏延、高翔、吴班迎战，因粮草不济而退军。撤退时，设伏兵于木门道（祁山山脉峡谷，在今天水秦州区牡丹乡木门村），结果魏将张郃追击不成，反被暗箭射死。诸葛亮出祁山连连失利后，不得不选择褒斜道出兵关中，但由于司马懿的坚壁防御，都未成功，终因积劳成疾，于234年病故于五丈原军营。

诸葛亮兵出祁山是三国时期最著名的战役，在当地留下了许多至今让人称道的历史典故和民间传说，特别是经过《三国演义》的作者罗贯中浓墨重彩的描写，使"六出祁山"的故事在国内家喻户晓。"祁山大寨"成为人们景仰之地。当你站在祁山堡顶环望，北为"九寨古堡"。相传，诸葛亮第一次出祁山时，在那里安下9个营寨，宛如长蛇阵，现在还可看到有两个土堆。堡南有集驯西凉战马的"圈马沟"、"藏兵湾"和诸葛亮试马的"上马石"。堡东，有通往卤城（盐官）的卧龙桥。过卤城东北一条峡谷，可达天水秦州区牡丹乡稠泥河一带，这就是张郃被诸葛亮伏兵射杀的木门道。峡口处有传说中的诸葛亮拴马桩、伏兵湾。再往东便是诸葛亮"收姜维"的天水关，关址犹存，是古代通往武都郡的捷径。附近的铁堂峡还有姜维"避箭石"、"姜维故居"、

天水关遗址

"姜维衣冠冢"等。由铁堂峡向北穿越山涧小道可到十里长坡,民间传说是当年赵云"大战长坂坡"的地方。

祁山堡上,始建于南北朝,重建于明、清时期的武侯祠(诸葛亮庙)屹立其间,前后三院有硬山式建筑。大门外有照壁和戏台。正殿祀诸葛亮贴金泥塑坐像,高约3米,纶巾羽扇,鹤氅皂绦,庄严肃穆,栩栩如生。偏殿内有"五虎上将"的塑像。每年二月为庙会,届时人山人海,香烟缭绕,热闹非凡。

五凉时期的河西交通

魏晋南北朝时期,中国北方战乱频仍,政权蜂起,河西走廊先后由曹魏、司马晋及五凉统治。这些政权对河西及西域的经营虽不及东汉,但他们都与西域诸国有着较为广泛的联系。所以,当时的河西走廊及东西交通仍有扩大和繁荣的迹象。

三国初期,秦陇是魏蜀争夺的重心,对河西的经营无暇顾及。曹魏政权建立后,遂开始经营河西。魏文帝继位初(220年),就"分河西为凉州"(此前,凉州设于原汉阳郡冀县,今甘谷县),调安定太守邹岐为凉州刺史。凉州除管辖河西诸郡外,还"领戊己校尉,护西域。"在河西派官设州的消息传到河西后,遭到地方豪坤势力的反对。张掖的张进"执郡守举兵拒岐",酒泉的黄华、西平的麹演,亦"各逐故太守,举兵以应之"。武威的三种胡也发动叛乱,以致"道路断绝"(《三国志·魏书·苏则传》)。武威太守毋丘兴急向金城太守苏则求援。苏则迅速进兵武威,降服三种胡,攻克张掖。与此同时,敦煌郡行长史事张恭配合魏军攻破酒泉的黄华,河西始平。次年,卢水胡又反,被张既平定。卢水胡主要活动于今永昌县一带,兵败后逃入走廊南山。

张既平叛后,继任凉州刺史,采取了一些恢复河西经济的措施。在交通上主要是"治左城(酒泉境),筑障塞,置烽候、邸阁以备胡",鼓励"荒戎入贡",加强中西交流。敦煌太守仓慈,针对当地豪强大族阻挠和盘剥胡商的行为,采取严厉措施大力整顿,即商贾"欲诣洛者,为封过所(通行证),欲以郡还者,官为平讎(平价收买),辄与府见物共交市,使吏民护送道路"(《三国志·魏书·仓慈传》)。保护了胡商的利益,促进了中西贸易,敦煌也因此而成为中西通道上的物资集散地。仓慈任敦煌太守十几年,深受西域商贾的崇敬和爱戴。当他去世的消息传到西域后，西域商人自发聚集到戊己校尉和西域长史治所哀悼，"或有以刀画面，以明血诚，又为立祠，遥共祠之"。

西晋建立后，中国出现了一段统一时期。西域国家首领也均服从西晋的统治，西晋也均封以官职。晋太康六年（285年），武帝派杨颢出使西域，至大宛封其王兰痍为大宛王。这些都表明河西、西域与内地的交通是畅通的。在由敦煌通往西域南路的今新疆民丰县境出土了许多"过所"，其中有一"过所"残简记载："□人三百一十九匹，今为住人买采四千三百廿六匹"。前一数字或指丝绸，或指马、骡，后一数字明显是织物。但无论马骡或织物，一次这样大的运输规模，证明当时东西交通是相当繁荣的。

西晋退居江南后，北方出现了十六国政权。其中在河西走廊建都立国的有前凉（都姑臧）、后凉（都姑臧）、南凉（曾都乐都）、西凉（都敦煌，后都酒泉）、北凉（都张掖），史称"五凉"。

前凉奠基者张轨（安定乌氏人），"以晋室多难，阴图保据河西……追窦融故事，乃求为凉州"。在任凉州刺史期间，关陇倾陷，战火纷纷，而"凉州独安"。前凉在积极发展生产的同时，承袭晋制，在高昌设戊己校尉，在罗布泊北的海头设西域长史，控制了河西通向西域的三道咽喉，促进了西域和前凉的交通往来。张轨执政时期，前凉与晋室仍保持着密切联系，张轨曾数次派兵到洛阳解晋室之围，西域的商旅也携货通过河西走廊到洛阳。所以《晋书》这样记道："西域诸国献血马、火浣布、犛牛、孔雀、巨象及诸珍异二百余品。"张骏后期，前赵争夺西域，欲控制东西通道。东晋建元时（343年—344年），张骏派沙州刺史杨宣率兵西出，越流沙，使焉耆、龟兹、鄯善、于阗归附，并于高昌设高昌郡。于是，前凉与西域的交通大开，西域商人足迹遍及前凉、前赵及东晋等国。

前秦苻坚（略阳人）灭前凉后，河西走廊与西域的交往逐渐扩大。至晋孝武帝太元七年（382年），"东夷、西域六十二国入贡于秦"。次年，西域诸国要求前秦派西域都护，苻坚遂派吕光（略阳临渭人）率大军7万经河西走廊进驻西域。都督西讨诸军事。西域"王侯降者三十余国"。吕光东返时，用骆驼驮回珍宝2万驮，骏马万余匹。太元十年（385年），吕光至姑臧，自领凉州刺史，太元十四年（389年）自称"三河王"，史称后凉。后凉以经营西域交通起家，但只知东征西讨，不知建设经营，河西走廊的社会经济遭受严重破坏。史书对当时的姑臧城这样描述道：城内谷价"斗直钱五千文，人相食，饿死者十余万口。城门昼闭，樵采路绝"。河西走廊的交通状况出现了百年未遇的萧条。

后凉只存在了18年，代之而起的是南凉、西凉、北凉。这些政权均与西域有着交往和联系。敦煌、张掖、武威是东西贸易的中转站。尤其敦煌是西凉李暠（狄道人）建都之处，"年谷频登，百姓乐业"，交通便利。

北魏政权建立后，北凉归附北魏，打开了北魏与西域的通道。但北凉经常拦截西域商人，课以重税，惹恼了北魏。北魏以为这是明知故犯，"知朝廷志在怀远，固违圣略，切税商胡以断行旅"。因而在北魏太武帝太延五年（439年），举兵灭了北凉，扫除了东西通道上的障碍。河西走廊又成了当时西域商人活动的主要地区。这里还曾使用过波斯银币，城市里还有许多的店铺，河西走廊充当着中原与西域交往的居间者。北齐、北周时期，中外商人仍可自由往来，不受限制。

五世纪中叶，突厥族逐渐控制了中西通道，他们从北周、北齐那里得到廉价的绸绢，向西域、西亚商人高价出售，通过河西走廊的中外商人渐次减少。

十六国时期河西通西域的交通路线纵横交错，大都经过五凉境地，除河西走廊路外，以青海路、居延路最为重要。

青海路 也称吐谷浑路，河南路。这条路在今青海省境内。它向西大体经过西宁，沿青海湖北岸穿越柴达木盆地，接丝路南道而达西域各地；向东则沿西倾山北麓而东出龙涸，顺岷江入蜀。与东晋（或南朝）相通。也可以从敦煌、张掖、武威以南的祁连山口，出则沿青海路东达巴蜀，入则穿河西走廊与柔然或西域相接。

十六国时期，由于战争纷纭，中原交通阻隔，各国的贡使、商人或僧侣只好通过青海路与南方的诸王朝进行来往。如前凉奉东晋为正朔，张骏派傅颖通使建康，当时蜀地为李雄统辖，"骏遣傅颖假道于蜀，通表京师。李雄弗许。骏又遣治中从事张淳称藩于蜀，诧以假焉，雄大悦……淳还至龙鹤，募兵通表，后皆达京师，朝廷嘉之"（《晋书·张骏传》）。可知他走的正是青海路的东段。

西凉也曾派官员和沙门通使东晋、南朝，"间行奉表"。当时与西凉关系友善的是建都乐都的南凉政权。晋安帝义熙二年（406年），秃发傉檀曾主动送还李暠女敬爱，并假道于北山，同北方鲜卑交往。不久以后，西凉即派沙门法泉赴东晋，是知他是从酒泉出发过祁连山，走青海路，经由巴蜀，沿江东下，抵达建康。

义熙十年（414年），南凉亡，

其地为西秦所有。西秦兵强势盛，乘机夺回湟河郡及洮河上游漒川之地。西秦王乞伏炽磐于义熙十二年遣使入东晋见到刘裕，被刘裕拜为河南公。可以肯定，西秦使节往返的路线，亦应是青海路。

北凉前后与东晋、刘宋交通多次。义熙十一年，蒙逊首次遣使至益州，诣见东晋刺史朱龄石。自河西至蜀地，青海路最为捷近；并且当时北凉曾一度占有广武、湟河诸郡，这也给其使者走青海路入蜀提供了便利条件。北凉失河西，沮渠无讳兄弟在西域建立高昌政权，也曾数次遣使刘宋王朝。当时流沙以东尽为北魏所有，无讳使者也只能从鄯善入青海经由青海路达于建康。

北魏在平定河西后，又于北魏太武帝太平真君二年（442年）攻败青海境内的吐谷浑，其王慕延率领部落"西奔白兰，攻破于阗国"。以后又因惧怕北魏会追至西域，于是遣使上表刘宋朝廷，表示"若不自固者，欲率部落曲入龙涸越嶲门"。吐谷浑的西逃于阗，遣使南朝以及对将来的考虑，都是以青海路作为其行动路线。

当时通过这条道路的还有在漠北的柔然以及西域诸国。据《宋书·索虏传》载：柔然"岁时遣使诣京师"。在柔然以东"有槃槃国、赵昌国，渡流沙万里，又有粟特国，太祖世，并奉表贡献。"关于这条道，《宋书》称为"西路"，而《南齐书·芮芮传》则作河南道："芮芮（即柔然）常由河南道而抵益州。"

五凉亡后，南北朝对峙，南朝同西域各国及漠北柔然交往，这条路更是发挥着重要作用。

居延路 沿漠南之地与河西路平行西进，发自阴山山麓，途径居延绿洲，西过天山之北通往中亚各国，十六国时，北方少数族相互交通常由此路。

当时，游牧部族柔然强盛，占据北方大片土地，而其"常所会庭则敦煌、张掖之北"，即居延一带地方，柔然与北魏之间关系时好时恶，反复不定。当关系和好时，贡使塞路。如延和三年（434年）二月，魏以柔然可汗"吴提尚西海公主，又遣使入纳吴提妹为夫人，……吴提遣其兄秃鹿傀及左右数百人来朝，献马二千匹，世祖大悦，班赐甚厚（《魏书·蠕蠕传》）"。当双方关系紧张时，经由此路的贡使常被抄掠。如北魏太延二年（436年）柔然与魏绝和，其时魏主曾派王恩生、许纲出使西域，"恩生出流沙，为蠕蠕所执，竟不果达"（《魏书·西域传》）。

据《魏书·世祖记》所载，五凉各国皆曾遣使贡献于魏，其交通路线多循居延路到达北魏都城。

居延路在当时也是僧人行走的路线，如在420年，幽州僧人昙无竭等就走过这条路。昙无竭一行共25

人,其行动路线是:"初出河南国,仍出海西郡,进入流沙,到高昌郡"(《高僧传·昙无竭传》)。这里说的河南国,是乞伏氏所建的西秦政权,这里说到的海西郡,系西海郡之误。据《晋书·地理志》,西海郡为汉献帝兴平二年(195年)所置,领有一县,即为居延,后代皆沿置。居延向为东西南北交通枢纽,昙无竭一行从西秦国的金城一带进入河西腹地,再横穿走廊,北达居延绿洲,然后顺着居延路,通过流沙,去到西域各地。

历史上的灵州道

灵州道由陕西关中平原西北行,经池阳(今陕西泾阳)、云阳(今陕西淳化)、旬邑进入甘肃,溯马莲河谷而上,至甘肃的宁县(宁州),而后经庆阳(庆州)、马岭、环县(环州),再由甜水堡(或绕道固原)入宁夏的灵武(灵州),渡黄河至朔方(今内蒙古杭锦旗北),由朔方西行,经居延泽(今额济纳旗)、天山以北直达欧州腹地,或由居延泽南至酒泉,西南入新疆哈密。或由灵州、中卫渡黄河到凉州。它是长安通西域通道上的重要辅助线,其中庆阳境内形成很早,在唐、宋时期趋于繁荣。

灵州道庆阳段形成于商、周,武丁伐鬼方(北方)、周宣王征太原(今陇东北部地区)都经此道。秦始皇二十七年(前220年),秦以京城咸阳为中心,修筑驰道,其中有一条驰道出咸阳西北行,入宁县后,经镇原,向西与回中道相接。

汉武帝元朔五年(前124年),大将军卫青北逐匈奴,始置朔方郡。汉宣帝神爵四年(前58年),匈奴内部出现了郅支单于和呼韩邪单于对立的局面。宣帝甘露元年(前53年),呼韩邪率部南迁,并遣其子右贤王入侍汉庭,甘露二年(前52年),呼韩邪单于至五原塞(今内蒙古多拉特前旗和固阳县一带),表示归属汉朝。甘露三年(前51年)正月,呼韩邪单于到达长安,"汉遣车骑都尉韩昌迎发,所过七郡,郡二千骑为陈道上"。"汉宠以殊礼……赐以玺授、冠带、衣裳、安车驷马、黄金锦绣缯紫(《册府元龟·外臣部·入觐》)。"汉宣帝黄龙元年(前49年),呼韩邪单于回归,"自请愿留居光禄塞下(内蒙古固阳县西南),有急,保汉受降城"。西汉政府为了扶持呼韩邪单于,遣长安卫尉、高昌侯董忠和车骑都尉韩昌将兵1.6万人,又发边郡士马数千,送单于出朔方鸡鹿塞(在内蒙古磴口西北哈隆格乃峡谷口），令董忠等留卫单于，助诛不服；又转运粮食3.4万斛，给呼韩邪各部。汉元帝竟宁元年（前33年）呼韩邪单于来朝，元帝以后宫良家子王嫱（字昭君）嫁单于。呼韩邪曾多次来朝及汉朝的兵卫辎重等都是由朔方郡起程，经固原过庆阳而入关中。

西汉末，班彪经此道避难凉州，并作《北征赋》，详细记述了这条路的沿途经地："朝发轫于长都（西安）兮，夕宿瓠谷（泾阳界）之玄宫"；"历云门（淳化）而反顾，望通天之崇崇"；"过泥阳（今正宁、宁县一带）而太息兮，悲祖庙之不修"；"登赤须（水名，今合水、宁县之间）之长阪，入义渠（庆阳）之旧城"；"释余马于彭阳（镇原县境），且弭节而自思"；"吊都尉印于朝那，陟高平而周览（朝那、高平均在今宁夏固原县境）"。

东汉，由于匈奴分庭，力量分散，势力渐弱，南匈奴主动内附。其间双方使臣相望于道，加之汉资助南匈奴的大量物资源源北运，长安至朔方道趋于通达。

盛唐时，灵州道被称为"参天可汗道"。庆阳境内段为长安至灵州的通衢大道，唐玄宗天宝末（755年），安禄山反叛。次年唐玄宗逃往四川，太子李亨率兵西上入灵州，即皇帝位，借回鹘兵南下征叛，经彭原、顾化（今庆阳），进军关中。

当时长安至灵州有两条驿路，一路是绕道固原至灵州；一条即由长安西北行300里至邠州，渡泾水70里至定平县（今宁县东南政平镇）枣社驿，再北循马岭水西侧，140里至宁州，130里至庆州，再溯马岭水640里至灵州。灵州为唐灵盐节度使治所，是唐长安西北屏蔽。

安史之乱后，唐室衰弱，吐蕃趁机控制了陇右，玉门道绝。大历以后又控制了原、庆、宁等州县。唐在北庭、安西的留后，入朝报告西域情况时，不得不取回鹘道入朝。

五代时，河西党项与后唐、后晋、后汉、后周四朝的关系较好，常以进贡方式，用驼马（即骆驼）和马交换中原的丝绸、茶叶等产品。自后唐庄宗同光元年（923年）至末帝清泰三年后唐灭亡的10余年中，后唐与河西党项和回鹘大规模的贸易交往达18次之多。

散居于灵州、盐州、庆州一带的党项，却与后唐关系不睦，矛盾重重。党项于武则天时内附。唐德宗贞元三年（787年）唐禁止商贾与西路党项贸易。文宗太和、开成年间（828年—840年），节度盐、庆党项的藩镇贪婪无度，引起党项族的反抗，开始抄掠商路，灵、盐道梗阻。五代时，盐、庆党项对商路的抄掠活动有增无减。"自河西回鹘朝贡中国，道其部落辄邀击之，执其使者，卖之他族，以易牛马（《旧

五代史·党项传》。"

后唐明宗天成四年（929年），派康福镇灵州，行至方渠（今环县境），遭到盐、庆党项阻击，被康福击退，至青冈峡又击败野利、火虫二部4 000帐。明宗长兴三年（932年），阿埋、屈番保等部抄略方渠镇，邀杀回鹘使臣，后唐遣邠州、灵武守将讨伐。

在军事讨伐和怀柔政策不能奏效的情况下，后唐、后晋均采取拥兵接送的办法维护商旅的安全。后唐末帝清泰二年（935年），回鹘朝贡使臣多被劫掠，朝廷下令邠、泾、临、耀4州出兵接应回鹘使者。返回时，又诏邠州节度使遣兵护送至灵武（《册府元龟》卷987）。至后晋，青冈、王桥之间，皆是氐、羌帐族剽掠道路。商旅行走，必派兵护送。实际上此线交通已处于断绝状态。

此外，后晋天福三年（938年），于阗王派使臣马继荣到后晋，请求授封。于是石敬唐（晋高祖）遣供奉官张邸邺、彰武军节度判官高居晦出使于阗，册封于阗王为"大宝于阗王"。高居晦在《使于阗记》中记载了这条路的具体经地：即由关中经泾河河谷西上入宁州（今宁县）、庆州（今庆阳）、成州（今环县）、灵州（今宁夏灵武）过黄河西入于阗。

宋太宗太平兴国七年（982年），李继迁叛宋，并于雍熙二年（985年）二月，攻陷银州（今宁夏银川市），又不断东向，扰环州、庆州，控制了二州通灵州之路，切断了交通。

宋仁宗庆历元年五月至二年十一月（1041年—1042年），范仲淹出任环庆路经略安抚使兼知庆州。他依据环、庆地理形势，建成3条防御线，即东防御线，西北防御线，西防御线。每线都有砦、堡若干，每砦、堡间都有道路相联。其中西北防御线由庆州西北行，经马岭、曲子、木钵、环州、乌仑城、甜水堡西入灵州境。这3条防御线上，常有大军驻守，军粮运输任务更盛于唐。陕西转运副使郑文宝先后12次护送军粮至灵州。至道二年（996年）命洛苑使白守荣、将军周人美等护送刍粮40万石至灵州，行至浦洛河为西夏劫去。《宋史·周人美传》又说："独人美所部不满三千，身中八创，获刍粮，官吏直抵清远。时运粮民道路被伤者相继，人美领徒援荻，悉抵环州。"不论被夏人劫去，还是抵达环州，当时的军粮运输是相当繁重的，成为沿途人民的一大负担。《宋史·张鉴传》载："关辅之民，数年以来，并有科役，畜产荡尽，室庐顿空。加以浦洛之行，曾经剽劫。""本户税租，互遣他州送纳，往返千里，费耗十倍，愁苦怨叹……曾无暂息，糇粮之绝，力用弹穷。"张鉴甚至提出将灵州送给西夏，以换取"稍息飞挽之役"。

北宋还在环州西至甜水堡设置驿站及急递铺。设有4个驿站，即自邠州西行至宁州站，自宁州180里至庆阳府站，180里至环州（环县）站，20里接宁夏萌城站，此外，还有镇原州（今镇原县）站。

元、明、清时期，灵州道基本畅通，其中明朝所设驿站13处，即弘化驿、华池驿、邵庄驿、宋庄驿、彭原驿、政平驿、灵武驿、灵祐驿、曲子驿、清平驿、仙城驿、贾家井驿。清代驿站数量较明朝有所递减，共有5处，即弘化驿、华池驿、平原驿、政平驿、镇原驿。

除了灵州道正线外，历史上在庆阳一带形成了多条支线道路，它们是：

泥阳道 东起正宁县罗川，经宁县至合水吉岘到庆阳。此线本秦驰道，后废，唐初恢复，在宁州通过米桥岘、历平子、早胜，穿安定古关直达南义井塬，塬区30里，有塞沟、北庄、高仓3座古烽台。《甘肃通志》称此道是"南北要道"、"达府之路"（府指庆阳府）。唐末五代，由于战乱，此道废弃。北宋仁宗时（1021年—1063年），陕西都转运使孙长卿在宁州访得此道，修复后恢复交通，成为宋军的主要运输线。

车箱峡道 自庆阳东北行，经悦乐、五交、槐安、靖边、白豹（今陕西吴旗镇）、金汤（今志丹县），北入盐州500里，为北宋开辟的联络鄜延路与环庆路的一条运兵通道。范仲淹持节庆阳时，于沿途修有寨、堡。据《五经总要前集》载："车箱峡道自淮安（即槐安）西北入通塞川，经大胡泊静边镇、香柏砦取车箱峡路，过庆州，旧蕃戎地，北入盐州约五百里。此路山原川谷中行，不至艰险。国（宋）初，淮安至盐州蕃部并内附，至道中五路出师，丁空（疑为丁罕之误——引者注）从此路进军至盐州。"

唐古道 南起政平，北至宁州，至早胜塬与泥阳道相接，全长60余里。此道为先秦形成，后废，唐初重辟。唐武德间，杨文干反，秦王李世民率兵讨伐，由此道入宁州。政平历来为军镇，五代时为衍州治所。据帝君庙碑记载：此道又为盐商贸易之"南北通衢"。1984年在塬头西侧发掘了唐宁、庆、邠三州折冲都尉蔡墨夫妇合葬石棺墓地，陪葬文物颇多。

大昌塬道 从政平贾家泾河滨北上，纵贯董志塬，途经萧津（今肖金）、彭原郡、白马（今赤城）至庆阳，全长330余里，至迟在唐代开通。沿途有永昌（今大昌）、驿马关、彭原、白马等城、寨。金与蒙古大军曾在大昌塬（今董志塬南部）发生遭遇战。此道为定坪至庆阳的捷径，亦较平坦，故自唐以后历代通行。

新城道 西起平凉郿岘，西北行，进入镇原，途经新城、平泉、屯字、肖金折北行，可至庆州。此线为北宋开辟的一条向灵州运送军粮的道路。宋将种师道曾与夏人战于此。

延川道 此道为北宋防御夏人向庆州地区发展的道路。东起延州（今陕西延安市），西至宁州接灵州大道，北连庆州，南通关中。在宁州境内由秦"直道"所经的五亭子起，经罗山府、盘克至古湘乐县，南行与通关中的山路会合，西北行至九岘，越过横岭后，再沿大延川（即湘乐川）而出。此处为湘乐出入山路之要隘。北宋时从关中进军延州，曾为驻军运粮，此路为运道之一。

纵横陇南的羌氐道与阴平道

陇南泛指渭河以南、洮河流域和黄河干流经过的甘南、临夏以及嘉陵江流域广大地区。这里属西秦岭西延和青藏高原东延结合地带，河流众多，峡谷纵横，交通不便。由于山岭高耸，森林茂密，河谷中的坝子地成为人们居住的唯一处所，久而久之，坝子与坝子之间形成一条条通道，所以峡谷交通是陇南山区唯一的道路形式，而凿石架木又成了这一地区常见的修路方式。历史上陇南山区道路众多，但归纳起来主要有羌氐道和阴平道两条主干道。

民族迁徙与羌氐道

羌氐道从广义上讲，泛指今甘肃南部山区诸道路。狭义上讲，单指起自下辨经武都、折西经羌道、沓中接羌中道的道路。羌氐道形成于汉、晋、南北朝时期，因全线经过羌、氐民族活动区，故名。

羌、氐民族渊源不同，"西羌之本，出自三苗"，由舜时西迁，主要活动于甘、青、川交界地带。甘肃的武都、岷县、甘南、临夏为羌族主要活动区。氐族，在商汤时已活动于甘、川、陕交界地带，其中以天水以南、西汉水、白水江、涪江流域为主要活动区。羌、氐民族内部又分为许多部落，如甘肃境内有"宕昌羌"、"邓至羌"和"武都氐"、"白马氐"等。

汉武帝元鼎六年（前108年）开西南夷后，始设武都郡，郡治下辨（今成县境）。又在羌、氐活动地区置有狄道（今临洮县境）、羌道（今舟曲县境）、阴平道（今文县境）、貛道（今陇西县东）、氐道（今武山县境）、武都道（今成县境）、下辨道（今成县境）、河池道（今徽县西北）、嘉陵道（今陕西略阳北）、平洛道（今康县平洛）、故道等县一级管理机构，即《后汉书》所谓的"邑有蛮夷曰道"。在加强行政管理的同时，汉王朝对羌、氐民族实行强迫迁徙政策。

汉武帝元鼎六年，遣中郎将郭昌等攻氐王，以白马地区（今成县一带）设武都郡，氐人被迫向外迁徙，一部迁至境外山谷间，一部迁至河西酒泉郡，一部北上汧陇间。元封三年（前108年），氐人反汉，武帝出兵征伐，又分徙其一部于酒泉郡。

东汉建武十一年（35年），游牧于大榆谷（今青海贵德境）的先零羌扰临洮（今岷县），陇西太守马援破降之，徙置天水、陇西、扶风三郡。汉明帝永平元年（58年），又强迫游牧于大榆谷的烧当羌7 000人迁于三辅。永元十三年（101年），又将塞外羌6 000口强行迁徙到汉阳、安定、陇西诸郡，使"西北诸郡，皆为戎居"。

汉献帝建安二十四年（219年）三月，曹操以武都偏远，恐氐部为蜀军所得，遂派雍州刺史张既到武都，强迫5万余户氐人迁至扶风、天水境内。不久刘岳占领汉中，近迫下辨。魏武都太守杨阜又前后徙武都境内汉、氐民族万余户于京兆、扶风、天水、南安（今陇西县地）、广魏（今秦安县）等郡界内。

连续不断的迁徙，虽然加剧了民族矛盾，但也促进了道路的形成。这时，由武都郡治西南向越西汉水，沿白龙江而下可至阴平，由阴平西北经白龙江而上经羌道（今舟曲境）、沓中（今迭部境）、郎木寺、合作、临夏，穿越今甘南、临夏地区，在积石关一带与羌中道相接。这条道上的沓中至积石关一段，线路十分复杂，历代频频改移。除此之外，还有一条重要通道，即在今两河口沿岷江而上经宕昌、岷县，沿洮河经卓尼、临潭北上接前道。

由于羌氐道介于秦陇、巴蜀间咽喉地带，所以在三国、两晋、南北朝时期，这里战事频仍，一片狼烟。

东晋十六国时期，氐人杨氏先后在仇池至阴平道上建立了仇池、武都、武兴、阴平等割据政权，羌氐道地位上升，并一度出现繁荣。

仇池，在今西和县，原名仇维山，因山上有池，故名"仇池"。这里绝壁峭峙、孤险云高，"羊肠蟠道三十六回"，有"一夫当关，万夫莫开"之势。山下有6条小道盘旋到山顶，古道遗迹仍存。山上有小平原，方圆25里余，有良田百顷，故又名"百顷山"。仇池处秦、陇、巴蜀交汇地带，东汉以后，常被视为运兵进退之地。杨难当立国后，这里更显示了军事交通上的重要性。

仇池国故址

《宋书·氐胡传》说："难当据仇池，而以子顺为镇东将军、秦州刺史，守上邽，后改为雍州刺史，守下辨；第二子宪为镇南将军、益州刺史，守阴平。盖上邽为东北通秦陇入关中之重镇，下辨为东通汉中之重镇，阴平为西南通蜀中之重镇，亦即此对外交通之三条孔道也。"三条孔道中的第三条，即由仇池向南渡西汉水至覆津（今武都东北30里福津沟），又西南至阶郡（今武都县治；后魏治阶郡，北魏置武都郡），沿羌水（白龙江）南下至桥头，在羌水、白水江合流处接阴平道入蜀。441年11月，杨难当南下攻取葭芦（今四川广元县西北）。继仇池国之后，在今武都、文县境内又先后建立了武都、武兴、阴平三个杨氏政权。政治中心的南移，使阴平的交通地位上升，成为由仇池、狄道、沓中入蜀的咽喉。这些政权先后由宋、魏、齐、梁、陈等朝代左右，后被北周杨坚所灭。

杨氏政权从东汉献帝建安年间（196年—219年）汉王朝授予氐人杨驹"百顷氐王"算起，至隋开皇元年（589年）被杨坚所灭，前后历393年，强盛时占有6郡18县，对羌氐民族活动区域的政治、经济、文化、交通建设以及民族融合均起到了积极作用。

同一时期，由文县溯白水江而上开辟了一条新路，通往邓至国（今四川九寨县）。邓至国亦是由羌族建立的割据政权，与吐谷浑、杨氏和南北朝皆有交往。这条路成为后来长安、松州驿道的组成部分。

道路的通达，促进了交通运输

的繁荣，川蜀的茶叶最早由成都通过阴平在武都集散，成都和武都成为中国最早的茶叶市场。

唐时，羌氐道上设有成州（成县）、武州（武都）、文州（文县）和临潭县、米川县。其中成州至文州一段为长安松州道的一部分，计长1 100里。《元和郡县图志》记载：自长安西行310里至凤翔县，又280里至凤州（今凤县），450里至成州，380里至武州，250里至文州，160里至扶州，330里至松州（今四川松潘）。长安松州道上，甘肃境内设有同谷驿、平洛驿、甘泉驿、将利驿、复津驿、盘提驿、文州城驿等。唐时，羌氐道上商贾贩客来往不绝，巴蜀的丝绸有相当一部分是经过羌氐道运往关中或河西的。西域商人也通过羌氐道入蜀经商。

宋夏对峙时，这条道上"茶马交易"频繁。促进了羌氐道和相邻道路的发展。这种状况一直维持到了清末。

三国烽烟阴平道

阴平道是由甘入蜀的主要通道，起自狄道（今临洮），沿洮河向南经岷县、宕昌、武都、文县，再由文县分三路入川。

此道由汉、羌、氐各族人民共同开发。三国后期，随着魏、蜀争夺的重点转入狄道和阴平后，此路显得更为重要。

诸葛亮殁于五丈原后，蜀汉形势急转直下，蒋琬、费祎二人积极采取防守措施，尚能保住汉中、阴平两道咽喉。蜀汉后主延熙十六年（253年）以后，姜维复出祁山失利，次与黄皓发生分歧，遂屯兵沓中。延熙二十年（257年），姜维乘魏内讧，率数万兵抵关中，遭邓艾阻击。姜维恐汉中有失，调将守乐城（今陕西城固县）、汉城（今陕西勉县）。此后，司马昭采纳了钟会夺汉中、定巴蜀建议，于蜀汉后主景耀六年（263年）秋分三路伐蜀，邓艾率3万人自狄道循偏道溯洮河而上，经沓中、石门（汉羌道）、临洮（今岷县），沿岷江而下，经宕昌、邓邓桥，再沿白龙江经武都、临江关进入阴平，与诸葛绪合兵阴平桥头。时姜维、廖化已由桥头退守剑阁。邓艾欲与诸葛绪合兵自江油趋成都，然诸葛绪以"西行非本诏"为由与钟会一路合兵。钟会攻打剑阁，不克，欲退军。独邓艾孤军深入，"自阴平行无人之地七百余里，凿山通道，造作桥阁"，"山高谷深，至为艰险，艾以毡裹，推转而下，将士皆攀木绝崖，鱼贯而进"（《三国志·邓艾传》）。至江油，降守将马邈，又在绵竹大败诸葛瞻，于263年（蜀汉后主炎兴元年）攻入成都，蜀汉灭亡。

魏、蜀的北上与南下，促使阴

阴平道邓邓桥遗址

平道大开，同时由阴平入川的线路由原先的两条增加到3条。这3条道路是：由阴平顺白水江而下至桥头，循白龙江经景谷（今碧口东南）、白水至汉寿（今四川昭化）与汉中入蜀道路会合，再经剑阁至成都；由阴平翻越摩天岭（岷山）山脉至龙州（今四川平武），东至青川，折西南至江油，经绵竹至成都；由阴平经桥头至景谷道（今文县碧口碧峰沟）旁，折西南斜出，经德阳亭至江油，达绵竹，此为邓艾入川之路。前两条；史家称之为"阴平正道"，后一条称之为"阴平偏道"。阴平偏道亦称"左担道"，以路窄肩挑货物不能换肩而名。

唐时沿途设有临、岷、宕、武、文等州，计临州（狄道）340里至岷州（今岷县），380里至宕州（今宕昌县），250里至武州，250里至文州，西南160里至扶州，东南490里至利州（扶州和利州均在今四川境内，《元和郡县图志·陇右道·山南道条》）。运往西域的蜀锦亦多通过这条道路转运。宋神宗熙宁七年（1074年），朝庭采纳熙河经略使王韶的建议，正式开设茶马司，由熙河路通往川蜀的沿途各州开设茶马交易市场。明开始在这条路上设置递运所和递铺，仅岷州境内就有2处递运所，15处递铺。但由于这条路途经地区层峦叠嶂，悬崖峭壁，道路状况很差，至清末民初，仍不能通行大车。从青海、甘肃、新疆、内蒙古等地来的物资以驮畜、人背、肩挑运至文县碧口镇后，多沿白龙江船运至重庆等地。此路所经阴平桥头，历代为关防重地，后设玉垒关，为秦蜀咽喉，历代均建有桥梁。《太平寰宇记》载："阴平郡为秦蜀出入之处，凿山开往，攀木缘崖，诸葛亮以为全蜀之防"。《文县志》也说："南邻摩天岭，西接柴门关，北有临江关，以达武都，东有玉垒关以接蜀汉。江边栈道，皆断崖绝壁，扦木凿山，设有不虞，等绝其栈道，势不能腾空而下，盖有四塞之固焉。"

除了上述两条主干道外，吐谷浑时期在今临夏、甘南地区形成了两条道路。

吐谷浑·松潘道 吐谷浑曾于夏河甘加、临潭旧城、玛曲尕海建立王城，形成了连接三地西通青海，南接陇南、川北的交通干线。

吐谷浑王阿柴，曾游览了郎木寺山水，观看垫江（今白龙江），经臣下的解释，得知此水入巴蜀，汇于海。于是遣使通南朝刘宋，刘宋王朝封阿柴为浇河公。元嘉八年（431年）吐谷浑王慕璝以平夏之功，报捷刘宋王朝，文帝刘义隆封璝为陇西王。

吐谷浑使臣两次入建康（今南京），除走沓中阴平道外，主要是走松潘道，大致经地是：由洪和城（临潭旧城）起程，经嘉门关，沿洮河峡谷西行，过阿拉、双岔牧地，入四川阿坝、松潘，沿岷江而下入成都至建康。至元九年（1272年），元世祖由临洮率兵经洮州、郎木寺，入松州（松潘），下成都。

此线至明、清时期成为陇南、陇中地区入松潘转成都的一条商业运输线，其运力主要是牦牛驮队。

河州·洮阳道 洮阳，为吐谷浑王拾寅置，地在今临潭县境，此前称侯和。西秦乞伏氏迁都枹罕前后，曾极力向实力比较薄弱的吐谷浑地区发展。385年淝水战后，苻坚大衰，原依附于前秦的乞伏国仁，自称大都督、大单于，领秦、河二州牧，分置十二郡，其中有漒川（今碌曲县洮河源）、甘松二郡。自隆安二年（398年）乞伏乾归遣乞伏益州、慕兀等伐吐谷浑王视罴于渡周川（地在塞外洮涧之西）起，到义熙十三年（417年），西秦多次对吐谷浑用兵，先后到达长柳川、渴浑川、尧杆川、沓中（以上地址均在洮州西南）、漒川（乞伏炽磐曾于此置益州）、莫贺川（西倾山北），活动区域包括今临潭、合作、碌曲、迭部的大部地区和舟曲、宕昌、松潘等部分地区。

西秦入洮阳的道路，主要有两条：一是槐树关道，即由河州西行经槐树关入土房、岗岔，由美武新寺（今仁莫）越丹巴，过卓尼县的完科洛入洮州（即洮阳）。此线是洮、河二州间的早期通道。1979年在槐树关红崖山顶出土了新莽钱币"布泉"（大泉五十）。或由和政县的新营关入沟上山，至美武新寺与前道合一条道路。二是由河州西行入土门关，溯漓水（今大夏河）河谷而上经完尕滩、下卡家、黑错（合作）、郎木寺接吐谷浑至松潘道。

洮、河二州仅一山之隔，历史上两州经济联系很紧密，民间物资交流广泛。因此，到明、清时期已

形成大小交通线路十余条,除上述两条外,还有陡石关道、麻山关道、俺陇(亦称安龙)关道。明初,由河州至浇河(贵德)间,设有纳怜六番站(驿站)。

裴矩与《西域图记》

隋炀帝大业五年(609年),隋炀帝西巡,在张掖大会西域27国使者,使"西域数千里之地"附隋。这是历史上发生在甘肃境内的一次空前的盛会。这次盛会虽然是由炀帝主持,但实际的组织者是吏部侍郎、经略西域大使裴矩。他在打通西域商道,维护丝绸之路畅通,促进中西经济、文化交流方面功不可没。

裴矩,字弘大,河东闻喜(今山西闻喜)人,因永嘉之乱,祖上避地凉州。祖父裴陀,曾为北魏赵郡太守和东荆州刺史,是一位比较清廉的地方官吏。裴陀有六子,皆是当时的著名文士。

裴矩一生的主要活动在于加强了隋王朝与西域各国之间的关系。为了彻底解除占据伊吾、高昌的突厥和居于青海一带的吐谷浑的边患,从大业初年,炀帝命裴矩至张掖主持与诸胡交市,开始了加强对西域的经营。

裴矩至张掖后,即利用与胡商接近的便利条件,了解西域各国的山川险要,风俗人情,撰写出了《西域图记》三卷,上奏朝廷。此书现今已佚,但《隋书·裴矩传》保留了它的序。

裴矩在序中首先追述了自汉至隋西域与中原王朝关系发展的历史,并指出由于时代的变迁,部落的兴亡更迭,"部民交错,封疆移改",现在已多"不可记识"。至于"诸国山川、姓氏风土、服章物产",亦"全无纂录,世所弗闻"。因此,他根据自己的访闻和史籍记载,撰成《西域图记》一书。

裴矩在序中还记录了当时通西域的几条道路,即北道(又叫新北道)、中道(汉代的北道)和南道。这三条通道是:

南道:出敦煌,经鄯善(今新疆若羌)、于阗(今和阗)、朱俱波(今叶城南)、渴盘陀(今塔什库尔干),过葱岭,而至印度各地。在中国境内大致是沿着塔克拉玛干沙漠南缘至帕米尔高原西去。

中道:出敦煌至高昌(今新疆吐鲁番),经焉耆、龟兹(今库车)、疏勒(今喀什),度葱岭,再经今费尔干纳、乌拉提尤别等地而至波斯(今伊朗)。在中国境内大致是沿着天山南麓而至葱岭。

北道：出敦煌至伊吾（今新疆哈密），再经蒲类海（今巴里坤）、铁勒部（今萨斯克湖、阿拉湖至乌鲁木齐一带）、突厥可汗庭（今新疆西），度北流河水（楚河、锡尔河）而达于西海（地中海）。在中国境内大致是沿天山北麓而至中亚。

丝绸之路经敦煌，然后在鄯善、高昌和伊吾三分，所以裴矩说："故知伊吾、高昌、鄯善并西域之门户也。总凑敦煌，是其咽喉之地。"

在序中，裴矩还分析了当时西域的形势并提出了经营西域的方略。他认为经营西域，必须采取"服而抚之，务存安辑"的办法，具体地说，就是"皇华遣使，弗动兵车，诸蕃既从，浑、厥可灭"。

《西域图记》不仅有文字，还记有西域民族服饰和山川地理图籍。在序言中裴矩写道："臣既因抚纳，监知关市，寻讨书传，访采胡人，或有所疑，即详众口，依其本国服饰仪形，王及庶人，各显容止，即丹青模写，为《西域图记》，共成三卷，合四十四国。仍别制地图，穷其要害。从西顷以去，北海之南，纵横所直，将二万里。"

裴矩在书中提出的方略，得到了以炀帝为首的隋朝最高统治集团的极大赏识，并逐步付诸实施。

隋王朝经营西域，首先击灭了吐谷浑，进而以薛世雄为玉门道行军大将，与裴矩一起进军西域。他们越过莫贺延碛袭伊吾，未动刀兵就占领了伊吾。为了巩固这一通西域的孔道，裴矩等在汉伊吾城的东面另建新城，号曰新伊吾。隋即以此城为伊吾郡治所。它是隋、唐时期丝绸之路上的一个重要城市。之后，裴矩运用了一系列外交手段，包括"啖之以利，劝令入朝"，最终瓦解了突厥，促使西突厥内附，打通了中原与西域的商道，甘肃河西走廊成为隋、唐时期中西贸易的集散地。《隋书·食货志》评价裴矩打通中西商道后的情形是："自是西域诸蕃，往来相继，所经州郡，疲于送迎，糜费以万万计。"

隋炀帝西巡陇西、河右

隋炀帝大业五年（609），隋朝出动40万大军，发动了对吐谷浑的战争。隋炀帝杨广御驾亲征，到达青海一带。战争胜利后，他又亲自巡视了张掖，并在张掖举行了盛大的物资贸易活动。这在丝绸之路南线的整修利用和中外交通史上是一件具有深远意义的事件。而且隋炀帝在西巡过程中因道桥质量问题斩杀十名朝廷和地方官员，影响巨大。

吐谷浑本是辽西（今辽宁锦县西北）鲜卑族酋长慕容涉归庶长子的名字。后来，慕容涉归立吐谷浑的弟弟慕容廆为嗣，仅分给吐谷浑七百户。吐谷浑遂率二千骑西迁，经今内蒙古到达宁夏，沿贺兰山进入甘肃，涉金强河，再经大通河下游，到达了甘肃西部和青海北部。他们在这一广大地区游牧，其时约在294年至306年之间。以后，吐谷浑便成了这一民族的名称。北周末年，吐谷浑王开始称可汗，建都伏俟城（青海湖西岸15里处），兼有青海、川北、甘肃西部和西域鄯善、且末（今新疆且末县）等，广袤几千里。隋初，吐谷浑对隋朝西部边境不断侵扰。袭掠敦煌、张掖、凉州、金城、枹罕（今临夏）、临洮、西平（今西宁）等郡。造成人民生命财产很大损失。隋文帝杨坚数次派兵征讨，均未取得决定性胜利。

隋炀帝大业三至四年（607年—608年），吐谷浑又多次侵扰张掖。以张掖为中心的交通和贸易受到了严重威胁。炀帝决心征服吐谷浑，根除这一边患。

大业四年（608年）二月，派司朝谒者崔君肃出使西突厥，联络它共同进击吐谷浑。西突厥的处罗可汗，同意了隋的要求，从外部进攻吐谷浑。对于东突厥，隋朝以义成公主婚嫁启民可汗，使之断绝了对吐谷浑的往来，从而陷吐谷浑于孤立。

大业五年三月。在沿途各州、县组织民众对关陇道南线进行了大规模整修后，隋炀帝率领朝臣、后妃及将士共40万人从长安出发，开始西巡。经武功（今陕西武功西北），过扶风（今陕西凤翔）翻越陇山，经清水，至秦州，因秦州境内道路崎岖不平，怒斩秦州刺史。这是甘肃历史上第一个因道路养护不力而被斩杀的官员。客观地讲，秦州道路特别是陇山段道路崎岖，要将原先仅通畜力的道路一下子提高到通过御驾的标准，本来就是一件不容易的事，加之这一带植被多，地下水位高，经过数十万人马、车辆的践踏碾轧，势必泥泞难行，而且这时正值春融翻浆期，道路病害时有发生。隋炀帝走惯了关中平原大道，一旦翻越陇山，肯定颠簸难忍，所以一气之下杀了地方大员。在秦州休整后，次日继续西行，宿于陇右馆（今天水市秦州区西）。四月到达渭源，大猎于鸟鼠山，登秦长城，发思古之情，写下了《西征临渭源》《示从征诸臣》《渡北河》三首诗。其间，接见了高昌、吐谷浑、伊吾的朝贡使者。7天后再至狄道（今临洮），9天后出临津关（今青海循化县），过黄河到西平陈兵讲武，再经长宁谷（今青海西宁北川），过星岭到达金山（青海西宁西）。隋炀帝在金山召开军事会议，进行了战役部署。前军在浩门（大

回眸历史

通河）修建了桥梁，不想御驾刚过，桥即塌陷，斩朝散大夫黄亘及督役9人。隋军以40万兵力，对吐谷浑10万人进行了战略包围、追剿。内史元寿率军屯兵金山，兵部尚书段文振屯兵于北面的雪山，太仆卿杨义臣东面屯兵琵琶峡，将军张寿屯兵于西面的泥岭，包围圈不下800里。与此同时，隋炀帝还派出了几支战略钳制部队，以隔断其外援。见于记载的有：安德王杨雄出交河道，左武卫将军郭衍出金山道，鸿卢卿史祥出玉门道，卫尉卿刘权出伊吾道。

经过军事部署，在覆袁川、浩门川形成了决战态势。覆袁川即黑河两源之一的东岔、八宝河一带，在青海俄博至祁连县之间。隋军击溃吐谷浑主力。吐谷浑败走车我真山。此后又败，几乎全军覆没，伏允可汗率数十骑向南逃跑，部众十余万口降隋，隋军取得了全胜。

隋炀帝此次西征，圆满地达到了预期的目的。为扩大这次胜利的影响，显示国威，并与西域各国修好，隋炀帝便出大斗拔谷（今民乐县扁都口），穿过祁连山，到张掖。《隋书·炀帝纪》载："六月癸卯，经大斗拔谷，山路隘险，鱼贯而出。风霰晦冥，与从官相失，士卒冻死者太半。丙午，次张掖。"对于这一记载，许多历史学家都有存疑，认为六月不会下雪；即便下雪，士卒也不会冻死大半。司马光也在《资治通鉴》里说："《帝纪》在六月癸卯。按西边地虽寒，不容六月大雪，冻死人畜。"其实，祁连山中六月下雪司空见惯，大斗拔谷内六月下雪也不足为奇。不过，这时的雪一般都下在海拔3 500米以上，隋炀帝遇见了六月大雪，史书记载是可信的。《隋书·食货志》载："遇天霖雨，经大斗拔谷，士卒死者十二三焉，马驴十八九。"此处记载更接近真实。不过这里的"士卒"可能只是随从的侍卫和一部分从官，不可能是大部队。

隋炀帝到张掖后，会见了西域27国的国君主或使者，西域数千里之地附隋。于是设置了西海、河源、

大斗拔谷（扁都口）今貌

鄯善、且末等四郡。《隋书·裴矩传》记载："及帝西巡，次焉支山，高昌王、伊吾设等，及西蕃二十七国，谒于道左，皆令佩金玉、被锦厨，焚香奏乐，歌舞喧噪。复令武威、张掖士女盛饰纵观，骑乘填咽，周亘数十里，以示中国之盛，帝见而大悦。"《隋书·炀帝上》记载："丙辰，上御观风行殿，盛陈文物，奏九部乐，设鱼龙曼筵，宴高昌王、吐屯设于殿上，以宠异之，其蛮夷陪列者三十余国。"这些记载虽然简略，但从字里行间，已可看出其盛大奢华的场面。三个月后，隋炀帝循原路回到长安。

大业六年，隋炀帝再次翻越陇山，避暑陇川宫（今天水市境内），还说要再次巡幸河西，害得凉州刺史樊子盖"倾望銮舆，愿巡郡境"（《隋书·樊子盖传》。炀帝第二次巡幸河西的愿望未能实现，但从客观上促进了陇西地区的交通。

隋炀帝西巡基本消除了西部边患，保障了丝绸之路的畅通，为唐王朝开创了比较安宁的边境局面。

隋炀帝西巡从交通运输的角度讲，奠定了唐代关陇道繁荣的基础。西巡期间，沿途十里范围内的百姓为大军提供了全部饮食、粮秣，对支线道路的开辟作用甚大。而且沿途馆舍、驿站都进行了大规模扩建翻修，还在天水、渭源、临夏、张掖等地修建了行宫。隋炀帝回到长安后，"谪天下罪人，配为戍卒，大开屯田，发西方诸郡运粮以给之。道里悬远，兼遇寇抄，死亡相续（《隋书·食货志》）"。大业九年，又令关中富人计其资产出驴，多者达数百头，每头价至万余，给伊吾、河源、且末运粮，运粮队伍宠大，成一时之盛。

汉藏"金桥"唐蕃道

唐蕃道是唐代由关陇道南线的临洮分别经河州或兰州进入青海的鄯城（今西宁），再南下直至吐蕃都城逻些（今西藏拉萨）的道路。这条道路按照地域和形成时间可分为两段，一段是河湟道，形成较早；一段是吐蕃道，正式畅通于文成公主进藏时（贞观八年前）。通过河湟道可沟通西域，通过吐蕃道可到达尼波罗（今尼泊尔）和印度。唐蕃道是汉藏人民共同开发的一条道路，在中国历史上曾起过极其重要的作用，被后世称为汉藏关系的"黄金纽带"。

唐蕃道上的起始段河湟道历史悠久，秦汉时期称羌中道，十六国南北朝时期称吐谷浑道或河南道。7

世纪以后，吐蕃兼并吐谷浑，据有青海后，由关陇通青海的道路成为吐蕃与唐朝交往的主要路线。当时这条路上的柏海（今扎陵湖、鄂陵湖）、赤岭（今日月山）、甘松岭（今岷县、宕昌一带）都是唐蕃互市的要隘。《新唐书·吐蕃传》载："吐蕃又请交马于赤岭，互市于甘松岭……乃听以赤岭为界，表以大碑，刻约其上。"随着中唐以后吐蕃力量强盛，唐蕃边界东移至关陇道上："唐地泾州右尽弹筝峡，陇州右极清水，凤州西尽同谷。剑南尽西山、大度水。吐蕃守镇兰、渭、原、会、西临洮、东咸州，抵剑南磨些诸蛮，大度水之西南。"唐蕃道的起点遂由临洮东延到了陇山地区。

唐蕃道河湟段路线走向比较复杂。河州一路有两条：一条是由临洮过洮河后78里进入大夏川（今广河），越山后（70里）至枹罕（今临夏西），西北行到河关（今积石山大河家）渡黄河至官亭（今青海民和境），再经龙支（今民和南）、宗哥城（临洮军治所，古鄯州，今乐都）到鄯城（今西宁）；一条是由枹罕北行35里经凤林川（今永靖白塔乡，已被水库淹没），北过黄河后沿杨塔、川城山岭而行，下山后经龙支，到鄯州。河州路上的凤林一线是唐代进入吐蕃的主要通道。唐设有凤林关，关下不远处即为炳灵寺。西秦乞伏氏曾在这里建过"飞桥"，桥高五十丈。唐文成公主、金城公主均由这里渡河入蕃。唐玄宗开元十九年（731年），崔琳入蕃报聘，经炳灵寺，曾刻石作记。唐穆宗长庆二年（822年），刘元鼎取道兰州入蕃会盟，回程仍经河州，在大夏馆（今广河境）会见吐蕃百余人。唐诗人张籍《凉州词》云：

凤林关里水长流，
白草黄桥六十秋。
边将皆承主恩泽，
无人解道取凉州。

由临洮至枹罕近230里，过河至鄯州长300里。

兰州一路由临洮北上行210里，经七道梁、阿干镇到兰州，在金城驿或河口过黄河，西北行400里，经连城河桥驿过湟水经龙支到鄯州。《新唐书·吐蕃传》载：长庆二年"元鼎逾成纪、武川，抵河广武梁……至龙支城"，指的就是这条路。

《元和郡县图志》载：陇右河州和兰州到长安均为"一千四百六十里"，由鄯州到长安"一千九百六十里"，应该是经河州到长安的里程。而取道兰州则要迂远100里左右。

唐蕃道由鄯城到逻些，全长约4337里，其道里《新唐书·地理志》有详细记载，即起自鄯城，经赤岭（今日月山）、大非川（今切吉草原）、黄河沿、吐蕃村（今玉树境）越唐古拉山，经野马驿（今西藏聂荣白雄）、阁川驿（今那曲）、蛤不烂驿（今桑雄）、农歌驿（羊八井北）至逻些。由逻些西南行经小羊同国（今江孜）、三鼻关至尼波罗国（今尼泊尔）。

唐蕃道还有一条并行的支线，即黄河九曲道。从关陇道南线的渭州（今陇西）西南行250里至岷州（今岷县），180里至洮州（今临潭），200里至洮阳郡及神策军（今青海西仓一带），经今河南、同德约300里渡河与吐蕃道相接。唐中宗景龙四年（710年）金城公主出嫁后，吐蕃奏请九曲之地为公主汤沐邑，吐蕃遂置独山、九曲两军，后唐将哥舒翰收复九曲，置浇河、洮阳二郡。这条路成为唐蕃双方争夺的战略线，后来成为绢马、茶马互市的主通道。

唐蕃道开辟时期，也是唐蕃关系融洽时期，虽然期间发生过许多战争，但民族友好往来是200多年历史的主流。从唐太宗贞观八年（634年）到唐王朝瓦解，双方使臣往来频繁，多达191次，其中唐使入蕃66次，蕃使来唐125次。使团规模少者十余人，多者几十人至百余人。炳灵寺的崔琳使蕃碑，刻有使团题名成员71人，包括中央各部门和沿途各道的将吏。文成公主、金城公主入藏，运输队伍庞大。文成公主入藏时"车载释迦像"（为释迦佛12岁身量像），创下了运输史上的奇迹。仅陪嫁金城公主的锦缯就多达4万匹，需千头驮畜负载。唐蕃间物资交流以贡、赐为主。如唐玄宗开元七年（719年），吐蕃遣使请和，唐玄宗以各色彩帛赐赞普2000段，赞普祖母500段，赞普母400段，可敦（王后）200段；唐皇后也以彩帛分别赐1000、700、500、200段。又开元二十一年（733年），工部尚书李嵩使蕃，"以国信物一万段、私觌二千段，皆杂以五彩遣之"。商业性质的物资交流也很繁荣，茶马交易是其大宗。另外，汉蕃和印度、尼波罗的僧侣和使者也通过唐蕃古道往返于长安和印度间，中印文化交流尤其频繁。唐玄奘在印度会见鸠摩罗国王，国王就问起了《秦王破阵乐》、《老子》。后来王玄策沿这条

文成公主入藏图

路出使印度,将《老子》带到了印度,引起印度学者的高度重视。

唐蕃道到了五代、宋时,明显失去了昔日的景象,唐蕃间的交往主要通过九曲道进行。河湟道遂演变为于阗贡道的一部分。由于这段路被唃厮啰占据,经常拦遮贡使,所以时通时阻。但唃厮啰与宋从总体上讲是联盟关系,牵制西夏的势力。北宋时于阗贡道取青海路,再经河州、天水,从长安入贡,到南宋时,取积石关、洮州(今临潭)、文州(今文县)入贡。宋将游师雄死后,葬在临夏,在他的墓志铭中就说"西鄙破临洮之后,如于阗、大食、拂林、邈黎等国,燕使般次,道常不绝。"

大唐"国路"关陇道

关陇道是由关中上陇道路的总称,唐时主要有南北两条路,分别称关陇南道和关陇北道,而以关陇南道为正途,是丝绸之路上最繁忙的路段。

唐代大震关为关陇南道的始点。丝绸之路出长安开远门沿渭水河谷北岸西行,经咸阳、兴平、武功、扶风、雍县(今凤翔),然后西循汧水(鱼龙川)东北而上行,到汧源县(陇州治所,今陇县)西行,路当陇山东西要隘大震关。大震关北周改名,是汉时旧关,在唐代是长安的西部门户,为六上关之一,这是丝绸之路出长安后的第一险隘。出大震关西50里,就到了陇山分水岭,唐朝在此设有分水驿(今张家川县马鹿镇东),《元和郡县图志·秦州清水县》记载了这条道的情况:"小陇山一名陇坻,又名分水岭。……陇坂九回,不知高几里,每山东人西役,到北瞻望,莫不悲思。陇上有水东西分流,因号驿为分水驿。"下分水驿后,至清水、秦州治所上邽县(今天水),沿渭河西行经甘谷、陇西、渭源达临洮,折北至金城县(今兰州),由此渡黄河进入河西。关陇南道还有一条捷路通往河西,即道至汧源后,不再攀越大震关、分水岭,而是从番须口北去,利用秦汉时期开辟的回中道越陇山东麓至华亭县,经弹筝峡,接泾源道,到靖远县北石门川黄河东岸或鹯阴口渡河去河西。这条联结南北两道的支线叫做"番须回中道。"

关陇北道沿着泾水河谷西去,因为此路是在会宁关(会州北)、乌兰关(今景泰县五佛)渡过黄河去河西,所以称为乌兰道,又称为北道、泾源道。乌兰道出长安后,西北行经宜禄县(今陕西长武县)、泾

关陇道

上关之一。泾州西南的良原县（今灵台）为陇东要冲，贞元年间曾将陇右节度使移镇于此，作为畿内神策八镇之一。原州为西北重镇，七关拱卫，俯视河陇。由此可见唐朝对乌兰道的经营也是不遗余力的。

关陇南道秦州路在盛唐时是丝绸之路的坦途，物产丰富，郡县栉比，设有许多馆驿。来往西域的贡使、商旅络绎不绝。唐朝不少大诗人如王维、岑参、高适、杜甫都曾途经此路前往陇西、河西、西域。唐中叶以后，此路"益为国路，凡戎使往来者必出此（沈亚之《陇州刺史厅记》）。"尤其唐蕃使节穿梭不绝，每当"入蕃使回，邮馆填咽"（《太平广记·姚康成》），十分热闹。关陇北道乌兰路虽然平凉以西道路险峻，但较南线捷近200里，仍然有许多行旅来往。例如敦煌遗书《水部式·会宁关》条记载："会宁关有船伍拾只，宜令所管……防守，勿令北岸停泊"。按照唐朝的规定，仅会宁关渡口的船工就有200多人，以此推算，每天来往渡河的人起码在千人以上，由此可见乌兰路商旅的兴旺。又如《吐鲁番出土文书》记载："右得唐益谦牒，将前人马驴

州治所安定县（今泾川县）。由泾州又西行至渭州（今平凉），又西入弹筝峡、瓦亭关、六盘关，北上原州（今宁夏固原）、石门关，折西去海源、盐池（或北上由花马池穿靖远北到乌兰关）、平川共和西至会州治所会宁县（今靖远县城，一说陡城）。会宁在黄河东岸，沿河北行至会宁关（今靖远县双龙乡北城滩），渡河西即乌兰关（今景泰县五佛），这是进入河西道的要隘。唐代初年，突厥入寇，西道常从原州侵犯。中唐以后，吐蕃也常利用乌兰道循泾水河谷入侵关陇。如德宗贞元三年（787年）唐蕃会盟平凉，吐蕃即以原州为根据地。所以在乌兰道上，唐朝设有多处军事重镇。中唐以后在邠州设邠宁节度使，在泾州设泾原节度使，以为长安西北门户。至于渭州的六盘关（陇山关）更是六大

等往福州，路由玉门、金城、大震、乌兰、僮（潼）蒲津等关。谨连来文如前，请给路过所者。"说明当时西域往内地取道乌兰路是很普遍的。

在唐时，丝绸之路由关陇渡河去河西的渡口有多处。乌兰路在会州以北黄河东岸会宁关渡黄河到景泰县黄河西岸的乌兰关，由景泰县直趋凉州。这是通往河西走廊最捷近的一条路。关陇北道在今靖远县附近还有两个渡口，一个是石门川黄河岸，一个是处于黄湾下村的鹯阴口。关陇南道秦州路到兰州（唐代金城县）由金城关北渡黄河，沿逆水河（今庄浪河）谷进入河西走廊，然后西北去凉州（或沿河湟道经乐都到凉州）。据说在兰州和凉州之间，唐朝设有驿站20多所。由此可见通过这一渡口的道路是主干线。秦州路到临洮后西去河州。还有几个渡口。一个是由今积石山县渡河。此地古名河关，早在汉代就是驿道关津。《三国志·魏书·夏侯渊传》记载：张郃曾"平河关，渡河入湟中"。第二处渡口是在今青海循化县渡河，隋代曾在此设临津关。第三处渡口是在河州以北漓水（大夏河）入黄河口，过河即是鄯州地界。这一渡口古名凤林关。唐朝金城公主和亲吐蕃赞普时，即由此渡河。可见当时这里就是唐蕃交往的要津。

盛唐河西贸易忙

丝绸之路开通后，河西走廊成为中西贸易的必经之地。特别是到了唐代，逐渐形成武威、张掖、敦煌、酒泉等中心城市。这几个商业中心城市，在中西贸易中起着举足轻重的作用。

唐朝在隋经营西域的基础上更加发展，并由过去的间接经营变为直接管理。当时陇右道的范围一直由陇山延伸到了鄯善、于阗一带。唐太宗贞观四年（630年），伊吾城主归附，唐在此设伊州。贞观十四年（640年）侯君集平高昌，在此设西州，并置西州刺史。河西通西域南、中、北三道均被唐朝控制。唐还在长安通西域大道上设置了驿站、军、守捉、镇戍等管理设施，以维护大道的畅通和安全，给商旅提供食宿方便。

当时长安通西域道经过的河西段的起点是乐都（唐称鄯州）。据《元和郡县图志》载：鄯州东北到凉州215里，唐在两地之间置大斗军，管兵7 500人，马2 400匹；凉州城内置赤水军，管兵3.3万人，马1.3万匹。"军之大者莫如赤水，幅员五千一百八十里"。凉州西行到甘州500里，中间置建康军，管兵5 000人；张掖守捉，管兵6 500名，马500匹。甘州到肃州400里，甘州以北有建昌军和宁寇军；肃州东西设有祁连戍。肃州至瓜州480里，瓜州以西置玉门关和合河戍。瓜州到沙州300里，沙州城内置豆房军。由沙州北到伊州700里（取莫贺延路900里），西到西城镇（即鄯善，今新疆若羌）1 500里（取白龙堆南缘）。河西走廊道从鄯州到敦煌不到2 000里路程，沿途驻军达四五万人，其重视程度和安全程度不言而喻。

交通安全和便利带来了河西经济的繁荣。当时的武威，是凉州州治、河西节度使、凉州总管府、都督府治所，为当时河西首府，也是最大的商业都会。胡商中较多的是突厥、回纥、大食、波斯等国商人，其在武威居住者颇多。贞观初，玄奘就是"随商人往游西域"的，他在经过凉州时说："凉州为河西都会，襟带西蕃，葱右诸国，商旅往来，无有停绝。"唐肃宗至德二年（757年），曾发生武威九姓胡商叛乱，也足见胡商之多。元稹有诗写道："吾闻昔日西凉州，人烟扑地桑柘稠。葡萄美酒恣行乐，红艳青旗朱粉楼。"生动反映了武威作为河西交通枢纽和贸易中心的繁荣景象。凉州的土特产也较多。《新唐书·地理志》载，凉州土贡有白绫、龙须席、毯、野马革、苄等物。《元和郡县图志》载："凉州贡细褐。"

张掖，唐甘州州治，是河西第二大城市。从贞观年间直至开元、天宝之时，河西商旅极为繁盛。胡商密集，道路相继，蔚为壮观。在中西经济交流中，张掖是个总枢纽，中西交通畅达时，张掖为必经之地，中原战乱时，张掖则是贸易的终点站。很多唐代文书记载大批胡商到张掖贸易，也有很多胡商定居于此。《新唐书·地理志》载，甘州土贡有麝香、野马革、枸杞等物。张掖因有优越的农业生产条件，所以又是河西最重要的粮食贸易中心。

酒泉，唐肃州治所。《新唐书·地理志》载，肃州土贡有麸金、野马革、艾蓉、柏脉根等物。肃州还出产玉石，又名噶巴石（今夜光杯之原料），其琢器著称于世。

敦煌，唐沙州治所。从户口数和农业生产水平看，敦煌与武威、张掖差距较大，但其地流动人口较多。由于敦煌是丝绸之路西段三条路线的始发点，所以是河西交通枢纽中最为重要的地方，其商品经济之活跃绝不亚于武威与张掖。敦煌和吐鲁番文书中，有许多关于胡商在沙、瓜二州进行贸易的记载。《唐开元二十一年三月瓜州、沙州给石染典过所》、《唐开元二十一年正月西州百姓石染典买马契》两件文书，为我们再现了西州商人在瓜、沙两地进行贸易活动的情况。他们频繁地、毫无阻碍地来往于西、伊与瓜、沙之间，沿途得到各镇戍守捉勘合放行，"市易"十分顺利。

《沙州图经》所记的"石城镇"是外国商人聚居之地，敦煌以西百里的兴胡泊，则是通过玉门关道往返的胡商居止之地。吐鲁番出土的开元文书中，所记的兴生胡史计思和作人史胡然等持高昌过所，赶着10头毛驴、2匹马，经敦煌前往陇右易市，就反映了敦煌及兴胡泊的枢纽地位。敦煌还是康国商人聚居地。王梵志诗描写敦煌商铺，"兴生市郭儿，从头行里坐……行行皆有铺，铺里有架货"。《旧唐书·地理志》载："元宵灯会，长安第一，敦煌第二，扬州第三"。《新唐书·地理志》载：沙州土贡有基、黄矾、石膏等物。

唐玄宗天宝十四年（755年），安禄山、史思明举兵叛唐，唐王朝为平息"安史之乱"，把河西军队调往关中。唐代宗广德二年（764年）十一月，吐蕃乘虚而入，先后攻占河西、陇右及西域诸州。吐蕃占领河西后，河西与中原交通断绝，滞留在长安的仅由官府提供食宿的"胡人"就达4 000人。唐王朝为把这些人尽快送回西域，曾派兵护送这些人由居延、回鹘道回西域。但吐蕃对张掖经扁都口通往吐蕃本部的道路管理仍很重视，沿途按唐制设有驿站，并置顿官、顿官副手进行管理。

唐宣宗大中二年（848年），沙州人张议潮起义，占领沙州。之后率众连克11州，占领河西、陇右、西域部分州县，派人入朝告捷。唐王朝授张议潮为"归义军节度使"，都督11州军事。唐懿宗咸通二年（861年）攻克凉州。陇右、河西复为唐王朝所有。张议潮在经营河西期间，大兴屯田，浚渠引水，恢复生产，经济得以较快恢复和发展。同时与西域诸国建立广泛联系，使一度凋蔽的东西通道再次呈现繁荣。正如《张维深变文》写的那样："河西沦没百余年，路阻萧关雁倍稀，赖得将军开旧路，一报雄名天下知。"

唐末五代至北宋初，"中原多故，王命不及，甘州为回鹘所并"。这里所说的回鹘，就是唐太宗贞观六年（632年）和唐玄宗开元三年（715年）由漠北迁入沙、甘、凉3州的回纥部落。贞观五年（789年），回纥可汗顿莫贺上表改名为回鹘。甘州回鹘地处河西走廊要冲地带，有与西域和中原交往的条件，因而东西交通仍维持着张议潮时代的状况。

北宋初年，党项人借辽与宋对抗之际，截断甘州回鹘与北宋的贡道，占领河西走廊。宋仁宗宝元元年（1038年），党项族首领李元昊正

敦煌莫高窟"张议潮统军出行图"(局部)

式称帝,国号大夏,史称西夏,建都兴庆(今宁夏银川),其疆域"东尽黄河,西界玉门",地方万余里。西夏立国后,在河西走廊设张掖军和宣化府(今张掖市甘州区),以控制这一通道。

西夏占有河西走廊后,对中西交通既控制又利用:即迫使北宋、辽、金与西域的官方交往均取道回鹘道或羌中道,而对民间贸易往来则不拒。《西夏书事》卷9这样记述说:"商贩市于中国、契丹等处,往来必经夏界,夏国将士率十指一,择其上品,贾人苦之"。抽税十中取一,坐收渔利。当时,西域商人运进的珠玉、皮毛制品、药材、香料、琉璃等货物,大都在甘、凉二州出售,一部分则通过陇西运往中原。

河西走廊道事实上还包括两关出西域道。唐代,两关通西域道虽然路途遥远艰险,但商旅往来频繁,支撑了整个河西走廊的繁荣和发展。

两关即阳关、玉门关。河西走廊道经敦煌后,由这里分途通向西域。唐时天山以北形成新北道,遂称这3条线路为南道(汉南道)、中道(汉北道)北道(即新北道)。

阳关·白龙堆南·鄯善南道 南道西出阳关,经白龙堆南缘,首先到达鄯善(今新疆若羌境,唐称石城镇),向西至帕米尔。《新唐书·地理志》载:"又一路自沙州寿昌县西十里阳关故城,又西至蒲昌海东岸千里。自蒲昌海南岸,西经七屯城,汉伊修城也。又八百里至石城镇,康艳典为镇,以通西域者。"唐寿昌县在今敦煌西一百多里处,阳关在县西6里处。《元和郡县图志》阳关条:"以居玉门关之南,故曰阳关,本汉置也,谓之南道,西趣鄯善、莎车。"同书"八到":"西至石城镇一千五百里。"石城镇即鄯善,贞观中康国首领康艳典在这一线分别筑有屯城、石城、新城、播仙镇(今新疆且末)、蒲桃城、萨毗城。以上所记均指阳关经白龙堆南缘至鄯善道。唐代,这里曾是中

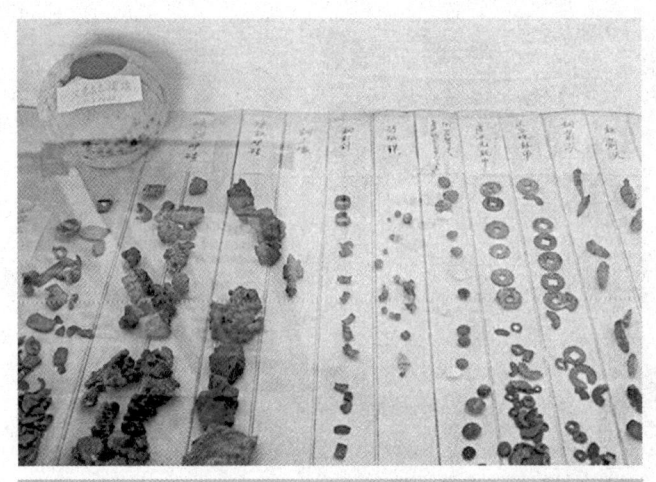

阳关遗址出土的钱币和陶器

亚康国昭武九姓定居之地。唐太宗贞观十四年（640年）前，南道被高昌王所塞，商旅多由鄯善北上焉耆，再由高昌至中原。侯君集灭高昌后，此道复通。

南道自然条件恶劣。《沙州地志》（伯5034号）载：一道南路，从石城镇"（东去屯）城一百八十里。从屯城取碛路，由西关向沙州一千四百里，总有泉七所，更无水草"。

唐时在南道的西南，还存在一条由沙州通鄯善的道路。同前文记载：一道南路，从石城镇"东去沙州一千五百里，其路由古阳关向沙州，多缘险隘，泉有七所，道险不得夜行，春秋二时雪滂，道闭不通"。据分析，此路通过今阿尔金山山脉北麓（古称南山）至鄯善，是唐时南路的辅助线。大约在元以后成为南路主通道。民国时改为南疆公路。

此外，由鄯善向东南越南山与羌中道相接，这是吐谷浑、吐蕃北上于阗、高昌通道。

玉门关·大沙海·高昌中道 由敦煌出玉门关，经哈顺沙漠南缘（唐称大沙海），首先达今新疆的吐鲁番盆地。

唐高祖武德二年（619年），高昌王麴伯雅死，唐遣河州刺史宋惠表往吊。当时高昌与唐关系尚好，西域诸国有动静，辄以奏闻。贞观四年（630年），其王麴文泰夫妇至长安，唐太宗待之甚厚，互有赠答。但当他回去以后，一反常态，并对臣下说：秦陇之北，城邑萧条，"去此七千里，沙迹二千里，地无水草，冬风寒冷，夏风如焚，风之所吹，行人多死。常行百人不能得至，安能置大军乎？"因而扼绝胡商贡道，收取重税。贞观十四年（640年），唐派侯君集率军灭高昌，在此地置西州。贞观十六年至二十二年（642年—648年），打败西突厥，进入焉耆、龟兹等地。至唐高宗显庆四年（659年），唐灭西突厥，释回被西突厥掠去的18万多汉族民众，天山南北诸小国亦先后归附于唐，安西都护府迁往龟兹，统领龟兹、焉耆、于阗、疏勒四镇，史称"安西四镇"。"安西四镇"设置后，岁发山东男丁万余戍守，河西地区岁转军需物资，成为各族人民的沉重负担。《旧唐书·褚遂良传》载："……王师初发之时，河西镇供役之年，飞刍挽粟，十室九空，数郡萧然，五年不复。"

中道起点玉门关，"西趣车师前庭及勒疏，此西域之门户也"。由玉门关至高昌全长1300多里，中经大沙海，道途艰难。《西州图经》（伯2009号文）载："大海道，右道出柳中县界，东南向沙州一千三百六十里，常流沙，人行迷误，有泉井咸苦，无草。行旅负水担粮，履践沙石，往来困弊。"所记里程与《元和郡县图志》西州条合。此道即裴矩所指敦煌通西域中道。《魏书·西域传》："自玉门关渡流沙，北行二千二百里至车师为一道"，亦指此路。此路在张议潮收复西州后，逐渐被北道替代。成书于《西州图经》之后的《沙州都督府图经》（伯2005号）残卷不载此路，是为佐证。

玉门关·伊州北道 由玉门关取莫贺延碛北缘到伊州（今新疆哈密）。据《隋记》记载：南北朝时，中道由于"有魍魉怪异，故商旅来往多取伊吾路"。

《元和郡县图志》载：伊州，"东南取莫贺延碛路至瓜州（今安西县境）九百里，正南微东至沙州七百里"。可知唐代除沙州至伊州路外，还有一条由瓜州西北向至伊州的通道。由伊州西南可至西州，西北可至庭州，即北庭都护府所在地。唐代在这条路上设有十多个驿站，并先后置神泉戍、乌山戍、双泉戍、第五戍、冷泉戍、赤崖戍，以保护交通安全。

杜甫流寓陇上路线

杜甫，字子美，唐巩县（今河南巩义）人，出身于"奉儒守官，未坠素业"的世宦之家，其十三世祖杜预是西晋名将，祖父杜审言是初唐著名诗人。

唐肃宗乾元二年（759年），他48岁。这年立秋后不久，大诗人杜甫放弃华州司功参军之职，携家眷西入秦州。

诗人一行经南由路越过陇山，先在秦州城内寓居，进入九月后又到侄儿杜佐家所在的东柯谷（今天水麦积区甘泉柳家河村）暂住。足迹所到还有西枝村（甘泉镇元店村）、太平寺（故址在甘泉镇）、山寺（麦积山）、南郭寺、隗嚣宫（故址在秦州区皇城山上)、驿亭、赤谷西崦人家(暖和湾对面西山上)、东楼(疑为州城东门上的城楼)等地。杜甫一度非常想在秦州永住终老,此意在多首游览诗中有所表露。《西枝村寻置草堂地夜宿赞公土室二首》和《寄赞上人》中记录了他寻找住地的艰难过程。但这时吐蕃东侵,秦州已受到威胁,愁苦不堪。《秦州杂诗》(其一)写道:

满目生悲事,因人作远游。
迟回度陇怯,浩荡及关愁。
水落鱼龙夜,山空鸟鼠秋。
西征问烽火,心折此淹留。

杜甫从秦州城到东柯谷,这里虽然有山崖、水竹,又不必每天为战争即将到来而提心吊胆,然而,杜甫来时正赶上"秋雨绵绵、雨雾茫茫"的季节,生活凄凉而困苦。进入冬季,钱囊渐空,衣被不足抵御风寒,有时竟到揭不开锅的地步。正在这时,同谷县(今成县)有一位被杜甫称为"佳主人"的人遥寄书信,说同谷一带气候温暖,景色宜人,薯蓣足以饱腹,崖蜜也容易取得。杜甫喜出望外,于是在十月某一天拂晓前,全家人登上驴车,由秦州出发,经赤谷(皂郊河谷)、铁堂峡(天水镇东北)、盐井(礼县盐官镇),于十一月初抵寒峡(大晚家峡),再过法镜寺(故址在石堡乡西山上)、青阳峡(青羊峡)、龙门镇(坛土关,也写作坦途关)、石龛

(八峰石龛),到达同谷县界上的积草岭。历尽艰辛跋涉至此的诗人想到立即可以到达乐土,与盛情的"佳主人"会面,自然流露出万分欣喜。这种情绪鼓舞着他们爬过泥泞的功山(成县二郎乡境内的牛心山),最后安抵凤凰台前的凤凰村(故址在成县城东南七八里,现有杜甫草堂)。然而现实却跟杜甫开了一个天大的玩笑。"佳主人"稍作应付便不再露面。杜甫一家衣食无着,举目无亲,开始了他一生中最穷困的一段生涯。衣不蔽体、满头乱发、手脚破裂的杜甫只能靠拣橡栗供家人充饥。遇到大雪封山,他们便只好空着肚子。万般无奈之下,杜甫于十二月一日离开了同谷。

关于杜甫离开同谷后的行程,后人颇有争议。基本的观点是经徽县、青泥驿到虞关准备过嘉陵江,受故人之邀折回在两当生活了一段时间,又到徽县栗亭(今栗川)居住,然后过木皮岭,沿洛河经白水道在今陕西白水(古长举县)过嘉陵江到汉中。杜甫当年住过的村子现名"杜公村"。

漂流在秦州与同谷的时候,杜甫生计艰难,心情哀痛,诗产量激增。三个月存诗117首,终其一生是绝无仅有的。不仅如此,诗人将其沉郁顿挫的风格发展到了顶点。

"安史之乱"前后,是杜甫的诗风大转变的一个重要时间。在这短

成县"杜甫草堂"（重建）

水塞长冰横，
我马骨正折。
生涯抵弧矢，
盗贼殊未灭。
飘蓬逾三年，
回首肝肺热。

铁堂峡在今天水东南70里处，前不远即为天水关、盐官。是当时天水到同谷的咽喉，以险峻著称。再如《龙门镇》：

短的5年间，他身历百苦，流离迁徙，刻不宁息，极尽人生的不幸，而整个社会所受的苦难尤甚，他的情绪由此发生了巨大的变化，由注重个人命运沉浮转变为悲天悯人，承担起苦难时代写实的伟大责任。5年里，他留下了140多首诗，差不多有一半是咏叹安史之乱带来的巨大变化的。当然诗人也给我们留下了他一路的足迹，这为我们研究唐代陇蜀道的具体经地和道途状况提供了真实的史料。主要有《发秦州》《铁堂峡》《泥功山》《寒峡》《龙门》《石龛》等。《铁堂峡》中这样写道：

山风吹游子，缥缈乘险绝。
峡形藏堂隍，壁色立积铁。
径摩穹苍蟠，石与厚地裂。
修纤无垠竹，嵌容太始雪。
威迟哀壑底，徒旅惨不悦。

细泉算轻冰，沮洳栈道湿。
不辞辛苦行，迫此短景急。
石门云雪隘，古镇峰峦集。
旌竿蓉惨澹，风水白刃涩。
胡马屯成皋，防虞此何及。
嗟尔远戍人，山寒夜中泣。

诗中描述了古道上的古镇掩映在白雪覆盖下的峰峦之中的景致，也记录下了"沮洳栈道湿"的珍贵史料。又如《泥功山》：

朝行青泥上，暮在青泥中。
泥泞非一时，版筑劳人功。
不畏道途远，乃将汩没同。
白马为铁骊，小儿成老翁。
哀猿透且坠，死鹿力所穷。
寄语北来人，后来莫匆匆。

这首诗简直就是李白《蜀道难》的翻版，且比《蜀道难》写得更为现实、直接，详细描写了青泥岭路泥泞难行和为了维修养护而花费的人力、财力，并且告诫后来者在泥泞中行走，要缓慢而行，否则就像"死鹿"一样，为"力所穷"。

杜甫在客寓秦州期间，还留下了大量的描写山水田园的诗，如《寓目》《遣怀》《天河》《初月》《归燕》《萤火》《废畦》等，但都是"满目生悲事"、"飘零何处归"和"自伤迟暮眼，裘乱饱经过"的悲凉心情。《秦州杂诗二十首》（十四）：

万古仇池穴，潜通小有天。
神鱼人不见，福地语真传。
近接西南境，长怀十九泉。
何时一茅屋，送老白云边。

仇池山是陇右名山，高有百仞，白云萦绕，远山如卵，山顶有良田百顷，住有数百户人家，村民多为张、王、李、赵四姓，均为戍军之后。诗中所描写的"小有天"、"神鱼"、"福地"、"十九泉"是"仇池八景"中的四景。据仇池村民相传，当年杜甫由东柯谷经寒峡、石龛时顺路登上仇池山游玩，居住了一段时间，草堂遗迹犹可指认。从这首诗中可以看出，杜甫确实登过仇池山，且有搭一茅屋、终老仇池的感慨。

"杜甫文章在，光焰万丈长。"（韩愈语）他的诗开启了大唐一代诗风。尤其在他客寓秦州期间，留下了伟大的现实主义诗作，同时对后人研究天宝末至大历初甘肃天水、陇南地区的社会生活、人文地理、交通状况提供了不可多得的珍贵史料。

茶马互市长盛不衰

"互市"在历史上主要指对外贸易或同边境少数民族之间的贸易。西汉政府同南越和匈奴之间的通商，是中国最早的互市之一。魏晋以后，随着商贸的发展，历代中央王朝也逐渐开始设立专门的管理机构。隋朝在西北设立了交市监，唐时改为互市监。北宋时期，茶马互市在西北地区形成较大的规模，而成为各民族贸易的主要形式。

互市，最初是以绢易马。到隋、唐时，西北各民族饮茶之风盛行，茶马互市兴起。唐肃宗时，回纥入朝，驱马市茶，首开茶马互市的先河。茶叶主要源自东南沿海，但由于这时的茶叶是少数民族贵族阶层享用的奢侈品，茶叶的销量还不是很大，管理业务还不十分繁重，所以，朝廷把茶马互市与绢马贸易放在一起进行管理。先后开放大的互市场所主要有榆林、张掖、焉支山、龟兹、三受降城、赤岭承风戍和甘松岭。为了减轻国内贸易压力，隋、唐王朝对绢马、茶马互市的限额有一定的规定，输往边境的绢、茶每年都有配额，超出配额，不论是中原的绢、茶，还是边疆的马匹均不得出、入境。当然民间的私茶、私马互市仍不间断地偷偷进行着。

北宋初年，出于军事需要，宋朝政府始终把战马的获取放在经济开发和商品贸易的突出位置。宋朝每年以大量茶叶，向西北各族易马、买马，而茶马互市的主要地区就在甘肃。这是因为饮茶之风自隋、唐传入少数民族后，很快普及开来，到了宋代，少数民族特别是回纥、党项、吐蕃，从贵族到牧民，无不嗜茶如命，经常驱赶马匹到边市上换取茶叶，或以朝贡的方式，谋求回赐茶叶。据《汉藏史集》一书记载，都松芒布杰王在位之时，吐蕃出现了以前未曾有的"茶叶和碗"。有关史书也记载："茶之为物，西戎吐蕃古今皆仰给之，以其腥肉之食非茶不消，青稞之热非茶不解。"至今少数民族中还有"宁可三日无粮，不可一日无茶"的说法。

北宋茶马互市主要有两种形式：其一，由沿边政府派人到吐蕃、回鹘、党项等族中去招商，让商人将大批良马赶到秦州（今甘肃天水）、西和州（治今甘肃西和）等马市，由宋朝市马官开具公函，送京师估马司给钱收买，此为"券马"；其二，宋朝在原州（今宁夏固原）、渭州（今甘肃平凉）、秦州、德顺军（今甘肃静宁）、仪州（治今甘肃华亭）、阶州（治今甘肃武都）、文州（治今甘肃文县）等临边州、军设市，派提举买马官主持购买，此为"省马"。

北宋最初是以金帛购买马匹，主要是为了省去运费。宋神宗熙宁七年（1074年），"始遣三司干当公事李杞人蜀经画买茶，于秦凤、熙河博马"（《宋史·食货志茶下》）。并于成都设榷茶司，在秦州设置买马司，分管四川茶叶与吐蕃马匹的互市事宜。不久，又以提举茶事的官员兼管买马。熙宁以后，又在熙河路通远军（治今甘肃陇西）、永宁寨（在今甘肃甘谷）等地设置市马场。宋神宗元丰四年（1081年），并为大提举茶马司（简称茶马司），统一管理茶马互市。茶马互市的场所叫"榷场"，散布在交界地区的交通要道上。茶叶运输主要由专门的铺兵来转运。随着王韶开熙河路，茶马互市的中心西移至熙州、河州、湟州等地。正常情况下，各马市每军的买马额从数百匹到一二万匹不等，并有逐渐增加的趋势。宋初每年在西北的买马额不过5 000匹，宋仁宗天圣（1023年—1032年）中增至3.49万匹，南宋高宗绍兴十五年（1145年），秦州买马每年仍以2万匹为额，南宋孝宗乾道八年（1172年），宕昌监"年额买马几近万匹"。南宋时，茶马互市的交易场所仅剩文州、阶州和西和州等，规模渐小，史书称之为："川茶不以博马，唯市珠玉，故马政废缺,武备不修"马市对于一般民众造成的负担也极重。马纲所过,沿途要供人粮马草。史书记载:秦、川等地每年以万计数的马赶到京师,"纲兵所经,甚于寇贼"。

茶马互市对双方来讲都是利弊相生。北宋以茶易马虽解决了战争急需,但所易马良莠不齐,真正能使用的战马并不多。《建炎以来朝野杂记》这样说:"盖祖宗时,所市马分而为二,其一曰战马,生于西边,强壮阔大,可备战阵,今宕昌、峰贴峡(今舟曲县迭峰)、文州所产是也。其二曰羁縻马,产于西南诸蛮,格尺短小,不堪列阵,今黎、叙等五州军是也。"羁縻马是为了照顾少数民族关系而买的。对于少数民族来讲,以马易茶,固然解决了生活所需,但也造成了沉重的经济负担,使自身的国力下降。宋、金在陇西展开激战时,金尚书省奏称:易茶"岁不下百万","恐耗财弥甚"。金章宗下令:"七品以上(后又限五品)官员方许饮茶,余皆不准。"

元代曾在成都榷茶,在北京和陇西设局专卖。明代对茶马交易则采取政府颁发许可证的方式严加控制,互市的主要物品集中在茶叶和马匹上,对其他的民间商贸实行相对宽松的政策。

明代的茶马互市是以经济为手段来实现其既定的"固蕃人心"、维护边境安宁的政治目的。明太祖洪武四年(1371年),勘定陕西汉中府的金州、石泉、汉阳、平利、西乡等县的茶园茶树共86万余株,作为同西蕃交易的茶叶生产基地。第二年又把四川作为茶马交易的茶叶生产基地。明朝还制定了严刑峻法来确保茶马交易中茶叶的质量和信誉。同时置茶马司,设立了大使、副使等职,专门从事茶马贸易。

明太祖洪武五年(1372年),明政府在秦州(今天水)和河州(今临夏)各设茶马司。到洪武三十年(1397年),秦州茶马司移到西宁,改称西宁茶马司。后来又成立了甘州茶马司。此后继续增设,至明神宗万历年间,有河、洮、岷、甘、西宁、庄浪等六个茶马司,其中河州、洮州、甘州、西宁四个茶马司设置时间最长,终明之世没有多大变化。

为了保证吐蕃在茶马交易中的利益,确保茶叶质量,防止官吏以政府名义索要马匹,洪武二十六年(1393年),朱元璋"遣使往西凉、永昌、甘肃、山丹、西宁、临洮、河州、洮州、岷州、巩昌等地缘边各部落,给"金牌信符"41面,上号藏内府,下号降各蕃。左曰"皇帝圣旨",右曰"不信者斩"。三年一次,差官奉牌,以茶易马。通过金牌信符,确保茶马交易中的垄断地位。上马酬茶120斤,中马70斤,下马50斤。明宪宗成化十五(1479年)令巡茶御史,不拘年例,愿来者听。在茶马交易之处,还有盐马交易。盐马在灵州大、小盐地和西和、漳县二盐井。召商纳马支盐。上马100引,中马80引,下马60引,以备各边骑征。

为了防止茶马互市中出现贪赃枉法、欺上瞒下和私茶贩运等行为,明政府对茶马互市的管理制定了非常严厉的法令,凡"私茶出境与关隘失察者,并凌迟处死"。洪武末年,朱元璋派驸马都尉欧阳伦到川、陕等地视察有关茶叶走私问题。但欧阳伦乘机私贩茶叶。当欧阳伦的走私车队路过兰县(今兰州)黄河桥时,河桥巡检司小吏例行检查,却被其家丁护卫痛打一顿。小吏气愤不过,向明朝政府告发了欧阳伦的不法行为。朱元璋将欧阳伦赐死,并将茶货没收入官。

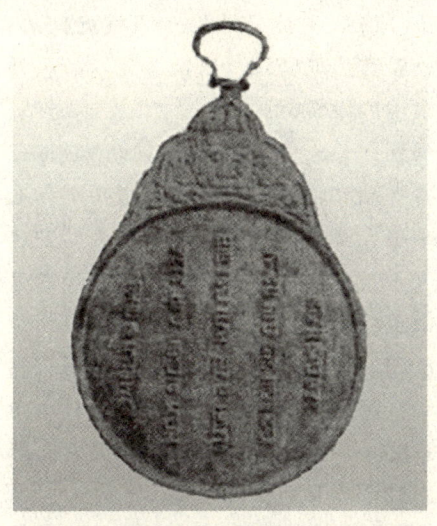
元代银字差使圆牌

明成祖永乐中(1043年—1424年),政府让利"蕃族",提高了茶马比价中的给茶量,造成马多而茶不足的状况,茶禁也渐渐松弛了,私茶大量出境。为此,明政府又申严茶禁。增设洮州茶马司和甘州茶马司(在今张掖市),使茶马互市继续保持兴盛。明宣宗宣德(1426年—1435年)以后,中央权力削弱,私茶贩运盛行,茶马互市受到冲击,茶政日渐废弛。

清初,茶马互市制度仍承明制,在西宁、岷州、平番(今永登)、兰州、河州设五个茶马司,管理茶马互市。然而随着社会稳定和经济发展,官办茶马互市走到了尽头。康熙初年,相继裁撤了苑马监和茶马御史等机构官员,后来又放宽禁令,茶叶改由民间自由经营。清世宗雍正十三年(1735年),清政府裁撤茶马司,茶马互市制度自此结束。行销西北的茶叶均由商人向户部领引贩运,产生了官茶引贩制度。这项制度即由清政府向茶商征收茶课,茶商领引赴产茶地办茶,并在指定区域销售。茶叶每引一道共100斤,每1 000斤准带附茶140斤,耗茶14斤,然后以斤为基础,按引课税。茶引制度实行后,甘肃行引2.87万道,每年销茶3万担、300万斤,产茶日旺,税收增多。清文宗咸丰二年(1853年),太平天国农民起义爆发,江南各省道路梗阻,茶路不畅。

清穆宗同治元年（1862年），陕西回民起义，烧毁囤积于陕西泾阳待运甘肃的砖茶，西北茶叶供应十分困难。同治十三年（1874年），陕甘总督左宗棠奏请朝廷"拟仿淮盐之例，以票代引"。即"豁免积欠课银，停止应征杂课"；"以督印官茶票代引，不分何省商贩，均准领票运销"。对于领有甘肃省茶票的茶商运茶过境，茶区湖南省只征厘金2成，其余8成由甘肃省政府补贴，在湖南应解甘肃的协饷内划抵。左宗棠推行以票代引制度后，共印发引票835张，每票准贩茶10包，每包净重正茶100斤，副茶15斤。商人领票后到产茶地贩茶，运到陕西泾阳压砖成封，一票茶800封，每封5斤，计重4 000斤。当时规定，每票征税银285两，初领时先收100两，运茶到兰州入库时，再交185两。茶入兰州茶库，即为"官茶"，然后由茶库盘查放行，销售各地。

左宗棠整理甘肃茶务时，正是镇压西北回民起义之时。"甘肃茶商，旧设东西两柜，东柜之商，均籍山陕；西柜则回民充商，而陕籍尤重。乱作回商多被迫胁，死亡相继⋯⋯资本荡然（《甘肃新通志》卷22）。"于是湖南商人乘机垄断茶叶贩卖生意，出现了由湖南商人掌控的"南柜"。"西柜"的魁泰通、镇番（今民勤）马合盛等是当时仅有的重要茶商。

民国时期，西北官茶行销仍沿旧制，领票机关是甘肃省财政厅。每三年领票一次，共计领票1 320张。1942年，茶税列入统税，"以票代引"制度正式废除。西北茶叶经销统归国营中国茶叶公司办理。

腐败的元、明驿政

元、明两代对驿政的管理十分完备，除派人经常性地维护道路安全畅通外，沿途设立了多层次的管理设施。驿站有陆站、水站。陆站用马、用牛、用驴，或用车，或用轿，或徒步。脱脱禾孙马站是专门负责盘诘、查验官员的驿站，官员为正六品。甘肃境内设有6处，即：永昌路本府站、马莲泉站、辛汜川站、甘州本州站、青寺站和临洮站。驿站设置少则六七十里，多则一二百里。甘境内西安经天水至兰州线上设12站，西安经六盘山至兰州线上设10站，西安经灵州至沙州（今敦煌）线上设16站，另有站赤（蒙古语）20多个。明代在甘肃设站83个，站距比元代缩短，另有递运所32个。

元、明两朝对驿政的重视主要反映在驿律的制定上。元代给驿标准高于前代,使驿制度也十分严格。据《元史·刑法志》驿律部分记载:诸职官辄借乘驿马者,笞37,降先职一等叙,记过;诸使臣辄骑坏驹马者,笞57,及以车易马者,同坐;诸使臣在城内辄骑占驿马者,禁之,违者治罪;诸驿使在路夺马易所乘马驰死者,偿其值,若以私马故选良马,驰死者,笞27,仍偿其值;诸乘驿使臣枉道营私,横索祇待,或访旧逸游,饿损马乘,并申闻断治;诸使臣枉道驰驿者,笞57。脱脱禾孙擅依随给驿者,依例科问。

诸职官被差,辄令人代为传递者,杖67,代者笞57;诸职官辄传上司令,擅起驿马者,杖67;脱脱禾孙擅给驿马者,笞57,并解职别叙,记过,驿官笞57,还职。

诸驿马在野啮人而死者,以其马给苦主,使者另置马当役。

《经世大典》中还有"增乘驿马,降一等叙用"。"枉道驰驿,罢役"。"夹带从人,多骑铺马一匹,随路倒挨,罢役"等记载。但元中、后期,驿运制度松弛,各行省官员"推称事故,给驿乘驿者多有之"。举凡"搬取家属,收拾子粒,迁葬娶妻,送灵嫁女"等,无不动用驿马,索取祇应。"诸王贵戚皆得自起驿马,而使臣猥多,马悉倒乏,则豪夺民马以乘之,城廓道路,所至骚动。及其到馆,则需索百端,供馈稍缓,辄被笞挞,馆人不能堪……"(《中律令耶律公神道碑》)。临洮等处驿站"日逐起马不下百匹,昼夜未尝少息,常见铺马不敷,停留使客,甚至起马频数,多致羸毙。元武宗至大四年(1311年)九月,陕西行台监察御史袁承事上言:甘肃定西、会州、平凉等站,每日起用马匹不下一百,驿户昼夜不间。停留使臣,非法选马,唾骂站户。元世祖至元三十年(1293年)陕西汉中廉访司呈报:秦州一带来往使臣频繁,站户当役,西到巩昌,东到陇州,一遭差即半个月,稍有迟慢,即使是地方官吏也要遭"凌辱吊拷,脱剥衣服"的厄运。可见,元驿制度虽严,但对于王公贵族、中外使臣及僧侣等特权阶层来说,不过是一纸空文而已,只苦了百姓和下级官吏。站户由沿途百姓充任,终身服役,子孙世袭。由于免除四顷地的赋税和其他徭役的"优待",所以站内一应设施由站户负责添置。至元十九年(1282年)九月,通政院令,沿路站户每3户~5户无偿供给正马1匹,13户出车1辆。马匹虽是站户私有财产,倒毙了也由站户赔偿,另外补役。至元十六年(1279年)五月二十日,临洮府脱脱禾孙呈报:临洮、巩昌、通安等驿因天灾,缺草少粮,马匹倒毙甚众。马匹倒毙的另一原因是甘肃驿道所经地方、尽皆沙漠,遥远艰阻,四无人烟。元仁宗延祐元年(1314年)

六月二十三日，甘肃行省报奏死铺马199匹。站户当役"露宿野食，马乏刍粟。如奔驰数日，势致人瘦马毙（《永乐大典》）"。马匹倒毙，以致许多站户"鬻妻卖子"，亡命外逃，或被逼为奴。中书省在批复中说：典买站户女儿为奴虽属违法，但已作释免，因为管站头目用卖站户女儿的钱买了马。象这类记载《经世大典》中比比皆是，而且大部分发生在陕北、秦州、巩昌、临洮及河西等地。

元代驿运发达完善，但在看似繁荣的背后，隐藏着一个悲惨世界。

明朝，于明太祖洪武十三年（1397年）颁布《大明律》，内《兵律》中有《邮驿律》16类18条，另有"例"10条，它是对唐、元驿律的总结，是中国封建社会后期较完整的驿递法典。其中给驿、使驿方面有如下特点：

给驿范围明确规定，使驿者须是擎诏旨或奉旨差遣者；飞报军情重事者；亲王进表奉贺及差人奏事者；各蕃属使臣之进贡及回国者；文武官员到任，在1500里以内者；职官病故，其尸体及家属回乡者。

嘉峪关5号墓砖画"驿使图"

使驿限制严格，违法者必究。规定：凡公使人员应乘驿马数外，多乘一马者，杖80，多一马加一等；若应乘驴而乘马，及应乘中等、下等马而勒要上马者，杖70；若枉道驰驿及给驿不换马者，杖60，因而走死者加一等，并追偿马匹还官；凡驿使人员应乘驿马随身衣杖外，加带私物，10斤杖60，多10斤加一等，罪止杖100，乘驿驴者减一等，私物人官；凡驿官将驿马和自借用或转借他人及借者，各杖80，驿驴减一等，并追雇钱入官。此外，每条驿道规定了时限。如秦州卫到京3 320里，共55站，限110天到达；庄浪卫到京4 460里，共75站，限140天到达，违者杖打，失误军机者，斩；起解军需违限者，斩；造成临敌军需缺乏，失误军机者，斩。

上述驿律，在明中期以前执行得比较严格，但中后期吏治腐败，有些规定也成了一纸空文。以"驿程违限"来说，驰驿者往往沿途办理私事，以致延误时日。据明宪宗成化二十二年（1486年）四月二十一日兵部提出的一件事例："本部议得，甘州、庄浪、西宁等处差来奏报声息舍人，有止该十日半月之程，延至一月方到者；有止该二十日，延误五十日以上者……"甘州至北京5 400里，"该二十日"到达，日行不到300里，而驿使敢于违限一月时间。由于管理松懈，驿政弊端丛生，产生了盘据驿递，把持驿务，包揽驿事，剥削驿夫的"驿棍"和"邮蠹"，他们少不如意，拳殴驿官，鞭打驿卒，头无遗毛，身无完肤。甚至有人断言："今海内民穷财尽，日不聊生，大抵驿传所致也。"

驿丞岁俸银20两左右，然在冲要去处的驿丞，可岁获数千金。因而驿丞虽是"卑官"。但官缺也有上中下或肥瘦之分。肥缺大都落入权豪势要的亲戚朋友之手，无权势者往往被派往贫瘠之处。因而，明人常称驿站是逐膻分肥之地。

"秩莫卑于驿官，事莫纷于邮务。""所承接非尊官大人，则奉上命强有力也。而所支给钱粮，又膻意逐也。势不能抗上以伸法，力不能庇下以自全（《中国古代邮驿史》）。"无论是"肥"、"瘦"驿丞，责任都重大，也难免被达官显贵殴打，甚至致死。

元、明两代虽在甘肃交通建设上多有建树，完善了驿道网络，维系了汉、唐以来中西贸易的局面，增进了各族人民的团结，维护了边疆的稳定，但在驿政管理上却过于僵化，最后导致弊端丛生，为历代王朝所未有，这是元、明王朝强化中央集权，实行高压统治在交通上的一种体现。如明代官民出行百里以上都得持"路引"，对于私自出关、过河者要严厉惩罚，但对于赴京城告密者却无需持"路引"。

明代商路贯陇上

明初，中西贸易往来的丝绸之路虽不如元代兴盛，但也曾出现过一度繁荣。此后，明王朝出于国防上的考虑，时时关闭嘉峪关，人为地阻隔了中西交通。再加上海路发达，丝绸之路已失去昔日的景象。地处河西的甘肃镇，一方面"万山环合，其所辖诸卫绵亘二千余里，番房夹于南北，一线之路通其中"（《明世祖实录》卷84）。河西交通的不便，限制了这一地区与外界的交往。首先是西域客商明显减少，进嘉峪关困难，只要一人进关就可惊动肃州。进关客商首先要登记造册，写明驮运何物，来自何方，前往何处。守关人白天点烟，夜里举火，将客商到来的信息传知肃州，得到放行的信息后，守关人方可放行。只要是允许入关的人，招待都十分周到，往东行直到北京的费用，均由所经地方供给。当时明朝仍以天朝上国自居，来进贡的使者、商人都会得到丰厚的赏赐，所以仍有很多西域商人冒险于丝绸之路。有些商人干脆住在肃州等地，娶妻生子，俨然土著。但不管怎么说，闭关直接影响了中西陆上贸易。其次，河西走廊的交通这时也不那么通畅，"山岗险阻，车辆不通"。直接影响了军粮转输。当时甘肃卫、所总兵力十一二万人，除屯田所获外，其余均都依靠陇西或内地供给。明成祖永乐十年（1412年），陕西秦州张源言道："巩昌、临洮等府夏秋二税，岁令岁输甘州。甘地相去二千余里，皆陆行负荷及载以牛驴，中途民罢畜死，所输者少而所耗者多（《明太祖实录》卷83）。"《肃镇志》也说："本镇设在西北，道路遥远，一遇声息梗阻，即束手待困，刍粮无所仰给，非如他处，与内地相连，易于转输者。"其三，正由于河西偏远，道路艰险，内地商人望而却步，也直接影响了陇西、陇南交通的发展。尽管朝廷试图用开中法召商纳粮，但应召者廖廖无几。据《明宣宗实录》载：甘肃等处"俱边境要地，民粮艰于转输。比年虽召商中盐，路程险远，趋中者少，供用不敷。"明宪宗成化年间（1465年—1487年），庄浪等地"见储粮仅不足

甘肃交通史话

三月之用，虽已召商中盐，缘其地荐罹灾伤，粮价腾踊，无应召者（《明宪宗实录》卷79）。"当时的陇西、陇东、陇南等地和河西基本相同，小农经济限制了商品流通，从事物资运输者也只是些小商小贩。因而，甘肃到了有明一带交通基本是封闭的。

明代，西域的朝贡使者仍大多途经甘肃，但这些使者大都是商人，与沿途当地人交换物品并不多。明英宗正统十二年（1447年），朝廷严喻甘肃等沿途驿、镇、站之军民、客商等"不许将白地青花瓷器皿卖与外夷大臣（《明英宗实录》卷158）。"不仅如此，西域朝贡者途经甘肃时给当地军民增加了异常沉重的负担。《明仁宗实录》载："沿路军民递送，一里不下三四十人，俟候于官，累月经时，妨废农务，莫斯为甚"；"缘路有司出车载运，多者百余辆，男丁不足，役及妇女。所至之处，势如风火，叱辱驿官，鞭挞农夫。"可以看出，贡使西来，无助于甘肃经济的发展，反而损害了本土固有的自然经济。

但历史毕竟是发展的，人常说："西方不亮东方亮"，民穷财尽的甘肃有着丰富的土特产品，诸如毛皮、药材、水菸、枸杞、白麻等十分丰富；而布匹、杂货、茶叶等日用品正是甘肃所缺有的。在这种情况下，传统的中西方丝绸之路贸易转为国内商品贸易，而甘肃交通更多地转

向服务于省内外物资交流与人员往来。长途贩运与短途转运并起，形成了典型的区域交通。许多汉、唐时代的主干线这时成为沟通州、县的支线驿道。

商品的流通促进了商路的开通。明代甘肃分属陕西、甘肃两个行政区划，两省各自划有供商人通行的商路。一般情况下商路大都选择驿道，但并不是所有的驿道都能供商人通行，驿道主干线也并非是商路主干线。在战乱年月，有些主干道路被辟为军路，商人只能绕道而行。有些商人为减少路程、躲避盘验，会避开一些官路，私开小路或寻找平坦易行、便捷的道路行走，所以有些商路曲曲折折，不按规律行进，让人摸不着头脑。当时商人大都怀揣一本《天下水陆路程》或《天下路程图引》一类的书，按照书本中提示路线、站点、关卡、运输工具、道途难易决定走向或预先处理将会遇到的事情。

《天下路程图引》刊于明熹宗天启六年（1626年），《天下水陆路程》刊于明毅宗崇祯八年（1635年）。

敦煌莫高窟壁画上的"胡商遇盗图"

《天下路程图引》列"陕西由凤翔府至临洮府路"、"陕西省城由邠州至宁夏路"、"巩昌府由沔县至襄阳府路" 3条商路；《天下水陆路程》列"陕西布政司至所属府卫镇路"、"黄甫川由各镇卫至西宁卫路"、"庄浪卫至镇番卫路"、"凉州卫由甘肃二卫至嘉峪关路"、"北京至陕西宁夏镇路" 5条商路。两书所列线路不一，正可互参反映甘肃商路全貌。

陕西由凤翔府至临洮府路 此路基本沿丝绸之路陇西段南线即明代秦陇、兰秦驿道行进。由西安府东关雇长驴445里至陇州（今陕西陇县），住；40里关山（在今张家川县马鹿陇山顶），有巡检司，住，每骡一头与脚夫过山酒银一分；70里长宁驿，住；20里盘岭关，有巡检司；40里白沙，30里清水县，住；40里草川铺，40里社树坪，住；过渭水，50里秦州，36里三十里铺，住；40里关子岭，40里伏羌县（今甘谷），住；40里永宁镇，30里洛门镇（前行10里向南240里至西和县），又20里宁远县（今武山），住；40里汭泥铺，50里巩昌府通远驿（由此向经卢张、翻山至内官营，又经小康驿至兰州），住；西北45里熟羊城（今首阳），45里渭源庆平驿，住，70里窑店。50里至临洮府狄道县洮阳驿。

陕西省城由邠州至宁夏路 此路经咸阳、礼泉、乾县、永寿，310里至邠州政平驿（今宁县政平），60里灵台县，90里泾州（今泾川），70里崇信县，80里平凉府，100里固原镇，经镇戎千户所、甜水堡，计370里至宁夏中卫。此路舍泾川经花所驿道，而绕道崇信。

巩昌府由沔县至襄阳府路 此路大部分路段史书不载，且不在驿道上。由巩昌府（今陇西），50里纳泥铺，40里宁远县（今武山）；40里八角麻池（今武山县龙台一带），40里崖城店（今礼县崖城），40里礼县；沿诸葛亮出祁山道，40里石保（今西和石堡），20里西河（和）县，转雇脚驴；50里至青羊镇（今青羊峡），30里石峡关（今石峡乡），有巡检司；40里纸坊头（今成县纸坊镇），30里小川子（今小川镇），50里韦泉坝（今镡河），向前5里处过河（西汉水），35里窑平里（今康县境），55里宜口（陕西略阳境），有巡检司，在这里搭船下水，过嘉陵江，30里至略阳县。由略阳经沔县、汉中、城固、洵阳、郧阳至襄阳。襄阳即今湖北襄阳。

陕西布政司至所属府卫镇 此路与第一条商路基本相同，明代新开秦陇驿道，将关山路改为寒衣关（咸宜关）路，另增石嘴关（疑为盘岭关），计80里至盘龙铺。经秦州、巩昌达临洮。由临洮府洮阳驿向西，180里和政驿，60里河州凤林驿，设有茶马司。①延安府西北由庆阳至宁夏镇路。由金明驿140里至合水邵庄驿，70里宋庄驿，60里合水县，70里庆阳府。此支线为驿道。②巩昌府西北（南）至洮州（今临潭）卫路。由通远驿90里至三岔驿，70里酒店子驿，80里岷州卫岷山驿，45里西津驿，90里洮州驿。有茶马司。③巩昌府西北至兰州路。由通远驿180里至延寿驿（安定县在城驿），60里秤钩驿，60里清水驿，17里定远驿，50里兰州兰泉驿。有茶马司。

黄甫川由各镇卫至西宁卫路 此路属陕西大边路，基本延几条大边行进。黄甫川在今内蒙古清水河，由此沿长城经陕西神木、榆林、靖边，入宁夏花马池，再经灵州（今灵武）折西南过鸣沙经中卫、西安州（今海原西），由盐池堡入甘肃境。50里至打剌赤堡，70里靖房卫（今靖远）；100里平滩堡，西40里安宁堡，30里沙井驿，60里苦水驿，60里红城子驿，40里大通山口，40里庄浪卫城驿；西160里大通河口驿，80里老鸦城驿，50里碾伯驿，60里迭烈逊，60里西宁卫。此路陕、宁境内曲折蜿蜒，甘境内循驿道行进。只是迭烈逊堡出现在青海，不知何因。迭烈逊一词最早出现在元末典籍中，地址就在靖远县北黄莎湾，明代为平凉通凉、庄的重要渡口。另外，青海、靖远还同时存在"乌兰"这一地名，这种现象有待进一步考证。

庄浪卫至镇番卫路 此路与永登经凉州至民勤县（镇番）驿路基本相同。

凉州卫由甘肃二卫至嘉峪关路 此路为河西走廊道。只是甘州古城驿（今张掖东南架子墩）、西城驿（今张掖西北下崖子）、抚夷驿（今临泽县西北平川）、河清驿（今酒泉下河清）为史书缺载驿名。

北京至陕西宁夏镇路 此路陕甘宁段即长安通灵州道。出北京正阳门，经涿州、顺德、新乡、怀庆、河南、灵宝、潼关、咸阳至邠州入甘境。73里至政平驿，70里宁州（今宁县），2里狄梁公祠，70里合水县华池驿，50里庆阳府；60里灵祐驿，20里马岭，40里曲子城，45里木钵递运所，45里环县；60里清水驿（今环县洪德），60里山城驿，90里萌城驿入宁夏界，至宁夏镇。全程5020里，其中甘境长612里。本条后附记说："自木钵递运所之北，驿递官皆千、百户总旗掌。环县之北，无居民，亦无树木，惟荒烟野草，至灵州始有树木。"

商路是驿道的重要补充，它对于沟通城乡交通，促进地区物资交流，丰富官民物质生活起到了不可低估的作用。从交通历史角度讲，商路所经部分路线正可弥补正史记载之不足，尤其是"巩昌府沔县至襄阳府路"经过路线及地点，为甘肃交通史研究中的空白，所以显得弥足珍贵。

元、明、清驿道网络的形成

甘肃古代交通进入元、明、清时期，发生了一些大的变化。首先是驿道畅通无阻，因战乱梗阻的时间很短，其次是驿站设置数量庞大，且有所、铺、店等辅助设施。尤其是元代，"薄海内外，人迹所及，皆置驿传，使驿往来，如行国中。"

元代甘肃境内驿道在遵循传统路线的基础上有所变化。唐代的关陇道南线在巩昌（今陇西）通安驿开辟了越岭通往定西至兰州的叉线。关陇北道开辟了越六盘山，会宁到定西，金州经达川（今临洮县达板）至永靖的3条叉线。具体经地是由凤翔西北行经麻夫川、百里镇、小川入宁夏境，由瓦亭越六盘山。经隆德、静宁、会州（今会宁）、定西、金州（今榆中金崖）达兰州。又由金州西南越七道梁经达川至永靖接南线由炳灵寺入青海。今庆阳一带以唐灵州道为主干。在河西，汉代的张掖通居延道称亦集乃道，即由甘州通亦集乃路（今内蒙额济纳旗），此路向北接欧洲通道。纳怜站道是由大都沟通察合台（都城阿里麻里，今新疆霍城县）汗国的道路，纳怜站在今内蒙古境内，经甘肃肃州、玉门进入察合台汗国东部。《经世大典·站赤》载：纳怜站一道二十三站，"人户绝食，请接济事……都省遣使与甘肃委官，亲诣二十三站勘户数。"又载："中书省奏甘州所管长行站纳怜站……"，说明，二十三站大部分设在今甘肃境内，且是备军情急务的长行站。陇南驿道线路走向变化不大。元世祖至元十七年（128年），元世祖派都实勘察黄河源头，设想利用黄河水运把元藏连接起来。都实是从河洲经甘南至青海的果洛州，历经三次勘察，发现了"火敦脑儿"，即星宿海。这条路线史书虽未载过，事实上早已存在。

明代，因修长城而形成了四条大边路线，即宁夏大边：由定边营（今陕西定边县）向西穿越宁夏经靖虏（今靖远）、平滩至兰州，全长1 900里，其中甘境1 200里。甘凉大边：由兰州沿丝绸之路河西段西行，在凉州北行经三岔、黑山到镇番卫(今民

勤)，全线1 640里，途经14个驿站；又由凉州西行，经17个驿站，930里至嘉峪关。固原大边：由定边的饶阳东入陕西榆林，接延绥大边，西经同心、靖远、皋兰和甘凉大边接，其中甘肃境内1 000里。西宁大边：由庄浪经大通河口、老鸦城（今青海境）、碾伯共3个驿站300里至西宁。兰州以东的3条大边事实是在北宋熙河、泾原、环庆三路北部防线的基础上建立起来的，宋王朝曾诏令熙河路在质孤堡（今榆中金崖）以东边界置寨栅，以护泾原路。明长城修筑时，可能充分利用了这些寨、堡，使之这条边防大道更加完整、畅通。

明、清两代，旧驿道有所发展。新开辟了秦（州）陇（县）驿道；疏通了秦州（今天水）经成县、两当入陕西凤县的道路和从巩昌经三岔、漳县、岷县达阶州（今武都）的道路；改建了临洮至岷县驿道酒店峡路段；整修了丝绸之路北线平凉、会宁、安定境内道路400里，修桥46座，特别对六盘山路段进行升级改造，使木轮大车从西安直通兰州，成为丝绸之路陇西段的主干道路，时称兰州官路。但这条路沿途山大沟深，一遇暴雨，即行冲毁。明朝，河西走廊驻军数万人，每年所需10万石军需须由陕西汉中和中原地区供给。最初明廷将大批粮食屯于平凉，沿兰州官路运往河西，路远且险。明宣宗宣德七年（1432

甘肃交通史话

年）宣宗采纳陕西参政杨善建议，改造"迭烈逊黄河路"，即从开城（宁夏固原）西北行，过海原、干盐池，抵靖远迭烈逊渡口（今靖远北黄沙湾），渡河运往河西，这条路比走兰州一线近500里。明初，还在这里设巡检司，建置船只、索桥通凉庄路。这条路的开通无疑为商贸往来提供了便利。原先的丝绸之路南线成了兰秦驿道和秦陇驿道。河西走廊段基本走向未变，嘉峪关通西域道的中线，即玉门关道废，仅剩南北两道。兰州通青海路有两条，一条循兰秦驿道到狄道（今临洮）的辛店经宁定（今广河）、和政、河州到青海循化、西宁；一条由平番（今永登）经大通驿到西宁。兰州通宁夏驿道分两条，一条是由甘新驿道大通驿北行经中川、秦王川、正路堡（或过兴泉、乌兰）渡河，由营盘水至银川；一条由兰州北行经蔡家河、玄茇、北湾，在虎豹口渡河到靖远，由兴仁堡至银川。

前面提到的新开平凉至河西路在靖远的渡河地点有几处，路线也较复杂。由平凉到盐池进入靖远有两条路，一条是经打拉池、旱坪川在迭烈逊渡河，过西番窑、脑泉、兴泉堡、宽沟入古浪；一条经水泉堡过荒草关、石门在小口子渡（哈思吉堡）过河，经大芦塘、一条山、宽沟入古浪。由平凉至靖远的另一条路是经静宁沿祖厉河北下到虎豹口或北上到迭烈逊渡河入古浪。由宁夏入河西一般是由兴仁堡进入靖远，在索桥渡和乌兰渡过河。乌兰渡是唐旧渡，明、清时上移到索桥渡，因而索桥渡口成了当时最繁华的渡口之一。在渡口处至今立有一通清乾隆年间的《山陕修路碑》，碑正文详述客居哈思吉的商人胡正宽倡导建渡经过，碑阴详记捐资商行字号。据统计，石碑载有山、陕、甘三省、七府、三州、三十个县的名称，上列商行字号180余家，仅武威县上列脚行和骡马店7家。《靖远县新志》评价这里是"商旅往来，轮轴辐辏，盛极一时"。据说当时这里山陕货物云集，有大车店18处，店费"日收斗金"。这里的货物大都来自西安和凉州，是当时西北最大的贸易集散地。所谓"拉不完的西安，填不满的凉州"正是这种运输繁忙的写照。

除了主干道外，明、清两代各州、县对境内支线驿道进行过整修，主要工程有：明世宗嘉靖间（1522年—1566年）河州街道工程，明神宗万历十六年（1588年）和二十一年（1593年）徽县白水路工程，万历二十五年（1601年）徽县青泥岭路工程，万历四十三年（1615年）徽县虞关十八盘山路工程，明英宗天顺间（1457年—1464年）和嘉靖七年（1528年）清水代沟峡路工程。清世祖顺治十八年（1661年）礼县

靖远《山陕修路碑》

上坪乡黄嘴道路工程，清圣祖康熙五十五年（1716年）礼县沙金乡下牛尾关崖道工程，康熙六十年（1722年）西和县上六巷王台南石峡道路工程，清代成县王磨乡官店道路工程，清仁宗嘉庆十六年（1811年）徽县青泥店道路工程，清道光二十五年（1843年）清水重修关山驿路工程，清宣宗道光四年（1824年）和清文宗咸丰三年（1853年）徽县谈家庄严坪道路工程，道光二十八年（1848年）通渭县马营峡道路工程，清德宗光绪四年（1878年）靖远兴隆乡马尾沟道路工程等，清末成县北黑峪河道路工程。

左宗棠与左公大道

清穆宗同治年间（1862年—1874年），陕甘回民大起义，震撼了清王朝在西北的统治。中亚浩罕国军官阿古柏，受浩罕国统治者的派遣和喀什噶尔封建势力的勾引，乘机入侵新疆南部地区，并于1868年建立了所谓的"哲得沙尔汗国"。1871年5月，沙俄也出兵强占了伊犁地区。清政府派驻新疆的将军、办事大臣作战不力，形势异常严峻。同治五年（1866年），清政府任命左宗棠为陕甘总督加佩钦差大臣印，督办新疆军务。

左宗棠（1812年—1885年），字季高，湖南湘阴人。20岁时与兄长参加乡试同榜中举，后三次参加会试，都名落孙山。清文宗咸丰十年（1860年），以四品京堂衔从曾国藩治军，镇压太平天国起义。陕甘回民起义后，率湘军开赴西北，镇压回民起义，收复新疆失地。在左宗棠进入甘肃之时，回民起义正如火如荼，他们充分利用黄土高原特有的地形，纵横出没，屡挫清军，几乎全部控制了大小交通要道。平凉、

秦州一线通往兰州的交通中断，因此，左宗棠所率领的收复新疆的西征军被逼在静宁以东，不能前进。所以攻克河州，打通陇中通道成为进兵兰州的关键。他一方面派遣零星部队深入会宁、安定、通渭，对起义军进行拦截、追剿，一方面派人赶往巩昌（今陇西）一带整饬甘南冗杂部队，伺机西进。同治九年（1870年），会宁、安定和巩昌、狄道两线上的回民起义军被逼到洮河以西，中部交通恢复。同治十年，西征军从安定到康家崖（洮河要津），从巩昌到狄道，从渭源峡城到狄道分三路进兵河州，同治十一年攻克河州城，河州回民起义失败。左宗棠行营也由静宁、安定移节兰州，次年移节肃州（《左宗棠札件全集》，下同）。

左宗棠在派兵进攻河州的过程中，抽出了大量的兵力对陕甘新大驿道进行了整修，并根据需要开辟了新的道路。道路的标准也分为大车道和驮运道两种；大车道一般宽3丈~10丈，最阔处达30丈，可供两辆大车来往并行，道路两旁遍植杨柳；驮运道一般利用原来古道或在人行便道基础上略加整理，两三匹驮骡能够并行即可。整修道路的目的是加快调动大队人马，转运军需，传递文报。

陕甘新大驿道，东起西安，西至乌鲁木齐，全长5 400里。沿这条大驿道，在甘肃境内依次经窑店、泾川、高平、瓦亭、隆德、静宁、青家、会宁、安定、称钩、清水、定远、皋兰、兰州府、平番、西大通、武胜、岔口、镇羌、黑松、古浪、靖边、大河、凉州府、怀安、柔远、永昌、水泉、定羌、硖口、丰乐、新河、山丹、民乐、张掖、甘州府、沙井、沙河、高台、黑泉、盐池、双井、临水、肃州、嘉峪关、惠回堡、赤金湖、赤金峡、靖逆、布隆吉、小河、安西府、白墩子、大泉、马莲井等驿站，由星星峡进入新疆，甘肃境内长约3 300余里。

陕甘新大驿道是由古丝绸之路演变的一条比较固定的驿道，也是清政府统治西北的重要交通路线和沟通陕、甘、宁、新的一条大动脉。左宗棠进入甘肃、西征新疆时的大队人马调动，军需转运全赖此线，关系到西北战事的成败。所以，左宗棠对这条路线极为重视，一边行军作战，一边整修道路。在收复新疆之后的数十年间，这条路线对陕、甘、新交通的繁荣起着重要的作用。因而，后人将此路尊称为"左公大道"。

陕甘新大驿道最艰险、最困难的地段在平凉西至安定之间。这里沟壑纵横，山高岭多，道路多行于沟涧，被商旅视为畏途。同治十年（1877年）六月，三路大军向洮河集结，战线延长，后路粮运不继。原先行驶在静宁至安定的13帮车骡和重新组织的140辆大车,在这一线已很难加快速度。左宗棠便令"刘明蹬军自马营监(今通渭马营)进安定,徐文秀军由静宁进会宁,以次修治兰州大道"。随后输运军火储静宁。

八月,左宗棠经过新整修的大道将行辕由静宁迁住安定。刘、徐两军对所经道路略加整理之后,便通过安定、狄道间的便道开往洮河要津康家崖。整修道路的任务则由周绍廉的五营(2 500人)湘军承担。裴景福在他的《河海昆仑录》中这样写道:"(青家驿)行馆,为李良穆军门建,左相有碑记,湘军周绍廉修路筑桥缘起。"由此可知,前由刘明蹬军修会宁道路,徐义秀军整修安定道路,后由周绍廉军全部整理而成。这是兰州大道在会宁、安定间整修的具体情况。

从《左宗棠札件全集》所载史料来看,周绍廉的湘军从进入这一地区到撤离这一地区,均未参加过河州战役。河州战役结束后,即由安定开往肃州,仅有的史料都是筑路修桥的情况。可以推断,周绍廉的湘军,在这一带是一支专门整修道路的部队,从开始到结束大体一年有余。

陕甘新大驿道由平凉西到三关口,古驿道从河道通过,异常危险,整修时在山脚下另开长约20里的新路,在静宁界石铺进入会宁县境,再由五里桥、青江驿、尚家湾、大山顶、太平店到翟家所。这段路线基本沿古驿道而行。翟家所至会宁城东一段,属祖厉河流域,当地人称"七十二道脚不干"。这里溪涧交错,冬天冰滑难行,夏日满道泥泞,大部分路线又左右徘徊于河床之上。一遇山洪不但阻断交通,而且危及行人生命。自古以来,行旅叫苦连天。当地传说,清代某一次往西北运军饷,途中突发山洪,连人带银全部冲没。20世纪有七八十年代时,有人还在这段河道拾到过银元。为免除夏秋洪水而发生意外,加快军需的转运,西征军避开河床新筑车路43里。佚名《游陇日记》中"……惟山路行,远七八十里,"恐怕是传言之说,不足为凭。由会宁经鸡儿嘴、营房坪、新街道、西巩驿、石碑湾、青岚山至安定的险阻道路也一概平整,其主要工程就是宋家沟"永定"桥地段的整修。

西征军进入河西之后,沿途留下了大量的护运和筑路部队,当然河西走廊地势平坦,筑路比较容易,将古驿道略加整修即可。

大量的物资源源不断地从平凉运往兰州,大车、驮骡对道路的损坏也是相当严重的,再加雨天车马的辗轧,对道路的损坏程度更是难以想象。所以,常年四季对道路的维修成了留守部队的主要任务。清世宗光绪二年（1875年），平、庆、泾、固道魏光焘上书左宗棠，拟改修翟家所至会宁车路，左宗棠对此十分称赏，批示："……此路迂回倾险，役车艰阻，商旅苦之。果能一律修治完善，洵行人之福也。防营将卒踊跃急功，该道复捐廉助之，俾将成兹善举。从此，不知行路之难。披玩再三，形神均畅，仰即勉力图之。工竣赏犒及运脚所需雇匠之费。如需官钱，亦之不吝，可随时禀请刘京堂核酌示知。"看来这段路线后来由魏光焘重加整治过。

除了陕甘新大驿道外，还整修了几条运粮道路。

平凉瓦亭至固原道 整修的兵工计30多营、1.5万多人，还有沿途征调的民工。

通渭马营监至安定道 此道为西汉平襄道之一段，可行车马，明、清达到极盛时期，是一条安定通往秦州（今天水）的重要驿道，马营监设立于明代，是明在西北的养马基地。清初，一跃而成为甘肃四大商业重镇之一，商业十分发达。左宗棠西征至静宁时，派少量部队游弋于秦安、通渭、马营至安定一线，并在马营设立粮局。这些部队所需粮料、物资从安定由一帮大车和一帮驮骡承运到马营粮局。部队撤离后，保护商旅行人的任务由马营游击署担任，而道路的整修则由沿线群众承担，所费银一般由山陕会馆以及商旅捐助。

安定内官营至狄道驮运线 这条路线是在人行便道的基础上开辟而成的。同治十年，进至狄道的中路军，由于转运不足，粮料供应发生绝大恐慌，不得不向安定大营求援。左宗棠遂在安定的内官营设立粮局屯储大量粮料，以备中、右两路使用。并在通往狄道要口站滩派平江营两旗（500人）驻扎，以便护运和往来勇夫歇息。内官营粮局的粮料以及少量的物资皆由平、庆、泾、固各站运来，再由驮骡、驴从这里运往狄道各军。因道路艰险，只作少量修整，河州攻克后，此线由民间驮帮使用，也是西征军中路部队向河州推进的一条军事路线。

巩昌至狄道道 巩昌至渭源道路沿渭河左岸而行，较为平坦，渭源至狄道一段，中间隔着险峻的关山梁（即洮、渭河分水岭），道路异常险阻，不易行走大车。所以，当时左宗棠用骡2头抵车一辆的办法来弥补粮运工具之不足。驮骡的多少，根据部队需粮的多少而定，由各州、县摊派。但是这一线上的护运兵力十分单薄，回民起义军多次拦截运粮部队，交通经常中梗，前敌粮料不足也就成了自然而然，这就是中路军向安定大营求援的重要原因。由于是驮骡运输，对这条路的要求也不甚高，也就没必要进行大规模的整修。

西征军在整修道路的同时,于较大的河沟上架起了桥梁。计平凉境内修筑41座。主要有柳家铺土桥、什字土桥、汭河木桥、苦水桥、甜水桥等。会宁县境修筑大小砖石、土木桥19座;安定境内修筑木石桥8座,临洮境内搭成浮桥2座。榆中、兰州、永登境内20多座。这些桥梁中,以砖石拱桥修建较为困难。这种桥梁,用砖石跨沟砌成,积土于上,一般土厚四五尺,桥栏也用土筑成。砖石结构的桥梁以会宁县的"利济"、"履顺"、"平政"和安定县的"永定"桥最为著名。

"利济"、"履顺"两桥修建于同治十一年,由周绍廉部属李良穆创建。"利济"桥长12丈,宽3丈,跨东倒回沟。"履顺"桥长16丈,宽2丈,跨尚家湾。两桥建成后,左宗棠题名,刻石立碑纪念。碑云:

会宁属青家驿,迤东七里许,有水曰倒回沟;迤西三里许,有水曰尚家湾。记名提督周绍廉从左文襄公转战来甘,驻军于此。同治十一年春,督其营员李提督良穆于两处各创一桥,并筹垦荒田为修桥永远之费。桥成,文襄为之赐名,倒回沟曰利济,尚家湾曰履顺。是年十一月立石。

还有一座也在会宁城东数十里的山谷险阻之中,左宗棠题名"平政"。安定县宋家沟,乃官商往来要道,清乾隆时巩昌府知府王廷赞倡议修建一桥,后人称"王公桥"。此桥一遇山洪,即行坍毁,年复一年,劳费民力不少。此次进行了彻底修建,桥型为砖石拱,左宗棠题名"永定",垂行四十余年,当地人呼为"神桥"。

在西南的洮河上,于同治十年八月至十月间,分别在狄道城西门外和康家崖两处搭成浮桥。八月己巳,"宗棠檄中、左路自狄道支浮桥先济。庚辰,渡毕。"十月戊午,康家崖的右路军先派德榜、明亮二军"渡洮觇地势,独据石鼓墩,

原西(安)兰(州)公路上的"左公柳"

壬戌,筑二垒其上。比明,回(众)来攻东岸,徐文秀急支桥截渡"。康家崖所需渡船是从袭击东岸的回民手中夺来,所需"棕皮二千斤及大小各项麻绳"由平凉军装局供给。

除整修道路和建造桥梁之外,在左宗棠的倡导下,西征军的将士们在沿途栽植了大量的行道树,这是甘肃历史上最大的一次由官方组织的植树活动。在泾川至永登宜林路段历年栽活的树木达26.4万株。可考的,会宁境内2.1万多株;安定境内10.6万多株;狄道境内1.3万株,平番境内7.8万株;大通境内4.5万株。"所种之树,密如木城,行列整齐,栽活之树皆在山坡高阜。"这就是后人誉称的"左公柳"。杨昌濬继任陕甘总督,路经甘肃时,看到"左公大道"两旁杨柳依依,便赋诗一首:

上相筹边未肯还,
湖湘子弟满天山。
新栽杨柳三千里,
引得春风度玉关。

但是,到了30年之后,"左公柳,甘界尚整齐,无甚缺。自平凉以西,左公柳夹道断续,拳屈瘠薄,不如青白杨条达肥美。这虽与土壤气候有关,但也不能排除人为的破坏作用。到了民国时期,由于几十年的兵燹和当地群众代薪熟食的滥砍乱伐,境内"左公柳"已荡然无存。

左宗棠西征军进甘、进疆军需运输

左宗棠在整修驿道的同时,积极筹划进甘、进疆军需运输。当时,左宗棠率马步兵骑100余营,计12万人(《左文襄公在西北》,下同)。十数万大军,向人烟稀少、地域荒芜、粮食不足、水草缺乏、交通不便的甘、新地区挺进,困难是很多的。按左宗棠的说法是:"筹饷难于筹兵,筹粮难于筹饷,筹运又难于筹粮"。这里所说的"筹运难",主要指当时甘肃运输工具仅有木轮大车、驮畜等。不仅载重量小,而且不能承担长途运输,且在沙漠地带只能用骆驼驮运。他在给朝廷的奏折中说:"仅军食一项,计一驼夫粮二百斤,日行一站,越二十站,驼夫之粮已将所负者啖尽,尚有何供军食乎?"更何况还有庞大的战备物资。因此左宗棠又说:"粮、运两事,为西北用兵要著。事之利钝迟速,机括全系乎此"。由此可见,当时军需运输的重要性了。

西北战事,自古仰给东南,左宗棠用兵西北更不例外。首先是军火消耗相当巨大。这些军火,起先都从上海向外国采购。左宗棠派候补道胡光墉（胡雪岩）常驻上海经办。后来，左宗棠认为从外国购办军火，运输太难，费用也高，便在西安、兰州办过制造局，就地生产，但陕甘军火原料不多，数量上不去，只好节约使用，迫不得已时才使用火炮一类的军器。军装像栅帐、旗帜、号衣，半年一换，起先在汉口采运，因运输麻烦就地制造，在甘肃就设有秦州、兰州军装局，但仍然是材料奇缺，"不如从远省购运之费省工良"。

进入甘肃后，军粮从山西、河南、湖北、湖南和四川各省分别采购，有时也从关外采购。大概在陇东的部队多取给于山西和关外，陇南关陕部队多取给于河南、四川、湖南、湖北。当时楚军的给养是每人每日一升标准配给。马料按每匹每天食麸2斤、料3斤、草12斤为标准。男丁月饷银四两二钱，长夫月饷三两，除去粮食扣价，所剩无几。左宗棠在不减饷银的情况下，按甘肃粮价，亏欠部分以及所有运费由大营开支。为了减少运输困难，左宗棠命令州、县，除保留百姓口粮外，动用正款购存粮食，专供部队经过时领用。领多少，收回多少款。为了筹集军粮，减省粮运，左宗棠采取屯田、助民归农、计划采粮时间三种办法，均取得了显著效果。

军饷运输也是一大困难，甘肃

原有部队每年约需480万两，陕西原有部队300万两，左宗棠所带楚军460万两，计1 240万两。甘肃军费本来不够，一部分由别省接济，所以军费大都也由南方12省分摊。为了减少军饷和运费，左宗棠在克复肃州后，把楚军次第撤遣马步40营，马队1 000多，每年节省饷额二百余万两。左宗棠常呼吁："用东南之财赋，瞻西北之甲兵。"此言不虚。

左宗棠用兵甘肃时的军需运输分省际和省内两个方面。省际运输分4条线：

东南运输线。转运局设上海，委员胡光镛。汉口设陕甘后路粮台，襄阳设水陆转运总局，荆紫关设陆运分局，潼关设转运局。汉口物资装船由汉水运至襄阳，便分两路，一路起岸陆运，从樊城经潼关至西安；一路继续沿汉水而上，折入丹江，在荆紫关起岸，经龙驹寨到西安。潼关一路多绕道450里。全程水路2160里，全部逆流推挽，陆运夫运50里一站，驮运60里一站，劳顿万状。这一路物资大都是饷银、军火、军装。至于两湖来的军粮由汉水运至蜀河口，陆运570里，10天运到西安，然后分运陇东、陕北。

西南运输线。为四川粮运线。左宗棠在保宁（今阆中县）和顺庆（今南充）设军米局，为陕西采购军粮。另外在略阳设军米局。四川的军粮由嘉陵江运至广元和昭化，由略阳军米局接运，到阳平关起岸陆运，经过徽县、凤县，到宝鸡渭南，再装船水运到西安，然后分运陇东、陕北各地；另一路从徽县向西行至秦州。唐、宋以来，秦州路是川蜀商人载运盐货入甘的主通道。

东北运输线。主要是由山西运输陕西、宁夏军粮。

省内运输，一种由各地转运局自己雇车驮经营，左宗棠大营所辖，在没有到河西以前，牲口在三四千头之间，自己所备车驮不够时，则招民间车驮完成。以兰州和秦州为例，左宗棠规定，所有在这一条路上经商的骡帮。一律向兰州省车马局登记，记明所管骡只数目。凡从秦州到兰州运货二次，派装军需一次。每一百里一百斤运费银半两，坐空包并在内。商货运货时，请领护票，在安定（今定西）、秦州验印，如无护票骡、货充公。

左宗棠在甘肃还革除了两次积弊，一是把甘肃车马局规定按粮摊车、按亩出费改为只要百姓借车，官家负担一切费用。二是将兵弁过境滥索、滥供车马凭票办理，减轻了百姓负担。

左宗棠西征时驻军虽有12万之多，但许多是维修和防护运输线路的。如金积堡战役，从平凉经固原到灵州900里间，连屯30多营，更重护送军需。又如兰州城北30里火烧岩到石门间470里，分扎马步9营，以护秦王川粮源、运道，并通凉、甘、肃和关外文报之路。基本上主干道如安西至兰州间、河西走廊每100里驻一营，每营500名。冯焌光《西行日记》说：自长武西"直抵兰垣，五里一卡，十里一哨，百里一营。"据此推算，左公大道上驻扎33营，兵力达1.65万人。

进疆军需运输主要是军粮转运，要比进军甘肃时有些容易，起码道路比较平坦。左宗棠收复肃州后，劝农民归农，增加产量，以供给养。通过就地采买、调运包头、宁夏粮食到哈密，河西调粮压力减轻，但运费仍然很高，以每百斤计，从凉州到安西运费达七两七钱。而河西当地粮价才二两左右。左宗棠采用接递运输方法，即：关内以车驮为主，关外以驼只为主；车驮之中多用驮驴，少用大车，车中多雇用民车，利用台车，少用官车。还把一部分官车低价售给百姓，专作台车。运输工具计凉州和肃州间大车2 000辆，驴1 500多头。安西、哈密、巴里坤和古城间有官驼3 000头，商驼1万头，大车300辆，肃州和古城之间大车1 000辆。肃州至玉门间360里，驼行每月往返2次，肃州至古城之间2 640里，间天发车，来回80天。

为了加快运输速度，减少运费，左宗棠在运输组织方面，采取分途采运，分地积存，分段与分批转运的方法,比较合理地组织运输,收到了安全、迅速的效果。按左宗棠的说法就是"官军分起(分批)次第行走,必先将甘、凉采买粮料,运存肃州,又由肃州出关运至玉门,然后头起开拔,至玉门又用私驼转拨玉门存粮以赴安西,腾出官驮、官车转运第二批军粮,而后第二起继进,余均以此办理。比抵安西作停顿,又裹粮进哈密。如此层递衔接,人畜之力,方稍舒展,而士气常新,可无以外之虑"。经过精心筹备之后,截至光绪二年(1876年)四月,就从河西运往安西和哈密的军粮约1 000万斤。新疆北路收复后,又从河西运粮600万斤到哈密。运输成本百里百斤仅白银4钱~5钱。

左宗棠西征时采取的合理运输方式,不仅加快了西征军平定阿古柏叛乱、收复新疆的步伐,而且成为甘肃道路运输史上的一大创举。同时,给后人留下了组织合理运输的有益借鉴。

延续千年的传统运输工具

甘肃的传统运输工具经历了由低级向高级发展的过程,即由最初的人背肩挑、手提向畜力驮运、车运演变,但这种演变十分缓慢,几种运输工具一直在交替使用,同时存在,这是由古代经济条件和道路状况所决定的。

人 力

人力肩挑、背负运输方式贯穿于人类社会发展的全过程,它不仅表现在人们的日常生产、生活活动中,而且还表现在大规模的军事活动中。即使科学技术高度发展的今天,边远山区或交通不便的地区,人们仍离不开肩挑和背负。

西汉初年,由于长期战乱,国家处于"丈夫从军旅,老弱转粮饷"的局面,加之畜力缺乏,不得不"令封军以下至三百石以上吏,以差出牝马天下亭"(《史记·平准书》),用于整修道路和军运物资的运送。大部分物资则是以人力担、负方式,转运边疆。"缮道馈粮,远者三千,近者千余里"(《史记·平准书》)。

采用人力担、负的运输方式,一方面是由道路条件所限定,更主要的是运输工具,如畜力、车辆的缺乏。甘肃陇南山地和陕西褒中斜谷一带,道路"广者无舟车之通,狭者无步担之蹊"(《新语·资知》),物资运输多以背负为主。诸葛亮北伐,魏延献计由子午谷突袭长安,请求率"精兵五千,负粮五千,直从褒中出"(《三国志·魏延传》)。作战人马与运输人员数量相等。曹真伐蜀,杨阜上疏也说到"转运之劳,担负之苦,所费以多"。

车畜的缺乏,使人成为主要的牵挽动力。《淮南子·兵略》谈到秦苛政时,"挽辂首路死者,一旦不知千万之数"。《盐铁论·未通》也谈到了"老弱负辂于路"的情形。可见,在车辆制造技术相当发达的秦汉时代,运输动力的缺乏一直是突出问题。因而,大力发展畜牧业,提高军事征战能力和长途物资运输能力,成为历代王朝的要政之一。

根据甘肃的地理条件,担、负运输可分为两大区域,即陇南以背负为主,陇东、陇中、河西以肩挑为主。运输工具主要有背斗、背架(夹)和扁担等。

背斗 背斗是最常见的运输工具,主要服务于农业生产,如运送柴草、衣糠、粪土及石砂等。编制背斗的材料是竹篾、藤条或榆条。背斗也可作为驮畜的辅助工具参与长途运输。

背架(夹) 背架(夹)多用长途贩运。陇南山区群众去陕南的紫阳、四川省的达县、鸡鸣寺等地背茶,来去两个月,人称下茶园为"盘茶山"。由于劳累辛苦,当地群众重男轻女的思想也十分严重。即是男孩也要看是"双背"还是"单背"。"单背"脊椎骨高,难以经受重负,背货不多;"双背"脊部两侧的肋骨高于脊椎,肩宽背平,能承受重压,背货较多。"盘茶山"时,一般沿西汉水、青泥河、永宁河而下,进入陕西,由汉中入大巴山。有的人出发时从家里背上面粉,沿途住店寄面,回程时在所寄面粉之家食宿。重负行走时5里一靠(背靠路边小息),10里一哨(较长时间的歇息)。盘茶一年一次,所赚利润够全家人一年零用。

扁担 扁担是肩挑工具之一种,主要用于长、短途物资运输和农业生产资料的运输。从事长途贩运者,被称之为"扁担客"。贩运物资以食盐、水烟、茶叶、土布、盆罐、碗为主。肩挑重量因人、道路远近而异,一般在60公斤~100公斤之间,近者穿梭于省内各州、县,远者可达陕西、汉中、关中、四川广元和新疆一带。

不论背负还是肩挑,都要经受超常的磨难。《淮南子·精神篇》描述这种"担负之苦",谓"盐汗交

民间传统运输工具——扁担

流，喘息薄喉"。因而，参加这种运输活动者都是下层贫苦民众。他们一般以村结伙，成帮行动，以便于途中相互照应。

肩舆 俗称轿子，构件主要是椅子和篷盖，横贯两根竹竿。有二人轿、三人轿、四人轿、五人轿以至八人轿。轿子盛行于清及民国上层社会。

畜 力

甘肃驮畜有马、牛、驴、骡、驼5种，其中马、骡骑乘相兼，牛牵挽或驮运，驴、驼以驮为主。由于地理环境不同，河东以马、牛、驴、骡运输为主，河西以驼运为主，甘南、祁连山区则以牦牛驮运为主。

利用畜力运输物资，大约在上古时代就已出现，至西周、春秋战国时已成为人们唯一的代步工具。当时，马即用来建立骑兵，也用来牵引战车（戎车）。马和战车的多少，标志着一个国家的强弱，如"千乘之国"、"万乘之王"、"百乘之国"等。甘肃的天水一带，"马大蕃息"，先秦之所以在这里能够崛起并积极向外扩张，马起了决定性的作用。

秦始皇统一中国后，于北地、陇西郡置"牧师令"，主管畜牧，马、牛进一步发展成为"筑长城"、"治驰（直）道"的主要物资运输力量。

汉初与匈奴作战，马多被军队征用，牛遂成为车的主要动力，驾牛车成为一种风尚。《后汉书·皇后纪》以"牛马车舆，填塞道路"形容交通繁盛。《后汉书·南匈奴传》亦记载："帝造战车，可驾数牛，上作楼橹，置于塞上，以拒匈奴。"可知当时还有牛拉战车。《廿二史考异》："古之贵者，不乘牛车，后稍见贵。自（汉）灵、献（帝）以来，天子之士，遂以为常乘。"皇帝、士大夫均以牛拉车为主要代步工具。

与此同时，汉朝政府在陇右设牧监，繁殖马、牛，于西域引进"汗血马"和驴、骡、骆驼等"奇畜"。顾炎武《日知录·二九·驴骡》载："自秦以上，传记无言驴者；意其虽有，而非人家所常畜也"。"尝考驴之为物，至汉而名，至孝武帝而得充上林，至孝灵而贵幸"。司马相如《上林赋》也说到了"骑驼、橐驼（骆驼）蛩蛩、驒騱、駃騠、驴骡"充入上林事。《盐铁论·力耕》："骡驴、驼驰、御尾入塞，驒騱騵马，尽为我畜。"记述了大规模引入的情形。

驴、骡、骆驼通过甘肃引进内地，丰富、充实了内地运力，并成为主要的运输力量。《汉书·西域传》："敦煌、酒泉小郡及南道八国，给使者往来人马驴橐驼食，皆苦之。"可知甘肃是当时驴、驼主要产地之一。

西汉末至南北朝，使用驴最为普遍。汉灵帝中平元年（184年），北地、枹罕等地羌民起义，夜有流星光照营中，"驴马尽鸣"，说明驴已充作军运。还有"驴车转运"，"骑驴"和"驴驾车"的记载。通过官方监牧和民间饲养，驴、骡不仅成为运输主力，而且成了农业生产工具。

曹魏以后河西出现了驼车，这是骆驼驮运向驾辕拉运的转变。敦煌莫高窟壁画中充分反映了当时西域商人驾驼车进入甘肃的情形。隋、唐时期，牲畜驮物，以驴、骡、骆驼最多。《隋书·食货志》记述隋炀帝西巡经大斗拔谷时，马、驴冻死十之八九，于是在大业九年，下诏课关中富人出驴，往伊吾、河源、且末运粮。殷富之家，多者一次出驴数百头。唐僖宗奔兴元府，道中缺粮，汉阴令李康以骡负粮数百驮至洋州作贡献。《资治通鉴》注此事云："以驴马负物以驮，唐递驮每驮一百斤。"骆驼通过牧养和引进，发展很快，贞观至开元间，河西陇右牧驼、马杂畜百万头。《新唐书·回纥传》载："始回纥至中国常参以九姓胡……还国，……橐驼、马数千，缯锦十万。"杜甫诗云："羌女轻烽燧，胡儿掣骆驼。"河西民谚也说"汉马唐骆驼"。骆驼耐渴，耐热，耐粗饲，耐风沙，适应荒漠，是西北地区长途运输的主要力量。

唐代甘肃的马政进一步兴盛。初唐时，在今甘肃境内设有陇右牧，这是中国历史上由官方经营的最大牧场之一。陇右牧是在隋代马牧的基础上建立起来的。隋代陇右牧设有总监、副监、丞，以统诸牧。其中有骓騆牧、羊牧、军马牧等机构。关于隋陇右牧的资料很少，但有两点是可以肯定的：其一，陇右牧规模庞大，仅在一次检查中就查出了被隐藏的马二万匹；其二，陇右牧的牧卒全部参加隋末大起义。由此，陇右牧也损毁殆尽。唐朝接手时，陇右牧仅有牝、牡三千，置于今陕西大荔一带。唐太宗贞观十五年（641年），尚承奉御张万岁，任太仆少卿。他勾定群牧，陇右牧由陕西大荔一带的赤岸泽移到陇右。张万岁祖孙三代人典牧，恩信布于陇右。自贞观后的40年中，马匹由3000匹发展到70万匹，陇右牧不能容，全国马价大跌。当时，陇右牧跨陇西、金城、天水、平凉四郡，幅员千里，有50监，分统于南、西、北、东宫四使，其中西使城（也作西市城）是今天的定西城关，而南使城则是靖边塞。陇右牧设有监牧使以掌其事，起初由原州刺史兼任，后来随着马匹的增多，地位日益重要，由名臣宰执兼任。唐王朝对陇右牧极为重视，贞观二十年（646年）唐太宗到灵州视察时，还亲自到陇右视察养马业。

唐代宗宝应年间（762年—763年），"吐蕃乘隙陷陇右，苑牧畜马皆没矣"。陇右牧前后历时121年。吐蕃占据陇右后，陇右各地50万人口沦为奴隶，农牧业发展远不如盛唐之时。

骑马是唐人"行"的主要内容，从皇帝至庶民都喜欢以马代步。遇有紧急情况，往往是驰马飞递。"肃宗时有告保定（即安定，今泾川县）太守反者，令李泌乘千里马往案之，辰时达保定，申时归奏事"（《续博物志》）。长安至安定493里，往返仅用1天多时间。可以说，马是唐代官民最普及的交通工具。

唐代官牛大部分用于军需物资运输，牛车是主要的货车。唐玄宗开元十三年（725年）官牛与马数相等。唐玄宗天宝十三年（754年）也有官牛7.5万头，其中氂牛1.73头，氂牛即牦牛。

北宋马匹奇缺，交通运输工具多以驴、牛为主。除在有限的地域内牧马外，主要从西夏人手中以茶易马。仅熙宁年间，陇右诸牧场易马2万匹。但仍是"马不蕃息"。而西夏控制着大量的马和骆驼。宋仁宗皇祐三年（1051年），辽征西夏，占西凉府，获骆驼20万峰，牛500头。西夏骆驼主要从事与西域交往中的物资运输，很少行走于河东。

元代畜牧业发达，运输工具主要是马匹，次为牛、驴、骆驼。驿站配备马匹少则数十，多则数百。如巩昌至安定间的通安站，备马289匹，陇山故关站备马220匹，临洮站备马230匹。牛用于挽车，驴用于短途驮运，但也不乏驴车、驼车通行。

明、清承元制，驿运以马为主，牛、驼次之。明初，为了解决马匹紧缺的问题，置群牧监，明太祖洪武六年（1373年）改为太仆寺，洪武三十一年（1398年），设立了山西、北平、陕西、甘肃、辽东五个行太仆寺。其中甘肃行太仆寺少卿、丞各一人，治所在今青海西宁；陕西行太仆寺设少卿一人、丞一人，治所在今平凉。明成祖永乐四年（1406年），明成祖下令将上述五个行太仆寺改为北直隶、辽东、平凉、甘肃四个苑马寺。其中，甘肃苑马寺下辖六监二十四苑，苑与寺的最高官员为"卿"，从三品。平凉苑马寺所辖也是六监二十四苑。甘肃苑马寺基本上都分布在河西走廊和青海东部地区，其中部分马场又恰好与明初"关西七卫"中的安定卫、曲先卫、阿端卫、罕东卫的地方相互交错重叠。这样，既利用了这里丰美的水草和少数民族善于畜牧的有利条件，也打乱了草原原有的势力分布，使苑马监成为维护稳定这些地区的重要力量。

苑马寺成立容易，发展难。为了解决种马和马源稀缺的问题，明王朝曾多次下令从互市马匹中调拨马匹给苑马寺。规定：凡"回回、鞑靼以马至者，或全市，或市其半，北马以尽市之"。永乐年间，河州茶马司就所交换来的1 434匹北马全部分配给陕西、甘肃的苑马寺。

明政府依照地方大小和水草情况，把甘肃苑马寺所属的二十四苑分为上、中、下三等，规定上苑牧马万匹，中苑牧马7 000匹，下苑牧马4 000匹。设苑马寺寺卿一员，下设少卿、主簿。各监设置监正一人，监副一人，各苑设圉长一人，一个圉长率领50名马夫，每个马夫管理50匹马。

明英宗正统以后，随着马政的衰落，大量牧地废弃。正统二年（1437年），下令裁平凉苑马寺的熙春、威远、顺宁、同川四监及所属十六苑。正统四年（1439年），革甘肃苑马寺。到明孝宗弘治十五年（1502年），平凉苑马寺下辖只剩长乐、灵武二监，牧地仅数百里。尚书刘大夏荐南京太常卿杨一清为副都御史，督理陕西马政。经过杨一清的核查整顿，"得荒地十二万八千余顷，又开武安苑地二千九百余顷"。陕甘的养马业得到了发展。杨一清去职后，明朝西北的马政又迅速衰落了。

清高宗乾隆十三年（1748年）于凉州、肃州设驼场，每场160峰为1群，每群派千总、把总1人为牧长、牧副。牧养的骆驼主要从事物资运输。后因连年战乱，骆驼损失严重。清道光以后，民间从事养驼的逐年增多，以驼运为主的脚户往返于陕、甘、宁、青、新间，成为民间运输的主力。同时，清朝也注意马政。清世宗雍正十一年（1733年），因陕、甘两省马匹不足，陕甘总督刘于义奏请仿汉、唐旧制，于河西等处设立马场，牧放孳生，以裕边防。清高宗乾隆元年（1736年），奉命于甘肃提标、凉州、肃州、西宁三镇标各设马厂一处。甘州提标马厂选在大草滩地方，凉州镇标马厂设在黄羊川，肃州镇标马厂设于嘉峪关外花海子湃带湖，西宁镇标马厂置于摆羊戎。四厂各立牝、牡马1200匹为本马。"至道光间，马大蕃息，多至二万匹。"

鸦片战争前，各牧厂皆繁荣兴旺，生产了大批牲畜，除调给军队和屯田外，还参加驮运矿石、救灾赈恤。如清宣宗道光六年（1826年），新疆发生张格尔叛乱，清廷先后从天山北路和陕甘运兵3万前往征讨，每兵给骑马一匹，每二兵给驮马一匹，动用马匹不下5万。

鸦片战争后，甘肃马场大都荒废，牧场大多开垦成农田。杨昌濬主政陕甘时，马政虽有恢复，但已趋于衰落，曾经在甘肃大地上纵横驰骋的马群也渐渐消失了。

民国时期，甘肃畜牧业较前代有所发展，为开展省内外运输创造了良好条件。据民国33年（1944年）底统计：全省有马17万匹，骡14万头，骆驼5万峰，牛113万头，驴73万头。马、骡、骆驼主要用于物资运输，牛、驴用于短途运输。除有一部分官马外，其余均为民间所有。抗日战争期间，曾大量征雇驮畜从事驿运。如民国28年（1939年）就征雇骆驼1.89万峰；民国31年（1942年）征雇骆驼1.1万峰，驮骡、马、驴1.38万匹（头），为解决当时运力不足的矛盾起了重要作用。

民国时期，甘南、临夏、祁连山的牦牛运输发展较快，足迹遍及甘、青、川地区。牦牛运输以队为单位，最多的千头以上，少的也有数十头。运输的主要物资是面粉、布匹、茶叶、食盐以及日用品。

畜力驮载量，马、骡150斤~200斤，骆驼500斤~600斤，驴100斤，牛150斤。日行程50里~100里不等。

车

中国是世界上使用车最早的国家之一。《史记·五帝本纪》载："帝尧者……彤车乘白马，能明驯德，以亲九族"。可见在前2300多年前，已有"彤车"出现。《吕氏春秋·乐成篇》说："舟车之始见也，三世然后安之"。战国时的诸子书说："奚仲作车"，奚仲曾作过夏朝的"车正"。所谓"车正"就是制作和管理车的官员。又说：商汤的祖先相土发明了马车，王亥发明了牛车。西周有了比较详细的车制记载。《周礼·考工记·车舆》载：制作车辆的人称作"车人"，制作车轮的称作"轮人"，制作车厢的称作"舆人"，制作车辕的称作"辀人"。同时还记录了官府制作车辆的规范要求。

甘肃的平凉、庆阳一带是车出现较早的地区。到前8世纪时，随着秦人的崛起，车已被应用于生产、战争和巡狩。礼县大堡子秦国墓地、张家川木河乡贵族墓地和灵台百里镇贵族墓地均出土过陪葬的车马。

大约在战国时，车开始由单辕向双辕过渡。双辕车的出现，在车制史上具有划时代的意义。这种结构至今仍是以人力和畜力牵引的车辆的主体结构。这一时期，车型种类也较多，有路车、戎车、舆车、辇车等。路车（也称辂车）是王侯、公卿、士大夫和将帅使用的高级车；戎车是冲锋陷阵用的战车；舆、辇普遍用于民间，前者是牛拉车，后者是人拉车。

汉代，民间已拥有相当数量的车辆，尤其双辕车和独轮车得到普及，对于交通发展具有不可低估的作用。汉代画像砖中已经多见农田运输中使用车辆的画面。东汉初年，

甘肃交通史话

河西窦融在高平（今宁夏固原）与汉光武帝刘秀会合时就带来车乘5 000辆。

帝王的频频出巡促进了甘肃车制的发展。据《后汉书·舆服志》记载："乘舆大驾，公卿奉引，太仆御、大将军参乘。属车八十一乘，备千乘万骑。"车驾仪仗中的乘车种类，就有玉辂、乘舆、金根车、安车、立车、五时车、耕车（芝车）、戎车、猪车（阘猪车）、紫罽（耕）车、赤罽耕车、黄门鼓车、轻车、武刚车、大使车、贼曹车、斧车、督车、功曹车、大车、小使车、载车、兵车等数十种。

军事征战、屯田戍边是甘肃车制发展的又一主要原因。特别是汉魏之际河西走廊车制发展一直领先于其他各地。武威雷台汉墓出土的铜车马仪仗俑99件，车型多达十几个种类。另据居延汉简、魏晋壁画和文献记载可知，仅河西一地就有：辎辒车、方相车、兰车、轺车、骖车、牛车、犊车、露车、通幰车、耕车等类型。

车速与载重量是体现汉魏车辆性能的主要标志。《九章算术·均输》说到汉代的货车车速"空车日行七十里，重车日行五十里"。又据《居延汉简》提供的资料看，汉代运粮车的标准一般为25石左右。

自汉魏之后，车的结构直到明、清无多大变化。

宋时，独轮车在甘肃得到普遍应用。宋太宗至道初（995年）朝廷命窦神宝向浦洛河、清远军运送军粮，窦与杨允恭共"造小车三千乘，运粮至环州"（《宋史·宦者·窦神宝传》）。宋仁宗时，由环庆诸州运粮鄜延、保安等地，组织铺兵和驿卒以小车运输，"每三人挽小车，载二百五十斤至三百斤"，"团并辇运"（《宋史·张亢传》）。此后人力独轮车成为农业生产和小规模贸易的主要运具。除官方已有的车辆外，遇有重大运输活动时，还征雇民间车辆参加。

明、清时期，甘肃畜力车获得

武威汉墓出土的轺车

大规模发展，车辆成为主要运输工具，如黄河铁桥构件、材料、机械运输均由畜力车完成。而且在城镇间出现了四轮马车。

抗日战争时期，不仅民间拥有大量的畜力车，驿运机关也分期分批制造和改良了大批的胶轮大车和铁轮大车，按成本价贷给车户，以自有牲畜配备使用（也有贷款购买牲畜的），车权属个人，但仍受驿运机关管制调派。1941年财政部西北贸易委员会西北运输处购进载重量1.2吨的胶轮大车1 200辆，其中200辆以10车为1队编为20个车队，自己经营运输，其余1 000辆均按原价贷给私人经营，编为50个队，参加运输。其他如财政部西北盐务管理局、西北航空委员会、省贸易公司、省银行等单位均有各自的车辆。

据统计，民国28年至民国34年（1939年—1945年），共征雇胶轮大车6 511辆，铁轮大车6 367辆，人力手推车4 646辆。

胶轮大车的出现是甘肃古驿运工具发展变化的一个标志，也是汽车运输出现后的产物。大车安装汽车轮胎及轴承部件，可减少摩擦和阻力，延长使用寿命，加快行进速度。其他如木轮大车、铁轮大车的型制基本未变。

这一时期，城镇还出现了专单车、大篷子车、轿车、交通马车等。专单车木制单轴双轮，轮缘装有铁瓦，单匹骡马牵引，载重1 000斤左右，承运由水路运到兰州市的货物，后改制为包胶车，投入长途运输。大篷子车1马（骡）驾辕，木制车排，大双轮，轮缘置铁瓦，车排中间搭有竹篾篷盖，车内铺上毛毡，便于游人乘坐。轿子车是较高级的载人工具。木制单轴双轮，上置轿壳。轴头四周装有铁键，轮毂中装有键，轮缘装有铁瓦。当时很讲究一动三响，声音清脆，车容美观，丝绸窗纬，车辕驾1马（骡）。民国25年（1936年）甘肃省政府对皋兰等35县统计，共有轿车512辆，其中皋兰县就有354辆。交通马车由轿车改制而成，即将木轮换为胶轮，行车更为舒适。民国31年（1942年），仅兰州市有胶轮交通马车300辆。此外，还有黄包车，系人力牵挽的载客用具，车容1人，小幅胶轮，外观精美。由于其形制来自日本，故称"东洋车"。

驿骑星流话驿站

甘肃是古代中西交通的孔道。汉代开辟了西域的通道之后，就在玉门关以东置驿，玉门关以西列亭障。居延汉简《道里簿》，详记了从居延经河西走廊沿丝绸之路陇西段北线到长安的30多个驿站的名称。十六国时期的前秦，社会稳定，交通畅达，"自长安至于诸州，皆夹路树槐柳，二十里一亭，四十里一驿，旅行者取给于途，工商贸贩于道"。唐代驿传制度更为完善，设有馆、驿、舍、亭、店等服务设施。史书称："出西京（今西安）安远门，西至凉州（今武威）至西域诸属国，凡一万二千里，沿途设驿，供行人酒肉。"敦煌遗书《沙州都督府图经》记录了敦煌东400余里内的19个驿站的里程和名称，以及废驿改道的原因和隶属关系。驿站的废置，都要奉皇帝之命进行。

可惜的是汉、唐时期因史籍缺载，驿站设置情形后世并不清楚，只能从出土文物和史籍、诗文中略知一二。近年发掘的悬泉置遗址就是西汉设置在敦煌驿道上的过往通邮的大型驿站。南北朝乐府民歌《陇头水》中经常提及的就有"陇头"二字，应为关陇道上的驿置。唐代史书中提及次数最多的是甘州的巩笔驿、渭源武阶驿和河池（今徽县）青泥驿及秦州陇右馆、河州大夏馆。诗歌中提及最多的是陇山分水驿、秦州在城驿和金城临河驿、河州凤林驿（水陆兼驿）等。但在每个县城设一驿则是肯定的。从各种史料综合考察，当时长安到鄯州道全长1 700里，设置驿站（含城、关、军戍）20余处，凉州到瓜州1 300里，设驿、馆10多处；瓜州到沙州170里，设驿7处；沙州到伊州赤崖驿663里，设驿站计14处；长安至松州道甘境长1 104里，置驿11处。当然，沿途还有店肆供人使用。元代以后，驿站设置有较详细的记载。《永乐大典·站赤八》记录元代设在甘肃境内的驿站（蒙古地称站赤，汉地称驿站，驿站之称由此始，此前称驿或置），计：天水至临洮一线设驿站12处，最大的通安站有马289匹，一般的站也有134匹；泾川至兰州一线置驿10处，最大的金州站（今榆中金崖）有马160匹；宁州（今宁县）经灵州至河

悬泉置遗址

西一线设站15处，最大的马莲泉站（今永昌境）有马100匹，另有蒙古站赤32处，脱脱禾孙马站（稽查）6处。明、清驿站设置较密，明代有83处，另设递运所32处，清代有132处。其中清朝在甘肃共配驿夫2 158人，所夫1 226人，配备驿马3 224匹，牛444头，年支银11.69万两，粮1.34万石，料6 976石，草29.97万束。

秦驰道通天下，"十里一亭"。亭除管理辖区民政事务外，并给过往旅客食宿方便。然秦政暴虐，亭的设置实为稽查、监督行旅的措施，如索要符传、盘诘、留难等。与西周、春秋战国时期"宾至如归"的馆舍，有明显的区别。

秦亭在甘肃的设置，正史缺载，只有从郦道元《水经注校证》中可看到一点线索。最早设置的亭叫秦亭（亦称育故亭），位于今清水县境，时间约在前821年至前761年。亭全部设于河谷交通要道，现查明的亭也仅在渭河流域。泾河上游有官亭（今镇原县境）、华亭（今华亭县境）；清水河谷（史称秦川）设育故亭、爱渠亭、水洛亭；葫芦河流域，上有瓦亭，下设街亭；耤水河畔置当亭；渭河河谷设亭最多的是今天水，由东向西依次为董事亭、桥东亭、桥亭、桥西亭；渭源县设渭首亭。洮河流域也设有亭，岷县西有甘桔亭，北有步和亭。蒙恬在

甘肃交通史话

榆中一带也设有亭。汉亦设亭，再无馆舍功能。

驿道上的驿站因时因地而设，一般"三十里一置"，山高路险水草缺乏处"不必三十里"，驿距或二十里，或六七十里不等，沙漠地区的驿距最远可达一百里以上。东汉有驿无传。前秦都长安后，"二十里一亭，四十里一驿"。此后历代把驿距都维持在三四十里。只有宋代因设铺递而延长了驿距，"六十里有驿，驿有饩给"。"凡十里设一铺"，铺分急脚铺、车子铺。车子铺专门转运军需，王韶开熙河后，曾于秦州至熙河间设车子铺17处。铺一直沿用到清。

驿站规模宏大，犹如城池，办事的署衙、驿丞（令）、驿吏、客旅住宿的厢房以及马厩、料场等设施及铺陈一应俱全。秦详细规定了有爵、无爵的人员在驿站每餐的米面用量。西晋时，驿站"冬有温庐，夏有凉荫，刍秣咸行，器用取给。疲牛必投，乘凉近进，发槅卸鞍，皆有所憇"。唐代驿站规模宏大，富丽堂皇。驿内有上厅、别厅、东厅、西厅，厅堂之外还有茶库、菹库等设施。也有一些驿站设在风景优美的地方。唐肃宗乾元二年（759年）夏天，诗人杜甫曾在秦州驿住过，他这样描写道：

　　今日明人眼，临池好驿亭。
　　丛篁低地碧，高柳半天青。

稠叠多幽事，喧呼阅使星。
老夫如有此，不异在郊垌。

元代疆域辽阔，驿传站点星罗棋布，驿站建筑也很讲究。如清水驿，"其正堂两庑，前后屋宇，庖厨仓库，靡所不葺，至于铺陈什物，百需具备，不劳民力，奂然一新"。元惠宗至正元年（1341年）中台御史周一斋路过时，书其堂曰"宣德"（清水县《创建宣德堂记》）。兰州沙井驿遗址，面积近一万平方米，四周有高厚的城墙，里面有水井。

驿运工具主要是马，但也有数量不等的轿子和轺车。此外，还有骆驼、骡、牛、驴等。其中驴在唐代作为驿运工具曾被广泛使用。如外国使者入唐境即乘车或马，回程必须骑驿驴出境。

驿站对宾客的接待周到细致。元代每驿内备床铺，皆以绸缎制成，所有必需无不俱全。"各站以一鹅、一鸡、米、油、蜜、酒、蒜、醋、侵葱、蔬菜等物，供行人之食"《马可波罗行记》）。明成祖永乐十八年（1420年），居住在撒马尔罕的沙哈鲁王曾遣其子使中国。在《沙哈鲁遣使中国记》这部书中记录道："每晚皆宿驿"，"由肃州（酒泉）至汗八里（北京）全途驿馆共有九十九所。每晚不独赐给饭食，并有役人、床铺、被褥等供用也。各驿内有马驴四百五十匹，皆华饰，以备旅客之用。又轿车五六十辆，每辆需十二人荷之，始得行……各驿皆有羊、鹅、鸡、米、面、蜜、酒、醴、蒜、盐、葱、菜蔬以供食"。

16世纪死于酒泉的葡萄牙传教士鄂本笃所著《鄂本笃访问契丹记》记述说："肃州城为西方商贾会聚之地。西方有七八国与中国素有协约，每六年西国可遣使者七十二人贡，过此则不许入境。所贡之物为玉石、小金刚石、绀青及其他物品。此类使节……往返北京及归回之费用，皆由公家支出。"

驿站的主要功能是输送官吏和宾客，军情紧急时还有运输物资的职责和军事传讯的任务。这种设施一直延续到清末。如紧急军情的递送就十分紧张，即把公文装锁在一个匣子里，上面贴着盖印的封条、注明限期，交驿使按铺急送，每站5里。传递军情的驿使，腰部悬着铜铃，手持火枪，骑着快马，不分昼夜，风雨无阻地飞跑（晚间举火炬）。有些急脚铺设在山间小道上，驿使徒步飞奔，这就是所谓的"鸣铃走递"。驿使上下传递，一昼夜传300里甚至是500里、600里、800里。

驿站管理人员是国家公职人员的组成部分。秦汉亭有长，驿也有长。唐驿由民间主办，驿长称"将"或"捉驿"，由管府指定的当地富人掌管。唐代宗宝应年间（760年—762年），盐铁转运使刘晏始以"吏主驿事"，才有驿长之称。北宋除驿

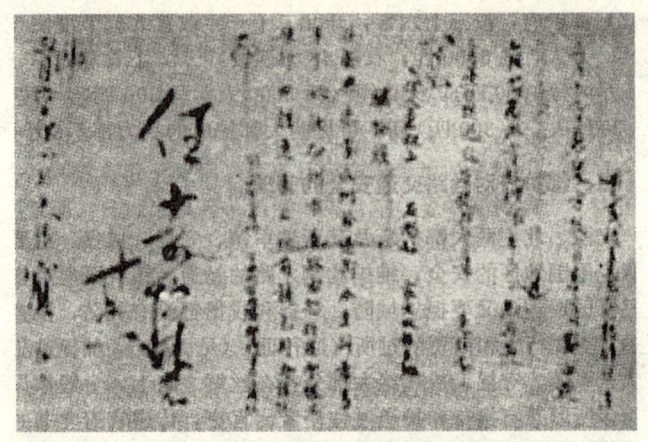

唐商贾过往关卡驿站时的过所

长外,另置将、都头、将校、节级等驿官。铺有铺长,铺兵刺臂,以免逃亡。元驿设驿令、驿丞、提领。百户管理站户。驿令为正九品,驿丞为从九品。明设驿丞,在民间选拔。清承明制,但重要驿站都由政府任命。

过往驿站都需有凭证。秦有传,晋改过所,唐有驿券,纸质。宋使用金字牌和驿券,其中金字牌,专用于重大紧急情务。宋太宗太平兴国三年(978年)秦州节度判官李若遇之子李飞雄诈骗乘驿谋乱,因而朝廷取消枢密院驿券,恢复唐代银牌。宋太宗端拱二年(989年),因多遗失,又恢复驿券之制。宋神宗元丰六年(1083年)九月,诏令鄜延路不能随意出兵,并令枢密院"用金字牌下发"。

元代一般以铺马圣旨为准,遇行军或亲王使臣过境时,则用金、银字牌符。1965年,甘肃省博物馆收集到一块银字圆牌,铁质,银字镶嵌在牌面上。牌高15厘米,直径11.5厘米。圆牌附有佩带用的圆环,正反两面铸有虎头纹,正面为八思八文5行,经我国史学家蔡美彪考释,银字系"长生天气力思皇帝圣旨不从者治罪"之意,认定是元"银字差使圆牌"。

据王静安《蒙古史料注校》四种考释:"鞑人袭金虏之制……所佩金牌,第一等贵臣带两虎相向曰虎斗(头)金牌,用汉字曰'天赐成吉思皇帝圣旨当便宜行事';其素金牌曰'天赐成吉思皇帝圣旨疾';又其次乃银牌,文与前同。"《元史·刑法志》专列一款:"诸朝廷军情大事,奉旨遣使者,佩以金字圆符给驿,其余小事,止用御宝圣旨。诸王、公主、驸马亦为军情急务遣使者,佩以银字圆符给驿,其余止用御宝圣旨。"牌符的使用范围规定十分严格,但元中期后,滥发圆牌的现象十分严重,甚至小事并商业贸易之事,也佩圆牌而行。元仁宗延祐元年(1314年)十月,甘肃行中书省报御史台言:甘肃纳怜站道,系蒙古军人专用于军情急务,其余非关紧要,但悬金、银圆牌,往往取便经行,若不禁止不可。朝廷虽下令禁断,仍难以遏止。

明代驿券各时期名称不一,官方计有符验、勘合、火票3种,百姓外出持"路引",违者依律治罪。清用勘合、火牌。

甘肃境内的古驿道上留下了众多的驿站遗迹。如地名中的郭城驿、西巩驿、称钩驿、摩云驿、定远驿等等。有的地方现在虽不叫驿,但它们过去都是驿。除了驿站遗迹外,沿途还有许多以里程(如五里铺、十里铺、二十里铺、四十里铺)和店(如双店子、上店子、景家店)命名的村镇。铺、店之名都是唐、宋以后出现的。这些古驿和极富交通色彩的地方,已成为研究甘肃古交通的重要证据。

河陇锁钥说关隘

古代关城之设,主要是为了控制交通要道,盘查行旅,征收商税。汉武帝元狩二年(前121年),匈奴浑邪王率部降汉以后,汉廷在今甘肃河西地区先后置四郡,又置玉门关和阳关,以控西域通道。《汉书·西域传》载:"东则接汉,自玉门、阳关西且限以葱岭……自玉门、阳关出西域有两道……"是知两关在汉代中国和西域交通上占有显著位置。

逮至盛唐,随着中央王权统治机构的强化,社会安定,经济繁荣,关防之置,更趋完备。据《旧唐书·职官二·刑部》条载:"司门郎中员外郎,掌天下诸门及关出入往来之籍赋而审其政。凡关二十有六,为上中下之差。京城四面关有驿道者,为上关。余关有驿道及四面无驿道者,为中关。他皆为下关。"关的作用"设险作固,闲邪正禁"。是时,甘肃境内置有中关即会宁关,下关即凤林关。各关的管理配置是:中关,令1人,正九品下;丞1人,从九品下;录事1人,津吏六人。下关,令1人,从九品下;津吏4人。关令各有府吏,关令之职责,"掌禁未游,伺奸匿"。

北宋,自李继迁叛宋后,使宋在北(契丹)、西(西夏)两面受敌。为此,北宋对西夏的战略基本是防御性的,自宋太宗至道至宋真宗大中祥符年间(995年—1016年),在今庆阳、平凉、天水、定西、兰州以至临夏、甘南的广大地区,设置了数目繁多的关隘、砦、堡、镇,每一关隘、砦、堡、镇都控制着一条交通线。宋哲宗元祐以后(1086年),在唐凤林县旧址筑安乡关(即改旧城桥头而筑),以扼湟、鄯二州之路。

明初，出于"元人北归，屡谋复兴"计，在加强北部边防，修筑长城，筑九边要塞的同时，于明太祖洪武二十七年（1394年），在肃州卫设置嘉峪关，置兵戍守，又在各州、县设关，派兵把守。

清朝前期，关防之设及驻屯戍卒，仍沿明制。随着全国的大统一和经济的发展，民族关系亦在日益改善和融洽，故清中叶以后，诸多关隘渐次革除。至清末，甘肃境内的关防基本上全部废弃。

关隘设置，很大程度上起到了维护交通安全、确保道路畅通的积极作用。然历代置关，往往置久而弊生，不但妨碍商旅往来，而且影响地方安宁。如清朝末期，设在甘肃的一些关卡，弊窦丛生，陋习纷张，竞开课税之端。不肖弁兵，勒索抽收牲畜货物之课，甚至农民出入耕田种地也要抽税。尤以今临夏境内桥沟汛、土门、积石、老鸦等关，臭行昭著，民怨沸腾，引起官府关注，于是，产生了诸如《革除关弊告示碑》一类的文告，竖立关侧，将出入关人等应纳税款，公示于路人；对一些贪脏枉法者绳之以法，以儆效尤。

玉门关远眺

玉门关 玉门关建置的确切年代，史无记载。敦煌遗书《沙州图经》说：玉门关"汉武帝元鼎中置"。《史记正义》引《括地志》与《寿昌县地境》之说，认为其地在寿昌县北160里。龙勒县为汉敦煌郡之属县，寿昌为唐改之名，隶属沙州。《沙州地志》对玉门关的周长、高度也作了详细记载："玉门关周回一百二十步，高三丈。"

东汉和帝（89年—105年）时，匈奴攻杀汉吏（西域长史索班），朝廷闭玉门关。遂将关口移筑于今酒泉玉门镇。其后班勇建言，认为应仍在西汉时的玉门关，置校尉、长史，以捍抚西域诸国。于是东汉派班勇为西域长史，仍以西汉时之玉门关为控扼西域之门户。魏晋以后，玉门关再度废置。

关于玉门关的关址有两说。一说在今敦煌县西北170里处戈壁荒滩的小方盘城。古城残垣为夯版筑,近于正方形,南北长26.4米,东西宽24米,总面积约630平方米;城墙最高处约9.7米,上宽3.7米,底宽4.5米,城西、北两面均有门洞。此处曾发掘出土过"玉门都尉"之简牍。二说在马圈湾附近,该遗址在小方盘城以西22里处,为长城所经。此处城墙残高及基底宽都约3米,系由芦苇砂石迭筑而成。沿长城分布有10余处烽燧。对马圈湾附近约200米的一座烽燧发掘中,共获汉简1217枚,其中,一块短而宽的示牌写有"玉门千秋燧"字样,考古工作者综合其他资料判断,玉门关就在"玉门千秋燧"以西不远之处。新出土的一枚玉门关候橡属编制简:"玉门部士吏五人、候长七人、候史八人、燧长二十九人、候令史三人。"此简所记的橡属人数与遗址所出简中的候长、候史、燧长的名称基本相符。玉门关候的管辖范围东西直线距离约60余里,小方盘城以南,阳关以北的烽燧,可能均属于玉门关候的管辖范围。

唐代通西域的通道,已东移而由瓜州北上,穿越莫贺延碛(今安西、敦煌县北面至哈密间大沙碛),经伊吾(今哈密)而达北庭(今新疆吉木萨尔),因此,玉门关东移至瓜州境内。《元和郡县图志》瓜州晋昌县条记载:"玉门关,在县东二十步。"玉门关东移的具体位置过去未被人重视,近经敦煌研究院李正宇等实地调查,在安西县桥子乡西北15里处马圈湾村西的古河道旁发现了两座距离相近的古城址,小城在古河道西岸,城垣东临河道。小城西南30米许有一大城,西墙长260米,南墙长约220米,与唐县城规模合,也与《元和郡县图志》的记载吻合,西南去锁阳城不过50里,由锁阳城西北至六工村破城子唐常乐县遗址115里的里数亦合。故可肯定小城即唐玉门关遗址,大城即唐晋昌城遗址。

阳关　阳关大约是与玉门关同时设置的又一雄关。《史记正义》引《括地志》:"阳关在沙州寿昌县西六里。"《新唐书·地理志》载:"又一路自沙州寿昌县西十里至阳关故城。"《沙州地志》残卷"阳关"条:"东西二十步,南北二十七步,右在县西十里,今见毁坏,基迹见存。西通石口于阗等南路。以在玉门关南,号曰阳关。"唐寿昌县即汉代龙勒县,唐武德二年改名,归属沙州。寿昌县古遗址在今敦煌县南湖乡,城址面积约8.3万多平方米,城墙为夯土版筑,残高4米,上宽2米,底宽约7米。

阳关古城遗址多谓在今敦煌县境南湖乡之古董滩,亦无异议。由此向南有烽燧伸向元台子山下,由

阳关遗址

此则烽燧伸向玉门关,南北纵横约有百余里之遥。阳关在军事上是屏蔽敦煌的重要据点,也是东西大道必经的隘口。汉时这里为阳关都尉治所,魏晋之际,曾置阳关县。唐代此处又是中西商旅必经之地。唐中叶以后废弃。唐朝诗人王维《渭城曲》:"渭城朝雨浥轻尘,客舍青青柳色新。劝君更进一杯酒,西出阳关无故人。"这一千古绝唱,致使阳关千百年闻名遐迩。

金城关 金城关为甘肃历史上的著名关隘。《皋兰县志》载:"金城关,汉置。"《甘肃新通志》亦载:"周武帝置金城津,隋开皇十八年(598年)夏,改为关。"据传此关古址原在兰州西固沙井驿大桥附近(明在此设青石关)。魏将金城郡治所迁至皋兰山北麓黄河之滨,金城关址亦随城下移。金城关历来为中西交通大道上的重要关隘,唐代著名诗人岑参数次经金城关,留有《题金城临河驿楼》一诗,此诗为研究金城关地理和道路交通提供了史料依据。

金城关在宋代曾数度葺修。最早由熙河经制李宪部将李浩、王文郁等展筑兰州北城时修筑。据《宋会要辑稿·方舆十九》宋神宗元丰四年(1081年)四月九日条,枢密院言:"兰州近修复金城关,系就浮桥。"《续资治通鉴长编》卷485宋哲宗绍圣四年(1097年)条,枢密院言:"兰州近日修复金城关,系就浮桥。"又宋徽宗大观元年(1107年)正月,钟传云:"章楶帅泾源,修陂烟、高平等塞,诏传所置,将苗履统精兵三万,集泾

咽喉之地——金城关

源之灵平城，夏人为战，以据我师，传提步兵二万，骑兵三千，出其不意，为浮梁以济河，作金城关，六日而就。"元统一天下，金城关废。

明太祖洪武十七年（1384年），兰州卫守御指挥杨廉，建镇远浮桥，在桥北古金城关旧址重建金城关，次年建成。关城依山势连绵二百丈，东、北、西三面拱卫桥头，东西城墙开门。城中建有汉寿亭侯祠。明英宗正统九年（1444年）镇守陕西右都御使陈镒重修金城关。此后多次修复。明宪宗成化十一年（1475年），兰州守备张栋《重修金城关记》载："金城当两河之险，自汉以来重之……本朝开基，四郡仍汉唐之旧，而斥地则自关以北尚数百里……由兰、庄经抵宁夏故道犹存。"可知金城关在明代仍是中西交通大道上重要的关险。明神宗万历二十五年（1597年），兵备金事张栋，重修金城关时，建楼三楹。又在白塔山烧碱沟口筑凤林关，在白马浪北亦筑关，扩展了防御空间。至清朝末年，随着西北边疆的日益巩固，城遂废。

会宁关 会宁关原名乌兰关，北周置，唐初改为会宁关，其旧址在今靖远县东北240里的双龙乡北城滩古城附近。会宁关为唐中关之一，据守黄河渡口。《唐六典》载：会宁关津渡有渡船3只，船夫15人。

积石关 积石关原名临津关。《甘肃新通志》河州条："积石关在州西北一百二十里，即隋临津关。"其地在今积石山县的大河家。北宋退出河湟地区以后，这里以河为界南北分治，河南为金占领，河北为西夏控制。金宣宗贞祐三年（1215年）正月，"夏兵攻积石州，都统姜伯通败之"，"夏兵入安乡关，都统曹纪僧、万户忽三十却之"。"夏兵于来羌城界河起折桥，元帅右都监完颜赛不焚之"。《宋史·地理志》载："来羌城，崇宁三年王厚收复。东至安乡关七十里；西至大同城界三十八里，南至南川界四十八里，北至黄河二十里。"

明朝于此置长宁驿，以通青海驿道。又在河州置二十四关，积石关为其首关。初置关时每关都派有守兵5人，每年轮换一次，清初改为塘丁把守，至清末逐次废圮。

嘉峪关 嘉峪关地处河西咽喉之地，南有文殊山，北有黑山，在两山之间形成30里宽的峡长地带，依山傍水，地势险要，故称"河西第一隘口"，自古为战守必争之地，素来设防。汉设"玉石障"，唐、五代设"天门关"，宋、元之际有关无城，聊备稽查行旅，明初始设关置防。

明太祖洪武五年（1372年），宋国公征虏大将军冯胜，率兵进入河西，破元军于甘州，再至肃州玉门关外。冯胜视查后认为此是咽喉之

天下第一雄关——嘉峪关

地,西域入贡必经之道,于是在"九眼泉"西北坡筑土城,周围220丈,占地50亩,名曰"嘉峪关",驻兵镇守,从此,嘉峪关成为明长城西端的重关。《清一统志·关隘》载:"嘉峪关在肃州西七十里。"明孝宗弘治八年(1495年),巡抚徐进出关入哈密、吐鲁番巡视,指令肃州兵备道李端澄主持修建嘉峪关楼三层三檐,高达17米,雕梁画栋,五彩缤纷,立于广漠,雄伟壮观,上悬"天下第一雄关"巨匾一幅。此后,楼毁匾失,现在西罗城"嘉峪关"关门之上仍留有此楼遗址。明武宗正德元年(1506年)八月,李端澄位肃州兵备副宪,又按当年关楼式样,监修内城光化楼、柔远楼,次年二月落成。同时在关城内又修建了官厅、夷厂、仓库等。至此,土城面貌改观,成为巍峨雄关。

明世宗嘉靖十八年(1539年),尚书翟銮巡边后上疏:"嘉峪关最临边境,为河西第一隘口,墙壕淤损,宜加修茸。"请求加固边城,增筑边墙,每5里设一墩台,以为保障。此工程由肃州兵备李涵监筑了南起祁连山脉文殊山下卯来泉,穿过关城,北达野麻湾东北的一道长达百余里的长城,置有明墙暗堡,嘉峪关周围又修筑了许多堡城,加强了防御体系。

明穆宗隆庆二年(1568年)宣大总督王崇古巡视嘉峪关,改设嘉峪关守备。

清世宗乾隆元年(1736年),添设嘉峪关营,改守备为游击。乾隆三十一年(1766年)陕甘总督上书请准嘉峪关"晨开夕闭"。清穆宗同治十年(1871年),依据中俄条约增开商埠,俄国于此设领事。同治十三年(1874年)陕甘总督左宗棠驻兵酒泉时,重修嘉峪关及楼阁,又手书"天下第一雄关"匾额,悬于楼上。

土门关 土门关位于甘南、临夏自治州交界处的大夏河西岸,明初始置关,关墙迄今犹存。此关与石嘴关仅一河之隔。明神宗万历三十八年(1610年),修关墙河桥,使两关相连结。清世宗雍正三年

土门关遗址

(1725年),双城设民族贸易市场,甘南、松潘等地少数民族互市,皆经此关。清同治以后,左宗棠整治关隘,河州只留老鸦、土门、槐树三关,余关皆圮。

肩水金关 汉代河西长城线上的重要关隘。约建于汉武帝太初三年(前102年),强弩都尉路博德筑居延的同一年。关城遗址在今金塔县天仓以北25公里额济纳河(黑河)谷地北口的河东岸,北通居延,南护肩水都尉所在地,是由居延海进出河西腹地必经的咽喉要塞。

木门 古峡隘名,在今天水市西南的牡丹乡。其地形为毛牛墩与王家梁两山东西对峙,成0.5公里的峡谷,窄处仅50米,形状若门,故名木门。蜀汉建兴九年(231年),诸葛亮率师伐魏,复出祁山,因粮尽退军。魏将张郃追至木门,被蜀军射死,即其地也。附近曾出土过蜀汉兵器等遗物。

弹筝峡 位于今平凉市安国镇与宁夏隆德县蒿店之间的颉河(泾河上源之一)河谷。因其控扼六盘、瓦亭、制胜三关(均在宁夏境内)之口,故又称为三关口。《元和郡县图志》记载:泾水"南流经都卢山(又名可蓝山,为陇山支脉),山路之中,常如弹筝之声,故行旅因谓之弹筝峡"。《水经注》云:"都卢山峡之内,常有弹筝声……峡口水流风吹,摧声如音韵也。"宋文帝元嘉五年(428年)北魏太武帝拓跋焘遣将奚斤等伐夏,夏王赫连定设伏于陇山弹筝谷以邀之,即此处。

凤林关 在河州凤林县的凤林山下。《元和郡县图志》河州枹罕县下记载云:"凤林山在县北三十五里。"又在凤林县下记载云:"后魏大统十二年(546年),刺史杨宽

肩水金关遗址

于河南凤林川置凤林县。"凤林关的建置亦当在此时。杜佑《通典》云："凤林县有凤林关，盖即山以置关也。"具体位置在今临夏县治韩集北31公里处，黄河入刘家峡水库西口的南岸，西北距炳灵寺很近。因山势陡峭，当地人称之为"阎王砭"。河北岸在白杨岭，唐代称为白土岭，有通往鄯州（今青海乐都）的通道。当地石崖上原有修关楼的桩眼，题刻有"凤林关"三个大字，临河垒有土墙，证明为关址所在。遗址均已毁。

鸡项关 故址在今刘家峡水库西口，就是凤林关。鸡项关是吐蕃占领时的名称。因黄河经由炳灵寺峡东至此，转了一个弯，形如鸡项，故名。《资治通鉴》卷249唐宣宗大中四年（850年）八月载：吐蕃论恐热（原为洛门川镇将）遣将于鸡项关南造桥，以击鄯州节度使尚婢婢，军于白土岭。婢婢遣兵据牦牛峡以拒之。胡三省注云："其地在河州凤林县西。"位置与凤林关同。故知为同一关隘不同时期的别名。白土岭即今河北岸的白杨岭。

大斗拔谷 古山隘名，今名扁都口，为河西走廊通往青海湟水谷地的重要通道。位于今甘肃民乐县南丰乡的炒面庄南，是拦腰截断祁连山的一道峡谷，长约30公里，宽仅10米~50米。谷中为北流的扁都口河。据《续资治通鉴》卷181载：隋炀帝大业五年（609年）出巡河西，七月东还，"经大斗拔谷，山路险隘，鱼贯而出，风雪晦冥……士卒冻死者大半，马驴什八九"。即此谷也。自汉至唐，此谷一直是羌、匈奴、突厥、回纥、吐谷浑、吐蕃等民族交往的要道，为兵家必争之地。历代都在谷口置关，驻军镇守。

京玉关 宋神宗元丰四年（1081年），熙河经制李宪攻取兰州。命部将李浩、王文郁等展筑兰州城，并于东20里筑东关堡，西20里筑西关堡（当在土门墩）。京玉关的建置，不记年月。《宋史·地理志》兰州下的记载云："京玉关，元符三年赐名，本号把拶桥，东至西关堡四十里"。按哲宗元符三年（1100年）赐名，筑关当在此以前，约在宋哲宗绍圣四年（1097年），最后加筑金城关的同时。其位置在今西固区的黄河南岸，也就是周武帝所置的金城津，隋、唐金城关地址，宋代重筑，名为京玉关，即现在的青石关。

摩云关 在今兰州市南七道梁的南坡（属临洮县管），明代于此建关，设巡检司。清代改为驿站，以关隘建于摩云岭而得名。曾为兰州通往临夏、甘南等地必经之地。

仙人关 古代陇、蜀通道上的重要关隘之一。在今甘肃省徽县虞关乡西南5公里处。南宋绍兴三年（1133年），宋将吴玠、吴璘在此筑垒镇守，次年，大败金将兀术于此关下。

槐树关 明代河州24关之一，关址在今临夏县治韩集镇东南18里的大草滩。建于明代洪武年间。是由河州通往青藏高原的重要关隘。

老鸦关 明代关隘，洪武时所建。关址在今临夏县城西麻尼寺乡的八里寺。关址尚存，是通往青海的关隘之一。

燔史关 先秦设在今天水市麦积区伯阳乡境内渭河南岸的重要关隘，管理水、陆两运。明、清设水关，检查木筏下放。

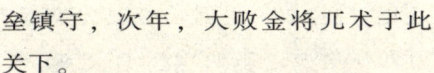

佛教起源于前5世纪的古印度，创始人是位于今尼泊尔境内的迦毗罗卫国的王子乔达摩·悉达多，即释迦牟尼。其时约相当于我国的春秋战国之际，释迦牟尼和我国的孔子、老子大致为同一时代人。2世纪，大乘佛教发展起来，弥勒信仰首先传入我国的新疆，当时的新疆就已经有了《弥勒会见记》的剧本。由于河西走廊地理条件、民族成份和风俗习惯与新疆有着密切的联系，所以佛教也就很自然地传入河西走廊。汉武帝在河西打败匈奴休屠王后，缴获的祭天金人，据说就是佛像。丝绸之路全面畅通后，由于中原崇尚黄老之术，佛教被视为邪说，并未流传。东汉以后借助皇帝的号召力，佛教才渐次流行。魏晋以后，佛教教义与玄学相结合，互为演进，才大规模传入中国内地，并迅速形成具有汉文化特点的汉地佛教。千百年来，中外僧人传法、求法者往来频繁，他们为了"法流东土，泽及众生"，不惜逾越沙险，万里跋涉，为中国带来了佛教文化。

东行传法

最早来到中国的高僧是中印度僧人迦叶摩腾和竺法兰。据多种古籍记载：西汉哀帝元年（前2年）有大月氏王使伊存自西域来长安，向博士弟子卢景"口授浮屠经"。东汉明帝梦金人从空中飞来，"通人"傅毅回答是西域的佛。汉明帝于永平七年（64年）派郎中蔡愔、博士弟子秦景等经天竺（印度）寻访佛法（《佛祖统记》卷25）。蔡、秦等在今阿富汗一带得到了佛经、佛像，并在大月氏与印度高僧迦叶摩腾、竺法兰巧遇，遂相邀而至中国。二僧来中国是"汉地沙门之始"（《高僧传》初集卷1）。

继迦叶摩腾和竺法兰之后，印

度和西域的高僧和佛教徒来中国者逐渐增多。最著名的是安息国（伊朗）王子安世高。安世高大约是在东汉桓帝建和元年（147年）或二年沿丝绸之路经甘肃到洛阳的。他二十余年间译出三十余部经，在当时被尊为"群译之首"，与他同时译经的还有月氏人支讖、支曜等都是沿丝绸之路到洛阳的。

魏晋南北朝时期，中原战乱，河西独安。西域僧人大都驻足河西译经传法，河西走廊成为全国佛教兴盛之地。《魏书·释老志》说："凉州自张轨后，世信佛教。敦煌地接西域，道俗交得。其旧式村坞相属，多有塔寺。"说明当时的河西佛教传播已有广泛的群众基础。前凉张骏时，西域纳贡通款，并置凉州，统辖西域，河西与西域交通便利，方便了僧人往来。西域僧人驻足河西的主要有：前凉时的月支人支施仑、龟兹王世子帛延，后凉时的龟兹人鸠摩罗什，北凉时的中印度人昙无谶，西域人僧伽陀、浮陀跋摩，罽宾人师贤等。其中鸠摩罗什和昙无谶是五凉时期最著名的两位西域僧人。

鸠摩罗什7岁出家，9岁从师罽宾名僧盘头达多学经，崭露头角，受到罽宾王上宾待遇。12岁回疏勒，诸国争聘，成为道流西域、名播东土的名僧，最后被龟兹王迎回。前秦皇帝苻坚听到后，于前秦建元十八年（382年）九月，令吕光率兵7万西伐龟兹，破西域三十余国，得鸠摩罗什和2万多峰骆驼，载着西域的珍宝而回。吕光回到凉州后，听到苻坚淝水战败，便自立后凉国，建都武威。从此罗什在凉州一住十五六年。吕光父子对佛事并不关心，罗什便利用这段时间钻研经典、汉文。后秦姚兴为夺取罗什，西伐后凉，后凉请降，罗什被迎入长安。罗什在甘肃生活过的地方留有不少遗迹。敦煌有白塔，武威有罗什寺塔。武山拉稍寺相传为罗什拉树稍筑成佛山。之所以有此传说，可能是鸠摩罗什取道关陇道南线来过这里。

昙无谶初学小乘，后改大乘，在西域不得志，东行至敦煌数载，时值北凉沮渠蒙逊西定敦煌，被迎至姑臧，翻译佛经。他翻译的佛经最主要是《大般涅槃经》，此经因主张"一切众生，皆有佛性"而在中国佛理另树一派，影响甚大，很快传到南朝。昙无谶不仅精通佛典，又晓术数、禁咒，"历言他国安危，多所中验"，北魏命沮渠蒙逊送昙无谶诣京师，惜而不遣。后因惧魏威责，便派人杀了昙无谶。后来，北凉被北魏所灭，大乘学说遂在北魏流行。

隋唐时期，佛教更为盛行，俨然成为国教。印度、西域高僧来中国传法、译经的多达35人。经过他

鸠摩罗什寺塔

们和中国西行求法高僧的努力，佛典在唐代渐次齐备，完成了历代高僧传法的使命。

西行求法

在印度西域高僧东行传法的同时，中国的高僧大德为了取得真经，又毅然西行西域乃至印度求法，逐渐形成潮流。他们在西行时，对沿途物产、风俗、道途等作了详细的记录，为后世研究丝绸之路提供了真实史料。早期西行求法的著名僧人主要是法显和宋云。

法显，东晋平阳人（今山西临汾）人。为解决经律相互矛盾的问题，他于62岁时带着僧人慧景、道整、慧应、慧嵬和慧达等人沿丝绸之路西行求法。他们循陇西段南线经临洮、阿干镇到达兰州，被西秦国王乞伏乾归迎到西苑城（今榆中境）"夏坐三个月"。由于当时河西战乱不已，法显坚辞乞伏乾归，通过河湟一带到达南凉国都西平（今青海西宁），滞留四五个月。401年春，法显一行穿过扁都口到达张掖，得到北凉王沮渠蒙逊的热情款待。由于河西道路不通，法显"夏坐"后与新加入的5个河西和尚（智严、慧简、僧绍、宝云、僧景）继续西行，沮渠蒙逊给他们发了通关文牒。到敦煌后，得到敦煌太守李暠的照顾，法显等5人随一个小型使团出发，宝云等6人留下来准备路费。法显随使团出阳关，经白龙堆沿西域南道行进17日始达鄯善（今新疆若羌）。《法显传》描述这段路程说："沙河中上无飞鸟，下无走兽，遍目极望，欲求度处，则莫知所拟，唯以死人枯骨为标帜耳。"由鄯善到焉夷国（今新疆焉耆、和硕）后，法显与宝云等人会合。由于路费问题，宝云等3人返回高昌，法显等人继续西行至于阗，然后逾葱岭到达印度。3年后，于东晋义熙七年（411年）泛海回到中国。写有《法显传》。智严等3人与法显失去联系，独自度葱岭，到达罽宾，学经3年，东返长安。

宋云，敦煌人，北魏孝明帝元诩时期的一名僧官。北魏神龟元年（518年），受皇太后胡充华派遣，与

洛阳崇立寺僧人慧生、法力以及由朝廷组成的使团，乘车从洛阳出发，一路西行，经长安到达泾州（今泾川县北），准备沿丝绸之路北线到河西走廊，恰遇秦州莫折念生起义，河西也群起响应。他们于是取道六盘山南麓，沿东汉番须道经秦安北，过通渭、陇西、渭源、临洮，在永靖过黄河，再经赤岭关（今青海日月山），经吐谷浑城（今青海都兰），沿祁连山南麓和柴达木盆地北缘，越阿尔金山直达鄯善，再经于阗、朱驹波国（今新疆叶城），到达北天竺（今巴基斯坦），于北魏正光三年（522年）沿原路返回洛阳。运回大乘经典170部。写有《宋云行记》。宋云西行经过的通渭段是史书未曾涉及的，通渭当时虽废县，但平襄地名仍在。平襄以东是丝绸之路陇西段中线古道，以西绕开中线沿长城山脊或在今马营沿山脊叉向陇西。宋云使团乘车而行，说明当时通渭境内这条路仍能通行车马。

河西在五凉时期，佛教兴盛，西行求法的人众多，他们得经而还，或东下长安，或南至建业，北达平城，对佛教在中原的传播产生了深远的影响。西行求法的凉州僧人主要有竺法护、竺佛念、慧常、智严、宝云、僧纯、昙充、竺道曼、昙学、威德、沮渠京声、道泰、法盛、僧表、法维、慧览等人，尤以竺法护最为著名。竺法护，其先月氏人，世居敦煌。8岁出家，从师西域沙门竺高座。后来随师游历西域，精通异国语言。西晋初，返回东土，带回大量经典，自敦煌至长安一路传译，译经多达159部。除竺法护外，法盛也于424年与师友29人往天竺。

隋、唐时代，西行求法形成高潮，仅唐代就有52位，其中以玄奘、义净、惠超、悟空等最为著名。玄奘所写的《大唐西域记》和他的弟子整理成的《大唐慈恩寺三奘法师传》早已超越了宗教范畴，成为研究丝绸之路和中印文化史的珍贵资料。

玄奘是唐代著名僧人。他于唐太宗贞观元年（627年）自长安出发，经陇西、河西到印度，贞观十九年（645年）回到长安，历经17年。足迹遍及印度、巴基斯坦、孟加拉、尼泊尔等国家和地区，带回佛经627部，译作74部。玄奘是26岁从长安出发的，他首先碰见了秦州（今天水）的孝达和尚，两人结伴而行，翻越陇山到达秦州，住了一夜。碰巧遇到一个去兰州的人，于是又结伴到兰州。在兰州住了一夜后，随送官马到河西的人至凉州（今武威），讲经一月，声震西域。当时唐朝新立，西域道路不畅，严禁百姓出关。玄奘被一个叫慧威的河西和尚领袖密派两个和尚偷偷送走，一路西行到瓜州。他从瓜州北行50里，有河名葫芦河，下宽上狭，水洄波

玄奘负笈西行图

急，不可渡，岸上就是唐玉门关。出关向西北走400里，沿途有5个烽火台，各相距百里。过5个烽火台就是莫贺延碛，穿越莫贺延碛可到达高昌国。期间遭遇凉州发牒捉拿、佣人企图暗杀、烽火台受困、沙漠迷路、断水数日等灾难。在高昌获得国王麹文泰的大力帮助，送他黄金百两、银钱3万、绫绢500匹、马13匹，又命25人相随。经过艰苦跋涉，玄奘终于到达印度。44岁时，带着大量经、像沿原路荣归长安。玄奘在长安译经期间，还奉唐王之命翻译了老子《道德经》，后由王玄策出使印度时连同老子像一起带到印度，引起印度各王的极力推崇、奉侍。玄奘为中印两国人民的友谊做出了不可磨灭的贡献。

唐代，除了通过丝绸之路传法、求法外，佛教还有一条重要的传播路线，即从今天的尼泊尔经西藏、青海进入甘肃，传入内地。唐代高僧道宣著有《释迦方志》，详细记录了这条路的道里，这条路正是后世所称的唐蕃古道。

藏传佛教在唐以后沿唐蕃古道传至甘肃，主要分布在今甘南、武威、临夏、武都一带。著名的寺院有夏河拉卜楞寺、卓尼禅定寺、天祝天堂寺等。藏传佛教在省内一些石窟中也有反映。

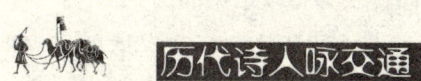

历代诗人咏交通

丝绸之路漫长而神奇，是历代诗人频频歌咏的对象。每当诗人们踏入甘肃的土地，就会被那漫长的古道、险峻的关隘、交错的车马以及沿途的自然风光、风土民情所吸引。他们用不同的笔触为后人留下了许多优秀的诗篇，其中有许多诗歌涉及交通活动，为从侧面研究每个时代的交通状况提供了形象的资料。

甘肃早期交通题材的诗歌是区域性的，仅限于陇西、陇东一带，大部分属民间歌谣。如《诗经·豳风·公刘》涉及了周先祖开辟陇东交通的事，《诗经·大雅·皇矣》讲述了开道伐密、使用战车的事。《诗经·秦风》前三首涉及了秦前四位国君游乐、出征的重要史实，内容提及了车马仪仗和车制，在后来发掘的先秦墓葬车马坑中得到应证，资料弥足珍贵。《诗经·秦风·蒹葭》涉及了秦陇地区河谷或广大乡村的道路状况。如"溯回从之，道阻且长"；"溯回从之，道阻且跻"；"溯回从之，道阻且右"。秦陇地区山势险峻，沿河两岸是必然的交通线，道路迂回弯曲，迭宕起伏，艰阻漫长是可以想见的。

西汉是甘肃交通发展的重要时期，丝绸之路全面开辟，但有关交通题材的诗歌并不多见，这与中国诗歌发展的总趋势是相符的。汉《横吹曲辞》之二《陇头》肯定涉及了关陇交通，可惜古辞已亡。《鼓吹曲辞·饶歌》之四《上之回》是当时民间歌颂汉武帝通回中道、北出萧关的，表现了汉王朝臣月氏、服匈奴的功绩，诗中写道：

上之回，所中益，夏将至，
行将北，以承甘泉宫。
寒暑德。
游石关，望诸国。
月支臣，匈奴服。

今从百官疾驱驰，
千秋万岁乐无极。

汉武帝《朝陇首》和张衡《四愁诗》（第三节）也包含了关陇交通状况。相传汉武帝西巡经过陇关时遇雷震。《朝陇首》是西汉祭祀歌，这首诗的创作也许与这次雷震有关。但主要内容表现的是汉武帝抗击匈奴的决心。陇山高峻险拔，上陇出塞在当时西行者看来是一大心理障碍，汉武帝借这首诗激励将士保家卫国。东汉，民族间矛盾加剧，社会动荡不安，农民起义军"烧陇关"、"断陇道"，增加了商旅对路途的畏惧心理。张衡的《四愁诗》第三节就表现当时人们的这种心态。诗道：

我所思兮在汉阳，欲往从之陇坂长，侧身西望泪沾裳。

汉阳即汉阳郡，治今甘谷，陇坂即陇山别称。"侧身西望"句与后来的《陇头歌辞》如出一辙，或许这时有关关陇道的民间歌谣已广为传唱，南北朝时把它录入了乐府。

南北朝时期，中原动荡，陇西也不安定，有关甘肃交通题材的诗歌开始增多，人们以道途的艰难表达内心痛苦，抒发思乡之情。

陇头歌辞

陇头流水，流离山下。
念吾一身，飘然旷野。
朝发欣城，暮宿陇头。
寒不能语，舌卷入喉。

陇头流水，鸣声呜咽。
遥望秦川，肝肠断绝。

陇头流水歌辞

西上陇坂，羊肠九回。
山高谷深，不觉脚酸。
手攀弱枝，足逾弱泥。

这两首诗对由关中上陇时的道路状况作了细致描述。"暮宿陇头"证明当时陇山顶上设有驿置。行旅们通过这两首诗抒发了悲凉、凄惨、愁苦、思乡、送别的种种复杂感情，被此后的诗人常常用来直接、客观地反映社会现实，在中国诗坛形成一种新的艺术风格，甚至成为唐边塞诗的源流。受《陇头歌辞》影响的南北朝诗人创作的主要诗作有，刘孝威《陇头水》："从军戍陇头，陇头带沙流"；徐陵《陇头水》："别涂肇千仞，离川悬百丈。攒荆夏不通，积雪冬难上"；王褒《关山篇》："从军出陇坂，驱马度关山。"南北朝时期的歌谣《陇关》讲述了陇关的位置和沿革。诗道：

震关遥望，秦川如带。
陇关之名，大震旧矣。

南北朝时期，诗人们出关逾陇远涉河西，记录下了河西一带的交通状况。鲍照《建除诗》："建旗出敦煌，西讨属国羌。除去徒与骑，战车罗万箱。满山又填谷，投鞍合营墙。"这首诗直接记述了在戈壁大漠行军时，利用交通工具建筑营垒的情况。温子升的《凉州乐歌》以健康向上的基调歌唱了武威"车马交错"的盛况和关陇、河西道虽远不遥的积极心态。诗道：

远游武威郡，遥望姑臧城。
车马相交错，歌吹日纵横。

路出玉门关，城接龙城坂。
但事弦歌乐，谁道山川远。

隋朝短祚，诗人留在甘肃的诗作不多。隋炀帝西巡时，写下了《临渭源》等几首诗。诗中有"西征乃届此，山路亦悠悠"的感叹。

唐代诗坛气象空前，诗人们充满了慷慨赴边、建功立业的英雄气概和爱国主义激情。著名诗人如王维、高适、岑参、张籍、元稹、杜甫、杜牧等，他们或从军征战，或在甘肃做官、游历。诗人们一进入甘肃，被那丝绸之路的风光所吸引，写下了雄浑豪放，悲壮慷慨的诗篇。

唐代诗人意气风发，他们把出关、出塞作为建功立业的开始，一改过去那种"涕泪沾襟"的心态。即有"路出金河道，山连玉塞门"的豪情（员半千《陇头水》），又有"劝君更尽一杯酒，西出阳关无故人"的悲壮（王维《送元二使安西》）。王勃《关晨渡》抒发了作者强烈的功名意识：

关山凌旦开，石路无尘埃。
白马高潭去，青牛真空来。
重门临巨壑，画栋起崇隈。
即今扬策渡，非是度繻回。

唐诗中，有许多诗的标题都与驿站有关，如高适《和王七玉门关听笛》、《金城北楼》，岑参《凉州馆中与诸判官夜集》、《题金城临河驿楼》，薛逢《题黄花驿》等。岑参的《题金城临河驿楼》诗比较直接地描绘了唐代金城驿的面貌：

古戍依险重，高楼接五凉。
山根盘驿道，河水浸城墙。
庭树巢鹦鹉，园花隐麝香。
忽如江浦上，忆作捕鱼郎。

看了这首诗，使人对唐代驿馆之雅致有了更进一步的了解。

唐代丝绸之路被称为"国路"，是唐王朝的经济命脉，从长安到安西虽属宽阔大道，但长路漫漫，绝非易事。岑参《初过陇山途中呈宇文判官》一诗客观、真实地反映了这条路的漫长和难行：

一驿过一驿，驿骑如流星。
平明发咸阳，暮及陇山头。
陇水不可听，呜咽令人愁。
沙尘扑汗马，雾露凝貂裘。
西来谁家子，自道新封侯。
前月发安西，路上无停留。
都护犹未到，来时在西州。
十日过沙碛，终朝风不休。
马走碎石中，四蹄皆血流。
……
与子且携手，不愁前路修。

在唐诗中，李白的《蜀道难》向来被认为是浪漫主义杰作，他借"蜀道之难"喻人生之艰，但这种艰难是建立在秦蜀道险绝的现实基础之上的。他从传说中的五丁开道说起，到"天梯石栈相构连"，再到开通后的蜀道难行，句句见真。"青泥何盘盘，百步九折萦岩峦"句，说的就是今徽县的青泥岭路。

明、清时期，有关交通题材的诗十分丰富，路、桥、渡、关、驿、运都成了诗人们歌咏的对象。有些诗虽不直接歌咏，但提及了历史和现实的交通状况。如明董师中的《自临洮还》："临潭仍是旧汉家，积石相望十驿程。"解缙《寓河州（其一）》："八千里外尼巴国，行客经年未得休。"尼巴国即今尼泊尔，说明当时河州是中印交往的主通道。李梦阳《陇头流水》（其二）："盘盘上陇车，班班下坂马。"清曹尔堪《送宋荔裳少参之任秦州》："腊雪街亭满，何时到巩昌。"黄泳《古浪峡》："古浪城外路，归客旅中愁。回亘山朝拥，湾环水北流"；《武威道中》（其二）："乱石迎车辙，高尘送马蹄。"

明代未闭关前，阳关、玉门关仍是通往西域的要隘，诗人多有吟咏，如陈菲的《玉关》、《阳关》，季开生的《玉门感兴》等。自嘉峪关建成后，有关歌咏嘉峪关的诗猛增，如徐养量《嘉峪关漫记》、戴升《嘉峪关晴烟》、方正瑷《嘉峪关登筹边楼时宁远查大将军入觐》，王树楠《出嘉峪关》，林则徐《出嘉峪关

感赋》等。此外，咏金城关的诗人有田均晋、张澍等人。

有关桥的诗这一时期很多，可见桥在古人心目中的位置。明解缙《冰灵寺》："况有冰桥最奇绝，银虹一道似天梯。"《寓河州》（其三）："春风一夜冰桥折，霹雳声如百面雷。"写黄河冰桥的以马世焘《冰桥》较为知名：

浮梁已解旧虹腰，
十月坚冰又作桥。
岸上不容狐耳听，
霜中但送马啼遥。
踏来霏雪人千里，
穿破寒烟路一条。
屈指春风堪折柳，
河边流水又迢迢。

这首诗生动地描写了冰桥形成和消亡的过程。除了冰桥，诗人们对其他桥梁也多有吟咏，如明代无名氏："第一名桥留不住，吾侪□□卧芦花。"清吴镇《我忆临洮好》（其四）："永宁桥下过，鞭影蘸明霞。"另外，叶恩沛《咏永济桥》一诗也很有名。清王权从阶州赴阴平道中作了许多首诗，最珍贵的莫过于对索桥的描述：

峭崖深涧不通舟，
接臂猿猱下视愁。
铁絙两行悬尺板，
行人横渡万松头。

兰州镇远浮桥诗人也多有描述，如清马世焘《兰州竹枝词》（其二）：

长堤铁锁压虹腰，
天下黄河第一桥。
二十四船连最稳，
任他春水浪迢迢。

诗中所述和历史记载相同。咏渡口的有明岳正《黑河古渡》，咏皮筏的有清高一涵的《皮船闲泛》，咏驮畜的以张澍的《橐驼曲十五首》为代表，把骆驼忍辱负重致远的品性表现得丝丝入扣。如其三：

草豆为刍又食盐，
镇番人惯走趑趄。
载来纸布茶棉货，
卸到泾阳又肃甘。

明、清两代，甘肃军需皆仰给东南，转饷任务十分繁重，给省内外人民造成了沉重负担，诗人们用血泪之笔记录下了所见所闻，如谭嗣同《六盘山转饷谣》就是这方面的代表作：

马足蹙，车轴折；
人蹉跌，山及寨；
朔雁一声天雨雪。
舆夫，舆夫，尔勿嗔官！
仅用尔力，尔胡不肯竭？
尔不思车中累累物，东南万户之膏血。
呜呼车中累累物，东南万户之膏血！

这一时期有关驿站的题咏也较多，如明甄敬《过大河驿》，清任其昌《长宁驿》，方玉润《长宁驿》，李苞《小川驿道中》，徐纪霖《宿古浪驿》，史善长《过武胜驿》、《红城驿》，朱凤翔《摩云驿》等。

第一辆汽车驶入甘肃

20世纪初，一些外商开始把汽车输入中国。到1921年，全国除甘肃、青海、西藏等少数省份外，其他各省已有汽车2635辆。当时甘肃尚无公路，原有大车道不要说通行汽车，就连木轮大车的通行都很困难。

光绪三十三年（1907年），意大利希皮奥内·博尔盖塞亲王一行3人，驾驶一辆"伊塔拉"型小汽车由北京经陕西沿"左公大道"进入新疆，这是经过甘肃的第一辆汽车。

1921年10月6日，陆洪涛任甘肃督军。其弟为祝贺其兄升迁，特从北京购置并乘坐一辆小汽车，从陕西经陇东到兰州。这辆小汽车连同司机一起落户兰州，并成为陆洪涛的专车。这是在甘肃落户的第一辆汽车。此后这辆车相继归属李长清、刘郁芬等军政要员所有。

第一辆汽车的经过和第一辆汽车的落户，使甘肃人特别是沿途的老百姓大开眼界，汽车所过之处，轰动乡里，传为奇谈。至今会宁县翟所一带还流传着这样一段笑话：夏季的一个傍晚，人们坐在街上闲聊，突然有人惊叫起来，不知出了什么事，只见东山顶出现两道耀眼的白光，忽闪忽闪。惊魂未定之际，一位啃过几本古书的老学究叹道："天灾连绵，兵燹未竭，妖魔又至矣！"人们一听说"妖魔"

驶入甘肃的第一辆汽车

来了，三步并作两步，奔入自己家中，紧闭房门，大气不出。原来两道白光并非"妖魔"之光，而是博尔盖塞亲王一行的小汽车射出的灯光。小汽车行至翟所街面，恰巧抛了锚，因天黑无法修理，便准备在这里停一夜。人们躲在房子里，只听到街上一阵"呼隆隆"的声音，一会儿就听不见了，以为"妖魔"路过，才松了口气。不久，街上有人喊道："快来看哪，来汽车喽！"人们不知"汽车"是什么东西，跑出门来看，原来是一位出远门见过世面的生意人在吆喝。但见街上停着一个怪模怪样的东西，由四个轮子撑着，上面还坐着3个怪模怪样的人，如果不是生意人介绍和解释，人们还真的以为是"妖魔"哩。第二天一大早，人们才看清了汽车和洋人的模样，并指这问那。当得知汽车喝了"洋油"自动能跑，并比十匹马拉的马车还要快时，不禁发出"啧啧"的惊叹声。

汽车使甘肃人开始接触现代文明，并在兰州军、工、商界人士中产生很大影响。筹划修筑公路、成立汽车股份有限公司等事宜便由此开始。

巧合的是，80年后，博尔盖塞亲王的孙子驾驶着他祖父驾驶过的这辆小汽车参加北京至巴黎的国际汽车拉力赛，所过之处，人们对这辆怪模怪样的"老爷车"仍然非常好奇。

孔繁锦整修陇南大车道

民国初年，甘肃境内大车道的分布情况基本和清末驿道分布情况相同，失修失养。大部分大车道不能畅通。主要原因是，当时天灾肆虐，兵祸连绵，民力消竭，政府不管。更有甚者，把"闭塞交通"视为"保境安民"的手段，认为修筑公路或整修大车道是军阀便于军运，掠夺地方资源所为。因而，士绅、民众对政府的修路存有戒备、排斥心理，"消极怠工"等现象较为普遍。但在有些地方，军阀出于各自的利益，派款征粮，"修路架桥"，粉饰太平，鱼肉人民，奏出了一段与当时甘肃情形极不协调的旋律。孔繁锦镇守的陇南就是这种情形。

孔繁锦，安徽合肥人，民国8年（1919年）任陇南镇守使，民国14年（1925年）任陕甘边防督办，民国15年（1926年）与军阀吴佩孚勾结反冯玉祥，战败后，逃往陕西。在他统治陇南的几年里，不但政令苛繁，横征暴敛，而且借筑路之名，搜刮民财，扩充军备，维持自己的势力。他利用民财整修的主要道路有：

民国10年（1921年）冬，征调民工，整修了天水经罗家堡、盐官堡、长道镇、西和至洛峪集、麒麟山、王家楞的大车道，长300余里。

民国11年（1922年）春，整修了从天水经云山集、远门镇、清水、阎家庄、马鹿镇至固关镇的道路，长500里。同年秋，又整修了天水经兴隆镇、娘娘坝、江洛镇、徽县、永宁镇至两当县的大车道，长500里。

民国12年（1923年）又整修5条大车道：①从天水西经三十里铺沿渭河河谷直趋武山，长200余里；②从伏羌（甘谷）经金山镇、张家川至阎家店，与马鹿镇道路相接，同时对陇城以东支线道路也进行了整修；③自云山经秦安、郭家镇、碧玉镇、通渭、马营镇至定西，长400余里；④由长道镇达礼县，长约30里；⑤自西和经雪水河、石峡关、成县至江洛镇，与天水通徽县道路相接，长30里。

孔繁锦用3年时间，征集陇南14县4万多民工，整修大车道1 000多公里，耗银16万元。军阀控制的运输只是给孔繁锦经营下的军火、鸦片生意带来了繁荣。

当时，在甘肃其他地方，军阀们为了各自利益也不同程度地整修了境内的大车道。在汽车未通行甘肃前，这些举动一定程度上发展了交通，为公路交通的到来作了准备。

民国初年的民间运输业

民国初年，甘肃的民间运输业仍维持着清末的驿运状态，每年通过牛马大车和畜力驮运数以万吨计的土特产品和生活日用品，交通沿线城镇间的集市贸易业也相当发达。据民国3年（1914年）统计，甘肃（含宁夏、青海）仅骆驼、牛马、骡、驴等大家畜存栏数达81.9万头，这些畜力一部分专门从事营业性运输，一部分则主要服务于农业生产，农闲时从事中、短途运输。

民国5年（1916年）以后，各地军阀为扩充武备，大肆掠夺民间畜力，垄断民间运输工具，用甘肃的土特产品换回了大量的军需物资。仅民国11年（1922年）3月，陆洪涛就从天津一次购进枪支、弹药32大车，虽在陕西礼泉被陕西靖国军劫取，但从中可看出物资运输在民间运输中所占的比重。

连绵不断的自然灾害导致驮畜锐减。民国9年（1920年），甘肃大地震，牲畜死亡惨重；民国13年（1924年），全省民众大饥，牲畜被杀充饥。民国16年（1927年）河西大地震，压死牲畜25万头。民国17年、18年（1928年—1929年），全省大旱，绝大多数牲畜因缺乏草料饿死，所余也多被宰杀度荒，民间运输至此元气大伤，十余年间一蹶不振，境内道路上除官办或外国洋行经营的车驮队伍过境外，其他半营业性的运输业十分有限。民国20年（1931年），国民政府通过一系列开发、赈济活动，使甘肃经济状况稍有好转，民间运输业开始复兴，在当时汽车运输刚刚起步的情况下，民间运输业仍是道路交通的主体。

羊毛运输：甘肃是全国畜牧业基地之一，羊毛是民国时期甘肃输出的主要物资。羊毛用途很广，可制作毡、衣、鞋、帽等。过去由于牧区交通不便，羊毛利用率甚低。清光绪二十二年（1897年）英商在张家口经营皮毛生意，通过甘肃驼帮采购甘、青一带羊毛，在张家口出售，再由英商运往天津出口，生意兴隆。之后，美、俄、法商趋之若鹜，来甘、青开设洋行，坐庄收购羊毛。到民国初年，外商仅在河州开设洋行的就有美商新泰洋行、聚利洋行、仁纪洋行、天长仁洋行、瑞纪洋行、普伦洋行、平和洋行及法商吉昌洋行等。民国3年（1914年）第一次世界大战爆发后，帝国主义急需大量的羊毛制作军毯，国际羊毛市场一时繁荣。于是在甘肃的洋行不但增多，而且中国商人也大量收购羊毛外运，羊毛贸易非常兴隆。据民国9年（1920年）估计，仅从夏河等地每年集中到河州转运天津的羊毛达150万斤。民国12年（1923年），外商在兰州设立几处洋行，收购从河西及周围各县运来的羊毛及土特产品。羊毛年收购运出达300万斤。此外，从青海经甘肃运出的羊毛每年保持在750万斤左右。当时羊毛运输全靠民间运输工具完成，甘南一带的羊毛主要由牦牛驮至河州，在河州转水路筏运至包头，再转运到天津；河西一带的羊毛主要由骆驼转运兰州后，转水路或陆路运至天津。

羊毛贸易利润丰厚，最初在河州、肃州一带收购每百斤价银2两，后来价银一般达到了14至16两，运至天津后，成本不过一二十两，出售价却高达40两。羊毛贸易鼎盛期，收购每百斤曾达30两。

民国18年（1929年），帝国主义国家经济危机，羊毛贸易受挫，销量锐减，在甘肃的洋行、商号逐渐

民国时期新绥公司的汽车运输

撤离或转行。抗战爆发后，海路中断，羊毛贸易也基本停止。

食盐运输：甘肃是青盐、蒙盐过境区和主要销售区，盐运量仅次于羊毛。民国初年，国民政府在兰州、西峰等地设盐务局，课收盐税。运输食盐的多为盐商小贩和盐区牧民，凭"照票"自备畜驮到盐池挖盐，然后运销兰州、陇东、汉中等地。民国22年（1933年）私盐贩运被禁，改为官盐招商方式的承包运输，例如兰州官盐主要由青海大户马辅臣自备大车200辆承运。此外，在西峰成立盐务秤放处，专门经营食盐的储存和销售。食盐的产、运、销基本由官僚资本垄断，民间盐运只承担小股转销业务。

民国初期，甘肃已有了轻纺、冶炼、煤炭、火柴制造、副食加工等工业，但远远不能满足市场需求，大量的生活日用品需从外地供应，所以生活日用品的需用量也逐年增长。

这一时期的民间运输业仍沿袭着明、清以后的传统管理模式，即依据地域或运输工具不同，设立松散的"帮会"组织。按地域有兰州帮、河州帮、凉州帮、秦州帮等；按运输工具有车帮、马帮、驮帮、驴帮、扁担帮等。这些帮主要是起着互相照应的作用。在物资流通中，帮派最大、历史最悠久的莫过于山陕帮，他们或行商或坐贾，经销各类物资。在省内大小城镇都建有"山陕会馆"，对甘肃经济影响深远。

陇中民间的扁担运输

陇中泛指今甘肃中部的榆中、会宁、静宁、庄浪、秦安、通渭、定西、甘谷、武山、陇西、渭源和宁夏回族自治区的西吉、海原、固原等十数个县，这里既是"丝绸之路"、"兰州官路"的必经地带，又是汉、唐"陇右富庶区"的一部分。由于元、明、清历代连年不断的兵燹和自然灾害，使这一带的自然经济遭到严重破坏。到清末民初，这里已是赤地千里，童山秃岭，百姓流离失所，生活困苦不堪。当时路过这里的封疆大吏、文人墨客无不有"陇中苦瘠甲天下"的慨叹。

与"陇中苦"紧密相联的是运输工具十分落后，而扁担运输正是这种"落后"运输的一个侧面。

肩担运输，是肩挑运输之一种，是陇中民间运输的主要方式之一。扁担用韧性好的红心柳木或桑木制成，一般长5尺~6尺，宽3寸~4寸，厚薄因人而异，呈弓形。配套的工具有：竹制箩筐和方木架（用绳索系于扁担端)、搭柱(供歇息用)、担枕和衬肩。这种工具制作简单,成本低廉,运输物资方便灵活,因而扁担成为这一地区下层民众运输各类物资的主要工具。每当农闲季节(农历四至六月、十月至次年正月),这里的群众便成帮结伙,肩挑商品往返于城、镇或县际之间,少量的则长途跋涉于兰州至关中、汉中等地。他们利用各地商品的差价,赚取一定的利润,以贴补家用。至于村镇间的集市商品运输则是常年进行。

由于陇中一带出产物品不多,几乎所有的生活日用品均依靠外地供应,因而商品交流广泛,物资种类繁杂多样。按贵贱分,约有三大类:一是布匹(主要是白土布)、绸缎、金银首饰、茶叶、瓷器、纸张等贵重品;二是黄烟、水烟、皮毛、大麻丝、药材、核桃、柿饼以及竹制的农用家具等土特产品;三是粮食、食盐、香表、箱笼、针头线脑以及当地产的蔬菜、瓜果等。上述物资的来源、流向、地域很广。一类物资主要来自西安、汉中;二类物资来自周围各县;三类物资除食盐外,产、销于本地。由于人力担负数量有限(75公斤~90公斤),单独运输一种物资,利润较小,因而在运输过程中,常采用接递的办法进行。例如:通渭的"扁担客"欲从兰州担回水烟,首先从本地担上粮食贩卖到定西,再将定西的箱笼贩至兰州;或将粮食担至通往陇西沿线的集市上粜出,到陇西担上大麻丝,到临洮出售,再把临洮的香表、酥糖运至兰州,然后在兰州担上水烟直至通渭出售给商铺。欲要赚更多的利润,有的将水烟直接运往汉中或西安出售,贩回布匹、绸缎、瓷器、茶叶等,资金较丰者捎带一些金银首饰等。这种长途贩运来的物资如遇行情看涨,往往一趟可赚几十个银元,一般可维持家庭全年的零用。此外,陇中各县间商品调剂量也很大,如会宁的粮食相当一部分运往定西、秦安;徽、成县的核桃、柿饼、红枣等土特产品和张家川、华亭的农具销往陇中各城镇;还有漳、岷二县的药材,陇西的大麻丝,临洮的香表更是陇中各县的短缺物资。这些物资除车、畜参与运输外,扁担的运输量是很大的。值得一提的是,清末秦安、通渭、甘谷一带的"货郎客"日渐增多,他们担上两只盛满针头线脑的木箱,一年四季,走乡窜户,一些家庭妇女足不出户,即可买到中意的东西。

从事扁担运输者,为减少途中饮食、住宿的费用,临行前均带上干粮,绕开官路,寻捷径行走,夜宿百姓家,花很少钱喝一顿热粥,鸡鸣即起赶路,有时露宿于野外。空载日行100里~120里,重载日行60里~80里。由兰州至西安一个往返约

需1个月时间,其余各县间一个往返约4天~6天左右。由于生活困难,很少有人穿布鞋或麻鞋上路,大都是带几双草鞋,供难走路段穿用。据一些老人讲,他们每天晚上都要用烧红的铢针穿脚泡,每隔十数天就割一次脚疗,否则休想走路。因长期的扁担荷重和饥饿劳累,使扁担客都不敢保证途中无有闪失,有的因劳累过度而中途死亡;有的因扁担折断造成货物损失。从事扁担运输的人,不仅在年轻时要受尽苦难,到年老时因劳累成疾,大部分人患有脚疗、关节炎、腰痛、驼背、气管炎等症。他们明知作一个"扁担客"的艰难,但为了生计,还是将"扁担"传给了下一代。

扁担运输是延续千百年且不择求道路条件的一种古老运输方式,在车畜不足的情况下,起到了弥补运力不足、调剂交通不便地区物资流通的作用。

早期的公路网规划

从地图上看,甘肃犹一柄如意,由中心腹地向西北边陲斜置于中国版图之中,地理位置十分重要。这里有大片草场和河西走廊垦地,还有丰富的石油资源和其他矿产资源。开发建设的前景广阔。但甘肃早期交通落后,当东部沿海各省的汽车运输已初具规模时,这里仍然是铁、木轮大车和驮畜的"王国"。汉、唐以来的"黄金通道"已不复存在。政府当局和各界人士也逐步意识到,欲开发甘肃丰富的自然资源,拯救和恢复甘肃的自然经济,必须以公路交通为先导。因而,北洋政府和南京国民政府以及甘肃省政府都先后提出过以兰州为中心的公路修建计划,一方面恢复中国交通网络布局的完整和统一,一方面刺激西北农业、畜牧业、土特产品加工业、商业和工业的发展。

民国11年(1922年)9月,中华全国道路建设协会向北洋政府呈送了以兰州为中心的全国汽车道路草图,图中有经线4条,纬线5条,以及一部分辐射线和环行线。民国17年(1928年),国民政府交通部又拟订了一份以兰州为中心的全国道路规划,把公路分为国道、省道、县道3种;国道分为干、支线两类,干线又分为经、纬两种。其中,同甘肃有关的经、纬线有:起自云南洪江,纵贯云、川、甘、蒙,计长3 200公里;起自山东青岛,横贯鲁、冀、豫、晋、陕、甘、青、新,计长4 000公里;起自福建福州、斜贯赣、鄂、豫、晋、陕、甘、新,达伊犁,计长4 500公里；起自黑龙江省瑷珲，斜贯黑、辽、冀、晋、陕、甘、青、藏，计长4 650公里。

民国22年（1933年）秋，甘肃省建设厅草拟了一个以兰州为中心的6大干线43条支线的公路修建计划，并经省政府于民国23年（1934年）4月省务会议通过。计划中的六大干线、43条支线的基本走向是参照清末干、支线驿道和国民政府拟定的经、纬线走向标示的。六大干线是：甘陕线，由皋兰（今兰州城关）起东向循清末"左公大道"（在定西绕道华家岭）达陕西，甘境长491公里；甘新线，由皋兰起西向循"左公大道"出星星峡达新疆，甘境长1 489公里。前两线相互衔接，是西北交通的一条东西大干线。甘青线由皋兰起循甘青驿道出享堂达青海，甘境长185公里；甘宁线由皋兰起循大车道经靖远、兴仁堡达宁夏，甘境长237公里；甘川第一线，起自中部华家岭，经通渭、天水、成县至武都，长510公里；甘川第二线，由皋兰起，循甘川驿道经临洮绕道临潭、岷县、西固（舟曲）、武都至碧口，长778公里。前述干线共长3 690公里。43条支线均依干线向两边辐射，其分布情况是：会宁至界石铺、定西至会宁、隆德至庄浪、庄浪至华平、华平至华亭、平凉至固原、固原至海原、海原至打拉池、泾川至镇原、镇原至庆阳、庆阳至环县、庆阳至合水、镇原至宁县、宁县至正宁、白水邑至崇信、崇信至灵台、天水至清水、天水至甘谷、甘谷至武山、武山至陇西、陇西至渭源、渭源至临洮、江洛镇至徽县、徽县至两当、成县至西和、西和至礼县、成县至康县、礼县至天水、武都至文县、岷县至漳县、临洮至和政、和政至宁定、和政至临夏、临夏至广河、皋兰至永靖、永靖至临夏、古浪至景泰、武威至民勤、民乐至东乐、黑泉至鼎新、鼎新至金塔、金塔至酒泉、安西至敦煌，前述线路共长3 540公里，预算工程费约需3 289.4万元，分5年完成，平均每年筹款600余万元。

上述3项计划，受当时政治、经济环境影响较深，因而前两次计划带有很大的盲目性，实施困难，实现更难。后一次计划仅局限于甘肃省，线路布局也较合理。但因甘肃财政困难，经费无着，5年建设计划落空，但成为整个民国时期甘肃公路建设的指导性计划。

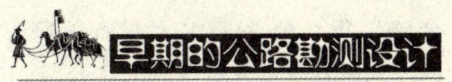

早期的公路勘测设计

甘肃公路初创时期，勘测设计还未纳入公路工程管理的范畴，大都是由甘肃省建设厅或地方行政大员决定路线大体走向后，派督工人员指导各地民工循原大车道进行修理。民国16年（1927年），始有踏勘业务，即先派人按确定的大体方向进行踏勘，提出踏勘报告，经省建设厅批准后，按踏勘确定的路线走向进行施工。工程标准规定较为粗略。如规定"汽车路宽二丈五尺"，"砂土路面厚约五寸"，"填土地面高二尺以上"等。但在具体施工中，大都达不到这一要求，名为公路，实为大车道。

民国23年（1934年），省建设厅成立测量队，施测的第一条路线是天水至碧口线，这是甘肃公路建立测设机构和开展测设业务之始。此后几年内，又相继测量了河口至西宁、临洮至武都、临洮至天水、静宁至循化、江洛镇至武都等公路。

民国23年（1934年），全国经济委员会开始在甘肃组织测量队测设公路，对提高甘肃的公路测设技术具有深远影响。至民国26年（1937年），陆续测设的公路有：西兰公路、甘新公路河口至武威段、天宝公路、华双公路天水至双石铺段、洮天公路甘谷至天水段和天广公路。

当时，公路测设是一门新的学科，在全国尚处于探讨阶段，测设标准没有具体统一。全国经济委员会也只是参照欧美等国公路技术标准，制定了一个基本标准（相当于后来颁布的丙等公路技术标准），颁布各省参照执行，灵活应用。甘肃地形复杂，经济困难，提高公路标准十分困难。又因公路发展较晚，技术能力有限，测设质量也难提高。故一般线路测设标准和修建要求标准均较低。

除全国经济委员会派员测设的几条干线公路标准略高外，另有其他较高线路标准的线路，如西兰公路路基宽7.5米，最大纵坡8%，最小平曲线半径15米；桥涵载重5吨~15吨；砂土路面，厚15厘米。甘新公路最小平曲线半径250米，山地25米；最大纵坡7%，视距100米。各项指标略高于西兰公路。至于其他线路标准厘定均按工程难易、地形复杂情况而定，指标上下幅度较大。

在具体业务上，全国经济委员会组织的测量队逐渐趋于正规。如民国25年（1936年）测设甘新公路时，测量队在人员分工上有很大改进。全队分为选线组、中线组、水准组、横断面组、地形组、内业组，一开始便逐日绘制图表，记录工作情况。测设结束后还写出了勘测报告，对今后测设工作的全面开展积累了资料，提供了有益借鉴。

当时虽已意识到了选线的重要性，并能根据经济实力、地理环境决定线路走向，但大部分还是利用了古人的成果，循驿道布线。遇有沟壑纵横地带，能绕则绕，不能则

甘肃交通史话

>>188

通过回头弯道强行逾越;平川区则尽量把线路布设于河谷二三级台地上,以便于养护材料的采运。总之,这一时期的公路测设工作基本是在摸索中进行的,各方面还不太完善,特别是测设理论尚处于空白状态,测设人员基本凭经验办事,这就无形中造成了测设工作中的随意性和施工过程中的草率应付,加之资金方面的限制,降低线路标准的情况时有发生,严重影响了公路质量。

兴修六大干线公路

甘肃地处内陆,清末时交通不畅。到了民国初年,军阀混战,天灾连年,无暇顾及交通建设,所以甘肃公路出现较晚,基础薄弱。

民国13年(1924年),甘肃督军陆洪涛、陇东镇守使张兆钾、陇南镇守使孔繁锦分别在兰州东稍门至东岗镇、窑店至花所、天水至马鹿等处按通行汽车要求各修一段汽车路。民国16年(1927年),甘肃省政府成立后,出于军事需要和赈济的原因,采取以工代赈的形式,在原大车道的基础上,整修了兰平、兰肃、兰宁、兰固、兰临、兰湟、宁平等8条汽车路。后因政局变化,并无汽车行驶,整修路段大部分废弃。民国23年(1934年),全国经济委员会在西北成立了公路机构,正式按公路标准修建西(安)兰(州)公路,这是甘肃公路修建之始。之后,先后兴修的公路主要有甘(兰州)新(乌鲁木齐)、甘(兰州)青(西宁)、甘(兰州)川(四川昭化)、华(家岭)双(石铺)、兰(州)宁(银川)等六大干线,其中甘肃境内公路总长2 786.3公里。从民国23年(1934年)到民国26年(1937年),国民政府为堵截中国工农红军北上,修建了天(水)马(鹿镇)、定(西)陇(西)、临(会川)陇(西)、兰(华家岭)秦(州)、甘川、石兰(榆中石头沟至兴隆山)等支线,扣除重复线,这一时期共修筑公路10条,全长3 050公里。

抗日战争爆发后,在续建公路的同时,国民政府又投资修建9条干、支公路,甘肃省自建7条公路,合计新修干、支线16条,计长1 451.7公里。新建的公路主要是:南疆(敦煌至新疆南部)、岷(县)夏(河)公路。

抗日战争胜利后,国民政府出于军事目的,将修路的重点放在了陇东,抢修了靖远经海原至黑城镇、庆阳至合水、合水至宁县、静宁至西吉、宁县至盘安的大车道,整修了窑店至庆阳公路;在河西地区第七区公路工程管理局主持新修了酒泉至建国营、桥湾至滚婆泉、马莲井至明水三条支线公路;在陇南新修了江(洛镇)成(县)等8条公路,共长659.4公里。

甘肃公路自1924年兴修到1949年10月,共修建公路34条,计长5 161.1公里,但后期由于政局动荡,公路失修失养,路况很差,实际能通车的公路只有19条,计长3 279.8公里。

西兰公路

甘肃的第一条公路是西兰公路,始建于民国13年(1924年)。当时,中华全国道路建设协会拟借陆洪涛在甘肃的权力和威望,打开西北交通局面,遂邀陆出任协会名誉董事长,陆欣然应邀,并派所属甘肃陆军第一师参谋长魏鸿发筹备修路事宜,随后又与陕西督军刘镇华磋商,决定先修南线(即丝路南线)。同年由工兵营兵工修建了兰州东稍门至东岗镇一段。民国16年(1927年),甘肃省政府成立省道办事处,刘郁芬兼任处长,开始整修兰州至平凉、平凉至长武路段,并由兰平汽车路专员刘芹芬、刘鹏会同沿路各县县长负责征集民工和督修兰平汽车路事宜。整修兰平汽车路是在"左公大道"的基础上进行的,在没有测量和技术指导的情况下,由民工凭经验修修补补,因而整修后,仍弯急坡陡,缺桥少涵,只是晴天能勉强通行汽车而已。

兰平汽车路土路通车后,因缺桥少涵,雨季经常中断交通。民国17年(1928年)和18年(1929年),甘肃省政府利用赈灾款对阻车路段截弯取直,降坡提高,增建了一部分简易桥涵。民国23年(1934年)3月,全国经济委员会西北办事处成立,接管了西北军和华洋义赈会承建的工程。西兰公路开始按施工程序进行修建。

民国23年3月14日至4月12日,全国经济委员会公路处组成西北公路查勘团,对西兰公路进行查勘。查勘路线自西安起,经咸阳、礼泉、乾县、永寿、彬县、长武至陕甘界窑店,再由窑店经泾川、平凉、隆德、静宁、华家岭、定西至兰州,全长744公里(汽车路码表里程)。全线除六盘山、华家岭等处计长300余公里属新辟或改线工程外,其余基本沿驿道而行。同时,成立西兰工务所,分段对西兰公路进行测量。至民国24年(1935年)初,全线测竣。实测长度704.411公里。测设按当时丙等公路技术标准进行,即路基宽7.5米,最大纵坡8%,最小平曲线半径15米,桥载重5吨~15吨,砂土路面厚15厘米。施工计划根据查勘结果和测高情况而定,即先做紧急工程,最短期内达到通行汽车的要求,然后择要改善。预算工程费

甘肃交通史话

110万元（法币），其中民国23年核定80万元，民国24年核定30万元。

在测设的同时，即开工修建。最初分彬静、定兰两大段，下设9分段。后陈体诚（全国经委会公路处处长）视察西兰公路时，将全路分为5段，每段下设分段，分段由工程司（师）或副工程司负责工务。后因一个工务所管理困难，将全线又分为两大段，每段下设工务所。机构调整后，工程进展顺利。

按照施工计划，全路石方、桥涵工程由包商承担，路基土方工程先后由兵工和民工承担。上路民工由沿路各县代为征雇，逐日按实收方，发给工资。

西兰公路沿途各县自然条件比较艰苦，材料缺乏，交通不便，运输困难。尤其是200公里新辟线所经地带，人烟稀少，征雇民工困难，但经过筑路员工的努力，于民国24年（1925年）4月，基本完成任务，5月1日土路通车。共计完成路基土方110万立方米，石方24.5万立方米；修建正式桥梁7座，便桥1 110米，涵管164道，过水路面20余处。同年10月，通过正式验收并交付使用。

西兰公路土路通车后，由西北国营公路管理局接管养护。民国26年（1937年）八月，全国经济委员会协调西安行营在西安成立西兰、西汉两路工程处，办理铺筑路面及各种改善工程。全国经济委员会公

早期西兰公路一段

路处副处长赵祖康由南京到陕西，同西安行营与陕、甘代表协商办理两路路面铺筑及改善工程事宜。民国27年（1938年），甘肃省政府公布了《征雇民工办法》，责令皋兰、榆中、定西、通渭、静宁、会宁、庄浪、化平（今宁夏泾源县）、固原（今宁夏固原）、平凉、华亭、灵台、泾川、隆德（今宁夏隆德县）等10余县征雇民工，采运路面材料的人数每天达到2万多人。各总段均按计划组织施工。甘肃境内除平凉以西齐家山及华家岭东部路面材料运齐待铺筑外，其余工程均按计划完成。华家岭、齐家山改线工程、平凉八里铺桥、颉河子桥、陡坡河桥也于9月底全部完成。11月成立西兰公路东段工务所，开始铺筑西安至泾川段的路面，并于年底完成。从此，西兰公路才基本上达到了晴雨通车的丙级标准公路。西兰公路自华洋义赈会开始改建，至全部路面工程完成，累计投资449.4万元。民国30年至民国31年（1941年—1942年），

先后拨改善工程款2 000万元（法币），改建了永久或半永久式桥5座、共长106.5米，加固临时桥1座、长18.5米，修涵洞14道，加铺碎石路面25公里，砂土路面3公里，修理渡船18只，建筑疏散办公室1处。民国32年（1943年）又分配改善工程款530万元。民国33年（1944年）批准改善工程款400万元。民国34年（1945年），甘新、甘青、华双、西兰、平宁五路又奉准核定改善工程款9 900万元，因法币贬值，只能改善急需工程，西兰路改建了泾川汭河桥、定西十八里铺桥及巉口桥。民国35年（1946年）又完成新桥2座，长25米，修理桥梁6座，计长111.7米。修理沣河大桥1座，涵洞2道，新建驳岸30立方米，修过水路面1处，修理护墙95立方米，水坝1道，修理房屋2处。民国36年（1947年）投资改善工程款1亿元（法币），新建1座长4米的小桥。

甘新公路

甘新公路起自兰州，经武威、张掖、酒泉至新疆到乌鲁木齐（迪化），全长1 984公里，其中甘肃境内长1 179公里。甘新公路修建初期，是在原"左公大道"的基础上整修而成，没有进行过正式勘测。早在民国16年（1927年）甘肃省政府倡修"汽车路"时，就要求沿路各县政府发动民工整修"左公大道"，经整修后的公路虽能勉强通行汽车，但路基不实，一遇大水即被冲毁。沿途桥梁多未修建，已修桥梁，因桥身太窄，行车危险。以后经当地驻军和沿线群众多次整修，路况有所改善。民国24年（1935年）1月，省政府批准"新绥长途汽车运输公司"在这条路上试行经营客货汽车运输。

为了改建这条公路，前后曾勘测过9次。

民国25年（1936年）10月，甘肃省建设厅成立了甘新公路工务所，正式开始修建甘新公路河口至红城子段，土方工程主要靠民工完成，石方和桥涵工程由小包商承做。第二年春因投资无着停工。民国26年（1937年）抗战爆发后，国民政府出于军需物资运输的需要，十分重视甘新公路的建设，9月成立甘新公路督办公署（马步青兼任督办，后由甘肃省政府主席谷正伦兼任），紧急动员兵工和民工2万余人，在原道路基础上赶工整修维持通车，然后分期改善。第一期，从民国27年（1938年）4月开始，按照正式标准进行施工。施工前，各段进行测设。玉门至安西一段改线移至疏勒河以北戈壁滩上，工程简易，线型顺直，桥涵也少。工程费用包括紧急整修款在内共计100万元。第二期自民国27年（1938年）8月开始，至民国28

年（1939年）11月29日为止，主要修建桥涵，铺筑路面和路基石方工程。工程费用150万元。第三期工程，自民国29年（1940年）3月开始，至12月结束，主要是改建、增建桥涵、铺筑路面，工程费用50万元。民国32年（1943年）2月，交通部西北公路工务局接管甘新公路红城子至星星峡段。在酒泉设立甘新公路养护处（后改为工程处），处下设武威、张掖、酒泉、安西4个总段，总段下设永登、武威、永昌、山丹、张掖、高台、酒泉、惠回堡、玉门、安西、马莲井11个工务段。民国30年（1945年）7月甘新公路工程处撤销，成立武威、酒泉、安西三个工务所，下设9个工务段。民国35年（1946年）3月工务所撤销，改为工务段，各工务段由第七区公路工程管理局直接领导。

兰宁公路

兰州至宁夏银川公路全长473.43公里，其中甘肃境内269公里。

民国14年（1925年），冯玉祥率领的国民革命军由宁夏循北线（兰宁间自古有3条大车道路线，即北线、中线和南线）入甘，经沙坡头流沙段时，汽车无法通行，部队挖去细沙垫以芨芨草或柳条，加铺木板轮换铺垫，汽车才勉强通过。民国17年（1928年），甘肃省政府征派民工将中线原大车道整修，当时无汽车通行，修好的路随即损坏。民国23年（1934年）和民国27年（1938年），省政府又责成沿线各县加紧修筑，勉强可通行汽车。由于缺乏养护，经洪水冲刷，大车辗轧，又被损坏，交通经常受阻。

民国29年（1940年）省建设厅派工程司陈宗孝勘查中线甘段。民国30年（1941年）8月又派工程司洪文翰再勘，对中、北、南三线进行比较，北线比南线短50公里，但有沙坡头流沙阻挡。民国31年（1942年）宁夏提出走南线，甘肃又派工程司宋景楠再勘，南线因黄家洼等处石方大，不能采用，经磋商和上级批准，决定仍用中线。

民国33年（1942年），国民政府先后拨款60万元。甘肃省建设厅在甘段组建两个工务所主持施工，第一工务所由宋景楠工程司负责兰州至靖远段；第二工务所由马承周工程司负责靖远至白圈子段，要求年底整修竣工。但因工款不足，整修后的路段仍达不到晴雨通车的要求。

民国33年（1944年）1月，甘肃省建设厅拟定甘段改善工程预算2 700万元，电请交通部核准，由甘肃省主持修建，所需工款以南疆公路节余款2 300万元为限。同年3月16日，成立兰宁公路甘段工程处。处长兼总工程司由建设厅技术室技正张志礼担任。处内设总务、工务、会计三股室，处下设四个工务总段，各辖三个分段，共配备技术人员39名，其中正工程司3人，副工程司7人，试用副工程司3人，帮工程司9人，工程员12人，练习工程员5人，总段长及分段长均由技术人员兼任。工程处成立后即组织临时测量队，先测量关山涝池峡一段，为5月1日开工作准备。5月23日成立第一测量队，8月15日成立第二测量队，民国33年（1944年）6月成立第三测量队，分段测量，边测量边施工，按交通部颁发的《公路设计准则》规定的丙级公路标准设计。路基宽：山岭区6米，平原区7.5米；最大纵坡8%，平曲线最小半径25米。桥涵、渡船载重7.5吨，路基高度在地面洪水线以上。民国33年（1944年）5月改善工程开工，石方及桥涵工程由包商承做，路基土方工程全都由兰州、皋兰、榆中、景泰、靖远、会宁、海原7个县市的民工义务完成；各县县长任总督工，县建设科长任副总督工，技士任指导员，巡官分任督工员，各正、副乡（镇）长任总带工，副总督工及带工人员留住工地。由于组织严密，按县、乡（镇）分段包干，开展竞赛，工效高、进展快。关山涝池峡的工程到当年11月就已完成。两年内共征民工52.05万个工日，完成土方128.74万立方米，平均每工日2.47立方米，最高工效每工日5立方米~6立方米，为甘肃民工义务筑路的最高记录。包商承做的桥涵工程也于民国34年（1945年）11月完成，计关山涝池峡涵洞及过水路面等14处，其余路段桥涵34座。民国35年（1946年）国民政府行政院批准采用以工代赈办法铺筑路面工程。4月，甘肃省又发动7县市民工采筛材料铺筑路面，于6月底全部完成。

兰宁公路在靖远境内须渡黄河，民国33年（1944年）5月至8月制造木船4只，后因渡口改设碱滩，于民国35年（1946年）4月至6月，于西岸修筑简易码头1处，长220米，东岸修引道1段，长240米，沿河路基还修了干砌块石防护工程。这次改建工程，工程处实收投资2.8亿余（法币），支出2.6亿余元，节余7 400元（法币），以200万元治理大砂坪至崖渠川一段路线两旁的荒山坡（挖水平沟工程）。其余工款拨修吴家川至靖远县城21公里的支线公路。

民国34年（1945年）12月25日，省有关单位及新闻界代表28人，乘车试驶，28日抵银川。民国35年（1946年）6月路面工程完工后，又进行甘段试车，有西北行营及省级6单位参加，往返行程17小时，平均时速27.8公里。全部工程完竣试车后，交通部派第七区公路工程管理局总工程司孙发端，会同省审计处、会计处、建设厅人员于7月1日起逐段验收，至7日验收完毕，移交第七区公路工程管理

局接管。管理局接收后，即在石洞寺设立总段，下设清真寺和水泉两个分段，沿线设8个道班，配备道工112名，测工2名，木工4名，渡工25名，负责养护和摆渡工作。

甘青公路

甘青公路兴修前，兰州至西宁有2条主要道路：即兰州经定羌驿、河州、循化而达西宁；由兰州经平番（今永登）、大通驿至西宁。当时通称"官道"。另有一条驮运小道，沿黄河及湟水左岸逆流而上，路虽便捷，但有数处石崖，险峻异常。

民国16年（1927年）9月，甘肃省政府下令整修兰州经永登、西宁至湟源的"官道"，称兰湟汽车路，经过整修勉强通行汽车。

民国23年（1934年）5月，全国经济委员会公路处副处长赵祖康曾沿"兰湟路"进行了视察，估计由兰州至西宁全长约300公里。同年10月全国经济委员会公路处，派林约翰工程司（师）会同甘青两省人员，勘查了由西宁沿湟水及黄河至兰州的路线。民国24年（1935年）4月，公路处又派刘文英工程司，调查甘青公路新线的工程地质、路基土壤和筑路材料等情况。甘肃省建设厅也于同年4月组建测量队，由兰州往西宁方向施测，6月底测竣，8月底交出图表后即行开工。兰州至享堂峡全长120公里。兰州至河口路段又为甘新、甘青路的重复路段，甘青公路实际从河口起至享堂峡，长73公里。

甘青公路是按丙等公路技术标准进行测设。路基宽：平原区7.5米，丘陵区6米~7.5米，山岭区4米~6米。平曲线半径：平原区最小50米，山岭区最小10米。纵坡：平原区最大5%，丘陵区最大7%，山岭区最大12%。桥涵荷载：永久式12吨，半永久式7.5吨。民国24年（1935年）8月，省建设厅派工程司（师）张纬猷负责兰州至享堂段的工程施工，并通令皋兰、永登两县征派民工筑路。皋兰县由兰州至张家寺，计长61公里，永登县接续至享堂计长51公里。两县民工于8月上路开工。皋兰县的路基土方工程，主要是安宁堡、柴家台、高崖根、老盐沟、大小拉拉湾、八盘庄上下坡等处共长约15公里，民工每天出工最多达4 000余人。永登县的路基土方工程和盘山线共计60公里，集中在马四子坡、飞石崖、虎狼沟、张家坪坡、青土坡、红古台上下坡、享堂坡等处。至民国25年（1936年）10月26日，皋兰县完成土方工程70%，大小涵洞工程12道，过水路面10处。永登县完成飞石崖、虎狼沟、张家坪至青土坡一段的路基土方工程。石方工程采取包干办法进行，尤其虎头崖一段工效显著。此外，修建涵洞3

座，过水路面12处。民国26年（1937年）春继续施工，至9月因工款无着停工。

民国27年（1938年）3月，续建工程开始。省建设厅设立甘青公路工务所，在沿线设立工段，路基土方仍继续征派皋兰、永登两县民工完成。石方及桥涵招商承包修建，于民国28年（1939年）9月基本竣工。10月西北公路运输管理局接管甘青公路河享段，并于11月在河口设立了河口工务所，负责改善工程。民国29年（1940年）投资25万元，改善兰州至河口间的路基和桥梁修建工程。民国30年（1941年）投资66万元，继续进行未完工程。同时，进行了庄浪河桥、享堂峡木桁桥新建和八盘峡路基加宽、河咀子至青土坡路基改线，以及6座小桥、26道涵洞和530米防护工程。民国31年（1942年）河口工务所撤销，移交兰州工务所。同年投资30万元，继续上年未完工程，当年完成土方1.7万余立方米，石方3 800立方米，石拱桥3座、长260米，涵洞13道，石台木面桥1座、长4米，石砌防护工程长667米。

甘青公路经几次整修和续建，于民国27年（1938年）3月正式通行班车。因技术标准低，加之整修过程中因陋就简，建成以后抗灾能力差，每年雨季都有大量的水毁，尤以民国31年（1942年）最为严重，8月将新建的庄浪河16孔跨径5米的砖拱桥冲毁7孔，以及中小型桥梁7座和一部分路基、涵洞、防护工程。民国33年（1944年）投资300万元，对水毁桥涵、路段进行了修复。民国33年（1944年）又投资250万元，继续修复沿线水毁工程。此后历年均有水毁，虽经抢修恢复，路况始终低劣不堪。

甘川公路

甘川公路起自兰州市，经七道梁、中孚、临洮、会川、分水岭、木寨岭、岷县、宕昌、两河口、武都、文县、碧口、南路岭，进入四川白水，南至广元县昭化，全长704.4公里。路经洮河、嘉陵江两大水系，沿途群山起伏，层峦叠嶂，悬崖陡峭，江河交错，沟壑纵横，地质复杂，泥石流严重，修建公路十分困难。路线在岷县、宕昌、武都、文县境内，基本沿古阴平道而行。这里自古交通不便，民间流传的"上山好比上青天，江水好比阎王殿；背上东西出门去，不知回还不回还"的歌谣，正是对这一带山区交通不便、道途艰险的真实写照。因此，甘川公路在修建过程中遇到了重重困难，从兴修到全线贯通，费时达30年之久。

民国23年（1935年），国民政府为阻止红军北上，曾电令甘肃省政府从速修建通往陇南山区的甘川、洮（临洮）天（水）等公路。省政府即令建设厅组建测量队进行勘测，开始筹备修建事宜。

这条公路有3条路线可供选择：第一条是由华双公路的江洛镇分路，利用江武公路至武都，再由文县、碧口入川；第二条是从兰州西津桥东端起，向南行经阿干镇、鹞子岭、中孚、临洮、会川、黄香沟、分水岭、木寨岭、岷县、宕昌、两河口、武都、文县、碧口入川；第三条是自华双公路终点双石铺，沿川陕公路入川。路线走向确定后，对上述三线都作了实际勘测。通过比较，认为第二线比较适宜，并于民国25年（1936年）甘肃省政府385次会议研究认可。

甘川公路第二线勘测总长度695.8公里，其中甘境长624公里。民国24年（1935年），省政府通令皋兰、洮沙、临洮三县政府从速动员民工突击赶修兰州至会川的140公里公路，省建设厅亦组织了临洮工务所和甘川路工程总队。工程费用由国民政府直接投资。到12月底，用不足半年的时间修通了兰州至会川的全部土路路基，通行了汽车。这是甘川公路第一期工程。

民国28年（1939年）1月，改组原临洮工务所、甘川路工程队总和第一、二测量队，成立甘川公路第一、二、三、四工务所，负责兰州至柳树城（长398.4公里）的路基改善和新修工程。工务所成立后，调用天凤公路工人和征用沿线民工开工，修通官堡（会川）至分水岭新路28.36公里，并择要铺筑由野狐沟至临洮城路面27公里，用工款20万元。分水岭至岷县，由民工完成土方路基，包商承做石方、桥涵工程。至年底，路基、桥涵工程基本完成，用工款30万元。岷县至通北口也于同年6月底修通。民国29年（1940年）1月，甘川公路第五工务所在武都成立，负责通北口至罐子沟（甘川交界处）段的修建，计长264.35公里。通北口至武、文两县交界的月亮坝之间路段谷深峡窄，山势壁立，沿线多为阴平古栈道，石方甚多，施工困难。此段主要由西固、武都两县民工修筑，坚石地段由钰兴公司承包。月亮坝至罐子沟段石方工程艰巨，且沿线人烟稀少，粮食、工具、炸药均由外地购进，运输费时，严重影响工程进度，是全路工程中施工最困难的一段。此段在修建时，共完成路基土方100余万立方米，桥梁200余米，涵洞60余道，过水路面160余米，国民政府交通部共拨款137.5万元。民国30年（1941年），因款源无着而停工。这是甘川公路第二期工程。甘川公路停工后，绝大部分路段毁坏严重，尤其是会川至通北口段，遭暴雨洪水冲刷。泥石流塌方淤积，路基已基本毁坏。

民国34年（1945年）3月复工后，改善、新建工程量很大，施工条件也差，民国35年（1946年）3月，再次停工，这是第三期工期。

民国36年（1947年）国民政府连续拨款1.29亿元（法币），主要用于开凿石方，修建桥涵。土方工程靠征集沿线群众义务劳动来完成。据岷县、西固、文县、武都等县的不完全统计，约出民工95.9万个工日，岷县出1.7万个车日。当时甘川公路的设计标准是：路基宽：平原区7.5米~9米，丘陵、山岭区7.5米；路堑6米，石方艰巨处为4.5米；半山洞为6米。平曲线最小半径：平原区50米~150米，丘陵区30米~100米，山岭区为15米~25米。最大纵坡：平原和丘陵、山岭区为5%和8%。路面：直线段宽3.5米，弯道宽4.5米~5米。桥梁载重：7.5吨~15吨。最短视距：平原区90米，丘陵区60米，山岭区35米。修建过程中，设计变动频繁，就是已通车的路段，也未能达到上述标准。尤其是宕昌至武都段，标准更差。这次岷县至武都段的新建和改建工程，共建成路基216公里，完成土方62.6万立方米，石方1.63万立方米。新修通北口、邓邓、化马桥3座，计长83米，整修和补修桥梁16座，新修、补修涵洞58道，新建过水路面14处、长243米，铺补砌过水路面12处、长370米，新建驳岸、护坡、护栏等共计14.678万立方米，铺筑泥结碎石路面51公里，天然砂砾路面48公里。这是甘川公路的第四期工程。

民国37年（1948年）9月，第七区公路工程管理局组织重新测量由武都至四川广元姚广路段，改线路段也组织3个测量队分三段赶测，同年11月全部完成测量任务，并组织民工进行施工。此期工程，因时修时停，进展不大。

民国38年（1949年）国民党军队撤退时，对甘川公路进行了严重破坏。据1950年调查统计：炸毁、烧毁桥梁86座、长900多米，涵洞227道、长702米，路基71公里，过水路面及驳岸等402处。新中国成立后，历经4次修建，于1962年打通了甘川公路甘肃境全线。

华双公路

华双公路全长411.3公里，是新疆经甘肃、陕西通四川比较捷近的干线公路。这条路线基本沿秦汉时期形成的古道延伸，跨越黄土高原及陇南山地两大地域，沿线村落集中，自然资源丰富。

民国16年（1927年）甘肃省政府出于经济及救济灾民的需要，开始拨款，采取"以工代赈"的办法，征雇民工，调动军工，在原大车道的基础上整修兰州至天水段。因当时并无汽车行驶，整修后的路段大多废弃。

民国18年（1929年）5月，甘肃省政府发出训令：责成建设厅拟定《修建兰秦汽车路办法》。建设厅遵照省政府训令，组建了兰秦（天水）汽车路勘察队。10月15日第一次查勘兰秦汽车路，分为东西两线进行比较。东线勘查走向为：从兰州东岗镇起，利用西兰公路到华家岭分路，东南行经通渭、秦安到天水。西线勘查走向为：从兰州南行经临洮、会川、渭源、陇西、武山、甘谷到天水。两线比较各有利弊，东线修筑容易而线路长，西线则山路多工程艰巨但路线近捷。最后采用了东线，兰秦汽车路改名为华天汽车路。同年底，全国经济委员会批准甘肃成县、徽县、两当、陕西凤县4个县县长联席会议请求修建华双公路的呈文，并会同甘肃省建设厅，调查了沿线经济贸易、农副土特产、公路工程量等情况，决定正式兴修华家岭至天水、天水至凤县两段公路。

民国21年（1932年）甘肃省省务会议决定先修华天汽车路。省建设厅派正务员乔云生为华天汽车路督修专员，原浩宗为助理员，随带测量工具，会同省政府指派委员高成名等人，共同办理华天汽车路的测量和督修事宜。华天段主要由国民政府投资，省政府命令沿路各县征集民工服役，由建设厅具体组织施工修建。同年，省赈委会将陇南各县赈济款2万元，拨给华天段使用。这次兴修是在原大车道的基础上，采取加宽路基、裁弯取直、降低纵坡、放大弯道半径等措施进行的。当年共改缓纵坡24处，放大弯道半径35处，加宽路基32.5公里。同时，建小桥6座，涵洞7道，以及防护工程多处。12月，因天寒地冻停工。民国22年（1933年）春复工，继续向天水修筑，年底完成全部工程量的50%。省政府严令建设厅加快施工速度，建设厅再次令沿路各县政府尽快征集民工赶修公路，并成立工务所，增派工程技术人员，加强技术指导和工程指挥。民国23年（1934年）8月间，全线路基初步修通。建设厅派人乘车前往华家岭、通渭、秦安、天水沿线检查，确认路基良好，桥涵坚固，能够通行汽车。但不久连降暴雨，山洪爆发，路基桥涵被冲毁甚多，只好抢修便道维持通车。省政府又勒令各县从速赶修，对懈怠失职者严加惩处。通渭县长贺俊人，因玩忽职守、筑路不力，给予撤职处分。在省政府的严令下，各县在限期内完成了华天段的工程任务。民国23年（1934年）和24年，建设厅又两次组建测量队，按省建设厅颁布的公路技术等级对华天段又进行复测。其技术标准为：路基宽7.5米，最大纵坡8%，平曲线最小半径15米，桥涵载重为5吨~20吨。民国24年（1935年）至26年（1937年），由各县征集民工继续进行了维修改善。施工时对定线标准做了变动，路基最窄4米，最小平曲线半径12米，最大纵坡10%，个别路段达14%。

民国27年（1938年）初，国民政府电令甘肃省在6月底修通天双段。全国经济委员会和甘肃省建设厅立即行动，组织3个总段，分段进行测量，随测随修。4月全线动工，这是华双公路的第二期工程。为了在限期内修通天双段，3个总段对所有路基、桥涵都采取发包形式赶修，每天上工人数最多时达万余人。6月底按期打通路基，附属工程也相继完成。12月底，土路试车成功，华双公路全线通车。两期共用投资255.76万元，平均每公里造价62.16万余元。华双公路修通后，在抗日战争时期为加快苏联援华物资的运输发挥了积极作用。民国28年（1939年）1月天凤公路工程处奉令撤销，所有未完工程移交工务所及路面工程队继续办理。至民国29年（1940年）春，全线除葫芦河、南河川、马陵关、马陵沟等大桥尚在修建外，其余工程都已完成。民国29年（1940年）3月1日，西北公路运输管理局接收华双公路，并在通渭、天水、江洛镇、徽县等地设立养路段。养路事宜由西北公路运输管理局办理，改善方面仍由建设厅主持。

民国30年（1941年）2月9日，华双公路由交通部西北公路管理局接管。民国30年（1941年），马陵沟桥、南河川桥、马陵关桥相继竣工通车。民国31年（1942年）春，天水工务所撤销，双石铺工务所移设宝鸡，改为宝鸡工务所，全线分设通渭、天水、娘娘坝、徽县4个工务段，负责养护事宜。民国33年（1944年）春，成立华家岭段，撤销通渭段，增设了秦安段，娘娘坝段合并到徽县段，直到1949年10月。

红西路军战俘河西筑路

民国25年（1936年）10月，中国工农红军一、二、四方面军会师会宁后，遵照中共中央夺取宁夏的战略计划，红四方面军主力部队和红五军团共2万余人于10月下旬渡过黄河。11月上旬，因敌情变化，中共中央又决定过河部队改称"西路军"西征，创建根据地打通国际路线。西进期间，西路军指战员英勇奋战，有力地策应了河东红军正面作战，但终因寡不敌众，惨败河西。红军将士6 000名血洒沙场，9 000名被俘。这些被俘红军，或遭残杀，或被迫修路、架桥、垦荒、种地、伐木、盖房，遭受了人类战俘史上少见的非人待遇。

据《西部悲歌》等书记载：民国25年（1936年）冬，马步芳首先将被俘的红军900多人临时组成了3个劳动队，分别修建了享堂木桥、惠宁木桁架桥和西宁东郊至小峡大车道10公里。不久，又组成两个工兵营分别在循化、化隆两地从事苦力劳动。民国26年（1937年）春，马步芳又从红军战俘中挑选了18至25岁的青年人2850名，组成国民党新编第2军补充团（含工兵营），先后修通了青海乐都碾伯至民和、门源卡子沟至甘州（张掖）达坂山、民和至永登窑街、共和至兴海的4条公路，总长240公里。此外，还强迫1000名红军战俘参加修建青藏公路倒淌河至恰卜恰的公路工程。

施工路段均处于青藏高原、祁连山区的高寒地带。这里山高水阻，人烟稀少，寒风彻骨，地理条件十分恶劣。可修路的红军战俘衣不遮体，食不果腹，住的是四面透风的单帐篷，每天劳动时间长达十多个小时。每晚临睡前，看守怕战俘逃跑，便把所有的衣服都收走，第二天上工时发还。监工们如狼似虎，稍不遂意便棍棒相加，各个施工点成了马步芳迫害红军战俘的一座座地狱。仅三四个月的施工时间，战俘病死、累死、被打死或工伤殒命者竟达七八十人。在窑街峡地段施工时，因打眼放炮而死的人就达40多人。一次，3名红军战俘腰系绳索在"阎王崖"悬空作业，结果绳索断裂，都坠入湟水激流中身亡。修建享堂桥时，天寒地冻，哈气成冰。在没有任何保护的情况下，监工强令战俘破冰下水，从早到晚强行围堰挖基，赤手扶钎，开破石方，以致战俘个个伤痕累累。修建门源卡子沟至达坂公路时，遭受一次大风雪袭击，当场冻死13人，冻伤数百人，其中百余人因治疗不及时而终身残废。

红军战俘虽遭受非人待遇。但他们经常利用消极怠工、砸毁工具、逃跑等方式，同"马家军"展开不懈的斗争，但每次反抗均遭到了更残酷的迫害。打花背（用皮鞭抽脊背）、砸骨拐（用木棒砸脚踝部分）、打屁股，不知有多少红军战俘被致残、致死。有的逃跑后被抓回，砍头悬杆示众。

马步芳还将参加修路的"补充团"战俘当壮丁贩卖，中饱私囊。民国27年（1938年）8月，将"补充团"3个营1500人，每人以800银元的价钱，顶替了蒋介石要从青海抽的壮丁，押解送往第八战区。马步芳万万没有料到，这竟成了"补充团"红军战俘脱离苦海、回归陕北的良机。10月底，"补充团"离开永登，沿西兰公路向中原开拔。当车队行至陕西咸阳后，红军战俘在途中建立的党组织与八路军驻西安办事处取得联系。经过多方斗争，"补充团"红军战俘终于回到延安。

回到延安的红军战俘，经过整编，不久即开赴抗日前线。但困在河西、青海的红军战俘仍处在水深火热之中，他们仍被强迫从事繁重的修桥、补路等劳役。民国29年（1940年），滞留新疆的一部分红军在党中央的关怀下，组成"新兵营"沿甘新公路东行回延安。当汽车行至乌鞘岭时，天降大雪，路面积雪厚达3尺以上。为确保安全，"新兵营"人员下车推车行进。行进中，见到一群群衣衫褴褛的民工，在皮鞭、棍棒的驱使下赶修公路。但他们哪里知道，这些修路的"民工"正是被俘的西路军红军将士。

历史已过去了半个多世纪，当年参加过修路的、现在仍还健在的红军战士，每当回忆起这段历史，无不悲愤交加。可喜的是，当年红军战俘用血和泪筑成的几条公路，而今已成为振兴西部经济的干线。

陇东苏区的道路建设

民国24年（1935年），中国共产党率领红军北上抗日，到达陕北后，建立了革命根据地。为打破国民党的经济封锁，实行"发展生产，保障供给"的方针。广大群众在边区各级政府的领导下，参加各类物资运输，支援抗日战争。10余年中，陇东先后修建大车道5条，计长831公里；驮道12条，计长1080公里。共投入劳力5.2万个工日，使用工程费21.2万元。

民国23年（1934年），南梁政府动员群众和赤卫队员，整修和新修了从南梁至高台、白马庙、山庄、九只窑口、水泛通往陕西志丹、吴旗、定边及西华池、悦乐、安定的5条驮道和大车道，形成以南梁为中心，联接各乡镇的道路网络。同时，还修建了十多座桥梁。民国27年（1938年）11月，庆环分区动员群众义务整修了庆环、三边分区各地通固原和盐池的道路，加强了庆环分区与外地的联系。民国29年（1940年）8月，陕甘宁边区政府投资券洋3万余元（"光华商店代价券"，1938年—1940年在边区市场流通），由盐池、环县、曲子、庆阳4县联合成立定庆路修筑委员会，动员民工修通了定庆路。这条路是边区西翼的一条交通干线，从陕西定边起，经大水坑（盐池）、甜水堡、环县、曲子、庆阳，延伸至西华池，全长315公里，其中陇东境内220公里。10月开工，12月完成，历时70余天。当时虽按公路的要求修筑，但难以通行汽车，仍为大车道。

民国31年（1942年），定庆路管理局成立，分4段继续整修，即盐池段（莲花井至薛家井）75公里，环县段（薛家井至四门沟）100公里，曲子段（四门沟至附城桥）65公里，庆阳段（附城桥至西华池）60公里，全长300公里。又修便桥21座，涵洞4道。随着路况的改善，进一步便利了定边、盐池、环县等地食盐、粮食、皮毛和其他土特产、军需、民用物品的运输。

同年，边区政府投资41万元（边币，下同），修筑庆临路，即从庆阳起，经合水、太白至金盆湾（今陕西富县），全程265公里，其中陇东境内105公里。2月下旬开工，6月初完成路基工程，并修简易便桥8座，涵洞4道。共投入劳力1.6万个工日，支付工程费用3.9万元。

庆临路完成后，同年6月又对陕西吴旗镇至合水太白的路线进行测设，并于10月份开工修筑，至年底完成140公里的路基新建任务，其中陇东境内计长106公里。

同年，陇东分区所属华池县，动员民工1.6万人，整修了定边通延安的大车道。元城区承担的乱石川路段石方浩大，工程艰巨。竣工后在路两边刻有"便利人民"、"万古流传"等摩崖多处。

陇东苏区的地形地貌，梁峁起伏，沟壑纵横，交通素为不便，但驮畜多。根据这一特点，陇东分区政府组织民工，有计划地修筑了大量驮道，充分发挥了驮畜的优势。

抗日战争胜利后，边区政府拨款4万元，采用"以工代赈"方式，发动群众2 800多人，对环县至盐池的道路进行了彻底整修。

民国36年（1947年），庆阳、合水、新正、新宁4县人民政府投资47.78万元，小麦4石，投入劳力6.7万个工日，又整修了庆阳至华池、庆阳至曲子、庆阳至镇原、涧水岭至太白、马兰至午亭子等11条道路，全长539公里，并新修木便桥4座，有力地支援了人民解放战争。

陇东苏区的食盐运输

陕甘宁边区所辖的盐池、定边所产的食盐，主要运销于陕西、甘肃、宁夏等省。抗日战爆发后，海盐、淮盐、晋盐不能西运，因此，搞好食盐运销不仅为人民生活所需，而且对巩固和发展边区经济，增加财政收入，支援抗战都至关重要。

庆阳一带的人民历来有贩运食盐的传统，但由于各自成帮，组织分散，管理亦较混乱。民国29年

（1940年）夏，边区实行食盐督运统销政策，其方法如下：

第一，官督民运。陇东分区及县、区党内成立运盐督运分会，设运盐督察长。各级党委书记、党支部书记，分别担任分会会长和督察长。行政上县成立运盐总队，区设大队，乡设中队，村、自然村为分队、小队。

第二，组织扩大盐业公司，吸收机关及私人入股，增加资本，扩大销路，调节盐价，收买民盐，实行统销。

第三，发放盐贷金，解决盐运资金的不足。

第四，组建民间运输队和公营运输队，先后共组织驮畜4万头参加盐运。

第五，增设转运站、店房，便利运盐户食宿和交售。

陕甘宁边区政府先后颁布了《陕甘宁边区人民运输合作社组织办法》和《发展私人交通运输企业投资暂行办法》等。在边区政府的积极组织、扶持下，陇东革命根据地的群众性运输组织有了很大发展。组织形式主要有两类、8种。

一是民间运输队，组织形式有5种，即：朋帮形式。独立脚户为了在运输中便于照应，把驮畜合在一起，选出帮头，叫朋帮。朋帮中又有合股经营、算帐分红和经济独立等各种核算办法。朋帮队的驮畜少则七八头，多则七八十头不等。一般分为长脚与长脚、短脚与短脚、农户与农户，各自组帮。合伙形式。三五家不等的驮畜合在一起，由有多余劳力户派人赶畜贩运，人工付酬，见利分红。变工形式。放青时，变工抽人，合畜贩运，以还工或轮流赶运抵销。捎牲口形式。有驮畜的农户委托他人捎带驮畜贩运，付给报酬，盐本及亏盈，均由畜主负责。带头形式。一种是有经验的带领无经验者驮运，一种是成人带小孩驮运，这种情况一般多在邻居、亲朋之间较多。带头人要沿途负责牲口喂养和小孩的安全，小孩家给予适当报酬。

二是合作社运输队，组织形式有公与公、公与私、私与私等形式。公与公运输队，就其核算形式而言有两种情况，其一是由合作社购置驮畜、车辆，经费与销费混在一起计算。其二是合作社内独立的运输队，独立经营，独立核算。公与私运输队，即群众将牲畜投入合作社，人作分子，四六分红。此外，有的将驮畜折价入社，人不作分子，三七入股，二八分红，或四六入股，五五分红。私与私运输队，驮畜按驮运量多寡折股入队，称为"活股牲畜"，每次结帐，可随时止股。华池县的"活股牲畜"一度达300余头。

此外，当地政府机关单位和驻

军,也都组织过运输队,参加盐运和其他物资运输。

民国31年(1942年),陇东分区按《运输合作社组织法大纲》,组织运输合作社34家,至民国32年运输合作社投入畜力775头,长脚驮畜3 950头,短脚及农户投入驮畜1.2万多头。民国33年(1944年)合作社投入驮畜达1 084头,长脚驮畜4 452头,短脚及农户驮畜1.2万多头。仅民国32年上半年驮运食盐2.14万驮(321.9万斤)。华池县组织驮畜5 300头,运回食盐156万斤,转运公盐1.8万斤。另外,运草1.6万斤,公粮200石。

开办汽车运输业务

在甘肃,先有汽车后有公路。甘肃的第一辆汽车是民国10年(1921年)由甘肃驻北京办事处处长董士恩乘坐的一辆小汽车。民国14年(1925年),冯玉祥入甘时带来了军用汽车。此后,由冯玉祥最先在西兰公路上经营旅客运输,西安至兰州间行程6天,每位10元。由于收入可观,引起商界极大兴趣,从此在西兰公路上经营客货运输业务的军、公、商界汽车逐年增加。

民国23年(1934年),西兰公路运力紧张,旅客可搭乘货车,票价升至每客二十七八元,但到运输淡季,每客只需十四五元。于是客货汽车超载现象严重,甚至车头篷上也有攀坐。

当时,西兰公路路况很差,尤其是六盘山,山峰峻峭,西行车到和尚铺税卡前,旅客下车徒步。汽车由人力牵挽,20公里后到杨家店,旅客才上车行进。

这时,行驶在西兰公路上的除军车外,已有私营商车99辆。这些商车分属63家车行,其中兰州车行5家,平凉车行6家,共有汽车16辆;西安车行52家,有汽车83辆。

甘肃初期的私营商车运输,无专门的管理机构,由车主自找货源、自定运价、自行核算、自负盈亏。军用汽车,则由部队管理。民国23年(1934年)4月,全国经济委员会设立西北公路管理局筹备处,汽车运输才渐趋正规。民国24年(1935年)4月,管理局正式成立,当时拥有汽车49辆。民国25年(1936年)修建了兰州、平凉修车厂。当年,凤翔至汉中至宁强公路通车,管理局汽车增至124辆。

民国27年(1938年),海路中断,苏联援华物资改由西北运进,甘肃成了抗战物资运输的国际通道。为了适应战时需要,管理局汽车猛增到400辆，同年9月又接收苏制汽油车300辆，德制柴油车69辆。民国28年（1939年）又接收苏制新车436辆，年底已拥有汽车1240辆。

民国29年（1940年）至民国31年（1942年），油料紧缺，配件不继。新车进不来，旧车无法维修。于是改装代燃车，以木炭、酒精代替汽油维持通行。到1945年，西北公路管理局实有汽车1 185辆。

抗日战争时期是甘肃汽车运输业从起步到渐次完善的一个时期，从基础管理到运输服务都出现了开创性的变化。营运路线由最初西兰间722公里扩展到周边各省，达到5 126公里，其中甘肃境内路线长3 000公里。汽车站点由最初的8处增加到71处。运量增加幅度更大，由民国27年的1947吨、110万吨公里增加到民国29年的3 350吨、155.5万吨公里；旅客运输量分别由7.46万人次、1 798.5万人公里增加到20.59万人次、4 550万人公里。

抗日战争时期，为弥补汽车运力不足，甘肃省先后成立了驿运管理机关，恢复了传统的驿运。据甘肃驿运机关统计：民国28年（1939年）征调胶轮大车407辆，骆驼1.89万峰，到最多的民国30年（1941年）征调胶轮大车1 260辆，铁轮大车2 576辆，人力车1 585辆，骆驼1.17万峰，骡、马、驴1.38万头（匹），皮筏200只，挑夫背夫1 842人。为了加强对驿运业务的管理，驿运工具按队编队，所经路线沿途设有驿站食宿站。即：在广元至天水间（567公里）设甲等站5处、乙等站13处；天水至兰州间（362公里）设甲等站3处、乙等站9处；兰州至酒泉间（738公里）设特种甲等站1处、甲等站7处，乙等站16处；酒泉至星星峡间（441公里），设特种甲等站3处、特种乙等站14处；星星峡至哈密

民国时期的客货运输

民国时期河西的大木轮车

间（200公里）设特种甲等站2处、特种乙等站6处；以上共计79处，其中甘肃境内60处。除此之外，对全省骆驼行、过载行、脚行、车马店进行了登记和管理，使之最大限度地服务于抗战物资运输。

驿运工具承运省内物资运输，主要是军粮、邮件、土特产、杂货及日用品等。据统计，整个抗日战争期间，全省驿运工具完成货运总量36.2万吨，货运周转量1.48亿吨公里。如民国31年（1942年）完成载重量达到8855吨，折合载重三吨的汽车2 951辆；当年驿运工具完成货运量9.95万吨，货运周转量2 734.6万吨公里，分别为西北公路管理局汽车完成货运量和货运周转量的16倍和7倍。

抗日战争胜利后，甘肃汽车数量稍有增加，民国35年（1946年）达到1 358辆。民国36年（1947年）成立第七运输处，有汽车1 272辆，除去外借、待修外，实有798辆，其中完好无损者仅300辆左右。这时政府将部分汽车廉价出售给私人经营，以便加强管理。至民国38年（1949年）7月，甘肃境内登记的车行、公司30家，有汽车943辆。

截至民国38年（1949年）10月，全省共有民用汽车1 866辆，其中交通部门运货汽车1 209辆，运客汽车22辆，其他行业汽车435辆。有兰州汽车配件制造厂和兰州、酒泉汽车修理厂以及平凉、天水、华家岭汽车保养场。

甘肃的汽车运输业主要是在抗战时期发展起来的。虽然汽车数量有限,但在抗战物资运输史上写下了光辉的一页。同时,甘肃因为有了汽车,使古老的丝绸之路焕发了一丝生机与活力。尤其是兰州在这一时期确定了显著的交通战略位置,成为西北五省通衢,为新中国成立后的交通发展奠定了基础。

改装木炭汽车

抗战爆发后,汽油来源困难,形势严峻。于是在西北出现一种不用汽油的汽车——木炭汽车。民国26年(1937年)9月,国民政府全国经济委员会致函行政院,要求各省市通知有车单位购置煤车代油炉,并提出组建中央煤气车推广委员会。由于西北煤气购进困难,木炭资源丰富,遂于民国28年(1939年)初,全国公路总管理处派煤气车副总工程师向恭柱到西安协助推广木炭汽车事宜。同年10月,改装出第4辆木炭汽车,车型是苏制吉斯五型货车,载重3吨,车号"国233号"。同年10月30日,这辆汽车满载货物由西安出发,6天后安全到达兰州,沿途上坡只用两档;返回西安时,用了4天时间。这是甘肃境内公路上行驶木炭汽车之始。试车成功后,改装的20辆木炭车在天水至宝鸡、天水至汉中两路行驶。

民国31年(1942年)7月以后,汽油供应更难,西北公路运输管理局连续召开3次紧急会议,商讨对策。接着兰州区办事处抽调木炭汽车2辆在兰州至华家岭、华家岭至天水段试行,并将10套木炭炉调归兰州至平凉运输段,限期改装木炭客车10辆,准备承担兰华、华天段的客运。据当年统计,兰州区办事处所管辖木炭汽车共出车145车次,完成客运周转量37.5万公里,完成货运周转量2 085.5万吨公里。一年后,木炭汽车发展到118辆,酒精车89辆。

木炭汽车以木炭为燃料,蒸气为驱力,经济上优于汽油车。以苏制吉斯五型为例,每加仑汽油行驶7.5公里,每月汽油费用2 800元;木炭车包括燃料、炉具、员工奖金在内合计698元。经济价值相当可观。

木炭汽车运输是抗战时期甘肃公路运输上的一大特色。它的推广、使用对于维持汽车运输业,保证抗战物资运输和人员往来起到了积极作用。抗日战争胜利后,随着汽油问题的解决,木炭汽车也就完成了它的历史使命。

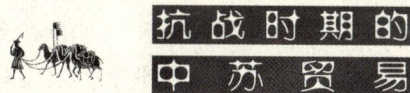

抗战时期的中苏贸易

抗战爆发后,苏联援华贸易物资源源不断地由新疆经酒泉、张掖、武威、兰州运往绥远、豫西、西南前线。然而公路的通过能力同运力的提高不相适应,国民政府曾增加对公路的投资,对通过甘肃的国际通道进行重点修建和改善,8年总计投资银元1 584.76万元,法币11.24亿元。这是民国政府对甘肃公路投资比较大的时期,尤其是在抗日战争开始后最初的几年里,甘肃境内的主干公路上,车流不息,运输繁忙。由新疆运进的物资主要是军用品,如汽油、军械、汽车和配件等(代号"葡萄干"),经过甘肃运往苏联的物资主要有矿产如硼砂等,农副产品如茶叶、毛皮、药材等。此外,由内地转销西北各省的物资运量也很大。据西北公路运输管理局统计:民国27年(1938年)完成货物运输量分别为1 947吨、110万吨公里,到民国29年(1940年)分别达到3 350吨和155万吨公里,增长72%和40.7%。

甘新公路是抗战军贸物资运输的干线通道。民国27年(1938年)1月,苏联运进中国的第一批汽车(吉斯5型6轮3.5吨货运汽车500辆及一部分汽油)就是沿这条公路到兰州的。民国29年(1940年)经甘新公路往前线运送了大批军用物资。如七五野炮200门,高射炮100门,马克沁重机枪500挺及炮弹、弹药等。还有300辆6轮货运汽车由部队接收,3 000吨汽油由西北公路运输管理局运至兰州。据统计,抗战期间西北公路运输管理局从苏联购入的汽油就达12万吨。承担援华军贸物资运输任务的主要有西北运输管理局、经济部资源委员会和军用汽车。他们一般都组建运输车队,分批由哈密至兰州,每批汽车100辆至120辆,随行人员300人左右,车队队长由少校或中校担任。公路沿线设有车站,站长都有军衔,而且衔级也较高,有尉级,也有校级。沿线各县设有招待所,主要接待苏联援华人员,故有"俄国站"之称。同时,国民政府财政部还在兰州设国外贸易事务所,负责援华贸易物资的交换事宜。

为了从侧面了解苏、中之间的物资贸易情况,现将当时中国驻苏联大使杨杰致蒋介石的两封密函中有关物资运输情形摘录于后,以飨读者。

杨杰致蒋介石密函：

委座均鉴：

兹将最近在苏联工作情形摘要胪陈于下：

一、均座○电嘱向苏联方商洽二十个师供给事，职述日与伏罗·希罗夫元帅面商，结果如下：（甲）二十个师之兵器，除步枪由我自备外，苏方供给我每师11.5公分重炮四门，共计八十门，每门附炮弹一千发，共八万发；每师七六公分野炮八门，共计一百六十门，每门附炮弹一千发，共十六万发；每师三七公厘防城炮四门，共计十二万发；每师重机枪十五挺，共计三百挺，每师轻机关枪三十挺，共计六百挺，共附子弹一千万发……（乙）……请我尽量供给锡、铅、锑、镍、铜等金属原料，不足之数，以茶、生丝、棉花、羊毛、牛羊皮等补充之……（丁）订购二百加仑汽油事，苏方称：事属商业范围，与部职掌有别，请苏联驻华大使馆商务中直接商洽……

1939年8月10日杨杰致蒋介石密电稿：

……三、偿付货物：可按条约附单开列各货，以农、矿产各半支付，唯希望矿产部分不比去年减少，并不专要钨、锡，万一矿产缺乏时，亦可多交农产品如茶叶、羊毛、羊皮等，皆所欢迎……四、茶叶在兰州交货，亦表赞同，并可按伦敦市价计算……（乙）苏方建议：一、甘肃兰州、安西区域内每年有羊、驼毛一千二百万公斤……若中政府组织机关统一收集，完全运苏，则与中、苏有利甚大。二、由兰至霍（城）之运输路线，望中政府责令甘、新两省组织完善运输机关与苏合作，则一切困难不难解决。刻已令熟悉路情者草拟运输组织计划（即何处地带需用何项工具?如：用马车、用骆驼地带、汽车地带、木材地带等），备我参考。

职：杨○叩。灰

细读二函，可见当时中苏贸易之一般情形。

独具特色的皮筏运输

皮筏运输是古近代甘肃黄河流域的主要运输方式之一。从东汉光武帝建武二十三年（25年）"王遣兵乘革船南下"算起，距今已有2 000年的历史。宋代皮筏已普通用于军运，北宋朝廷曾计划把李宪进攻灵州的部队全部用皮筏通过黄河运到前线。到了清末民初，皮筏运输已相当繁盛。

皮筏是牛皮筏和羊皮筏的通称。古代多用于渡运，近代以其造价低、运费省、便于航行、载重量大，而成为物资东运的主要工具。

甘肃、青海一带，自古畜牧业发达，畜产品以毛、皮为大宗，既是人民穿用之物，也是换取其他生活用品的主要来源。清德宗光绪二十二年（1897年），英商首先在张家口坐庄收购西北的皮毛。甘、青一带的驼帮将皮毛驮到张家口出售，利润颇丰。民国3年（1914年），第一次世界大战爆发，各国军队急需大量的军用毛毯，带来国际羊毛贸易的繁荣。外国商人纷纷涉足甘、青一带，设立洋行，坐庄收购羊毛。在陆上交通不发达的情况下，大规模的联筏东运便由此开始。

河州（今临夏市）是甘、青交界地带羊毛的集散地，外商洋行多达9家，年输出羊毛约73万公斤。这些羊毛均由河州驮运至永靖县的孙家嘴，装筏起运，顺黄河直达包头，再陆运到天津口岸。

皮筏起航后，绵延百里。皮筏上插有英商、德商的白旗，上写"保护"二字，浩浩荡荡，声势夺人。沿岸的税务查验人员，一见洋行的旗帜，便拱手放行。有时明知羊毛里夹带违禁物品，也不敢稽查。羊毛一年分春、秋两次外运，秋季用大筏，春季用小筏。大筏有120个皮袋，小筏有70个。大筏皮袋内装羊毛1万公斤，木架上再压1万公斤，运费可得白银2 000两。河州同兴店每年组大筏10个，小筏5个，得运费5万两，除去成本、杂费，年净收入2万两左右。

民国9年（1920年）后，西北战事频仍，洋行撤回天津，外商收购羊毛的业务从此结束。于是河州商人开始做羊毛生意。如同兴店的王圭璋自购自运羊毛，几年之内成为临夏的首富。民国十五六年（1926年—1927年），羊毛生意最为红火，带动了兰州筏运业的兴旺。

兰州金城关、骚泥湾一带的回民，采用独资方式搞筏运业务，大牛皮筏多时达到60个，从运人员400多人，年外运羊毛250万公斤。民国21年（1932年）后，临夏筏户不但增多，而且连靖远、榆中的筏户也集中于兰州搞长途运输，兰州到包头间的皮筏运输业进入鼎盛时期。兰州水北门一带是皮筏靠岸检修和筏工上岸休息的重要场所，每年春、秋之季，这里皮筏如云，遮盖河面三里有余。河岸熙熙攘攘，蔚为壮观。

抗日战争爆发后，羊毛转销苏联，皮筏承担了大量的军需物资运输。民国27年（1938年），中国共产党在靖远水泉乡建立武装，从兰州购买2 700套单军衣、100支步枪、2万发子弹，这些物资都是用羊皮筏星夜运至目的地的。民国29年（1940年），甘肃省驿运管理处组建了"水上运输队"，主要给宁夏的马鸿逵和绥远的傅作义部队运送弹药、汽油。民国30年（1941年），兰州市民口粮紧缺，公路运输难以接济，遂由永靖小川筏业公会理事长孔繁楷率领同宗兄弟运粮，每筏装粮50石，每次放筏5只，共运了两年时间。民国30年（1941年）夏，国民政府油矿局总经理孙越崎来兰，洽谈利用皮筏试办嘉陵江中下游石油运输事宜。经兰州市政府同意，遂由筏户王信臣带领两个筏夫，用400个羊皮胎组成皮筏，载汽油260加仑，在广元、重庆间试航成功。随后，油矿局购买2 000多个羊皮胎，聘用筏夫20多人，成立了皮筏航运队，编组载重60吨的皮筏5个，仅用15天，就将300吨汽油运往重庆，一时间轰动山城。

皮筏航行过程漫长而艰险。如黄河干流沿途就有许多峡谷，主要有刘家峡、小峡、大峡、乌金峡、红山峡、黑山峡等。在这些峡谷中有许多险滩，著名的有刘家峡的新浪，大峡的龙王河、大撞拐子、煮人锅、大照壁，乌金峡的大浪，红山峡的"洋人招手"等。洋人招手是一个真实的故事。据说在清末，

水上传统运输工具——羊皮筏

一外籍乘客乘筏到这里时，感觉皮筏就要翻了，就神经质地跳上了这块石头，结果皮筏未翻，却把他留在这里，怎么招手也无人能救，最后便被困死在这里。

筏工生活十分艰苦，兰州到包头一次往返三四个月，返回时还要畜驮、人背筏胎，徒步千余里。民间流传说，筏工"下去活神仙，回来把驴变"。放筏人在航行时，一般不靠岸，饿了将干饼（锅盔）泡在河水里，软了再吃。老筏工一般被称为"把式"，年纪大了以后就从事"转峡"营生，收取小费。筏工们每到险滩处，回民一般向"胡大"祈祷，汉民则向"龙王爷"祈祷，但一旦过了险滩，紧张情绪完全消失，筏工们便会情不自禁地唱起河州花

儿：

　　站在筏头上扳桨哩，羊毛（哈）往包头运哩；

　　这路上有我的扯心哩，谁人（哈）打听着问哩？

　　芥子花开开打黄伞，胡麻花开开是宝蓝；

　　筏上的阿哥（哈）讨平安，回来了尕妹（哈）照管。

　　红山峡里翻大浪，黑山峡里的绵羊；

　　想起个尕妹了哭一场，路远者辨不过方向。

　　近代诗人也写道：

　　　　轻似沙鸥水上游，
　　　　随波一刹过前洲。
　　　　夕阳散尽山村客，
　　　　贫筏人归月在头。

描绘了筏工们早出晚归、随波漂流的艰苦人生。

　　新中国成立伊始，公路交通还未恢复，皮筏多次承担了大型机件的运输任务。如1954年至1956年，天兰铁路通车后，用皮筏从兰州运往宁夏石嘴山的机件有：采矿和选矿大型机械、推土机、联合收割机及一部分钢轨、建筑用钢材等。1957年后，甘肃公路交通大发展，筏运业务衰微，以至退出历史舞台，但被誉为"河之骄子"的皮筏，在长达2 000多年的交通活动中，占有极其重要的地位。它以独特的方式，向人们展示了黄河中上游地区丰厚的文化积淀。

长盛不衰的木筏运输

　　古代甘肃森林资源丰富，是历代封建王朝的木材供应基地，也是秦陇各族人民的主要生活来源之一。在古代道路运输条件差，长途转运费时、费力的情况下，水上木材运输兴起，并一度成为古代各种运输方式中规模最大、历时最长的运输活动，有力支持了周、秦、汉、魏、晋、北朝、隋、唐、宋等王朝以及割据政权都城和地方州、县的建设。

　　水上木材运输的主要方式是木筏。木筏的制作比较简单：先在河边筑一土墩，排列木料，宽度视水情而定，前端入河二三尺，后端压巨石，上钉横木，叠加木料两层，前端上层高出下层数尺，似倒梯形。两层之间用铁环和粗绳系牢，去石装上捎带的货物，推筏入水，筏手用长舵或撑竿驾驶。

　　甘肃境内的木材砍伐及流放究竟始于何时，史书无明确记载，但可以肯定的是周、秦、汉三朝都城长安地区的木材大量来自泾河流域，

因为东汉时期泾河流域水土流失严重，河水含沙量大，有了泾河水"十升水三斗泥"的说法。《汉书·赵充国传》载：赵充国镇守西羌时，"缮治邮亭，充入金城"。可见当时湟水的木料除修治道桥外，还流入金城，以资官民使用。不过这时甘肃林木面积广，居民大多就地取材，筏运量较少。大规模的林木砍伐是从唐、宋开始的，首先由渭河流域向西整体推进，木筏运输便由此进入鼎盛期。

唐、宋王朝是中国封建社会高度发展的两个时期，官府、民间广置宫室成风，木材需用量大增。渭河流域以其地近长安，交通便利，以及战略上的特殊原因，而成为木材供应的首选地区。《新唐书·地理志》载：唐王朝常"运岐陇木入京师"，从未间断。到了宋代，因渭河流域地属边疆，形势不定，导致这一地域的林木横遭砍伐，渭河木筏运输进入高峰。

北宋太祖建隆二年（961年），高防出任秦州知州。因"州西北夕阳镇，连山谷多大木"，遂设置采造务，调集300名士兵轮番砍伐，每年获大木万余根，并经渭河、黄河流入京师。这一大规模的砍伐活动，很快引起当地少数民族的强烈不满。"夏部尚波子等率诸族千余人，涉渭夺木筏，杀役兵"。高防迎战，俘获47人解送京师。宋太祖为了安定边郡，遂罢采木之役（《宋史·高防传》）。此后，虽然官方的采伐活动中止，但由于中原木材短缺，价格不低，便有许多官僚权贵铤而走险，参与林木走私。朝廷虽三令五申，严办了包括吕端等在内的几个重臣，但仍屡禁不止。宋太宗时，朝廷又开始在渭河流域采伐木材。时"张平为右班殿直，兼市木秦陇，计水陆之费，以春秋二时联巨筏，自渭达河厉砥柱，以集于京师，期岁之间，良材山积"。《续资治通鉴长编》卷三说：北宋朝廷每年从这里"获木以万计"。由此可以想见当时渭河上繁忙的筏运景象。宋大中祥符间，张告知秦州，在渭河及其支流设采木务，再次进行大规模砍伐。就连当时通渭县也难以幸免。不久渭河支流牛谷河的林木就被砍伐殆尽了。由于木筏运输距离漫长，许多木料流放到东京时已破败不能使用，能用的不到十之二三，放筏人赔尽家产也不能"偿其直"，"市木秦陇"成为北宋王朝延袭百年的痼疾。到了元代，渭河干流两侧的木材砍到今武山一带，支流葫芦河的木材已砍到了上游六盘山麓，为此还开辟了沿葫芦河到天水的运木道路。此后数百年，渭河流域木筏下运从未停止。清德宗光绪二十六年（1900年），陕西巡抚石怀璋就曾在这一带采办过木料。到了清末民初，林木砍伐几近疯狂，筏运业再次繁荣，甘肃的林地也由渭河退至大夏河、洮河地区，不到百年就

被砍伐殆尽。直到二十世纪七十年代，国家对林业实行保护性开发，以及公路交通发展后，木筏运输才基本结束。

除黄河流域外，省内其他流域的木材也是靠筏运完成的。据考证，居延荒城中的云杉大型构件，均通过黑水来自祁连山。《甘肃通志稿》说：黑河水汛时可运巨木。《秦边纪略》亦载："张掖伐木，常至于川。"白龙江筏运直至碧口水电站建成后才告终止，最多的1966年至1969年共筏运木材72万立方米。

甘肃的木筏运输终于在森林资源极度匮乏后消亡了。它的兴起是人与自然作斗争的客观反映，它的繁荣则是封建经济高度发展和严重萧条的结果。而它的衰败，固然有公路交通发展的一面，但更多的是大自然给予人类的惩罚。一千多年来，木筏运输为封建官府滥砍滥伐森林资源起了推波助澜的作用，甘肃人民也为此付出了惨痛的代价。

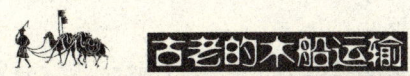

古老的木船运输

甘肃境内江河众多，但由于地形复杂，水运资源并不丰富，但在宽阔平稳河段仍有舟楫之利。古代甘肃各族人民在陆路交通不发达的情况下，充分利用这仅有的资源，发展了甘肃特有的内河航运。

古代甘肃适合舟船航行的河流主要有黄河靖远段、白龙江碧口段、嘉陵江徽县以下段和河西疏勒河、黑河干流。

甘肃古代诗歌中有不少与舟船有关的描述："雨余船等临沙都，风顺钟闻隔岸山（明朱真游《华林寺》）。""弱水西流出汉边，绿柳荫里系渔船（《过高台水乡纪实二律》）。"另外，在黄河上游地区，出现过皮革船、马拉船等。

民国时期，白龙江航运发展很快，出现了洪水季节能载20吨~30吨、枯水季节能载150吨以上的大木船，每年上下的船只100艘左右，经常有三四十艘船停在碧口岸边。抗日战争时期碧口船只增多，大部分来自四川。

甘肃的木船大致有这样几种：①独木舟（木洼）。主要出现在甘青交界，形状与新疆的"卡盆"相似。即在大一围有余、长可八尺的整木上挖槽，深度约二尺，人坐其中。民国初年，这种舟仍见于大通河。②柏木船。非全用柏木，船底多用青杠木，船身与舷用松柏木，主要运行于白龙江。③杀河船。四川杀河运煤的一种船，每当枯水便运行碧口。船用松木制成，轻巧灵

便，适于在险滩多的河道中航行。当柏木船搁浅时，此种船常担当驳船任务。④毛板船。由碧口驶往重庆的一种货船。结构简单、粗糙，形小笨重，不耐用。一般到达目的地后拆散当柴火出售。清嘉庆以后，毛板船由优质木材制造的大木船替代。⑤划子。在临洮、永靖、白银一带河流上使用的船型。身小灵便，只用于渡人，限载2人。⑥扯船（索渡船）。渡口专用船型，即于两岸系绳索，船与绳索连接渡工扳尾桨，利用水流动力而行。扯船至今在黄河、洮河、白龙江、西汉水等河流渡口上使用。⑦杨木渡船。曾运行于靖远段黄河上。用白杨木制成，两端略尖如兽形，渡时，大车、牲畜、货物皆载于舱内，专作过渡之需。⑧帆船。行驶于靖远以下的黄河上，与杨木船型制相同，唯设桅挂帆，专作长途运输用。清康熙、乾隆间，宁夏中卫的运粮帆船常藉风力逆流而上，直抵靖远县城及峡门一带。"帆樯往来，盛极一时"。⑨皮革船。常见于甘肃中部和西南部少数民族地区。以木杆为骨架，底部和四周蒙以牛、马皮，然后置于水中渡人。《后汉书·南匈奴传》载：汉和帝永元元年（89年），护羌校尉邓训"发湟中六千人，令长史任尚将之，缝革为船，置予算上以渡河"。革船可载十余人。民国时期，在甘、青交界地区仍出现过。⑩马拉船。呈方箱形，仅有一根木篙，过渡时由马拉线过河。此船在玛曲等地常见。

甘肃船舶运输的历史悠久，持续时间最长的莫过于嘉陵江船运。早在东汉时，武都太守李翕整修境内河道，实现了成县与略阳间的航运。"水运通利，岁省四千余万"。唐德宗贞元年间（785年—804年），严震曾疏导嘉陵江及通往成县的支流河道，以便水运。柳宗元《江运记》载：工程完竣后"雷腾云奔，百里一瞬，既令既远，澹为安流，蒸徒讴歌，枕卧而至，专力待寇"。宋代，徽县虞关驻军所需粮秣凭借嘉陵江水逆流转运。宋代诗人陆游还留下了"千艘荡贾虞关北"的名句。元代，陕西人武恩信总帅陕西，因"户口益，蜀赋纳粮输之鱼关，转漕宝峰以给军食，诸将待哺嗷嗷，船粮未达"，遂奉旨疏理嘉陵江航道，"漕运流通，行人不苦，粮道不绝"。清世祖顺治三年（1646年），清政府派兵攻打农民起义军张献忠部。为解决入川粮饷，在徽县缴购秦州、清水、秦安三县粮秣，之后装船运往四川。清人范昉在《嘉陵晚渡》中写道：

  一片孤城罩暮烟，
  嘉陵江畔唤江船。
  乱流不籍轻帆送，
  逆浪不须翠霓牵。

嘉陵江险滩较多，船工们往往卸下货物，谓之"搬滩"，待到缓流处，再装船前行。行船时，船夫们往往要在丁家堡、双龙崖举行祭祀江水龙王的仪式。杨三辰《江河记略》对当时的搬船有过这样的描述："粮饷船只放下换上，数年间有触礁而碎者，有遇湍而沉者，有被横摧杳无踪者，有被盗劫焚人船俱莫可问者。"顺治十七年（1660年），徽州（今徽县）知州徐起霖到任后，看到徽州船民痛苦，呈奏《救荒七详》，但朝廷未作回复。徽县百姓仍自砍树木，自制船舶，自当船夫，每只一百名，往重庆运粮。左宗棠西征时，陇南驻军和兰州的一部分军需亦通过嘉陵江由四川运来。抗战爆发后，嘉陵江船道成为四川物资进入西北输往欧洲的交通线之一。陕西的棉花、西北的汽油、皮革的90%以上通过船运到达重庆。

疏勒河上的船运历史也很久。《汉书·地理志》载，西汉年间，屯戍敦煌一带的军将就曾提出在疏勒河上"通渠转谷"。元代还在这里设过沙洲路河渠司。清高宗乾隆年间一些军政官员再次作了调粮的尝试。清世宗雍正初（1722年），宁远大将军岳钟琪曾在疏勒河与党河之间凿渠，并造木船数艘欲行其事，但最终失败。

黑水也有船运的记载。清中叶，时任陕西布政使司督粮储道佥事的沈青崖在赴肃州途中，看到山丹河、黑河水势浩荡却无船舶运行。当时每年筹粮30万石，从甘州至高台的深沟240里程，耗去运费约14.4万缗。为了改变这种状况，他提出了黑河水运的设想并付诸实施。他还专门叫人仿造了湖湘一带的"鰍子"下水试航，3人撑驾，由深沟到甘州只需四天。试航成功后，从中原调来船工30人，又造"鰍子"10艘，并于雍正十二年（1734年）5月竣工，彻底解决了张掖、高台一带民众的搬运之苦。

白龙江船运在清乾隆年间就在碧口以下运行，时约300艘，碧口就已成为吞吐各类货物的码头。当时使用毛板船，体小，载重量少，于是制造出了大型木船，大的长4丈、宽1.2丈；小的长3丈、宽1丈。碧口至重庆全程700公里，下水最快每天100公里~150公里，上水最快每天30公里。每年从碧口运出的木材、山货约1 000多吨，运进川盐、布匹、百货约七八百吨。民国初年，碧口市面最为繁荣，水路可由白龙江至重庆、武汉通上海。进出货物种类繁多，水运帮会成为碧口八帮之一。货物中药材居于首位，这些药材一般从兰州、陇西、岷县、南坪驮运至碧口，再用木船运至四川或内地。按当时的运价，装载60吨货物，到重庆可挣2 000块银元。

黄河上的船运仅限于靖远至中

卫一带。清穆宗同治五年（1866年）后，陕甘新驿道贯通，北大路（平凉至靖远）荒芜，航运相继停止。

拉卜楞寺建立后的夏河交通

拉卜楞寺位于甘南州夏河县城西，坐落于大夏河北岸，始建于清圣祖康熙四十八年（1709年），为第一世嘉木样活佛创建，是安多藏区政治、经济、文化、宗教中心，有东方"梵蒂冈"之称。拉卜楞寺占地1200多亩，建筑总面积82万平方米，全盛时全寺僧侣达到4 000多人。拉卜楞寺每年有正月法会、七月法会、九月法会，以正月法会最盛。其时，整个夏河桑科草原人山人海，蔚为壮观。

由于寺院的扩大和消费人群的不断涌现，拉卜楞寺地区的交通从无到有，出现新的变化，以粮食交易为主的物资贸易活动便由此开始。

古代夏河一带十分闭塞，对外交通线均是驮道或人行道。主要包括以下几条古道：

陇西至旧城、临夏古道 自巩昌（今陇西）经漳县、洮州（今临潭县陈旗乡）、旧城、卓尼县完科洛，越丹巴岭山口（今各腊利大山），过夏河县日多玛、美武、下卡加、完尕滩，顺大夏河而下，出土门关到临夏。

麻当至循化古道 自夏河县麻当观音沟而上，经甘加滩（古名捏贡川），过八角城进入青海省循化县。

完科洛（卓尼）至临夏古道 自完科洛逾丹巴岭，经美武、岗岔、土房，入槐树关抵临夏。

夏河至保安（今同仁县）古道 全程约60多公里，经甘加山或甘加甘坪、仁爱、来日卡、青海铁吾、达保安、隆务寺。从地理上讲，夏河与同仁山水相连、牧场相连。同仁县隆务寺和合作寺、沙沟有宗主关系，因此，双方往来密切，交流频繁，人员往来均经此路。

夏河至青海河南蒙旗县古道 自拉卜楞桑科滩、多哇沟而上多哇、泽库，再西行至河南蒙旗；自桑科滩起，过达九滩，翻越青布狼卡山口，沿完青曲达河南蒙旗县。

旧城至合作古道 中路：旧城经卓尼县古古川、完科洛、夏河县多合尔抵合作；北路：旧城经卓洛、俄化、大杂、日多玛、美武抵达合作；南路：旧城经古占、九日卡、夏河县的西拉道、尕日昂、参木道可河、麻木索南、多合尔抵合作。

旧城至青海同德古道 北路：旧城经古占、加门关、仁站道、博

拉、阿木去乎、科才沟入青海河南蒙旗至同德；南路：旧城经大花禄渡洮河，自麻路西行，登阿来大岭山，出洛措沟至双岔，逆洮河而上，再逆科才河西行过克其舍塘，沿浩斗曲河而至青海河南县，再西行达同德县。

临夏至碌曲古道 自临夏南川沿大夏河东南出槐树关，经曼隆，越达麦山至桑科滩，再经阿木去乎抵碌曲。

临夏至合作古道 自临夏经槐树关，越土房、上卡加抵合作。

以上9条古道，虽纵横交织于县内，但这些道路均属驮道或人行道，交通不便，行旅困难，广大群众在行路时全靠步行或者骑马，物资用品则全靠临夏、临潭、岷县的脚户用毛驴驮运物资。在当地畜产品外运方面：一是靠脚户的毛驴驮运；二是将羊毛装进羊皮筏子里，顺大夏河水放到临夏；三是少量的人背。从临夏到夏河行程三天时间，临潭到夏河行程两天时间。县内的大夏河、格河、博拉河、科才河、洮河、牙利吉河等河流上，除拉卜楞市区、清水等地有几座伸臂式木桥外，再无桥梁可走，且无渡船，加之有些人畜小路途经悬崖陡壁，河水冲走人畜或落崖摔死人畜的事经常发生。

由于交通不便，从境外驮运的日用工业品价格特别昂贵，一块银元仅能买三四斤白面、四五斤大茶。相反，这里一只绵羊只能卖一两块银元，一头牛也只不过能卖十块银元。

落后的交通面貌，使以拉卜楞寺为中心的夏河经济起步维艰，物资交流也是在比较困难的情况下进行。

拉卜楞建寺以后，"随着拉卜楞寺院的兴起和宗教影响的扩大，青海、西康（现四川阿坝等地）及甘南广大牧民群众来拉卜楞朝神拜佛者日渐增多，群众随朝拜之便，也携带农牧产品在拉卜楞庙会进行贸易交换。另一方面拉卜楞寺院为了进一步扩大自己的影响以及有些上层僧侣为了自己赚钱，也投资商业活动，或广罗商人到拉卜楞地区经商，并给他们以三分月利提供贷款。因而大大加速了此地的商业发

展，使这里的初级市场很快形成。内地的工、农产品如粮食、布匹、茶叶、铁器、木器、瓷品通过市场转销甘南和青海牧区，牧区的牲畜、羊毛、皮张等畜产品和麝香、鹿茸、秦艽、大黄等贵重药材通过市场，经临夏、兰州转运内地农区和天津、上海、广州等大城市，使拉卜楞市场不断发展，成为甘南地区工业产品和农牧产品的最大集散地"（《西北史地》1986年第3期）。拉卜楞市场的开辟和发展，不仅推动了当地的经济和商品贸易，也极大地方便了广大牧民群众，他们带着自己的产品参与交易，交换自己需用的粮食、茶叶、布料等生活用品，逐步使相当一部分（主要是寺院周围居住者）藏族群众专门从事商业贸易及以商业为主要经济来源的活动。他们并不需要专门的商店铺面，只是进行长途贩运或倒买倒卖做过手货物交易，其经商的特点有两种：一种是代外商行销、贩运，使用自己的役畜向外地商人招揽生意。还有一种是在畜产品大量上市的秋季，抓紧时机以最低价格收进整批的货物囤积存放，等贸易旺季一到，价格上涨后，再抛向市场或销售给外商，从中收利，其中还有不乏个别藏族商贩将羊毛、皮张、药材等货物亲自运销到外地。以羊毛为例，拉卜楞寺是甘南和青海甘甲、果洛地区羊毛的集散中心，羊毛在这里交洋行验秤后运到河州集中，由皮筏运到包头。有人统计，"拉卜楞、循化两处全年收购的羊毛总量约为一百四十万斤"。

市场贸易迅速发展，人口数量与日俱增，粮食交易在商业中所占的比例逐年递增。

民国20年（1931年）以后，粮食经营由原来的部分商业大户兼营转向专营，粮食市场更加活跃。到民国28年（1939年），又出现了许多面馆饼铺。当年成立了夏河县食店商业同业会，其中80%为饼铺经营者，随之铁匠昂等地成了粮食交易的中心，几乎全县的生活粮都在此经营。

从粮食的输入变化情况看：抗战前数年每年输入面粉20万斤，合计金额14万元，到1941年达到700万斤，金额达700万元。

在粮食价格上，主要由于交通不便，加上粮食需求量也越来越大，供需矛盾日益突出，粮价下落无门，上涨难以限制。

民国30年（1941），夏河县政府在施政方案与工作计划中提到粮食的困难时讲道，"七成仰赖临夏，三成仰赖临潭，一旦交通阻滞，或商人囤积居奇，粮行飞涨，民食造成严重恐荒。"为此，县政府拟定"奖励农垦，开辟一二十万亩之耕地，增产二三十万石之粮食，以求民食之自给自足"的措施。

无论采取什么措施,交通不畅仍是问题的症结,这个问题直至新中国成立后才得到彻底解决。

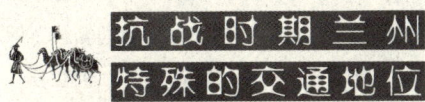 抗战时期兰州特殊的交通地位

兰州,西控河西,东扼中原,傍黄河天险,进可攻,退可守,战略地位十分重要。这里又是西北交通的交汇点。北通宁、绥,南达川蜀,东通关、汉,西接青、新,无论从政治、军事、经济、文化各方面讲,都有西北其他各市不可替代的优势。再从现代地图上看,兰州正好处于祖国中心位置,地理优势明显,发展前景广阔。故抗日战争爆发后,就有人提出把兰州作为陪都使用,虽然后来南京政府迁往重庆,但国民政府还是把兰州作为理想的偏安之隅,上至蒋介石,下至政府要员,频频视察,整顿防务,以作最后打算。

鉴于兰州与四周交通的困难,抗战期间,国民政府大力投资,在短期内续建了以兰州为起讫点的六大干线公路,一时间交通堪称便利,国际援华物资源源不断地由新疆通过这里运往前线。随后,有关西北的政治、军事、交通等机构移驻兰州,或在兰州组建,成为战时仅次于陪都重庆的国民政府权力机关所在地。

设在兰州的权力机关,除了甘肃省政府外,还有国民政府第八战区长官司令部(蒋介石任长官,甘肃省政府主席朱绍良任副长官)和国民政府军事委员会委员长西安行营驻兰州副主任办公厅、国民革命军第十八集团军驻兰州办事处、陕甘战区司令部等。国民政府全国经济委员会和交通部在西北的机构从民国26年(1937年)开始也一直设在兰州。具体有:

民国26年(1937年)底,在兰州组建陕甘运输管理局,接办设在西安的西北国营公路管理局和西北运输处业务。民国27年(1938年)在兰州分设西北工程处和陕甘运输管理局,不久分别改称西北公路管理处(设天水)和西北公路运输局,隶属军事委员会运输统制局。民国32年(1943年),运输局更名为交通部公路总局西北公路运输局,同年成立西北运输委员会。民国34年(1945年),西北公路工务局、西北公路运输局和甘肃驿运处、陕甘战区司令部合并,改组成立军事委员会战时运输统制局西北管理局。

西北公路交通管理机关,独立于地方,不受地方行政干预,统由

军事委员会或交通部垂直领导。机关设有电台、电话总机，重大情务直接与国民南京政府或重庆政府联络。此外还有一个庞大的警务组织，以护交通安全。西北管理局（局长何绍祖，何应钦之侄）雄距一方，俨然"诸侯"，以至于养路道工也身价百倍，常人不敢貌视。据说，有一次临洮县县长雨中乘车到兰州，半路上车轮陷在坑槽里出不来。一边骂着养路工，一边喊叫养路工抬车，不料被养路工痛打一顿。这位县长气急败坏地把状子递到了朱绍良跟前，朱绍良却说："这我管不了，请你到南京告去！"养路工殴打县太爷，本属"犯上"，然由于西北管理局名声显赫，就连朱绍良这位省政府主席、第八战区副长官司令（继任长官司令）也无办法。

民国30年（1941年）7月，公路运输系统归属于军事委员会运输统制局。为适应战争形势，西北公路运输管理局特别成立警卫稽查组，直隶于局领导，受统制局监察处指挥和监督。统制局撤销后，监察处并入军事委员会，改名水陆交通统一检查处，后又改为交通巡查处，在西北的警卫稽查组随之改隶。民国35年（1946年）2月，交通巡查处撤销后，正式成立交通警察机构。在西北的警务组配属公路运输管理局监督指挥。警务组设组长（少将军衔）、副组长（上校军衔）各1人。组内设有监察室和第一、二课，其中督察室下辖督察、通讯股，代表管理局对全组行使监督职能，兼理通讯联络事务。第一课，下辖人事、总务、文书3股；第二课，下辖警卫、稽查、侦讯3股，主管治安保卫、搜集材料、侦察审讯等业务。警务组外设直属警察大队，下辖6个区队。此外，各线还设有7个警务段，即兰州和宁夏、平凉、天水、汉中、宝鸡、武威、酒泉。警察大队和警务段的主要职责是：护送主要物资过境，巡查运输线路，检查过往车辆行人，打击犯罪活动。警务人员配有枪支、弹药和各种交通工具，组与各段、队经常保持无线电联络。

警务组名义上由西北公路运输管理局领导，实际受制于军事统制局。有重要情务不必通过管理局，而是直接由军事统制局下达命令。因而它是带有浓厚政治色彩的交通警务组织，权力很大，甚至独断专行，有权对影响交通运输、破坏公路设施的单位、个人以"破坏抗战"罪论处，甚至对不属于它管理范围的事也极力插手，地方不得干预。

总之，抗战时期兰州特殊的交通地位，使得甘肃公路交通在短短几年由落后步入全国领先行列。

无论采取什么措施，交通不畅仍是问题的症结，这个问题直至新中国成立后才得到彻底解决。

抗战时期兰州特殊的交通地位

兰州，西控河西，东扼中原，傍黄河天险，进可攻，退可守，战略地位十分重要。这里又是西北交通的交汇点。北通宁、绥，南达川蜀，东通关、汉，西接青、新，无论从政治、军事、经济、文化各方面讲，都有西北其他各市不可替代的优势。再从现代地图上看，兰州正好处于祖国中心位置，地理优势明显，发展前景广阔。故抗日战争爆发后，就有人提出把兰州作为陪都使用，虽然后来南京政府迁往重庆，但国民政府还是把兰州作为理想的偏安之隅，上至蒋介石，下至政府要员，频频视察，整顿防务，以作最后打算。

鉴于兰州与四周交通的困难，抗战期间，国民政府大力投资，在短期内续建了以兰州为起讫点的六大干线公路，一时间交通堪称便利，国际援华物资源源不断地由新疆通过这里运往前线。随后，有关西北的政治、军事、交通等机构移驻兰州，或在兰州组建，成为战时仅次于陪都重庆的国民政府权力机关所在地。

设在兰州的权力机关，除了甘肃省政府外，还有国民政府第八战区长官司令部（蒋介石任长官，甘肃省政府主席朱绍良任副长官）和国民政府军事委员会委员长西安行营驻兰州副主任办公厅、国民革命军第十八集团军驻兰州办事处、陕甘战区司令部等。国民政府全国经济委员会和交通部在西北的机构从民国26年（1937年）开始也一直设在兰州。具体有：

民国26年（1937年）底，在兰州组建陕甘运输管理局，接办设在西安的西北国营公路管理局和西北运输处业务。民国27年（1938年）在兰州分设西北工程处和陕甘运输管理局，不久分别改称西北公路管理处（设天水）和西北公路运输局，隶属军事委员会运输统制局。民国32年（1943年），运输局更名为交通部公路总局西北公路运输局，同年成立西北运输委员会。民国34年（1945年），西北公路工务局、西北公路运输局和甘肃驿运处、陕甘战区司令部合并，改组成立军事委员会战时运输统制局西北管理局。

西北公路交通管理机关，独立于地方，不受地方行政干预，统由

军事委员会或交通部垂直领导。机关设有电台、电话总机,重大情务直接与国民南京政府或重庆政府联络。此外还有一个庞大的警务组织,以护交通安全。西北管理局(局长何绍祖,何应钦之侄)雄距一方,俨然"诸侯",以至于养路道工也身价百倍,常人不敢藐视。据说,有一次临洮县县长雨中乘车到兰州,半路上车轮陷在坑槽里出不来。一边骂着养路工,一边喊叫养路工抬车,不料被养路工痛打一顿。这位县长气急败坏地把状子递到了朱绍良跟前,朱绍良却说:"这我管不了,请你到南京告去!"养路工殴打县太爷,本属"犯上",然由于西北管理局名声显赫,就连朱绍良这位省政府主席、第八战区副长官司令(继任长官司令)也无办法。

民国30年(1941年)7月,公路运输系统归属于军事委员会运输统制局。为适应战争形势,西北公路运输管理局特别成立警卫稽查组,直隶于局领导,受统制局监察处指挥和监督。统制局撤销后,监察处并入军事委员会,改名水陆交通统一检查处,后又改为交通巡查处,在西北的警卫稽查组随之改隶。民国35年(1946年)2月,交通巡查处撤销后,正式成立交通警察机构。在西北的警务组配属公路运输管理局监督指挥。警务组设组长(少将军衔)、副组长(上校军衔)各1人。组内设有监察室和第一、二课,其中督察室下辖督察、通讯股,代表管理局对全组行使监督职能,兼理通讯联络事务。第一课,下辖人事、总务、文书3股;第二课,下辖警卫、稽查、侦讯3股,主管治安保卫、搜集材料、侦察审讯等业务。警务组外设直属警察大队,下辖6个区队。此外,各线还设有7个警务段,即兰州和宁夏、平凉、天水、汉中、宝鸡、武威、酒泉。警察大队和警务段的主要职责是:护送主要物资过境,巡查运输线路,检查过往车辆行人,打击犯罪活动。警务人员配有枪支、弹药和各种交通工具,组与各段、队经常保持无线电联络。

警务组名义上由西北公路运输管理局领导,实际受制于军事统制局。有重要情务不必通过管理局,而是直接由军事统制局下达命令。因而它是带有浓厚政治色彩的交通警务组织,权力很大,甚至独断专行,有权对影响交通运输、破坏公路设施的单位、个人以"破坏抗战"罪论处,甚至对不属于它管理范围的事也极力插手,地方不得干预。

总之,抗战时期兰州特殊的交通地位,使得甘肃公路交通在短短几年由落后步入全国领先行列。

抗战时期交通行业人才济济

抗日战争爆发以前，中国的公路工程技术人员大都集中于东北、华北及东南沿海一带，西部人才严重缺乏，公路工程的勘测设计和施工不得不依靠外省技术力量来完成。自西北国营公路管理局移驻兰州后，这种局面才有所改变。当时的甘肃省建设厅也因此有了自己的测设、施工人员。抗战爆发后，沿海各省相继沦陷，国内名人志士和各方面的工程技术人员先后从内地涌入西北，尤其在兰州形成了一个前所未有的人才群。他们积极鼓吹开发西北，建设西北，其中有不少铁路、水利、公路方面的专业人才参加了甘肃的公路交通建设，对甘肃公路交通事业的发展作出了积极的贡献。

云集甘肃的公路工程人才有中国公路界的创始人、老前辈，有抗战前后毕业于沿海各大学的青年知识分子，也有在实践中掌握一技之长的技术工人。他们在效力甘肃期间，努力使实践与理论相结合，极大地丰富了我国的公路工程理论。原先在铁路系统工作过的人，大胆地把铁路工程技术和铁路工程运输管理办法用于公路交通，取得了十分显著的效果，从而使我国长期松散的、不系统的公路交通管理进一步规范化、科学化、系统化。抗日战争胜利后，甘肃的公路交通管理经验直接用于沿海各省，促进了这些地区战后公路交通的恢复和发展。

当时，在甘肃的国民政府全国经济委员会、交通部所属部门和甘肃省建设厅本身人才济济，甲于天下。不论是西北公路系统最高长官，还是建设厅厅长，以及下属的总段、分段或汽车修理厂的主要负责人，均由优秀的技术人员担任。他们行政与业务兼于一身，很少改调。总段长、分段长还直接参与工程的勘测、设计、施工。工程无论大小，自始至终，亲临现场。虽然因工程材料缺乏，资金不足，造成许多工程质量难以提高，甚至留下许多隐患，但他们在具体工作中大都能兢兢业业，一丝不苟。

现将抗战前后在甘肃工作的几位公路界老前辈简介于后，以资纪念。

陈体诚（1894年—1942年），字子博，福建闽侯县人。1915年毕业于上海交通工业专门学校土木工程系，获学士学位，继赴美国加基钢铁学院专攻桥梁专业。1919年学成

回国后,在铁路、公路部门任要职。1937年10月调任西北公路特派员,主持西北公路建设。1938年任甘肃省建设厅厅长。一年后调离甘肃,赴西南任职。陈体诚是民国时期我国著名的公路工程专家。他善于借鉴外国的经验改进本国的公路建设办法。对修建公路的方式、方法、步骤以及加强行车安全、注意司机的培训等方面均有独到的见解,对中国公路事业的初期发展起了良好的推动作用。陈体诚以其精深的理论和丰富的实践经验深得公路界的崇敬。他离开甘肃后,不幸英年早逝,年仅49岁。

赵祖康,字静侯,上海市松江人,1900年生,是公路、市政工程专家。1922年毕业于交通大学唐山学院市政与道路工程系。从1932年起,一直任全国公路部门要职。曾制定全国公路工程统一标准,创省市间互通汽车制度,逐步建立公路监理体制,组织修建西兰、西汉等公路,踏勘了甘青公路路线。1937年后,组织赶修天水至双石铺等公路;筹划修筑、勘察滇缅、甘新等国际公路线;总管西北、西南八省后方公路的修建。1943年任交通部公路总局副局长后,继续督建后方公路。1945年主持编制了《公路路线规范(草案)》一书,正式确立了适合中国国情的公路测设标准、施工规范与管理方式。赵祖康学识渊博,经验丰富,造诣很深,在国内外公路界享有很高的声望。

孙发端(1895—1977年),字效文,安徽省桐城县人。1921年毕业于北京大学土木工程系。抗战期间奔走于西北、西南各省,积极参与公路建设。1946年奉调兰州,任交通部第七区公路工程管理局副局长兼总工程师。1949年8月兰州解放后,继续参与甘肃的公路建设,并主持修复了国民党军队炸毁的黄河铁桥。孙发端是全国著名的选线专家,他的定线适应地形、线型优美舒展,避免艰巨工程,降低造价,深为公路界称道。

刘如松,民国25年(1936年)率队测设了甘新公路兰州至武威段,这是中国公路正式按测设程序测设公路之始。抗战期间,曾负责西北公路改善工程,兼办西汉工程建设事宜。

刘承先,曾参与过甘新公路的勘测、设计和施工,视察过青新公路,写有《青新公路视察报告》。

此外,还有顾耕野、张心一(甘肃临夏人)、赵祖庸、陈颂言、孙文奎等,大都是这一时期来甘的公路交通专业技术人才。还有大部分总段、分段、运输段(站)修理厂(场)的业务和技术人员,在抗战胜利后仍留甘肃,为新中国成立后甘肃公路事业的恢复发展起过重要作用。

千年桥渡

飞渡江河的卧桥

甘肃修桥历史悠久,从诸葛绪于263年占阴平桥头算起,迄今已有1740多年的历史,以西秦建黄河"飞桥"时计,也有1580年的历史。甘肃古代桥型的演化和改进,经过了一个由低级向高级发展的过程,大致可分为10种类型。

树木桥、踏石桥、冰桥,是一种自然形成的桥梁。《说文解字》说:"梁之高用木跨水,则今之桥也。""凡独木者为杠,骈木者曰桥"。人们利用倒在河上的大树木过河,以达彼岸,这是独木桥的原始形态,至近代仍为人们利用。1939年,史学家顾颉刚从漳县至岷县途中曾由独木桥过河,"自四店儿以来即无平地可见,道路所经非登山即涉水,两岸间但以老树卧于溪上,藉之以渡,行其上不免惴惴然"。又如酒泉市肃州区金佛寺观音山口的楚坝桥,"跨讨来河,山水漂浮,林木粉糅,水从下流,其木日久坚固,渐积如桥,人行其上"。踏石桥就是将大石块有规则地排列或堆聚于小河道中,供人们踏石而过。踏石桥又名踏步桥、列石桥,史书谓之"鼋鼍以为梁"。过这种桥步履要快,否则会因重心不平衡而跌到河里。民间也有"紧过列石慢过桥"的说法。冰桥在宋、明史籍中常有记载。北宋神宗元丰六年(1083年),西夏兵至兰州北岸,隔河喊道:"我夏国已胜鄜、延路,兵俟河冻即至。"宋徽宗政和二年(1112年),宋洮西守将何灌率王安、陈永、刘德修等13人,"晨发郡墟,绝冰河,□□灵岩胜概,乃还"(见炳灵寺石窟169窟壁题)。又如临潭、卓尼两县境内的8处冰桥,每年十二月下旬结冰、厚达0.25米~0.42米,至翌年二月底解冰。期间人畜、车辆皆可通行,此所谓"济众之成于天然者也"。伸臂木梁桥、索桥和浮桥在甘肃出现较早。伸臂木梁桥(含木架桥)不仅在较小河流上修建,在黄河上也屡有建造。仅唐代,甘肃境内黄河上建桥就达10余次。宋朝出现了浮桥,解决了大江大河不易修建木梁桥的实际困难,这些桥梁大多因军事需要而修建,亦因此而毁坏,专为商旅修建的大桥十分鲜见。陇南山区是索桥最为集中的地区,是古代羌、氐民族的伟大创造,也是古代陇南山区河流上的最佳桥型。

明清时期,桥梁修建有了较明确的文字记载,如1908年成书的《甘肃新通志》津梁部分,就载有402座桥梁。黄河上有大型浮桥(亦

兰州黄河铁桥

称舟梁)、陇东、陇中有砖、石拱桥或砖石墩台（柱）木面桥，陇东黄土高原还有众多的土桥。

同治年间左宗棠西征时，令其部下因地制宜，就地取材，修建桥梁80余座。就桥型而言，大致有土桥、木桥、砖石拱木架木面桥、石拱桥四种类型。

黄河铁桥，是近代甘肃举办洋务、引进西方科学技术的产物，同时也成为甘肃古近代桥梁发展的一个转折点。

伸臂木梁桥，俗称握桥、卧桥，是我国古代劳动人民智慧的结晶，也是古代劳动人民将卯榫工艺成功运用于桥梁建筑的成功范例。伸臂木梁桥以其精巧的构思、复杂的工艺、凌空飞挑的气势、无与伦比的审美价值，至今深受人们的推崇和喜爱，是中国古典桥梁中的佼佼者。

据桥梁专家茅以升考证，伸臂木梁桥是由生活在甘、青、川交界地区的羌、氐民族独创，因为这一地区位于青藏高原东延地带，层峦叠嶂，森林茂密，江河纵横，岸陡峡窄，宜于修建伸臂木梁桥。史载，甘肃最早的伸臂木梁桥是263年就已存在的文县阴平桥和407年西秦乞伏氏在永靖黄河上修建的"飞桥"。到了明清时期，地方志对伸臂木梁桥有了明确的记载，著名的有兰州西津桥、榆中浩门桥、兴隆山云龙桥、临夏大夏桥、武山西景桥、文县野狐桥、尚德桥、临江桥、龙津桥、岷县龙麟桥等。伸臂木梁桥大都集中在木材资源丰富的白龙江、白水江、岷江和洮河流域。从遗留的桥址可以看出，这些桥梁大都经过数次重建。按伸臂木梁桥50年一重建的规律，每座桥梁的历史都在200年以上。民国时期和新中国成立后的50年代，这一地区的伸臂木梁桥仍然很多，著名的有渭源灞陵桥和文县阴平桥。舟曲、迭部白龙江上几乎每隔10里就有一座伸臂木梁桥，旺藏沟长22里，就有24座。公路交通发展后，伸臂木梁桥以其费材易毁再未新建。已知现存的伸臂木梁桥有渭源灞陵桥、榆中兴隆山云龙桥、文县白水江石坊桥和白马河小沟、旧寨桥。白龙江上现存12座伸臂木梁桥，但已废弃，均摇摇欲坠。

阴平桥 在文县南白水江与白龙江交汇处。桥创建于何时,已不可考。但据三国蜀汉建炎元年(263年)魏诸葛绪抢占"阴平桥头"的记载,可知此前已有桥梁。又根据"白水流急,中有苍石二道,就石竖柱"的记载,可知早期的阴平桥属板桥类型。阴平桥从见诸史册到清初改建为伸臂木梁桥,存在时间达1 745年,是中国桥梁史上著名的桥梁之一。清世宗雍正七年(1729年),知县葛时政、守备张金榜改建为二孔伸臂木梁桥。清德宗光绪八年(1882年),重建时改为一孔伸臂木梁桥。桥标高11.5米,宽3米,全长40.8米。

龙津桥 位于文县城东20里处今尚德乡境内的白龙江上,创建于清高宗乾隆二年(1737年)到清仁宗嘉庆初年(1796年),此后两次毁于火,一次毁于洪水,一次因木朽自倾,当地士民都随时予以修复。嘉庆十六年(1811)再次毁于火,集力修复。清文宗咸丰元年(1851年)梁栋渐朽,因财力所限,架木数根以通往来。光绪二年(1876年)石湾乡田绅元有甫联合雄德、下丹、百湾乡乡绅倡议建桥,历时4年建成。此桥为伸臂木梁桥,上有桥阁,被称为文县"诸桥巨臂"。

炳灵寺黄河"飞桥" 据郦道元《水经注》记载:"大河(即黄河)又迳赤岸北。"注云:"即河夹岸也。"《秦州记》曰:枹罕有河夹岸,岸广四十丈。义熙中乞佛(伏)于此河上作"飞桥,桥高五十丈,三年乃就"。《晋书·乞伏载记》载:义熙三年(407年)炽盘"伐秃发傉檀,师济河"。由枹罕至乐都,必须跨越黄河,疑炽盘率军过河时"飞桥"可能已经建成。据此"飞桥"的修建时间当在义熙元年至三年间。

同一时期,吐谷浑在其境内黄河上建造过"河厉"桥。《沙州记》记载:"吐谷浑于河上作桥,谓之河厉,长一百五十步,两岸垒石作基陛,节节相次,土木纵横,更相镇压两边,俱来相去三丈,并大材

榆中兴隆山云龙桥

以板横次之。施勾栏，甚严饰。""飞桥"和"河厉"桥是同一种类型的桥梁，所以，建筑方法亦大致相同。

西津桥 位于兰州城西二里阿干河上，相传创建于唐，屡建屡毁。《皋兰县志》载："卧桥又名三公桥，在袖川西门二百步，当阿干河口，架木横空，东西十余丈，其下

兰州西津伸臂木梁桥

无柱，高五丈；其上覆盖如屋，楹栏齐整，亦匠心之巧者。"又说："西津桥有三，一在西园西南，俗称上桥；一在西园西北，俗称下桥；一在西园东，即卧桥。"卧桥于明成祖永乐中（1403年—1424年）建。清嘉庆二年（1797年）县民刘汝捐资重修。嘉庆十一年（1806年），布政使蔡廷衡修桥西迤南堤岸。清宣宗道光二十一年（1841年），绅士曹晓霞补修。光绪三十年（1904年），公募重修。上述记载表明，兰州握桥经历代多次修建，不断加长加宽，

最后一次修建的桥梁长27米，净宽2.25米，宽4.6米。桥身计有4层挑梁，每层挑梁有7根圆木横贯拴固，第5层是由木面支梁搭成的桥面。桥上建有桥屋，两侧修有围栏，桥端筑翼亭，亭上均有题额。东亭阳刻"空中鳌背"，阴刻"彩虹"；西亭阳刻"天上慈航"，阴刻"新月"。结构严谨，建筑华丽，气势宏伟，被视为中国古代伸臂木梁桥的代表。福建厦门集美镇海滨有爱国侨领陈嘉庚出资兴建的一座鳌园，园内涉及甘肃的唯一画面就是西津握桥。西津握桥在1952年城建部门拓建西津路时拆除，欲移建别处，因故未果（陈兆生《金城漫话》）。

仿兰州握桥修建的还有渭源灞陵桥，是国内现存的著名桥梁。榆中兴隆山握桥，工艺粗糙，20世纪80年代进行了重建。

石坊、小河、旧寨桥 石坊桥位于文县石坊乡白水江上。这里江岸狭窄，水流湍急。原桥创建于民国时期，先后两次失火，1955年11月第三次重建，1956年4月落成，起名"合作化桥"。桥全长25.9米，高15米，宽3.8米，两端建门楼，桥上建廊房，桥面铺以木板，两边设栏杆。木梁12排层层向河心挑出，立

文县石坊伸臂木梁桥

柱各2根夹住排木。整座桥远望气势如虹，坚固耐用，是陇南现存木梁桥中最好的一座。白马河小河桥长18米，有阁楼5间，桥亭2间。旧寨桥有2座，俗称姊妹桥，两桥相隔100米。其中大桥长24.4米，宽2.5米，阁楼8间，桥亭2间；小桥长18米，宽2.5米，阁楼6间，桥亭2间。相传这两座桥始建于明洪武年间，可能与当时移民进入河谷有关。白马河上的桥梁小巧玲珑，结构简洁，是过往行人休闲、避雨的好去处。

白龙江上游诸桥 白龙江上游现存但废弃的伸臂木梁桥有代古寺（3座）、包谷坪、花园、旺藏（2座）、尼傲、上巴藏、立节、好地坪桥等。这些桥无阁楼，其他建筑工艺与上述桥梁相同。其中旺藏乡次日拉桥相传为红军所建，故名"红军桥"。该桥纵梁嵌入石崖，共3排7根，横梁依次为4排、2排、1排，河心纵梁长20米，有立柱2排共20根，套住横梁。桥全长约30米，宽2.5米。当年毛泽东率领红一方面军途经这里，曾住宿一夜，红军通过该桥上山开仓放粮。现旧桥下建有混凝土桥，仍名"红军桥"。尼傲桥全长28米，宽3米。下部结构为混凝土乱石台，上部有3层纵梁挑出，每层5根，横梁3层，每层3根~4根不等，河心纵梁9根，有两排人字架顶于桥中纵梁上，河岸深20米，宽20米。该桥纵横梁卯接处用螺栓加固，坚固耐用。该桥建于1974年，桥址附近有木梁桥遗址。

贵清山桥 在漳县贵清山深涧

之上建有一座伸臂木梁桥，由铁牛禅师创建于明穆宗隆庆元年（1567年）。桥总长14.5米，桥宽1.65米，桥上建阁亭7间。此桥曾重建17次，现仍保存完好。

渡船成梁的浮桥

甘肃建造浮桥，始于北宋，明、清至民国，皆沿袭建造。所谓浮桥，即在河之两岸置码头，以铁索或粗麻绳贯船若干只，下垂石鳌（同锚）浮于水面，船上铺木板，以铆钉固定，不使移动，两边置栏杆，以卫行人车马。境内主要浮桥有：

安乡关浮桥 北宋安乡关即唐凤林关，故址在今永靖县的崦歌集至桥滩一带（已没入刘家峡水库）。这里岸窄水稳，宜于建桥。宋神宗熙宁六年（1074年），熙、河二州安抚使王韶克复河州后，遂于安乡关建黄河浮桥，并筑堡于河之北岸，守护浮桥，以通鄯、廓二州（《宋会要辑稿·方舆》）。宋哲宗元符二年（1099年），吐蕃内讧，河州知州王儋取青塘。当时有人断言："自炳灵寺渡河至青塘四百里，道险地远，缓急声援不相及……若羌断桥塞隘，我虽有百万之师不能进（《河州志》）。"结果西夏应吐蕃之请，先断炳灵寺桥，次绝星章峡栈道，宋师被困（《宋史·王儋传》）。姚雄从兰州出兵救援，四战皆捷，夏人退走。再复湟（乐都）、鄯（西宁）二州，又筑安乡关桥，夹河立堡，以护浮梁（《宋史·姚雄传》）。宋徽宗崇宁二年（1103年），宋以知河州王厚权管熙河兰会路经略司事。王厚率兵再复湟、鄯二州，两路出师，一路出京玉关，一路出安乡关。时童贯为监军，与王厚同至熙州，传河州知州刘仲武至帐议事。刘仲武认为："王师入，羌必降"，但"河桥功力大，非仓促可成，缓急要预办耳。若禀明待报，虑失时机"（《宋史·刘仲武传》）。童贯许其便宜行事。此时，仆哥约降，要宋高级人员派子为质，刘遣其子往，河桥修成，刘仲武遂率师由此渡河。

莲花、小川浮桥 民国17年（1928年）5月，国民军冯玉祥部驻防临夏，曾在永靖县城莲花和小川两处修有浮桥。莲花黄河浮桥在县

莲花浮桥

城上游2里许的哈脑河沿（俗称尕脑河沿）。《续修导河县志》载："哈脑渡浮桥，缀十二舟，浮于水面，中空水道，加以横梁，上铺平板，旁竖栏杆，以卫行者。两岸装石笼二。以麻绳贯船，系于中桥，宽一丈三尺，长三十六丈，遥瞻之，若长虹，履之若坦途，十七年夏，……赵席聘创修。"邑人张建曾写过咏桥七律诗一首，其中就有"黄河天堑难为险……扁舟十二锁长虹"之句。民国28年（1939年）此桥毁于洪水，经永靖县政府申报，国民政府行政院拨款重修，直至1949年为国民党军焚毁，改为船渡。

小川浮桥，造舟十一，河两岸各置码头一个，横缆钢索两道。自1909年建桥至1921年的13年中，3次被洪水冲毁，其中1921年5月20日的洪水冲没渡工1人。从此，小川浮桥改为船渡。

金城关浮桥　兰州境内的黄河浮桥，初设于河口一带，后移于金城附近。据《新唐书》和《旧唐书》记载："刘元鼎逾成纪，过广武梁。"宋人孙路曾说："兰州西有喀罗川（今张家河口）古浮桥旧基，……是知唐代广武梁亦即浮桥也

金城关浮桥

（《资治通鉴长编》）。"宋哲宗元符三年（1100年）正月在旧桥基上建成浮桥，以通湟鄯，名把拶桥（桥址处名巴珍旺、把拶宗）。

据《宋会要辑稿·方舆十九》和《续资治通鉴长编》记载：宋神宗元丰四年（1081年）和宋哲宗绍圣四年（1097年）"两次修复金城关，皆置浮桥"。宋徽宗大观元年（1107年），钟传又"造梁济师，作金城关，扼其要害，夏兵遂败"。元丰四年李宪克兰州后，西夏数次发兵争夺，一度曾攻入兰州，与宋兵白刃交锋，终不能得手，最后以兑换方式索要兰州，宋廷在边将武臣的坚持下，不但不予，反而极力经营，修葺金城关，建置桥梁。

明太祖洪武五年（1372年），宋国公冯胜驻防兰州，开始在城西7里的地方建造浮桥。3年后，邓愈平定

西宁、河西等地，置西宁、庄浪（今永登县）、西凉（今武威）诸卫。为交通便利计，在兰州的城西10里处再建浮桥，名曰"镇远桥"。因桥两岸地质不稳，水流湍急，遂于洪武十七年（1384年），由兰州卫指挥佥事杨廉移于今黄河铁桥处。

镇远浮桥建成后，成为青海、新疆等地和中外商旅、使臣必经津梁。明成祖永乐十八年（1420年）四月四日，撒马尔罕（今阿富汗一带）使臣经兰州浮桥时作了如下的记述："四日抵哈剌穆棱河岸（即黄河边），河之大，与鄂格束思河（阿姆河）相仿佛。有船桥可以渡河，桥以船二十三只连络而成。各船之铁链，粗如人之上腿，铁链系于两岸铁柱上，柱粗如人身，深埋地中。"（南岸一铁柱现立于铁桥南端东侧）明英宗正统三年（1438年），对浮桥作了修补，"以便甘肃馈运"。

镇远浮桥建成后，历经500余年，冬拆春搭，直至清末铁桥建成为止。

靖远浮桥 俗称索桥。其一是西夏所建之黄河莎桥（莎，音梭。莎系生于河岸沙地上的多年生草本植物，因浮桥附近多莎草，故名），桥址在靖远县北70里水泉乡黄莎湾村。西夏神宗兴定六年（1222年），西夏"调浮桥通兵，以窥鄜延"（《西夏书事》）。《陇右金石录》也说："靖远在兰东，元昊据灵夏，于地置会州，浮桥于河以通甘肃，国初废之。"莎桥建成后，在河边置"迭烈堡"派兵守护。其二在靖远县东北石门乡小口子村附近的黄河上。据乾隆《靖远县志》记载：明穆宗隆庆元年（1567年），建于小口子上游4里处，后因黄河泛滥，索桥漂没。明神宗万历四十二年（1614年）重建，亦为洪水冲毁。此后，改为船渡。

洮河浮桥 洮河浮桥亦始建于北宋。宋神宗熙宁五年（1072年）冬十月，王韶命梁成等赶修浮桥，次年六月建成，初名"永通桥"。明朝初年，桥址移到城西3里处，以木船12只为浮梁，两岸埋设12根木柱，系以铁缆或草缆，上铺木板，供人

洮河浮桥

畜、车辆通行,并更名为"永宁桥"。清圣祖康熙十三年(1674年),张勇为行军和军需粮草运输之便,把永宁浮桥桥址移到临洮城西北5里处。清高宗乾隆十六年(1751年),狄道知州程鹏远又移建于城西2里的西岩山下,置铁缆200尺,两岸固以石堤。清代陇上著名诗人吴镇(临洮人)在《我忆临洮好》十首诗中,就有"永宁桥下过,鞭影蘸明霞"的描述。此外,左宗棠在临洮西门外所建洮河浮桥,取名"永定桥",桥长20丈,宽8尺,高1丈。1949年人民解放军西进时,亦在这里搭建过浮桥。

此外,民国35年(1946年)9月,省政府拨款1 030万元在康家崖建浮桥一座,1949年解放前夕遭国民党溃军破坏。

文县白龙江浮桥 又名阶南浮桥。清圣祖康熙五年(1666年)建,当年冬季开工,次年仲夏完竣。这座浮桥为铁索浮桥,有9只木船为梁,横亘里余,宽1丈2尺,高8尺。浮桥建成后,"行者咸乐普渡,无患无溺也;居者皆庆安闲,无忧沉炊矣"。每逢佳节,人们到此悬灯挂彩,龙舟竞渡,或赋诗助兴。贾廷靖《城南古渡》诗云:

　　白水高悬天际头,
　　武都城外浸经流。
　　伺津此处垂柳岸,
　　济渡谁家古木舟。

铁链锁江的吊桥

索桥分溜索和吊桥两种。溜索是悬索吊桥的鼻祖,是除了列石、独木梁、浮桥以外最原始的过河工具。

溜　索

溜索俗称溜壳子,西南少数民族称"溜江筒"、"溜索子"。古代文献称为"撞",所谓"悬撞渡索"、"渡索寻撞之桥",就是指溜索。

从交通发展的角度来讲,溜索应出现在人类寻河谷而居的农耕文明肇始时代。那时,各部落为了交往方便,逢山开"路",遇水架"桥",宽浅河谷摆列巨石而过,沟壑用横卧的枯木通过,较深较窄的沟涧则利用藤条相连接悬撞(或用荡绳)而过。后来,过河的形式多种多样,也渐趋完善。溜索也由藤条发展到竹、葛、兽皮等材料,并通过编织拧结成为载重量大的绳索。这种绳索最初系于两岸树木、巨石之上或系于栽置的木桩之上。为安全起见,过河的人将自己按一定方

千年桥渡

溜索

法用绳捆扎,将绳揽于索上,利用惯性滑动而过。后来又增设了滑轮、筐一类的附属设施,使过河更快捷、安全。

中国溜索最早见于史籍当在西汉。《史记·西域传》就记述了西域道上唯一的一处"悬渡之撞",其危险程度令人悚然。事实上,将溜索谓之"撞",就有"撞命"的意思在内。唐、宋以后,"悬渡"、"悬撞"多见于诗文。唐代诗人皮日休的《哀陇民》一诗讲的就是陇山山民为捉鹦鹉设"悬渡"坠崖而死的惨烈场面。这是甘肃渭河流域陇山地区存在"悬渡"的最早记载。

嘉陵江水系的溜索应与西南、华南少数民族使用溜索的时间相当,历史久远。在今宕昌县化马一段岷江峡谷中,就有一块摩崖石刻,上刻"天沆永博(溥)",刻于清初。

相传三国时,邓艾入川时在这里建有溜索。现两岸各存柱孔一个,实为建溜索所致,说明历史上在陇南山区建过溜索是可以肯定的。但由于溜索是边远山区河流上的一种简单的过河设施,加上这一地区长期的封闭状态,溜索的设置并不为人们所重视,外人也就很难知道其数量。现在生活在陇南一带的六七十岁的老人都使用过溜索,20世纪五六十年代还很普遍。溜索分平索、陡索,其中陡索在两岸各埋一根,呈"×"状,坡度一般不超过30%。20世纪70年代后,竹、藤类溜索逐年减少,钢丝溜索增加。钢丝绳一般拴于两岸的混凝土桩上,绳上安有滑轮,安全性能良好。钢丝溜索有单索、双索之分,单索一次仅过一人,双索可互不干扰,如白龙江临江附近的双道溜索就具有代表性。溜索在交通不便、又无能力建桥设渡的地区,是群众过河、跨沟的重要设施,设置数量较大,仅文县在1985年前后仍有溜索30多道。随着桥梁的逐年增加,溜索逐渐减少,现存溜索集中的陇南地区也超不过10道。

吊 桥

吊桥，意为悬空之桥，又俗称索桥，常建于水流湍急、两岸陡峭、难以修筑桥墩的河段上。古书上记载的"絚（音更）桥"和"笮（音作）桥"，就是指用粗麻绳或竹篾做缆索来连接两岸的桥梁。这种桥梁的桥面常用藤条、竹篾编织成半网状，条件好一点的纵向铺以木板。经济条件许可后，悬索发展成为铁索或混合索，即主索为铁索，其他索为藤索或竹索，桥面为木板或竹排，定期更换。铁索桥只要维护及时，一般可使用数十年或上百年。悬索过江的方法一般采用船渡，水流湍急处一般采用射箭、放风筝或在上游流放，过江后用辘轳卷紧埋置即可。

中国古代的羌、氐民族的活动中心最早在甘、青、川和甘、陕、川交界地带，先秦时期有一部分逐渐迁入陇南，著名的有武都羌、白马羌和白马氐等，与西南各少数民族一起被称为"西南夷"。相传羌族的祖先最初到达这里时，看到江水滔滔，两岸陡峭，与境外交通十分困难。正在一筹莫展之际，从森林中走出一位鹤发童颜的长者，指导他们建了索桥。于是他们利用当地丰富的竹、藤、麻等植物修建了许多索桥，索桥建造技术便开始在羌、氐部落中推广使用，其中的一些能工巧匠经过世代传习，形成犹如"工兵营"一类的部落，即"笮"部落（形同方国）。战国时期，李冰父子在修建都江堰时，就利用当地羌族群众丰富的建桥技术，在岷江内外江修建了一座竹索桥，这是中国史载最早的一座竹索桥。此后，索桥技术在西南、华南广泛推广，从而成为中国古代桥梁的代表性桥型。

羌、氐民族自古"分窜山谷间"，部落与部落间联系并不紧密，对交通设施的依赖性不高。秦惠文王定巴蜀、汉武帝开西南夷置武都郡（郡治下辨，今成县），开通了徽成盆地道路。这些道路一般沿河谷左岸或右岸行进，尽量避免跨越河流，遇到艰险难行处，一般用栈阁相连。这一时期除了西汉初年，舞阳侯樊哙在秦蜀通道樊河（今陕西留坝马街）建有索桥外，陇蜀道上未有修建索桥的记载。东汉时期连续几次的羌民起义和羌、氐民族迁徙，使区域内人口大减，经济虚耗，像吊桥这样的浩大工程是很难修建的。但不能由此断定陇南没有吊桥。唐代诗人杜甫入川时就见过竹索桥，留下了"伐竹为桥结构同"的诗句。当时陇南人口依然稀少，同谷、武都、和政、合川、怀道、安乡、阴平七郡共有乡60个，2.2万户，8.5万人，这些人口大都集中于交通要道，吊桥数量较少。明初，大量移民充

▲千年桥渡

实陇南,到嘉靖时,礼县、阶州、文县、徽州、两当、岷州卫、西固、洮州卫有1.65万户、13.6万人,其中军户5300户、1.8万人。除军户外,迁来的移民溯江河而上,寻坝子而居,伐木垦地,耕田谋生,进行了大开发活动,山谷道路开始形成。在开辟山谷道路的过程中,他们就地取材,修建了大量的木梁桥,同时也修建了一部分小型竹索桥。到了民国时期,竹索、藤索、皮索桥分布广泛。新中国成立后,陇南各县还加固维修过30座竹索桥。至今,陇南五六十岁以上的人都走过这类索桥。2000年,文县黄路山竹索桥拆除,这是甘肃境内拆除的最后一座竹索桥。

为了适应经济发展的需要和运输量的增长,官府、行栈商贾、僧侣道士以及两岸民众投资设渡建桥,同时利用当时成熟的铁索桥建造技术在陇蜀上修建了几座大型铁索桥,达到了"一劳永逸"的目的。铁索桥主要有西汉水西江桥、白龙江永济桥、郑公桥等。

西汉水西江桥,俗称大桥,位于西和县西南90里大桥乡。桥长50米,宽1.7米,高12米。用6根铁索固于两岸,上搭木板通人、畜。相传此桥为一道士募化而建,始建年月不详。据碑文记载:自明洪武以后,重修过5次。新中国成立后,经多次

利用旧铁索改建的西汉水西江吊桥

加固，20世纪80年代维修时增加了钢丝悬索，继续服务于两岸群众。

永济桥，原为临江桥，清圣祖康熙二十三年（1684年）修建，后知县江景瑞重修，位于文县西北百里临江关。清德宗光绪十九年（1893年）移建于临江下游20里篙子川，凿山筑堤，改木梁为铁索，名曰"永济桥"，督修者为文县武官杨清献。桥长20余丈，净跨15丈，宽8尺，方形主索9根，直径1.5寸。压桥索、拦桥索各2根，均系熟铁打成。桥基两头各埋碗口粗的生铁柱9根，桥索环扣于铁柱之上，铁索是由无数铁棒两端环扣连接而成。永济桥两岸狭窄，波涛汹涌，附崖而过，后有高山环抱，上游不远处有洋汤河汇入白龙江中，隔岸有小村名河口。这座桥地处险要，实为甘川之咽喉。阶州知州叶恩沛曾写有"架木成桥自古难，而今铁链锁江干。行人招手若相问，西蜀滇南共此安"的诗句。

民国时期，这座桥屡次被军阀拆毁。民国10年（1921年）3月间，文县驻军马绍武部为堵截滇军叶全所部，将永济桥铁索全部凿坏。民国16年（1927年），由地方筹集资金重建，历时5年，才全部完工。民国22年（1933年），号称"黑虎吸冯军"的河州马仲英部东出陇南。时白云军已占领文县，为拒马部，又将索桥一侧两根主索拔脱，桥面倾斜，复由地方筹资重建。

1949年，国民党军队赵龙文部退守碧口时，留一工兵连企图破坏此桥，并炸断主索1根，不久由一一九军起义部队接管。

文县碧口镇白龙江上的郑公桥，清光绪十四年（1888年）由碧峪镇民众恳请文县知县郑某创修，炼铁为梁，长20丈。白水江支流让水河上的让水河铁索桥，于清同治年间修建。以上索桥都是采用铁链为承重索，铁索由扁环扣联而成的铁索桥。

宛若飞虹的拱桥

拱桥是以拱圈为支撑力的桥梁。明、清之际，甘肃境内的拱桥分砖拱、石拱两种类型。砖拱桥从底部到拱圈全为砖砌，石拱桥底部至中部为石砌，拱圈部分多为砖拱，故又有砖石拱桥之称。

拱桥主要集中在陇东，有曲子桥、普济桥、三溪桥、盘龙桥、北涧桥、贾家桥等。据统计，今庆阳市在明、清时期所修石拱桥（含砖石拱桥）有20余座。其中，影响较大者为曲子桥。此桥位于环县曲子镇，为清高宗乾隆十二年（1747年）知府高观鲤、进士张普兼修建。初建时为泥石结构的1孔石拱桥，跨径8米，高3米，迄今已有230余年的历史，仍完好无损。北涧桥在今庆城县北5里处，为单孔石拱桥，是义士杨顺等人捐资所修。

天水市石门聚仙桥（石拱）

王公桥，位于定西市安定区东50里的宋家沟。这里两山夹峙，水流冲刷严重，沟深20余丈。山洪暴发时，水位高达2丈以上，行人夏阻山洪，冬困冰雪，交通困难。清乾隆三十年（1765年），由巩昌府知府王廷赞主持，在此建桥，称之"王公桥"。清文宗咸丰九年（1859年）重修时，底部用基石，上面铺土，中有两孔排水洞。左宗棠西征时，由谭云观主持改建为双孔砖拱桥，命名为"永定桥"，并勒石纪念。清德宗光绪九年（1883年），桥身倾斜，总督谭钟麟勒令补修。至清末，此桥已不能通行。

今天水市城北玉泉观镜儿沟拱桥，为清仁宗嘉庆二十一年（1816年）夏建成，为一座砖砌半圆拱桥，桥长15.53米，高6.2米；清水县东门石桥和西门石桥分别建于明毅宗崇祯六年（1633年）和十一年（1638年）。

陇东沟涧的土桥

陇东黄土高原，水土流失严重，多沟、梁、坪、峁、壑，严重阻碍交通。广大劳动人民在长期的实践中，创造了一种适合于本地地理条件的独特桥型——土桥。土桥构造简单，修筑容易，即用黄土夯筑成一道挡墙，底部留有排水道，上通行人车马。修筑土桥时应注意：土质要纯净，不用含植物土质或腐殖质土，或肥质土；筑桥时边坡要陡

立,以利排水和防止长时间的雨水冲刷;夯筑要实,密度要求达到95%以上。土桥主要集中在陇东一带,主要有:

雷家岘子桥 位于庆城县董志塬北端,全长100米,宽4.5米。岘子南北皆为深沟,桥筑于岘子中端,过桥下山后可达庆城县,东行可至合水县。桥高7丈,长20丈,宽丈余。清穆宗同治元年(1862年),曾对此桥进行过加固维修。

南桥子桥 其地在宁县南山,土桥长50米,宽8米,两边为高达30米的悬崖,桥南地势高峻险要。

大小岘桥 大岘桥为安童古道关隘,清高宗乾隆四十年(1777年)由贡生张继孔率领群众修建。同治七年(1868年)因战争被断,后又予以修复。小岘桥,位于今郇肖公路75公里处。清乾隆十年(1745年),贡生张继孔倡导修筑。清仁宗嘉庆十四年(1809年)修补,同治七年(1868年)挖毁,清德宗光绪初(1875年)重建。

赵凤桥 又名北吊桥,位于古庆阳城得胜门外,乾隆四十三年(1778年)始建,清文宗咸丰四年(1854年)重修。桥高19米,长100米,宽4米。该桥是府东府西道路交汇处,为庆阳城北关联系市区的咽喉。

公路桥梁的初兴

清末,洋务运动的风潮吹到了甘肃,陕甘总督升允、兰州道彭英甲等一批地方官员积极倡导这一运动,发展地方实业,黄河铁桥的建成就是这一运动的硕果,从此揭开了甘肃近代公路桥梁建设的序幕。

民国初期,甘肃公路开始在"开发西北"的呼声中起步。适合于公路运输的桥梁也开始创建。民国16年(1927年)在"左公大道"的基础上整修了兰州至平凉、兰州至新疆、兰州至西宁、兰州至天水汽

华双公路马陵沟桥

平凉八里桥

车路。修建的桥梁因材料多取自民间，技术低下，多不坚固，有些是在古桥的基础上整修加宽的，只能勉强通行汽车。民国24年（1935年）正式对西兰公路进行了整修，共修建正式桥梁7座，长194米，便桥长1 300米。同年赶修甘川公路，也只修建了一些简易便桥。这一时期的公路桥梁较多的是石台木面桥，如泾河桥和定西巉口桥，质量最好的是平凉八里桥。这座桥最早为木便桥，民国24年（1935年）改建为2孔12米钢筋混凝土T型梁漫水桥和长120米的过水路面，民国25年（1936年）冲毁。民国27年（1938年）重建为19孔5米半圆拱石拱桥，全长119米，施工完全按设计要求进行，质量上乘，至今仍在使用。

抗日战争时期，甘肃成为援华物资东运的主要通道，公路建设获得较大发展。公路桥梁无论是在数量还是质量上都有所提高。计西兰公路改建永久、半永久式桥7座，加固临时式7座，新修2座计长25米。甘青公路民国31年（1942年）8月水毁，连同庄浪河16孔5米砖拱桥等7座桥梁全部冲毁，损失严重。甘川公路新建桥梁200米，过水路面160米。华双公路也新建了一些永久桥梁或过水路面。这一时期的桥梁建设由于资金有保障，技术到位，工程质量较高。如西兰公路静宁西河桥原为钢筋混凝土板梁桥，被水毁后改建为9孔16米的砖拱桥。华双公路上的几座桥梁均很典型，代表了当时甘肃桥梁建造水平。马陵关、马陵沟桥利用有利地形新建为单孔石拱桥，设计荷载达到15吨；永宁镇桥为2孔10.5米及11孔12米的钢筋混凝土排架式肋板桥，净宽4米，全长155.4米，民国34年（1945年）2月竣工通车，是当时甘肃省大型桥梁之一；天水南河川桥最初用牛皮筏浮桥通行，民国30年（1941年）改建为石台钢轨梁木面漫水桥，共19孔，跨径9.01米，全长171.19米，载重16吨，该桥下部结构为梅花木桩基础，上砌块石桥墩，采用土法戽水和加重桩锤的方法，解决了基坑排水和打桩困难等问题；民国34年（1945年）建成的葫芦河桥6孔净跨5.5米、11孔净跨6.6米，全长108米，结构为钢筋混凝土漫水桥，钢筋混凝土基坑采用人工落锤，平均入土深6.43米；通渭陈家堡桥为2孔10米石拱桥，上部结构为实腹式坦圆拱，下部结构为重力式墩台、梅花木桩基础。另外，在甘川公路经过的宕昌岷江上建有一座1孔16米上承式木桁架桥，采用当地的优质木材（千年古树）建造，载重达到了10吨。甘新公路上建有庄浪河砖拱桥，16孔5米，全长153.8米，载重15吨；黑河木排架桥，25孔4米，长100米，载重7.5吨，木桩入土7米以下；民国28年（1939年）建成的陇西东铺渭河木排架桥，计48孔净跨5米，全长240米，为当时省内最长的桥梁。

抗日战争结束后，对几条主要公路进行继续改善与提高，主要修建了两郎公路两河口桥、西兰公路汭河桥。到民国36年（1947年），境内公路上共有桥梁462座，总长7 257.01米，其中永久式100座、计长2 098.92米，半永久式222座、计长2 639.09米，临时式140座、计长2 519米。石台木面桥，主要分布在西兰、华双公路上；木桥和木排架桥主要分布在甘川、甘青、甘新公路上；钢桥和钢筋混凝土桥主要分布在西兰、华双、兰宁、宝平、平宁公路上。民国35年（1946年）建成的华双公路郭家镇桥为1孔15米钢桁架木面桥，由中国桥梁公司设计，钢梁在重庆配制，只在工地上进行安装，成为甘肃桥梁史上第一座"装配"式的桥梁。民国38年（1949年），解放大军西进，国民党溃军对所经桥梁进行了破坏，尤其对华双公路永宁镇马陵关桥破坏严重。为维持交通，全省仅抢修便道就达490余处。同时因年久失修，一些木桥也损坏严重，民国37年（1948年）陇西东铺渭河桥遭冲毁，荡然无存。

民国时期的甘肃桥梁是因抗战的军事需要而发展起来的。当时甘肃汇集了大量的专业技术人才，他

华双公路永宁镇桥

们带来了先进的设计理论和科学的施工工艺，修建了许多坚固实用、美观大方的桥梁，使甘肃桥梁建造技术在短短十多年间提高了一大步，为此后甘肃桥梁的发展积累了丰富经验。但由于资金匮乏，材料短缺，加之时间仓促，对地质、地貌了解不够，有些桥梁不能长期适应车辆通行，损坏严重。这是当时经济条件所决定的，以甘肃当时的经济水平来看，公路桥梁能有如此发展已属不易了。

江河上下渡运忙

甘肃境内的古渡口主要分布在黄河水系和白龙江水系上。两大水系又以兰州和碧口为中心，分别沟通了甘肃东西和南北的经济、文化交往，在历史上曾发挥过巨大的作用。现今，不通公路的偏远山区河段仍在使用渡口。

黄河渡口

玛曲渡口 玛曲渡为古代吐谷浑道、于阗贡道通松潘的要津，历代不衰。渡运工具为马拉船。即将木板拼成方形木箱，里面包裹牛皮，船头拴绳，岸上一二马匹拉曳过河，故称"马拉船"。玛曲还有一种过河方式，即赶牛下河，人骑于牛、羊皮胎，一手扯牛尾，一手扶皮胎。皮胎内一般填充货物或充气。这种过河方式很危险，稍有不慎便溺水而亡。1953年，当地驻军在这里修建了一座皮筏浮桥。1958年浮桥冲毁，甘南公路段修建了码头，建造了一艘木质船，用于渡运、人畜、车辆。1965年出于安全考虑，改为铁质机动船。设玛曲渡口管理所进行管理。1979年玛曲黄河大桥建成，玛曲结束了黄河上无桥靠摆渡过河的历史。

大河家渡口 古称积石渡，亦名临津渡。位于积石山县境内的黄河岸边，俗称黄河上渡，是甘肃早期渡口之一。据成书于战国时期的《穆天子传》载：周穆王西游时，曾经"积石之河南"。《黄河志》载："九州以外立贡赋，若昆仑、析支、渠搜三国，则由积石以达河。"把上述记载与夏禹"导河积石"联系起来看，积石古渡之

玛曲黄河渡口渡运情景

积石关渡口

置最早。十六国前凉时期于此置临津县，此渡易名临津渡。隋炀帝大业五年（609年），炀帝西巡张掖，由临津渡河。元朝于此设积石州。明改名黄河上渡，有官船2只，水夫20名。清以后降为民渡，有民船1只，渡口亦因地名而易名大河家渡口。

莲花寨渡口 莲花寨渡口是古河州通兰州、碾伯（今青海乐都）路的主要津渡，设置较早。唐称凤林渡，北宋易名安乡关渡。其渡在炳灵寺下游至崦哥集以上河段，后逐渐下移于莲花城上游2里许的哈脑

临夏莲花渡口

河沿，俗名哈脑渡。明世宗嘉靖四十年（1561年），河州知州刘卓设官船2只，水夫6名，有千户1员把守，并更名为莲花寨渡口。清降为民渡。清圣祖康熙四十五年（1706年），河州知州王全臣在莲花渡附近的黄河两岸，增设潘家、黑城等渡口，各有民船1只。清德宗光绪二十二年（1896年）知州杨增新重修莲花堡，整治莲花渡口。民国时称之为黄河下渡。河州庠生蒋步颖曾对哈脑渡题诗云：

河畔石矶河内船，
风渡日日客年年。
北人南去南人北，
于岸诞登俱杳然。

金城关渡口 汉代金城渡口置于今兰州河口一带，是由关陇通河西的主要津渡。张既入河西，平定卢水胡之乱，即由金城渡过河，后秦置军2万人防守，以护河西通道。唐金城渡口移置于今黄河铁桥处，并置金城关，以扼凉庄之路。明改渡为桥。

鹯阴渡口 此渡位于平川区黄湾下村（一说靖远县祖厉河入黄河处）。东汉建武八年（32年），河西窦融至高平晋见光武帝，即由此处渡河。后凉吕光时，主簿尉佑叛，

靖远安宁渡口

堡渡、红咀子渡、蔡子滩渡、阎家渡、北卜古渡、沙金坪渡等。民国34年（1945年）在碱滩设安宁渡，初为人力渡运，有渡工31人。次年，改建为机动渡船，一次可渡运两辆汽车。

洮河渡口

洮河渡口主要是唐汪川渡口，在河州（临夏）东100里的唐汪川白崖，俗称白崖渡，为河口通兰州的主要津渡。明朝曾建过弘济桥。明世宗嘉靖元年（1522年），御史刘玠设船1只，水夫4名。次年御史卢问之在渡口西岸修公馆一所，迎送行旅。明末船废，以筏济渡。清圣祖康熙十三年（1704年），知州王全臣和监督同知郭朝佐捐资置船，以济行人。

洮河经过的临潭、卓尼、岷县和渭源、东乡、临洮、永靖县还有扎古录、术布、卡车、大族、柳林、

其军据鹯阴以应。可知鹯阴渡口是金城渡以下的一个重要渡口。

小口子渡口 位于靖远县东北170里的石门乡小口子村附近的红山峡口，这里地处红山峡狭谷地带，黄河至此折向北流，两岸高山陡峡，河道狭窄，明朝曾两次建桥，均为洪水漂没。清乾隆年间，由客居哈斯吉大商人胡正宽倡议，改建为渡，一度成为北路商旅必经津渡。

此外，黄河干流的渡口还有甘南玛曲的木西河渡、阿万仓渡、齐哈玛渡、欧拉渡等；兰州的小川渡、八盘渡、新城渡、钟家河渡、黄河沿渡、教场河渡、段家湾渡、拱星墩渡、东岗镇渡、白石头河渡、一条城渡等16处；白银的平滩

木耳、新堡、总寨、纳浪、西寨、堡子、将台、马巷口、红柳滩、洮砚、峡城、苟家滩、西坪、卧龙、达板等小型民用渡口。值得一提的是，岷县境内有一种绳船渡口，即两岸置桩，横系巨索，索贯圆毂，联缀船体，行者挽缆踏船，则圆毂滑转，船依索而行，安全平稳。龙王台、哈撒等处就是绳船渡口。

渭河渡口

唐杜甫《秦州杂诗》云："船人相近报，但恐失桃花。"说明唐代在渭河摆渡是很普遍的。清高宗乾隆四年（1739年），西宁道杨应琚赴京述职，途经秦州，从东柯谷口乘船渡渭，前往清水。他在日记《据鞍录》中专门记述了这件事："临渭河，波澜汹涌，用方舟可济，不复前日之涓涓细流矣！"渭河渡口主要在夏秋盛水期设置，主要用木船、牛皮筏、羊皮筏摆渡。民国24年（1935年），华双公路建成通车，在南河川建渡口，摆渡过往汽车。民国29年（1940年）改渡为桥。民国36年（1947年）南河川桥被冲毁，将兰州黄河渡口一只双车渡船移至南河川，恢复渡运。次年桥梁建成，渡口撤销。渡口一直沿用至1955年。渭河上渡口较多，北道区有裴家峡、王家庄、余家峡、渭南镇、马咀、崔家团庄、杨家河、八土河、峡口、

潘集寨、南阳、南集、渭滩、白家庄、石谷川、底川、桑家门、水关、史家窝、阎西、吴砦镇、岭西、巨寺庄、虎朝湾、集村、咀头川、白青里、龙凤、沙川、月林、闸岭、牛背等32处，甘谷县有姚谢家、大王家2处，武山县有县城西关、邱家峡、洛门等3处。其中，北道区的潘集寨渡口民国前是秦州通清水的重要渡口，称"渭水渡"。通渭境内牛谷河下游称散渡河，据记载有24渡，清末水量减少，改渡为桥，俗称"二十四渡桥"。

白龙江、犀牛江渡口

白龙江、犀牛江流经地区，地形复杂，水流湍急，设置大型官渡较为困难。除阶、文间陇蜀道上的临江渡外，其余均属民间渡口。计犀牛江有：敞河坝、祁家河；白龙江有花园、巴藏、立节、憨板、江盘、南峪、两河口、陈家坝、枣川、烟墩堡、大堡、城南、宋家坝、杨家坝、冷堡子、月亮坝、姚渡（今为公路渡口）、哈平寨、玉枕渡等。民用渡仍存较多，姚渡为现存唯一一处省养公路渡口。

除上述河流上的渡口外，省境内嘉陵江、泾河、黑河流域也曾设置过渡口。如嘉陵江有西坡、站儿巷、任泉河、嘉陵、高家崖、虞关、何家寨等，其中嘉陵、虞关渡是秦

敦煌莫高窟"慈航图"

汉以来的大渡口。泾河有白水、达溪、政平渡等。黑河有板桥渡等。

渡口管理

官渡的管理 古代的重要渡口，有的与交通要道上的关隘并存，历代王朝都很重视其经营管理，也有具体的管理制度。唐在都水监下设"舟楫署，令一人，正八品，丞二人，正九品下，舟楫署令掌公私舟船槽运之事"。"大津无梁处皆给船人，量其大小难易以定其等级"。当时在全国设渡极多，在今甘肃境者有会宁关津，设船3只，渡工皆以当处镇防人员充任之，泾水泾河渡有船1只。唐代宗永泰元年（765年）"下关置津吏四人"。时凤林关亦是关津并存，故设船渡，亦有津吏专理其事。元仁宗至大四年（1311年）二月，元廷命西蕃僧非奉玺书、驿券及元西番宣慰司（吐蕃宣慰司）文牒者，勿来京师，并戒黄河津吏验问禁止。此是官津控制交通的事例。

甘肃境内的东西交通要道上，黄河诸渡是必由之路。为便于就近管理,渡口一般都有房舍建筑,谓之"船房"。如民国20年(1931年)《重修灵台县志·山川》载:"达溪河依旧南山之隈,东流川口而下,与蒲河会合,成丁字形,昔所谓达水丁流者即此也。盖其会合之西,龙王庙之前,为古渡口,旧有官船渡人,又称船房,尚有碑记存焉。"

官渡水夫工资等各项开支,一般由政府拨专款发放。如清乾隆《泾川志·吏役》载:"泾汭二河水夫工食银二两六钱六分六厘六毫五丝,内除银九钱二分五毫二丝四忽三微,实支银七钱四分六厘一毫二丝五忽七微,遇闰加银二钱七分七毫七丝。"

大多数官渡的水夫雇用及船只建造维修等各项杂物开支,均采取官办民助形式。如靖远县和保渡口于清光绪二十五年(1899年)改为官渡后,由地方官吏捐助资金等公款200两,发存殷商及其子母,岁取息货,为异时增造新船之用。其渡船为官方所有,"而仅取其立于民,不设口粮,岁修各费仍令民自为之"。又如洮河康家崖渡口亦如此。据民国34年(1945年)甘肃省建设厅关于康家崖渡船管理规则规定:其渡船及引绳等物,由宁定(今广河县)、临洮两县政府督促两岸船头共同负责,随时修理之。渡船设船头2人,水手若干人由渡口两岸人民推举确定,水手人数由宁定、临洮两县政府核定,并报省政府备案。

官船收取过渡费标准,由某级政府作出具体、详细的规定,并张榜明示于众,以使过往客商和行人随到随渡,按规定标准交纳过渡费,不得留难勒索有碍行程。清末靖远和保渡口官定渡费收取办法为:

重载大车,每辆钱180文,轻载大车,每辆钱120文,回空大车,每辆钱80文,驼载,每峰钱80文,骡载,每头钱50文,驴载,每头钱30文,肩挑,每担钱20文,单行,每人钱6文。

河水涨溢时,照前定之价均各加一倍,不得多取。驼、骡、驴不载货者均减半。

又如民国34年(1945年),甘肃省建设厅关于康家崖渡船管理规则规定:

单人每人收20元。牲畜:骡、马每头100元;牛、驴每头50元;羊每只10元;骆驼每峰150元。车辆:推车每辆50元;单套车每辆200元;双套车以上每辆300元。

官渡除对收费办法作明确规定外,对渡船的载重量等技术性问题,也要进行必要的安全监督。

民渡的管理 民渡的设置和维护,一般都是由渡口附近的群众推举有名望之人为董事,自行集资打制木船,公举船头和水手,所收过渡费（一般不收本村人渡资），除给船头和水手适当报酬外，主要是以船养船。这种公益事业，很得人们支持，开办较易，且能长期坚持。如靖远县"城西十五里许之和保口，当南北往来之冲要……旧设有渡，不详所始，谐闻其村之老籍于是者，卢、李、饶、黄等九姓深为同井之义，通力合作，其先人创之，后人守之，继继承承一到今弗坠，故不领于官"（《靖远县志》）。

民渡的船只维修及船工工资资金来源的另一形式，即由民间自行筹集资金生息使用，或是由固定的土地资产收租放息开支。这样的渡口被誉之为翅渡。如舟曲县白龙江上的两河口渡，在清德宗光绪二年（1876年）时，曾以200串生息，"造义船一只，雇船夫一名，每年工食钱二十四串，按四季发给"，"其义船工食则按四季，不能先期挪用"。而所筹基金"无论地方何等紧急公事，官绅不得借端挪用，如私通融，准众民禀告或上控，仍将挪用过日期照算迫取利钱，以昭慎重"。可知民渡对经费管理是极其严格的。又如民国23年（1934年），在徽县境内之嘉陵江畔设置的虞关义渡，"有韩尹地名斜坡水浇地，荒滩地三十垧，年租概作渡子吃用之费"，"不得再向他人索取钱粮"，"又有何宋氏地名大地里熟地二垧，年租由公举经理人收租放息，将来年久船漏，作为修补之费"。所有这些土地"永不许转向他用或耗散"。

义渡既为民间创办的公益事业，就不许船夫水手向过渡之人索取渡资。如两河口义渡所制定的管理条例规定："船若漂失，追纠船夫赔价补造；或遇过渡之人及物资牛羊，停泊勒索船钱，即惩治更损。"

由上可知，民间渡口管理的一个突出特点，是其民主性，从船头、水手的推举选用，到经费开支、资产的保护，都基本能反映和代表置渡地区民众的意见。

对收取过渡费的民渡，主要是依照船只维修、水手生计等情况而自定，各渡无统一收费标准。

民族地区民渡的管理有两种情形：一是在同一地区由各民族分别各自管理和经营一个渡口，如东乡族自治县的白崖渡，以前为汉、回两族分管，清光绪二十四年（1898年）分设两渡，白崖渡为汉民渡，唐汪川渡为回民渡，另一种是由回、汉两族合作经营。如康家崖渡口，曾由临洮、广河两县10庄人共管，从打制船只的经费、收费的处理，到船头、水手的选用，回、汉两族各司其半。

民间渡口的管理方式，至今仍在甘肃的有些地方沿用。

文物撷英

原始文化与原始交通

甘肃是中华民族发祥地之一,早在20万年前至2万年前,就有先民在此活动,形成了甘肃原始的交通文化。

甘肃旧石器时代遗存主要集中在陇东,最早的一处遗址是1920年在华池县上里塬马家拐沟和银坪村赵家岔发现的赵家岔遗址,出土三件旧石器,这是中国出土最早的有明确地点、时间、地层记录的石器,距今约10万年至1.5万年。1949年以后,在甘肃又陆续发现了许多旧石器时代遗址,诸如镇原县姜家湾、寺沟口、黑土梁,环县楼房子、刘家岔,庆城县巨家塬,泾川县南峪沟、桃山嘴,庄浪县南湖双堡子、朱家店等处。武山鸳鸯镇大沟发现的人头盖骨化石,距今已有3.8万年。

姜家塬与寺沟口两处遗址相距不远,地层剖面相似,时代相当,石器的制作方法相同,石质一样,也有相同种类的动物骨骼化石。地层剖面与山西丁村遗址地层剖面相当,距今约20多万年。

甘肃境内旧石器晚期的文化遗址,有环县楼房子、刘家岔,庆城县巨家塬和镇原黑土梁4处。20世纪80年代在东乡县镇南坝王家村发现的旧石器文化遗址,距今1.4万年。这些遗址中出土的石器有打磨的痕迹,还发现木炭屑,说明人们已知道了用火。这一时期的人们已经形成以血缘为纽带的家族群落,群落之间有了一定的交往,积累了一定的生产经验,出现了"血缘家庭"的组织形式,增加了与外部"血缘家庭"交往的频率。随着家庭人口的增多,或自然环境的变化,人们开始向外迁徙,有些还迁徙得很远。从交通角度考察,陇东是关中通往河套的中间地带,距闻名于世的陕西蓝田、山西丁沟、宁夏水洞沟旧石器时代遗址都不远。甘肃境内发现的旧石器与上述地区的旧石器都有类似之处,体现了中国旧石器文化的共同特征,这说明远古时期华北古文化与西北古文化有着密切的交流。同时,陇东的古文化与陕西、宁夏、山西古文化有着很深的渊源。一种文化可以独立产生,但如果没有文化间的交流,就不可能发展,只有在迁徙和不断交往中开辟出来的原始交通线才能使各种文化达到交流、融合和发展。当然,这一时期群落之间的道路只能是践踏出来的道路,而狩猎时所走的路即古人所谓的"兽迹鸟道",物品运输也只能是人背肩扛。这时原始交通线的走向虽不太清晰，但可以大致看出，一条是由关中沿泾河向北发展，一条是沿渭河向西发展，最后到达洮河流域。

甘肃境内的新石器文化主要是大地湾一期和仰韶文化以及与之相联系的马家窑文化。大地湾一期文化极有可能是甘肃旧石器文化的一个分支，迁徙这里后发展了1200年，形成了自身的文化特点。

大地湾遗址位于秦安县五营乡邵店村，1978年发现，先后进行了5次发掘。根据文化出土层判断，大地湾文化共分一期（距今7800年）、仰韶早期（距今6000年）、中期（距今5900年至5600年）、晚期（距今5500年至4900年）。大地湾早期相当于半坡类型中、晚期，中期与庙底沟年代相当，晚期与西王村仰韶晚期、半坡上层、泉护村二期的陶器特征有相似之处。大地湾遗址还发现有镇原县常山镇出土的常山文化下层遗物，与灵台县桥村发现的齐家文化有许多相似点。

大地湾早期先民使用的石器以打制为主，有琢磨的痕迹，也有用陶片制作的纺轮坯。出土的尖状骨器，说明这时人们已往穿上了自己纺织或用兽皮缝制的衣服。人们开始使用陶器，但土质疏松，火候较低，有少量绳纹。遗址中出土了半地穴房址，面积还很小。

甘肃境内的仰韶文化是由河南西传到陕西，然后再传至甘肃的。省内遗址众多，而大地湾仰韶文化是甘肃仰韶文化的代表，集中反映了仰韶文化渐渐西移的特点。甘肃最早的仰韶文化是半坡类型，散见于泾、渭河流域，晚期类型多见于泾河、渭河、西汉水、白龙江诸流域。甘肃中部的洮河、大夏河流域也有存在。大地湾文化对于进一步研究甘肃仰韶文化的分布及与关中和豫、晋广大地区仰韶文化的渊源关系，了解仰韶文化与广泛分布的甘肃马家窑文化的关系都有重要意义。

大地湾仰韶文化早期的陶器以泥质红陶为主，陶器类型增加，且有了色彩（大多为黑彩）。这一时期，大地湾先民居住的房屋面积扩大，且以平地起建为主。墓葬为长方形竖穴坑墓。在陶器上还发现了一些刻划符号，与半坡、羌寨遗址符号接近。

大地湾一期和仰韶文化时期，人类文明已经发展到一个新阶段。这一阶段的特点是出现了农业和牧业，社会组织形式发生重大变化。一期以母系氏族为基础的部落已经形成，婚姻已不在氏族内进行，与其他部落的联系较为紧密，物资交换频繁。随着人口的不断增加，迁徙成为部族内经常发生的事。仰韶文化出现了男性生殖崇拜，父系氏族组织形式建立，社会分工开始细化，比较有规模的物资运输已经出现。氏族部落还通过征讨，将周围各部落联合起来,形成部落联盟。这时的道路走向较以前固定。部落中的房屋经过了规划,由中央广场通向四面的巷道整齐划一。村落周围挖出了很深的壕沟,壕沟上搭有木梁,通往外界。这是大地湾文化中存在交通遗迹的最直接的证据。

就在大地湾仰韶文化消失270年之后,在黄河上游的洮河、大夏河、湟水等支流出现了新石器时代晚期的马家窑文化(最早发现于临洮县马家窑村)。年代约为前3300年—前2050年,主要分布在甘肃中南部地区,以陇西黄土高原为中心,东起渭河上游,西到河西走廊和青海省东北部,北达宁夏南部,南抵四川省北部。马家窑文化上承庙底沟类型,下接齐家文化,其发展经历了马家窑、半山、马厂三种类型。马家窑文化的制陶业非常发达。石器、骨器磨制精细。人们有了审美能力,头饰和手饰丰富。值得一提的是,在通渭何家山、漳县、临洮等地的马家窑文化遗址出土了新茅蚌,原产于东南沿海,应是通过以物易物的方式交换来的,可知马家窑先民已产生了远距离的物资交流。

稍后的齐家文化(最早发现于广河县齐家坪),年代约为前2100年—前1600年。分布范围东到泾、渭,西达湟水至河西走廊,南到白龙江,北抵内蒙古阿拉善左旗。齐家文化除了石器外,出土了大量的铜制工具和器物,其中的一面铜镜,是目前我国出土最早的铜镜。玉器种类也很丰富,普遍发现了男女合葬墓,这是父权制的体现。齐家文化相当于中原的夏代。

辛店文化(最早发现于临洮县辛店)是商周文化在甘肃、青海地区的一种表现,年代约为前1600年—前600年。至今发现的辛店文化有100多处。分布在黄河上游的支流洮河、湟水、大夏河流域。齐家文化以牧业为主,兼营农业。在玉门市清泉乡发现的火烧沟文化,年代约为前1700年左右。从火烧沟墓葬中发现了金银首饰、松绿石、玛瑙珠等,有典型的民族特征。从出土的文物来看,这里的农业、牧业、手工业、商业已很发达。寺洼文化(最早发现于临洮县衙下寺洼山村),年代约为前1600年—前500年,相当于中原的商末周初。分布范围大体以兰州以东的甘肃中部、东部和南部地区为主。寺洼文化中农业和牧业同时存在,纺织技术有了进步。在文化渊源上,寺洼文化与氐、羌民族有关,也与中原文化有关。由出土的陶鼎鬲可知,寺洼文化可能受到中原文化的影响。在民勤沙井发现的沙井文化主要分布在河西走廊和永登、榆中等地。沙井文化有典型的月氏民族特点,牲畜有马、牛、羊、骆驼等,年代约为前800年—前600年。

马家窑及后来的齐家诸文化，属新石器时代晚期文化。这时中原相继建立了夏、商、周王朝，特别是商、周王朝与陇东和陇西许多原始部落建立了密切的联系，许多部落实际是商、周王朝的方国。此时道路交通已经存在，这从氐、羌组建军队参与武王伐纣的史实可得到证明。齐家文化、火烧沟文化出土的铜器，其冶炼技术来自中原，出土的一面铜镜可能就是中原王朝所赐或通过以物易物方式换来的。从出土的玉器来看，有祭祀用的玉珪、玉琮，也有象征权力的玉钺，还有丧葬用的含玉。这些玉大多出自西域。《吕氏春秋》、《淮南子》均说到"昆山之玉"、"钟山之玉"。沙井文化中骆驼的出现，更可证明这一文化与西域交流频繁。成书于战国时的《逸周书》就提到了大夏、莎车等地以骆驼、騊駼（野马）、駃騠（骡）等奇畜输入内地。由此证明，马家窑文化及齐家等诸文化不仅与中原有交通往来，也与西域存在物资交流。

新石器时代晚期，在甘肃的陇东已出现了车，在河西走廊的张掖也出土了铜车轮模型。陇东的车辆制造技术由中原传来，而河西的车可能是由西域传来。后来河西地区普遍行驶的高台车与阿尔泰岩画中的高轮车及以后活动于这一地区的高车部族使用的高轮大车有着很深的渊源。

此外，甘肃原始交通不仅存在着中原文化向西传播后与当地土著文化融合的问题，也存在着欧洲文明向东传播并与中原文明相互交流的问题。近年分别在新疆、河南、山东一带发掘的具有欧洲人种特征的墓葬，说明中西交通线在新石器时代早已存在的事实，也从侧面证明了某些传说的真实性。

原始社会的道路交通经历了漫长的发展，历代先民们经过不懈奋斗，逐渐摸索出了可以供人们长期使用的道路。由于原始村落大部分分布在河谷地带，所以道路也以河谷路线居多。黄土高原有少量的越岭道路，它们把一个个原始部落联系起来，形成了原始交通网。从甘肃原始文化分布情况来看，原始交通线大致有两条横线，即由陇东、陇中到河西，由关中沿渭河到洮河、湟水。纵线主要有三条，即陇东至关中，宁夏至天水，兰州到临夏。如果把这几条线连接起来，基本与甘肃古代道路的大致走向相同。所以，甘肃古代交通文明，源自先民们长期的实践和摸索、积累。

陪葬的车马坑

中国古代特别是周、秦、汉时

期,帝王及有威望的侯伯都有陪葬车马的现象。这一现象在甘肃的平凉、庆阳、天水和武威等地均有发现,直接证明了当时陇东和天水地区有高标准的道路存在。在武威汉墓中发现的车马仪仗俑也说明了当时武威"车马交错"的盛况。

1972年,甘肃省博物馆文物队在平凉地区灵台县白草坡发掘潶伯、𤳵伯墓时,发现了一处车马坑,陪葬马4匹、车1辆。车制为单辕,车轴长3米,车厢宽3.5米。车马饰件计有车辔4件、銮铃8件、兽面饰2件、半球形泡39件、瓦形泡38件、方策3件。车饰华美,与墓主人的身份相符。墓主人潶伯和𤳵伯是周康王和昭王时期(前1026年—前977年)封于密须国(今灵台县百里镇)附近镇守交通要隘的两个伯爵,地位仅次于侯。潶伯和𤳵伯的封号明显取自灵台县境的黑河和达溪河。百里镇就在达溪河的中游,是由凤翔通往密须的要道。根据车轴长度,当

张家川木河乡战国墓出土的马车

时这条道路宽度不低于5轨(即贡道,合今9.2米)。

20世纪80年代,在正宁县月明乡、宁县袁家村,西峰塌头,镇原马渠、三岔,环县演武等地的春秋战国墓葬中都发现了许多车件和车饰,主要有车辔、銮铃、甲泡、铜鹿等。无完整的车马陪葬,但有大量的兵器,证明墓主人是镇守一方的中高级军官。上述遗址,恰恰位于当时防御狁的交通要道上。

2006年底,一群盗墓贼在张家川县木河乡桃园村盗掘古墓时被抓获,经考古清理,竟然是一座秦国领地羌族贵族墓葬,出土了大量的珍贵文物,其中还出土了10辆马车,这在国内尚属首次。

在已清理的三座墓葬中,仅一号墓就出土随葬的二轮马车4辆,车辆由东向西排列,互相叠压。第一辆车已毁,仅能看出压扁的车轮。车轮饰以镂空铜饰,异常豪华。第二辆车基本完整,髹漆,车厢为树

枝条编成，车轮直径1.6米，前挡板两面均髹漆，图案为饕餮。在车后侧发现较大的铜铃。第三辆车大多部位被2号车所叠压，亦髹漆。第四辆车为纯木制车，属冥器车。此外还出土了毂、盖弓帽、衔、泡、节约等车饰。4辆马车中的前3辆为铜车，车轮直径1.5米，车身整体宽度达3米，单辕。整个车身涂以黑红色的漆，富丽堂皇。据考证，铜车就是墓主人在世时出门乘座的车辆。

木河乡在今张家川县城西，正当秦汉关陇道中线。往西即为龙山镇、陇城及至通渭。这一线是当时羌族（襄戎）的活动区域，均属秦的领地。铜车马的出土，为研究先秦关陇道路标准与后来驰道的关系提供了直接证据。

另外，近年来在礼县大堡子山秦公墓发掘出了一辆微型四轮挽车，无辕，方型，上面四角有鸟，鸟能扭动，设机关开合，每轮各有7根条辐，虽历数千年，车轨还能转动自如。整件作品小巧玲珑，古朴自然，证明秦人的车辆制造技术已达到了很高的水平。四轮马车的出现，也证明了《诗经·秦风》前几首诗有关车马内容的真实性。

秦、汉以后，贵族墓葬陪葬车马的现象减少，但在动乱年月，割据一方的王公贵族们仍用车辆陪葬，这时的车辆多为精制的模型。

1969年，在武威雷台发现了一座东汉晚期张姓夫妇的大型砖室墓，出土了大量珍贵文物，其中包括一组由99件铜车马武士俑组成的一支庞大的仪仗队伍。它包括各种铜俑45个，战车14辆，牛1头，马39匹。仪仗队伍的最前面是由25匹马组成的方阵，方阵由两匹马作前导，中间四列，后面由3匹马压阵，由武士牵引。马的姿态各异，有的马上骑着武士俑。马阵后面即为马车方阵，4辆一排。阵尾有两辆马车压阵，气势磅礴，威武雄壮。这是迄今国内发现的数量最多的铜车马出行仪仗俑。铜车马骏健生动，反映了当时武威的铜铸艺术成就。特别是一尊铜奔马，引人注目，它重约7.5公斤，高34.5厘米，长45厘米。马头微左扬，昂首扬尾，三足腾空，

武威雷台汉墓出土的铜车马仪仗俑

右后足踏于一只飞鸟之上,给人一种腾雾凌空、一跃千里的美感。铜奔马后来被学术界定名为"天马超龙雀",简称"马超龙雀",1982年,被确定为中国旅游标志,1996年被列为国宝级文物,现藏于甘肃省博物馆。

在武威市北门外还出土了东汉木轺车模型,车高1米,长80厘米,马高40厘米,彩绘铜饰。车上装有伞。还出土有牛拉木车模型,其大小和河西走廊曾普遍使用的木轮车相同。结构简单,一牛单驾。这两种车分别代表了当时交通线上的两种主要车型。轺车是当时驿站使用的低级车,在传车中属第四等。牛车到东汉时也成为低级车,为中下级官员和办事的戍卒乘坐。关于乘牛车的记载在居延汉简中屡屡可见。如:"牛车□辆四千,轺车一乘直万,用马四匹二万"等。

东汉末年的武威,社会比较稳定,经济也很繁荣,交通畅达。北魏温子升就以"车马交相错,歌吹日纵横"的诗句,来形容武威的繁华。

壁画、砖画中的交通活动图

甘肃的石窟壁画艺术和地下砖画(砖刻)艺术举世闻名。在异彩纷呈的地上、地下画廊中,有许多内容与交通活动有关,既有宗教题材,也有世俗生活;既有王公出行、商旅往来及驿使飞驰的场面,也有乘车出游的逸情景致。丰富的画面真实再现了古代甘肃交通特别是河西交通的各个方面。

甘肃的壁画、砖画或砖刻主要集中在河西走廊,其中莫高窟壁画最具代表性。莫高窟壁画共计4.5万平方米,有关交通活动的画面贯穿始终,内容丰富,直观生动。

莫高窟开凿于前秦建元二年(366年),这时,中原动荡,"凉土独全,"河西成为"避乱遗种"的好地方,姑臧(今武威)、敦煌成了中西贸易的咽喉,经济繁荣,佛教兴盛,开窟造像呈一时风气。由于敦煌处于中西贸易的交结点,交通活动遂成为莫高窟壁画的重要内容。

莫高窟壁画中最早的一幅交通图是296窟(北周)《佛说诸德福田经变》。画面中,六个赤裸上身的泥瓦工正在修一座砖塔。下层在建造一座小佛堂,东西两面各有一个画工在作画。紧紧相邻的是一座庄园,画有三个人在树下休息。下层画着1个病人,两人扶坐喂药;旁边画有一辆骆驼车,骆驼卧在地上,三匹马在槽上饮水。再下一层是设桥济渡的画面。一支中国商队与西域商队相遇桥头,西域商队中的一个人赶着两匹骡马紧走,前面是一峰骆驼驮载货物缓缓慢行。河流上架设着一座木板桥,对岸的中国商队正有两匹骡马驮着货物上桥,两位骑马的人紧跟在后面准备上桥。画的后段画有一座路边亭舍,屋内二人饮酒,一人弹奏琵琶。画面气氛轻松、愉悦,表现出在河西干旱少雨时人畜遇到井水的欢快心情。这幅画面生活情景虽多,但交通活动是画面的中心内容。这种题材的画面一般都是"旷路设井"、"设桥过渡赢弱"、"树木清凉"和"筑功德舍"等施功德的宗教内容,但它无疑反映了画工们熟悉的生活实景。

时代稍后一些的302窟(隋代)则将这种商旅生活描绘得活灵活现,如果不是画工们亲眼所见,是决不会画出如此生动、真实的画面的:画面是一队生动的商旅行列。一个

敦煌莫高窟壁画"驼车过桥图"

高鼻商人策马在前,身后是一个驼夫牵着满载货物的骆驼,再后是驮满商品的骡队。驮夫扬鞭叱咤,道旁的树林里拴着一匹马,一个人正提起一只马腿给它钉掌。前面的桥头上,一辆载人的骆驼车,正在过桥。桥下"水不容泛"的河面上却有两个人划着一只铁锅一样的小船在摆渡。桥南面有一口井,两人正用一架桔槔汲水。井的两旁一边是亢渴的马匹埋头在槽里痛饮,一边是有人提着水罐递与索水的人(史湘苇《福田经变简论》)。

商旅在荒远的戈壁沙漠里行走是十分危险的,患病、坠崖、遇盗等情况随时有可能发生。420窟(隋代)壁画录自《法华经》之《观音菩萨普门品》,内容为观音救脱怨贼难的景象。在东披上部,观音救难的场面用横卷形式从右到左展开:最右端画有商人在出发前跪地祈求平安,接着是商队启程,催动满载货物的骆驼、毛驴翻山越岭,长途跋涉。一匹骆驼失足滚下山崖,脚夫们俯看深谷,惊恐万状;此山的右上方又可见两个商人,正在旅途中给一匹患病的骆驼灌药。商队下山后,出现了强盗,于是商人执弓箭盾牌对抗,但仍不敌被擒。这些行商者念诵观音菩萨名号,于是强盗都放下兵器,双手合十肃立,怨贼难得以解脱,类似的题材在45窟《观音经变》里再次出现,只取"胡

商遇盗"的场面，情景更加细腻形象。

初唐承隋代余烈，丝绸之路贸易逐渐繁荣，于是开始效法和恢复汉通西域的雄风，对历史进行了反思和回顾。323窟（初唐）《张骞出使西域图》正是在这种背景下产生的。此图一组三幅，右上图为帝王、臣僚捧香炉执笏跪在甘泉宫阶下拜谒；中部画一帝王乘马，上有华盖，后为拥众臣属，张骞执笏跪拜辞别，后有随从牵马；左上图画张骞一行西行远去，远方现一城廓，二比丘立城门外，城中有佛塔。榜题说这座城是大夏。

在敦煌壁画中，有44个洞窟描绘《法华经·化城喻品》的情节。其中以217窟（初唐）和103窟（盛唐）最为生动。217窟南壁展开一幅山岳重叠、群峰耸峙、绿树浓郁的画面。山路回转，道路上商队络绎不绝。商旅有的下马卧地休息，有的继续前行。远处山间盆地显现出一座西域风格的城池，商旅顿时欢呼起来。

103窟南壁西侧的《化城喻品》，描绘的是山峦逶迤、绿树浓郁的景象。服饰各异的商人行色匆匆。商队中有大象驮载货物与骡马并行。画师们能把生动的佛教故事与现实生活结合得如此完美，是和当时丝绸之路的繁荣分不开的。《大唐诏令集》就曾说："伊吾之右，波斯之东，职贡不绝，商旅相继。"壁画如实地再现了历史，证实了历史。

到了唐末五代，丝绸之路渐衰，但丝绸贸易仍然进行着。第61窟《五台山图》虽描绘的是山西五台山周边的山川、道路、商旅、寺院、庙舍，但却是以河西的社会生活为基础创作的，同时反映了河西与山西五台山之间存在道路的事实。早在西魏时，这条路就已存在。《周书·吐谷浑传》载：吐谷浑使团由北齐返回时，途经凉州西赤泉被劫，内有胡商240人，马600匹，杂彩丝绢万计。后世史学家也证实了这条路的存在："由五台、大同经山西入西蒙实本'御路'之途（欧文·赖

敦煌莫高窟"张骞出使西域图"

提摩尔《亚洲腹地之商路》)。"

在唐代的壁画中，有与佛寺相通的桥梁壁画，如148窟所绘唐代佛寺中的5座桥梁，是当时较有特色的木拱桥。这种桥属木柱木梁，是唐代的主要桥型，不但造型美观，而且有利于通航。

宋代壁画中的交通活动主要体现在海路交通方面。《化城喻品》题材的壁画在55、76、431、449、454窟中也有存在。

有关交通活动的壁画还有290窟（北周）《法华经变·观音普门品》，85窟（中唐）《报恩经变·恶友品》"善友太子入海"，55窟（宋）《法华经变·观世音普门品》"海上行舟图"等。此外，还有165窟的《张议潮统军出行图》和《宋国夫人宋氏出行图》，表现了当时河西交通的盛况。

《张议潮统军出行图》分前部仪卫、中部张议潮、后部射骑猎队三部分。全图共分十三组：第一组为横吹骑队；第二组为武骑队；第三组为二骑导引；第四组为文官队（文骑5人）；第五组为伎乐舞队；第六组为都押衙骑队；第七组为持旌节三骑；第八组为武官三骑；第九组为银刀官队；第十组为引驾衙骑马立于桥头；第十一组为张议潮一行三人，张议潮头戴襆头，穿红袍，骑白马，一手牵缰，一手执鞭，两人执幡护行；第十二组为子弟军骑队；第十三组为射猎、驮队、马球队。

《宋国夫人宋氏出行图》分为前部杂伎乐舞、中部宋氏、后部饮食供应三大部分，细分为十三组。其中第四组为行李

敦煌莫高窟"宋国夫人出行图"（局部）

马车12人，大道中央是辀车一辆，白马驾辕，二驭者左右驾马扶辕而行，榜书"司空夫人行李马车"；第五组为驿骑3人，扬鞭疾驰，似在传递信息；第六组为张议潮女儿的轿子，8人抬大轿两顶，轿为尖顶六角，轿夫着红色长衫，弓腰喘行，榜题"小娘子檐舆"；第七组为辀车4辆，驭手各两人，旁题"坐车"；第十一组为宋氏3人，宋氏骑长鬃白马，头戴花冠，穿大袖交领衣，胸部束裙；第十二组为男装女僚9骑；第十三组为后勤护卫骑队，两鞯马驰行，两骆驼驮着酒瓮和行囊。

两幅《出行图》画人物近240

身，马110余匹，车5辆，轿两顶，以大道田园为背景，场面宏大，气氛热烈。

地下画廊中的交通活动图主要集中在嘉峪关、酒泉一带的魏晋墓砖画上。

嘉峪关5号墓中的《驿使图》堪称精品。驿马昂首扬尾，四蹄腾空，飞驰向前。驿吏头戴黑色帻巾，身穿皂缘袖领中衣，右手执辔，左手举着简牍文书，召示沿路人等赶快躲避，真实地再现了"一驿过一驿，骑骑如流星"的紧张场面。这幅《驿使图》被邮电部选作中国邮政标志，1982年8月25日正式发行了《驿使图》纪念邮票，面值1元。5号墓前室东壁的《出行图》长120厘米，宽35厘米，出行队伍分8排19骑行进。居于正中的墓主人，盛气凌人。墓主人前排二骑马上持矟，其后一排三骑，威风凛凛。画面虽小，场面宏大。4号墓出土的《牵驼图》十分珍贵。一位差人头戴高山冠，身着长襦，下身穿长裤。右手牵着驼缰，左手拿着木杆，在缓步行走。骆驼为赭色，体格高大，雄伟健壮，为中国驯化和役使骆驼提供了证据。酒泉丁家闸五号墓砖画北壁的天马，踏云披雾，造型及神态与武威雷台墓出土的东汉铜奔马极为相似。南壁和北壁绘有各种劳动场面，有牛群、马群以及田间运输等。嘉峪关4号墓中有一幅《牧马图》，一位深眼窝、高鼻梁、穿长服马靴的牧马人，手举马杆，赶着6匹飞奔向前的马匹，其中三匹枣骝马，三匹白马，个个膘肥体壮，身形矫健，反映了当时河西畜牧业的盛况。

魏晋时期，河西走廊车辆种类较多，这在嘉峪关和酒泉魏晋墓砖画中得到了证实。嘉峪关7号墓《辎车图》中的辎车有遮栅，用于挡风沙、阳光。在嘉峪关墓中有3幅露车图，17幅犊车图。露车即无盖的车，为一般民家使用。犊车两辕直出车后，两厢无旁窗，也无后户，而有前檐为格窗，可开闭，供人上下。酒泉丁家闸十六国5号墓北壁第3层绘有《牛车图》，青道幌，铜纹饰，皂轻，应为诸王三公（一说为李暠）

嘉峪关魏晋4号墓砖画"牵驼图"

所乘之车。墓主人服三梁进贤冠帻介，朱衣绛沙绿皂缘。车与墓主人的官服同制。西壁第4层《出游图》，为夫人所乘牛车，是通幰軿车（軿车为古代妇女专用），与男主人的官品相一致。

墓葬砖画集中展示了世俗中的交通场面，比起莫高窟壁画更为直接客观，为了解魏晋时期的河西交通提供了珍贵资料。

居延、悬泉汉简《传置道里簿》

甘肃是汉简的主要分布区。1930年至1931年，在汉代居延县地破城子、大湾、金关等处掘得汉简1.1万多枚；1973年至1974年又在甲渠候官、第四燧、肩水金关遗址，获得汉简2.1万余枚；1990年至1992年发掘敦煌悬泉置遗址，获汉简2.1万余枚。这些汉简内容前者以军事为主，后者以邮驿为主。两批简牍中均发现了记录驿置名称、驿距里程的简牍，残缺无篇题，初定名为"里程简"，后被甘肃省文物保护研究所何双全先生定名为《传置道里簿》（以下简称《甲簿》《悬簿》）。

《传置道里簿》所反映的西汉时期丝绸之路陇西段北线和河西走廊段传舍、建制、路线走向，是目前发现的最新资料，一方面弥补了正史记载之不足，另一方面纠正了史学界长期以来对丝绸之路部分路段走向的猜测。

《甲簿》材质为松木，长22.9厘米，宽2.1厘米，通简从上至下分四栏，每栏从右至左分四行抄写，计16行，置名20个。据分析，《甲簿》左边缺了2简。简文（释文）如下：

（第一栏）长安至茂陵七十里；茂陵至茯置卅五里；茯置至好止（畤）七十五里；好止至义置七十五里。

（第二栏）月氏至乌氏五十里；乌氏至泾阳五十里；泾阳至平林置六十里；平林置至高平八十里。

（第三栏）媪围至居延置九十里；居延至觻里九十里；觻里至𠗂次九十里；𠗂次至小张掖六十里。

（第四栏）删丹至日勒八十七里；日勒至钧耆置五十里；钧耆置

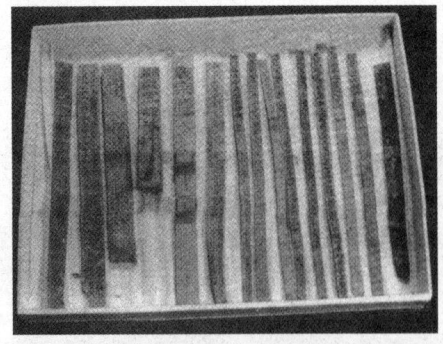
悬泉置遗址出土的部分汉简

至屋兰五十里；屋兰至𤁋池五十里。

《悬簿》以松木制作，下端残缺，残长19厘米，宽2.1厘米，通简现存三栏，每栏从右至左抄写，现存12行，置名14个。据分析，此简是第3简，右边缺一简。简文（释文）如下：

（第二栏）仓松去鸾鸟六十五里；鸾鸟去小张掖六十里；小张掖去姑臧六十七里；姑臧去显美七十五里。

（第三栏）𤁋池去觻得五十四里；觻得去昭武六十二里府下；昭武去祁连置六十一里；祁连置去表是七十里。

（第四栏）玉门去沙头九十九里；沙头去乾齐八十五里；乾齐去渊泉五十八里。

右酒泉郡置十一，六百九十四里。

以上两簿以郡为单位，涉及8郡27县31置。《甲簿》由东向西，京兆尹（长安）右扶风：茂陵（今陕西兴平东北）、茯置（今陕西礼泉境）、好止（今陕西乾县东）。北地郡：义（渠）置（似今陕西永寿以北）。安定郡：月氏（今平凉市区西北，泾阳以西）、乌氏（今平凉市内）、泾阳（今平凉市西北）、平林置（应在今宁夏彭阳县古城镇）、高平（今宁夏固原）。据简文记载，月氏应在乌氏以东50里处，即今平凉市四十里铺一带。武威郡：媪围（今景泰县芦阳镇吊沟村，南临黄河）、居延（似在今景泰县城附近）、觻里（似在今景泰县红水乡）、揟次（今古浪县土门镇王小庄）、小张掖（今武威市东河乡王家村）。张掖郡：删丹（今山丹霍城乡邓家庄）、日勒（今山丹县霍城乡双湖古城）、钧耆置（当在今山丹县城西）、屋兰（今张掖市碱滩乡古城村）、𤁋池（今民乐县李寨乡）。有人考证𤁋池在今民乐县。这段线路按照考古所确定的古城似乎走向不合理，即古道由山丹的霍城折北到山丹，西行至张掖市碱滩，忽又折南到民乐李寨，走了个三角形。而合理的路线是由霍城西经民乐北上李寨到碱滩。这个问题只能存疑。

《悬簿》由东向西，武威郡：小张掖、姑臧（今武威市）。张掖郡：显美（今永昌县六坝乡古城）、觻得（今张掖市西北黑河岸，𤁋池以西）、昭武（今临泽县鸭暖乡昭武村黑河岸）、祁连置（当在今高台县城一带）。酒泉郡：表是（今酒泉市屯升乡沙山村古城）、玉门（今酒泉市赤金镇）、沙头（在赤金镇与玉门镇之间）、乾齐（今玉门镇中渠村古城）。敦煌郡：渊泉（今安西县河东乡以东四道沟古城）。

两簿中反映的传置大都在县城，只是县与县距离较远时才选取一些小地名。县、置级别相同。由于原簿残缺，所以上面所列传置、里程只是一小部分。《甲簿》所列是丝绸之路北线走向，氐池以西传置、里程缺失；《悬簿》有可能所列的是丝绸之路中线走向，可惜金城郡、天水郡传置、里程缺失。敦煌渊泉以西亦失，但从悬泉简牍中可以找到一些传置的记录。从东渊泉向西到敦煌还有渊泉、冥安（今安西县锁阳城）、广至（今安西县西南六工村破城子西北古城）、鱼离（今安西县西湖一带）、悬泉（今敦煌与安西交界处）、庶要（今敦煌以东）、敦煌等。在敦煌西南还有龙勒（今敦煌南湖乡），向北有平理、玉门置等。以上共知有传置41所。由此可以清楚地看出西汉时期由长安到玉门关、阳关这条大动脉的具体经地。即北线由长安经今兴平、礼泉、乾县、永寿、彬县、长武、泾川、平凉、彭阳、固原、海原、盐池、打拉池、水泉、石门在乌兰津过黄河，上岸经景泰芦阳、景泰、古浪、土门、武威、山丹霍城、民乐、张掖、临泽、高台、酒泉、玉门、锁阳城至敦煌。西汉"三十里一置"的规定在这条线上明显没有实施，这是北线和河西走廊地理环境决定的，但不管怎样说，所列驿距一天内准能达到。

两簿所列传置，媪围以东在汉文帝（前179年—前157年）时就已建成，河西诸置建于汉武帝元狩二年（前121年），因为《甲簿》中将后来属于张掖的几县一并归于武威县，这种情况只有在此年设武威、酒泉郡时存在，而设立张掖郡是元鼎六年（前111年）的事。

置在先秦时称驿，和邮并行。"置，驿也；邮，驲也，所以传命也"。"秦世旧有厩置、乘传、副车、食厨。汉初，承秦不改（《晋书·刑法志》）"。应劭曰："汉改邮为置。置者，设其远近之间，置之也。""律，四马高足为置传，四马中足为驰传，四马下足为乘传，一马二马为轺传，急者乘一乘传（《汉书·高帝记》）。"西汉的驿传制度基本就是这样。两簿的发现，进一步证明了《后汉书·西域传》所说："列邮置于要害之路，驰命走驿，不绝于时月。"至于传置内部的业务如何运作，那就更细了，不复赘言。

悬泉置遗址

悬泉置遗址位于安敦公路甜水井段南侧的戈壁中，处汉、唐安西与敦煌间的孔道，为往来使者、官吏和物资、信件的运输服务设施。这里东去安西56公里，西去敦煌64公里，遗址总面积2.25万平方米。

悬泉置紧靠山口，顺山沟上溯有泉水出，可供饮用。因水从高台流下，悬空入潭，号曰悬泉。《西凉异物志》云："汉贰师将军李广利西伐大宛，回至此山，兵士渴乏。广利乃以掌拓山，仰天悲誓以佩剑刺山。飞泉涌出，以济三军，人多皆足，人少不盈，侧出悬崖，故曰悬泉。"从发掘的简牍记载得知，悬泉置在西汉时名"敦煌郡效谷悬泉置"。唐代仍在这里设悬泉驿、悬泉戍、悬泉守捉。宋以后渐废。清代以后，多称"吊吊水"、"贰师泉"。悬泉置在行政上接受敦煌郡效谷县节制，内设机构有主管住宿的传舍、主管饮食的厨、主管运输车辆的厩、主管总事务的置等四大职能部门，并驻有军士和刑徒囚犯，规模庞大，机构复杂，人员甚多，任务也很繁重。

悬泉置遗址由酒泉市文物普查队于1987年首次发现。1990年至1992年甘肃省文物考古研究所分两个阶段进行了全面挖掘，揭露遗址面积2400平方米。悬泉置遗址是一座方形小城堡，门朝东，四周为高大的院墙，边长50米，西南角设突出坞体的角楼。坞墙系用长、宽、厚约40厘米、20厘米、11厘米的土坯垒砌而成。坞内依西壁、北壁建有不同时期的土坯墙体平房3组12间（内含一个套间），为住宿区；东、北侧为办公区房舍；西南角、北部有马厩3间；坞外西南部建有一组长约50米、呈南北向的马厩3间。坞外西部为废物堆积区。

悬泉置遗址发掘出土的各类遗物达1.7万多件，其中简牍1.5万余枚，其他遗物如以质地计，有铜、铁、漆、木、陶、麻、皮毛、丝绸、纸张、粮食、兽骨等11类。

悬泉置遗址出土遗物丰富，文化内涵广泛。其中，有准确纪年的西汉宣帝到哀帝时期（前73年—前1年）书写墨迹的麻质字纸的出土，说明西汉时纸已用于书写，打破了传统的东汉蔡伦造纸说。据现有资料认定，悬泉置遗址前后延续近四百年之久，上限始于西汉太始三年（前94年），下限可至魏晋时期。

出土的简牍内容丰富。大致可分为诏书、司法律令、官府文书、驿置簿籍、文化科技和其他杂类等，在一个地点出土内容如此丰富的简

悬泉置遗址出土较完整的汉简簿册

悬泉置遗址考古发掘场景

牍，在全国尚属首次。

悬泉置遗址的发现，不仅对探索汉代驿站的建筑形制、布局、结构等提供了重要的实物见证，而且对了解汉代邮驿管理制度提供了珍贵资料。从出土的大量汉简看，有收发文的登记簿、各种人员编制的花名册、财产账、吃饭、住宿登记表、上级官府发来的各种文件、国家法令、制度条例，以及驻地在职人员的伙食账、俸禄领取表、车马登记账等等，还有未发出的邮件和私人信件。从旅客花名册看，所接待过的高级人物，有中央朝廷使臣、官员，也有西域各国前往长安进献的大使和随从。低级官员更是频繁。这些人来到这里，动辄宴会，最多一次用餐，吃去百余只鸡。从邮件看，有中央、地方文件和私人信件，也有汇往敦煌的衣服、食品等包裹。从在职人员的名籍看，大都是从内地各郡县服役到边地的军人及其家属。

悬泉置遗址的发掘清理，对了解古代甘肃的政治、经济、军事、法律、中外交流、民族关系、邮驿制度、水利建设等均有重要的学术价值。现为全国重点文物保护单位。

《沙洲都督府图经》反映的唐代敦煌驿置

敦煌文书卷帙浩繁，但涉及交通的并不多见，刊行于世或为研究者熟悉的主要有《西州图经》、《沙州地志》和《沙州都督府图经》，其中《沙州都督府图经》涉及唐代敦煌通西域中路、北路所设驿置兴废情况，资料弥足珍贵。现将原文摘录如下，以飨读者。

一十九所驿并废：

州城驿／右在州东二百步，因州为名，东北去清泉驿四十里。／清泉驿／右在州东北三十里，去横河润驿廿里，承前驿路在／瓜州常乐县西南，刺史李无亏以旧路石碛山险，迂回近贼，奏请近北安置。奉（周武则天）天授二年（691年）／五月十八日敕移就北。其驿置在神泉观／庄侧，故名神泉驿。今为清泉戌，置在驿傍，／因改为清泉驿。／横润驿／右在州东北六十里，北去白亭驿廿里，刺史陈玄珪为中间迁曲，奏请，奉（周武则天）证圣元年（695年）十二月卅日，敕置，驿侧有涧，因以为名。／白亭驿／右在州东北八十里，东北去长亭驿四十里，同前奉敕移，为置白亭烽下，因烽为号。／长亭驿／右在州东北一百廿里，东［去］甘草驿二十五里，同前／奉敕移，为置在长亭烽下，因烽为号。／甘草驿／右在州东北一百卅五里，东南去阶亭驿廿五／里。前刺史李无亏为中间路远，兼有沙卤，奏请。奉敕移，为置在阶亭烽／侧，因烽为号。／新井驿、广显驿、乌山驿，以上驿瓜州捉。／右在州东北二百二十七里二百步，瓜州常乐县界。／同前奉敕移置，遣沙州百姓越界供，奉（周武则天）如意元［年］（692年）四月三日／敕，为沙州遭贼少草，运转极难，竿道停，／改于第五道来往。又奉今年二月二十七／日敕，第五道中总置十驿，拟供／客使等食，付王孝杰并瓜州、沙州审／更检问，／令瓜州捉三驿，沙州捉四驿，／件检瓜州驿数如前。／双泉驿／右在州东北四百七十七里一百六十步，瓜／州常乐县界。唐仪凤三年闰十月奉／敕称稍竿道就第五道莫贺延／置，沙州百姓越界捉。奉如意元年／四月三日敕，移就敕稍竿道行，至证圣元年下正月十四日敕，为沙州／遭贼，改第五道来往。南去瓜州常乐／县界乌山驿六十九里

二百六十步，北去／第五驿六十里八十步。／第五驿／右在州东北五百一十一里卅步。同前奉／敕置，沙州百姓越界捉，南去双泉／驿六十四里八十步，北去冷泉驿六十八里／卅步。／冷泉驿／右在州东北百七十九里一百七十步，同前奉／敕置，沙州百姓越界捉，南去第／五驿六十八里卅步，北去胡桐驿八十四里。／胡桐驿／右在州东北六百六十三里一百七十步。同前奉／敕置，沙州百姓越界捉，南去冷泉驿八十四／里，北去伊州柔远县界赤崖驿八十里。／东泉驿／右在州东卅里，东去其头驿二十五里。刺史李无亏为路山险迁曲，奏请就北安置，／奉（周武则天）天授二年（691年）五月十八日敕移就北，其／驿遂废。／其头驿／右在州东六十五里，西去东泉驿廿五里，东去／悬泉驿八十里，同前奉敕移废。／悬泉驿／右在州东一百四十五里，旧是山南空谷驿，唐永淳二年（683年）录奏奉敕移就山北／悬泉谷置。西去其头驿八十里，东去鱼泉／驿四十里，同前奉敕移废。／鱼泉驿／右唐（高宗）咸亨□□(670年—674年）四月刺史李祖隆奏奉／敕置，去州东一百八十里，同前奉／敕称废。／无穷驿／右在州东一百里，在无穷山置，西去其头驿卅五里，东去空谷驿卅里，唐永淳二年奏移就／北行，其驿遂废。／空谷

驿／右在州东一百卅里，在空谷山南置，西去无穷／驿卅里，东去黄谷驿四十里，为同前移置，其／驿遂废。黄谷驿／右在州东一百七十里，东去鱼泉驿二十五里，为同前移道，其驿遂废。

《沙州都督府图经》的价值在于，其所记水、渠、泊、池、堰，均不见于史书，21个驿站名称，更为古今地理志所不及。

本卷记事至唐玄宗开元（714年—742年）止，不及天宝（742年）以后。书中虽有颂扬武后之语，但无避周讳之字句，而避唐讳者甚多，故此书应作于开元间吐蕃入侵瓜州之时。

此卷在刊行之前，有关河西一带唐代的驿置情况不甚了了，仅凭史书和诗人留下的片言只语推理，偏颇很多。自本卷面世后，疑团竟解。沙州境内驿站的设置年代、规模、驿道走向一目了然。为更进一步了解唐代在整个河西乃至甘肃驿站的设置提供了许多研究线索。

沙州在汉唐时期一直是著名的贸易城市，阳关、玉门关更是通西域的两道门户。《元和郡县图志》沙州寿昌县："阳关……谓之南道，西趣鄯善、莎车。""玉门关……谓之北道，西趣车师前庭及疏勒，此西域之门户也。"

本卷所记沙州以东有两条道路，一路东通瓜州（今瓜州），《元和郡县图志》所谓"东通瓜州三百里"是也；一路北通伊州（今新疆哈密），前书所谓"北至伊州七百里"是也。前一路即本卷所指稍竿道，后一路即第五道。唐证圣以前沙州至瓜州、伊州均循前路，只因山道绝险，吐蕃入侵，运输艰难，遂改移第五道。

本卷提及驿站名称共21个，其中废驿7个。除伊州界赤崖驿和沙州州城驿外，天授二年总置新驿12个，其中沙州捉9驿，瓜州捉3驿，驿站总数与本卷所记"十九驿"有差。从新井驿即入瓜州常乐县（今安西县西）界，至伊州界置7驿，其中瓜州捉前3驿，沙州捉后4驿，沙州百姓越界服役。

从驿站废置情况看，两道分途应在州城驿。稍竿道从州城驿向东300里至瓜州，其中沙州至瓜州界170多里，置7驿，均废。7驿中悬泉驿多见史书。本卷所提悬泉驿和其他条目中提到的悬泉谷、空谷、空谷驿、悬泉水，当指一处。归义军时，在此道还设悬泉、会稽、玉门等镇。第五道从州城驿东北向至伊州747里余，与《元和郡县图志》沙州"……北至伊州七百里"基本吻合。此道从常乐县西莫贺延碛边缘通过。唐先后在这一带设神泉戍、乌山戍、双泉戍、第五戍、冷泉戍、赤崖戍等，驿站往往设置于军戍或县（镇）附近，形成政治、军事、交通一体化的管理格式。从记载来看，唐代驿置的设置，改移或废弃均经中央批准，驿置等级可能

甘肃交通史话

与县平级。

敦煌与西域间的交通历来为中原王朝和西域各国注重。唐朝建立以后，吸取隋朝经营西域的教训，加强了对东西交通和贸易的直接管理和经营，不再由西域诸国居间，取得了前所未有的成功。唐初，西域大部分虽由西突厥控制，但其他各国均先后派人出使长安称臣。唐太宗贞观四年（630年），伊吾城主归附，唐于此设伊州，控制了西域北道。唐太宗贞观十四年（640年）灭高昌，设西州，控制了中路。同年，西突厥叶护献可汗浮图城，唐在此设庭州。之后，又将上述三州归于陇右道，加强了对天山南北地区的管理。唐初，西域南路且末以东归沙州管理，702年后在于阗以西设立数百个行政机构，同时于北、中路设安西都护府。至此，整个西域基本都置于唐王朝管辖之下。为了保证东西通道的畅通，给商旅提供方便，唐王朝在交通沿线设成、守捉、军、镇、驿一类的军事和服务性设施。从有关交通地理文书反映的情况看，驿站设置密度较大，站距最短者二十余里，最长者也不过六七十里，这在唐以前或以后的各个朝代中都是没有的。唐还在交通沿线设立关卡，查验过往行人，收取税金。行人凭"过所"通过。驻守在交通线上的军队，实行屯田，自己解决食粮，大大减轻了唐王朝在边疆的费用。

子午岭直道遗址

据《史记·秦始皇本纪》载：秦始皇三十三年（前214年），使大将蒙恬率大军，"北斥逐匈奴"，"渡河取高阙（内蒙古杭锦后旗东北、阴山山脉至此中断，成一缺口，望若门阙，故名）、阳山、北假中，筑亭障以逐戎人。徙谪，实之初县"。三十五年（前212年），"除道，道九原，抵云阳，堑山堙谷，直通之"。《史记·蒙恬列传》亦载："秦始皇欲游天下，道九原，直抵甘泉，乃使蒙恬通道，自九原抵甘泉，堑山堙谷，千八百里。"直道从咸阳以北的云阳（今陕西省淳化县梁武帝村）为起点，穿越子午岭达九原（今内蒙古自治区包头市西南），大体南北相直，全程1800里，合今1400多里。

又据《庆阳府志》载："秦时庆阳古道有三：驰道（即直道），在合水县东百余里，相传为蒙恬所筑；堑山堙谷，上通上郡，下达咸阳，即其地；圣人条，自子午岭起，南通潼关（北潼关，今铜川市），北至草地，相传为秦始皇筑长城，运粮道处；秦古道，在正宁县东北九十里，秦始皇自九原抵云阳，即此道也。"同前书："秦直道俗名圣人条，秦以天子为圣，故名。"《清一统志》说：子午岭南北直道，随地异名，岭上有秦大道，秦始皇自云阳沿此道向九原行兵运粮，当时名曰"圣人条"。贡生刘倬《子午岭》诗："南北巨长岭，纵横列万人。桥陵今古在，驰道有无间。路折延庆过，源分漆沮潺。秦皇开凿后，路上兆人还。"（《庆阳县志·艺文》）李梦阳也说："……天子沟，夫人洞并故城川，蒙恬堑山湮谷处也。今驰道存焉。"1980年中国科学院地理研究所编制的百万分之一O.N.C（Operationl Narigation Chart）片上，显示出子午岭山脊上有道路通过，这应是秦直道遗迹。

秦直道一出林光宫，即进入子午岭，沿山脊向北经甘泉、鬼门口、艾蒿湾、乏牛坡、石门关，由此沿子午岭主脉继续北行，经碾子院、老爷庙、杨家胡同梁，即进入甘肃省正宁县刘家店子（今刘家店子林场）。距刘家店子西侧数里处，有"两女砦"古迹，相传为秦始皇长子扶苏北上时，两个生女途中夭折，葬于此，至今坟茔高大，坟周围有秦汉砖瓦遗存。

刘家店子林场位于子午岭主脉正脊，由此北行至黑马湾。这里直道遗迹保存较好，路基平均宽度在30米以上。由此东北行，经野狐腰岘南站梁，至雕岭关。在南侧三四里路的山梁上，当地人称"四十亩台"。1986年咸阳综合考古队在这里发现了一个秦代大型兵站遗址，已被命名为"秦代一号兵站遗址"。

雕岭关位于陕、甘交界处，关口宽30米以上。由此沿子午岭主脊北去经陕西省黄陵县艾蒿店、庆阳县五里墩，至沮源关，直道残宽30米~40米，现为林区道路所利用。"此路一往康庄，修理之则可通车辙。明时以其直抵银夏，故商贾经行。今（清乾隆）则塘汛废驰，通衢化为榛莽"（《（乾隆）正宁县志》）。

由沮源关北去，一路通甘肃华池县华池镇至陕西定边县，为宋夏道路；一路折由古道岭，由白马驿上梁，沿梁进入陕西甘泉境，这段路基一般宽30米~50米。再通过志丹县，在安塞县进入陕西的横山地区，由高奴（汉高奴县）、阳周、上郡北出长城，达于九原郡。

秦直道是秦王朝作为防御设施修建的。秦始皇最后一次巡幸，原本是要视察直道工程进展情况，不料暴崩于沙丘。秦二世密不发丧，沿直道返回长安。《史记·秦始皇本纪》这样写道："行，遂从井陉抵九原。会暑，车臭，乃诏从官令车载一石鲍鱼，以乱其臭。行从直道至咸阳，发丧。"直道工程修了两

年，蒙恬也含冤而死，但"道未就"，秦二世接着又修了三年，直道才完全竣工。直道是避开河谷完全布设于山脊的一条道路，坡度不大，能通大型车马，《汉书》称"道广五十步"，与遗址宽度相符。秦祚短促，直道没有充分发挥作用，但在汉朝初年却成为威慑和防御匈奴的重要屏障。汉文帝时，匈奴数次绕道六盘山，而不从直道南下直接进攻，正是由于直道防御设施完善的缘故。汉文帝三年（前177年），"遣丞相灌婴发车骑诣高奴（今延安西北）击之"，文帝本人也自云阳经高奴到了太原。汉武帝元封元年（前110年），汉武帝为征伐匈奴，"行自云阳，北历上郡、西河、五原"，自泰岭东到海上，至碣石，自辽西历北边九原，归于甘泉返回，所走的就是直道。司马迁当时也跟随武帝巡幸，在写《史记》时，评价道："行观蒙恬所为筑长城亭障，堑山堙谷，通直道，固轻百姓力也。"据《汉书·地理志》载：当时在北地郡设有直路县和除道县，县址处于直道南北两端，一是为了从政治、军事上对直道加以保护，二是为了随时整修维护，使之长期畅通无阻。除道，即修道，周以来就有"九月除道，十月成梁"的规定。唐、宋时，突厥、西夏等北方少数民族频繁沿直道南下，唐、宋王朝曾在北边或沿线设有东、中、西三受降城和一些州、县，战略作用十分明显。明、清以后，这条路始终为商旅利用，贩夫络绎不绝，尤其是定边至正宁一段一直是盐运路线，经久不衰。

陇山古道遗址

陇山是纵贯于陕甘交界的一座天然屏障，历代史籍称陇坂、陇坻、陇头、关山、小陇山。

陇山自古为长安通陇西的要隘。汉代汧陇道陇西段中、南线，唐代关陇道南线，元代奉元南路，明、清秦陇驿道均经此山。

陇山东麓陡峭险峻，西麓沟谷纵横。历代根据经济状况的不同而开凿了几条道路，但这些路均以艰险难行著称。《秦州记》载："陇山东西百八十里，登山岭，东望秦川四五百里，极目泯然。山东人（指关中）行役升此而顾瞻者，莫不悲思。"《三秦记》也说："其坂九回，不知高几许，欲上者七日乃越。高处可容百余家，清水四注下。"引文中的"九回"指的是陇山东麓9个大的回头弯道。"可容百余家"正是老爷岭（山顶）东侧的洪家滩。而老爷岭东西有泉水分流，古诗中常见的"陇头流水"、

"分流水"、"陇头水"曲牌即源于此。由于陇山难越,越陇后又是漫漫陇西路,所以古人只要走上陇山,就等于是出塞,顿生离家去国之感,写下了许多脍炙人口的诗篇,影响中国诗坛上千年。

陇山自古森林茂密,开凿的几条道路大都穿于林莽之间,很少受自然或人为的破坏,保存比较完整。有些路段古道痕迹虽不明显,但走向未变,有些路段石板尚存,工程浩大,令人惊叹。

陇山现存的古道主要有3条,按修筑年代由北向南布设,分别是汧陇道、关陇道和秦陇道。

汧陇道 即北线,因傍汧河(古汧水)布线而名,史籍中多有记载。由陕西陇县西北行,经固关、大震关、上关场,沿峡谷上行,经张家川县秦家源、分水岭,折西南,沿峡谷下行,经马店、柳沟、河峪,折西通张家川陇城,折南经恭门、平道(秦亭)至清水。这条道上的大震关临千水,控扼汧陇、关陇交通。全线古道痕迹已无,现为林区道路。陕西境的上关场古代为关隘,但设于何时,已无考,"文革"前这里有许多石碑,后在修水库时砸毁。由这里分途有一条古道,经麻杆进入甘肃华亭界,是鸡头道的旁支。甘肃境秦家源是一块平坦的旷地,据当地人说,这里是秦人立过"帝"的地方,过去确实有姓秦的人居住过。附近山峰顶上有几处

烽燧遗址,当地也一直有"十里一墩台、五里一烟台"的说法,与《史记》所记基本相符。由此分析,秦家源肯定是这条道上的一处关键控制点,要么是兵站,要么就是驿置。在马店的马家涧,有一块摩崖碑,文字已漫漶不清,只有"幽州"和"邽"等字可认。碑文由东汉著名文学家赵壹撰写并书。幽州是汉初十三刺史部之一,治所蓟县(今北京西南),邽即上邽,故址在今清水、张家川县境,素有"陇右要冲,关中屏障"、"秦陇咽喉"之称。马家涧的摩崖碑是这条道路存在的铁证。过马店,在河峪南山有一段古道痕迹,长约100米。光秃秃的古道边有许多平面大石,说明这条道的黄土路段曾铺有石板面。据考证,这条道开辟于先秦,是秦人早期通关中的主干道。秦人在西汉水一带立国后,此处仍是一条大道,两汉继续使用。东汉初年征隗嚣的战争主要在这条道上进行,三国时期曹魏经此道聚兵于街亭。

关陇道 亦称陇关道。由固关经大震关,沿民国时期建成的凤陇公路至安戎关、复汗坪,分岔盘山至老爷岭,下山直通张家川马鹿,向西经恭门至陇城,向南经长宁驿、秦亭至清水。这条路开辟于东汉末年,唐代成为主干道,诗歌常见的"陇头"即老爷岭。关陇道是陇山诸道中保存最完整的一处。固关以西至安戎关段沿河谷而行,现在虽为

关陇道老爷岭石板路面遗迹

公路,但古道遗址仍存。一号桥台有半凹状凿孔痕迹,显然为古桥台。安戎关遗址犹存,唐宣宗大中六年(852年)由陇州(今陕西陇县)防御使薛逵移筑,建成后,大震关即废。关址附近古道残存30米,宽4.5米,路面用石板铺成。过3号桥,峡谷陡窄,谷口大石林立。古道残存50米,路面由二尺见方的石板铺成,路宽3米。据考证,谷口大石即为吐蕃陷陇时"立石种树"处。此前李抱玉采取的是"伐木塞道"的办法,但很快就被吐蕃焚开。由复汗坪盘山而上至老爷岭约10里路程,全为古道,部分路段石面仍在。全段共有9个大的回头弯道,弯道半径均为8米~9米,路宽3米~4米,错车道处达8米。经过的小沟均用巨石垒为防护,异常坚固。在第二弯道附近,有一巨石,从中间开槽,宽2

米,仅容一车。在老爷岭的洪家滩,石板路面完整,路宽6米。老爷滩是一处天然的避风港,石墙、石房遗址尚存。不远处即为老爷岭,东西坡有泉水东西分流。唐代的陇头分水驿就设在这里。《元和郡县图志》载:"陇上有水,东西分流,因号驿为分水驿。"唐诗人岑参诗:"平明发咸阳,暮及陇山头。"老爷岭至马鹿镇古道已毁,石板多被当地人采用。

秦陇道 是明、清时开辟的由秦州(今天水)至陇县的驿道。陕西境内设有咸宜关,甘肃境内设有长宁驿(石嘴关),由长宁驿进驿程沟,经黑虎口、南寨铺、菜子河、鬼门关、骆驼巷、马鞍子至咸宜关。起点长宁驿,明、清均设驿站,坐落谷口,山上分布着三座古堡。驿程沟,即为驿路所经。古道残存数

秦陇道驿程沟古道今貌

处。有一段长约200米古道,宽3.5米,路两边为参天大树,道中为次生林,形成一处天然的"绿色隧道"。南寨铺在一处平滩地,痕迹已无。由这里前行经菜子河,平坦易行,能通车马,在鏊岘分道,一路通固关,长50里,是车马道,一路通咸宜关,长30里,是驮道。驮道保存完整,尚能想象数百年前驮畜艰难行进的情景。由于长期的踩踏,路面很是光滑,路宽均为2米~3米。这段路上有3处石房遗址,有石板坑、石灶台等,房正中的树木直径3尺有余,说明已废弃百年以上。石房无疑是商旅歇息之地。由菜子河到鬼门关500米,由鬼门关到"马鞍子"300米,这段路基本是在悬崖上凿开的台阶,驮畜就是一步一个台阶上下的,危险之状难以想象。"马鞍子"是一块与山体相连的巨石,人工凿开一凹口,间宽2.5米。这条路开通后,由于艰险难行,又在此线的南寨铺稍南分水岭(碑志梁)开辟一条新线,即由南寨铺经分水铺、捉蛇铺、焦家铺到咸宜铺,计长70里。由南寨铺到长宁驿长20里。但经"马鞍子"一段因是捷径,仍为商旅利用的主要道路。

关陇古道陇山段道路分布十分复杂,但主干道就是上述3条。因自然因素,这3条古道保存较为完好,为了解和研究古代道路布线规律、建造标准、施工手段以及通阻情况

提供了实物证据。

陇南栈道遗址

栈道,又名阁道、复道、栈阁。《史记·高祖本纪》注:"险绝之处,旁山凿崖而施板梁为阁。"就是说栈道是在峭壁陡崖上打眼架桥,连阁而成的一种傍山依水的通道。《战国策·秦策》载:"栈道千里,通于蜀汉。"可见,栈道修建至迟见于秦。甘肃境内的栈道主要分布于羌氐道和阴平道跨越的白龙江、洮河、白水江、岷江流域。

栈道的宽窄和长短,因地制宜,其宽度为0.8米~1.5米,长度为几米、十余米、数十米不等,最长者可达数十里。栈道的修建方法大致有五种类型。其一为"标准式"。在山腰开凿方形固定眼若干,眼深0.3米~0.5米,间距0.5米左右,横梁长0.8米~1.5米左右。一头插入眼内,谓之阁梁。靠河一端有与横梁同等数量的立柱,直立水中或斜立于山腰。山脚下扣铆固定呈三角形。阁梁上铺木板,以钉固定,栈道即成。其二为"依坡搭架式"。利用倾斜的山坡以木板或木梁搭架,上铺木板为

路面。其三为"斜柱式"。崖壁稍呈斜坡状,河水太深,难以立直柱的地段,立斜柱以支撑阁梁,上铺木板,即可通行。其四为"无柱式"。在深渊和陡崖地段难以立柱,只用横梁扣铆即成。人行其上,有颤动感。其五为"凹槽式"。将山咀劈成凹槽式以通道路。此外,还有一种方式:"系于绝壁上下,凿两排孔洞,每孔相去一二尺,每排相间三五尺不等,各孔皆以长短相若之木条插入,然后以下排木条上立交柱,以接上排木条,使不下坠,

鲁班崖栈道遗址

民国时期甘南境内的栈道

上排再铺以木板,木板上再铺以泥沙、石块,栈道即成。"

甘肃境内较大的栈道遗迹有:

柴门关栈道,位于文县城西南百里白水江侧,依山临河,势极险隘。峭壁镌有"秦蜀咽喉"四个大字,出关5里即入四川九寨县。

高栈头栈道,在文县西15里。

鹁鸽崖栈道,在文县西5里,崖上凿有宋哲宗"元祐"年号。

角弓崖栈道,在武都县角弓白龙江侧,即蜀汉姜维剿五部羌氏之路。另在外纳乡有观风崖栈道遗迹和透坊峪栈道遗址。

花崖关栈道,在宕昌县两河口,即花石峡,两崖对峙,中为岷江。对岸崖壁间有"天沆永溥"四个大字,笔力遒劲,旁有小字,不知何时所作。

鲁班崖栈道,在宕昌县化马邓邓桥附近,栈道遗址长100米,岷江之侧,两岸悬绝,有二灵柯插入岸隙间,以栈覆之,以通往来。

险崖坝栈道,在文县东50里,壁立万仞,白龙江号涛其下,凭空架栈,行人往往失事。昔姜维取武都,杨文广征西夏,均由此过。

燕子岩栈道,在文县白龙江岸,诗云:"悬岩势若崩,石缝豁然露。危梯续其间,仄逼仅容步。上骇猿猱啼,下怯蛟龙怒。马行不敢前,嘶鸣魂惊怖。"可见其栈之险。

鱼贯崖栈道,在武都县两河口

白龙江上，又名猫儿崖。《阶州志》载，邓艾入蜀，曾由此过。栈道倚崖，极为险峻。

九巅峡栈道，《岷州续志》载："……两壁插霄，中午始见阳光，水来涧底，阔不及二武，石礁索确，惊涛釜沸，雷震电激，喷沫洒人面，行者骇胆惊魄，不敢少休。此峡不通人行，驿道由东山桥道堡而往。同治间，凿石架栈，浅穹设桥以济南路飞鞘，后栈塌桥坏，此路乃绝。"又"两侧山势紧紧收缩，相去仅一二十米，至峡处仅四五米。"九巅峡是明、清时临洮到岷县的捷径，峡中修路碑铭很多，大多为清末左宗棠平定洮岷后所立。

憨板栈道，在舟曲县憨板峡白龙江右侧。栈孔在谷底，江水怒号，雾气弥漫，阴森可怖，险绝万状。

成县西峡栈道，现存栈孔百余处，新建栈道为钢筋混凝土质。旧栈道布于两崖，回环迂曲里余，可见工程浩大。县东飞龙峡栈道，是先秦"连云栈"的组成部分。历代多次重建，清初栈道遗址仍存。

徽县东沟峡栈道，峡谷幽深，路通汉中，栈道长约百米。在徽县境内嘉陵江嘉陵镇、虞关段有栈道遗迹数处，栈孔离江面2米左右，远

天水麦积区吴砦乡渭河栈道

处可见。

渭河栈道，在天水市麦积区元龙、吴砦乡境渭河南岸，有栈孔数处，据考为三国时的栈道遗迹。

西和上六巷栈道，在西和县上六巷乡王台村，始建于宋初，数方栈孔仍存。

栈道很窄，仅容驮畜鱼贯而行。脚夫们每到上栈前都要喊叫一声以告诉另一端行人注意。如有不慎两驮队相遇，只得商议，将一方驮畜连同货物推下山崖，损失双方承担。

甘肃各地保存至今的交通碑铭

十分丰富。交通碑铭是甘肃交通发展的原始记录，它真实地展示了甘肃各族人民改变地方交通落后面貌的艰难历程，是十分珍贵的野外档案文献。据不完全统计，甘肃各地现存交通碑铭93通，其中古代76通，近代17通。在碑铭总数中，陇南山区因交通不便或地理条件等原因，保存的碑铭最多，达45通。

甘肃交通碑铭在分布上基本是大分散、小集中的特点。碑铭散布于全省各地，而以陇南山区最为集中。在陇南山区，又以峡谷地带最多。如礼县龙鳞桥，就集中了4通；卓尼九奠峡集中十余通；徽县严坪集中4通，大河店10公里范围内也有十余通。陇南山区峡谷地带自古以来是当地群众出行的通道，修桥凿路就成了当地群众沉重的劳役，几乎每次重大工程结束后都要立碑、摩崖刻石纪念。

甘肃交通碑铭内容丰富，资料珍贵，基本涵盖了甘肃交通的各个方面。如《西狭颂》是甘肃省最早的修路记录；宋代的《仪制令》碑将西周以来烦琐的道路礼仪简化为通俗易懂的"贱避贵、少避老、轻避重、去避来"四句话。《山陕修路碑》记录180多家商行字号等等。从内容看，甘肃交通碑铭大体分为以下方面：一是修路碑。最著名的有成县东汉《西狭颂摩崖碑》、西和县唐代《新路摩崖碑》、徽县宋代《新修白水路记》、徽县明代《虞关石狭路摩崖碑》、清水清代《重修关山驿路之碑》、卓尼清代《开修九巅山粮路记》、靖远清代《山陕修路碑》、通渭清代《青天屠太老爷创修石碛道路碑记》、徽县清代《大河店修路碑》等。二是修桥碑，这类碑最多。著名的有张掖西夏《黑河建桥敕》、兰州明代《镇远桥将军柱铭》、临夏明代《泄湖峡河桥摩崖碑》、临夏与夏河交界处明代《土门关河心刻石》、礼县明代《重建桥寺碑记》、卓尼清代《王公桥摩崖碑》、兰州清代《创建兰州黄河铁桥碑》、文县清代《龙津桥碑》、礼县清代《高桥碑记》、成县清代《透坊峪栈道碑》、会宁清代《平政桥碑》、武都清代《重修杀贼桥碑记》、宕昌清代《邓邓桥摩崖题壁》、平凉民国《修建平凉八里河桥志》、华池民国《七

清水宋代《仪制令》碑

七桥碑》等。三是创建或扩建驿站和驿道运输制度碑,主要有合水明代《邵庄驿题诗碑》、徽县清代《调停驿站碑》、临夏清代《革除关隘弊窦告示碑》等。四是修建船桥渡口碑,主要有靖远清代《和保口官渡记》、文县清代《碧口南帮药船板主新会塑像碑》、卓尼民国《何世英饬炸峡石颂》、徽县民国《虞关义渡记》等。五是种植行道树碑,如平凉清代《武威军营频年种树记碑》。六是关堡碑,虽未涉修路之事,但显示了碑刻处的交通地位,主要有夏河明代《岗岔题壁》、山丹明代《锁控金川摩崖石刻》、合水明代《碧落霞天摩崖石刻》等。

除了现存的交通碑铭外,甘肃境内的一些交通碑铭碑虽已失,碑文却保存了下来,这些碑文内容也很丰富,主要有兰州明代《镇远桥记》、《金城关记》和临洮明代《永宁桥记》、会宁清代《青家新建公馆记》、武都清代《重建武阶南浮桥记》、兰州清代《天下第一桥记》、文县清代《邑侯孙公重修临江桥碑记》、庆阳清代《创修西河渡船碑记》、敦煌清代5通创修和重修《党桥碑记》等。

甘肃交通碑铭资料性非常强,许多碑铭详细地记述了工程的缘起、前期准备、设计理念、施工过程、施工组织以及竣工后产生的效益。有些虽未详细说明,但都点明了所建工程的重要性,为后人提供了许多不为正史所载的线路和走向,以及运输的繁盛、驿政管理的强化等,弥补了正史记载的不足。

可贵的是,现存的碑铭大都壮观雄伟,雕工精美,字迹清楚,书体风格清晰,有些如《西狭颂》、《新开白水路记》在我国书法史上占有十分重要的地位。

尽管甘肃交通碑铭价值极高,但长期以来不为史家重视,收录和保护工作极不到位。张维先生在他的《陇右金石录》中也只是收录了少量的碑文,但由于受拓片的限制,碑文中难免有错误之处,以致以讹传讹。保护工作以官方和民间自愿保护为主,受到保护的碑铭数量很少。大部分仍散落在荒郊野外,人为毁坏严重,碑刻数量每年在不断减少。会宁县翟所清代5通修桥碑,仅剩一方残块;陇南市武都区观音崖栈道碑和徽县严坪两通修路碑均毁。

20世纪90年代初,甘肃省交通厅组织人力对全省交通碑铭进行了调查和拓制、照像工作,抄录了碑文并进行了整理,使这一珍贵的交通文化遗产部分地保存了下来。

除古、近代交通碑铭外,当代碑刻也有所增加,特别是20世纪80年代公路大发展以后,各地为感谢党的富民工程,立了许多歌功颂德碑,大概有四五十通。碑的材料以混凝土为主,模板制作,这也是碑刻文化的一种延续。

摩崖石刻《西狭颂》

《西狭颂》摩崖石刻位于成县城西13公里处天井山下的鱼窍峡（今名丰泉峡）中，全称"汉武都太守汉阳阿阳李翕西狭颂"，因摩崖文中有"郡西狭中道"一语，而称为"西狭"，《西狭颂》之名由此而得。又名"惠安西表"。碑下，有一清潭，相传古代有黄龙自潭中飞出，故俗谓潭水为"黄龙潭"、《西狭颂》为"黄龙碑"。此碑刻于东汉灵帝建宁四年（171年）六月十三日，与汉中《石门颂》、略阳《郙阁颂》齐名，合称"汉三颂"。《石门颂》和《郙阁颂》均文字残损严重，唯《西狭颂》保存完好，字迹清晰。《西狭颂》笔触遒劲，结构严谨，刀法有力，是汉隶中的精品，为书法瑰宝。梁启超誉其"雄迈而静穆，汉隶正则也"。日本学者牛丸好一称《西狭颂》是汉代摩崖的最高杰作。可见其在国内外享有盛誉。

《西狭颂》摩崖面宽500厘米，高315厘米，总面积约17.5平方米。计镌刻611字、图6幅。主要分为三个部分：

《西狭颂》正文 正文高220厘米，宽340厘米，连同题额呈凸字形状。题额"惠安西表"4字，为小篆阴刻；正文20行，共计385字，为隶

《西狭颂》碑所在地——天井峡

书阴刻。隶书融篆、楷笔意，结构方正，笔画舒展稳练，高古雄奇。正文内容主要记述了东汉武都郡太守李翕的出身、家世、籍贯、政绩和主持修建西狭栈道的经过，歌颂了他施行仁政、屡致祥瑞和造福于民的事绩。

题名 题名部分位于正文之后左侧，为规则的长方形。摩崖面宽60厘米，高55厘米，共12行，142字，隶书阴刻。内容主要是记录参与修整西狭栈道工程的武都郡下辨道、郡、县官员12人的姓名、官职、籍贯等。有很高的史料价值。

《五瑞图》 位于正文之前右侧，为梯形状。摩崖面高110厘米，宽210厘米。图像共6幅，上部左侧是"黄龙图"，右是"白鹿图"，下左为"木连理图"，中为"嘉禾图"，右侧为"甘露降"和"承露人图"。线条流畅飞扬，形象古朴生动，是研究东汉绘画、雕刻及符瑞观念的珍贵资料。其间还有题榜6处，共15字，喻意风调雨顺，清吉平安。

另外，在图之左侧有"君昔在黾池，修崤嵌之道，德治精通，致黄龙、白鹿之瑞，故图画其像"字样。竖写汉隶两行，共26字；木连理图下有4行题名34字；题名右方45厘米处，有试刻3字；《西峡颂》四周，还有宋、明、清、民国和当代一些名人的访古题刻，共22处。

成县为汉武都郡郡治下辨所在地，是由陇入蜀的主通道。最早由武都走阴平、益州（今四川成都），必须翻越天井山，经草川，渡西汉水。但天井山森林茂密，山高险峻，道路十分坎坷。后来虽有人开通了西狭道路，仍"危难阻峻，缘崖俾阁，两山壁立，隆崇造云，下有不测之谿，陟芒促伯，财容车骑。进不能济，息不得驻，数有颠覆霣隧之害"。李翕出任武都郡太守后，经考察，决心凿通狭道，若"今不图之，为患无已"。就命衡官有秩李瑾、衡官掾仇审具体负责修路事宜，于是通过"馃烧破析，刻䂮確嵬，减高就埤，平夷正曲"，使道路变得"坚固广大，可以夜涉，四方无雍，行人欢悀"。工程完工后，当地百姓有感于李翕的功德，便请当地书法、文章高手仇靖作颂书丹，以志后人。

碑文中"馃烧破析"点明了凿石开路的方法，即在大石下架木火烧，待一定时间后浇上冷水，通过热胀冷缩使石面破裂，然后通过钢钎挠开。这是古代修路时最常用的一种方法。

自李翕开通西狭道路之后，历代修葺不断。至今，这里的悬崖峭壁上还留有许多栈道凿孔遗迹，不难看出当时工程之艰巨。这里现已成为旅游观光的胜地，经过不断修缮，人行道曲径通幽，四百多米长的悬空栈道（混凝土）蜿蜒至深处，亭、台、廊、拱，流水、绿树、苍山相映成趣，令人流连忘返。

在《西狭颂》石刻左下方十米处，另有一方汉隶摩崖石刻，俗称桃花碑。向东一公里处刻有汉武都太守耿勋摩崖碑，镌于东汉灵帝熹平三年（174年），也属歌功颂德碑。

《西狭颂》不仅具有较高的书法艺术价值，也是研究东汉社会政治、经济、交通等方面的珍贵资料。自宋以来，有五十多种金石著作都对其作了详细记载和高度评价。鉴于《西狭颂》的历史价值和艺术价值，1980年甘肃省文化厅拨款修建了倚崖凌空的碑亭，碑刻尽覆其中，使这一书法艺术瑰宝得到保护。1981年，《西狭颂》摩崖石刻被甘肃省人民政府公布为省级文物保护单位。2000年，被国务院列为全国重点文物保护单位。

附碑文：

西　狭　颂

汉武都大守汉阳阿阳李君，讳翕，字伯都，天资明敏，敦诗悦礼。膺禄美厚，继世郎吏。幼而宿卫，弱冠典城。有阿郑之化，是以三葍符守，致黄龙、嘉禾、木连、甘露之瑞。动顺经古，先之以博爱，陈之以德义，示之以好恶，不肃而成，不严而治。朝中惟静，威仪抑抑，督邮部职，不出府门，政约令行。强不暴寡，知不诈愚。属县趋教，无对会之事。徼外采庭，面缚二千余人。年谷屡登，仓庾惟亿，百姓有蓄，粟麦五钱。郡西狭中道，危难阻峻，缘崖俾阁，两山壁立，隆崇造云，下有不测之谿，阨芒促迫，财容车骑。进不能济，息不得驻，数有颠覆霣隧之害，过者创楚，惴惴其慄。君践其险，若涉渊水，叹曰："诗所谓'如集于木，如临于谷'，斯其殆哉！困其事则为设备，今不图之，为患无已"。敕衡官有秩李瑾，掾仇审，因常繇道徒，镵烧破析，刻芟确磛，减高就埤，平夷正曲，柙致土石，坚固广大，可以夜涉，四方无雍，行人欢悀，民歌德惠，穆如清风。乃刊斯石曰：

赫赫明后，柔嘉惟则，克长克君，牧守三国；三国清平，咏歌懿德；瑞降丰稔，民以货积；威恩并隆，远人宾服，镌山浚渎，路以安直，继禹之迹，亦世赖福。

建宁四年六月十三日壬寅造。

时府

丞右扶风陈仓吕国，字文宝。门下掾下辨李雯，字子行，故从事。议曹掾下辨李旻，字仲齐，故从事。主簿下辨李遂，字子华，故从事。主簿上禄石祥，字元祺。五官掾上禄张亢，字惠叔，故从事。功曹下辨姜纳，字元嗣，故从事。尉曹史武都王尼，字孔光。衡官有秩下辨李瑾，字玮甫。从史位下辨仇靖，字汉德书文。下辨道长广汉什邡任诗，字幼起。下辨丞安定朝那皇甫彦，字子末。

《新修白水路记》摩崖碑

《新修白水路记》摩崖碑位于徽县县城至陕西白水江公路27公里处今洛河北岸的崖壁上，碑面朝南。碑高2.75米，宽1.82米，碑刻底线距地面约5米。碑额自右至左横书"新修白水路记"六个篆书大字。碑文自右至左共26行，字为大楷，苍劲厚朴，为北宋书法家雷简夫撰文并书丹。碑文详述了当时修凿白水路的起始原由以及路成之后的效益和设施规模，为研究古代甘肃与川陕地区的交通状况提供了十分宝贵的资料。由于此碑刻于悬崖上，避免了人为的涂抹破坏。尽管经历了近千年的风雨吹蚀，至今碑面保存基本完整。又因此碑峻伟高大，故当地人称之为"大石碑"，其附近的自然村落也因之而命名。这方石碑无论是就其书法艺术，还是其交通史料的价值而言，都是不可多得的存世珍品。

此碑碑文在张维《陇右金石录》及《金石萃编》、《甘肃新通志稿》等金石、方志书籍中均有刊载，且评价较高。

另外，东距此碑约4米处的悬崖上亦有一打磨平整的摩崖碑面，其形制和规模与《新修白水路记》碑基本相同。然其上无一刻字，很可能是由于在此刻碑不甚理想，遂前功尽弃而改选现在石碑处又重新勒刊。

新开白水路是北宋甘肃境内的一项较大的道路工程。路线起自河池驿（在城，今徽县），向南逾岭沿洛河经大河店到长举驿（在城，宋长举县，今陕西白水镇）。由于青泥道泥泞难行，迂远改建。此路建成后，青泥土豪"唧唧巧语"，又恢复

《新修白水路记》摩崖碑

了青泥道,当时两路并存。

附碑文:

新修白水路记

宣德郎、守殿中丞、知雅州军州兼管内桥道劝农事、管勾驻泊及提举黎州兵甲巡检贼盗公事、骑都尉借绯雷简夫撰并书及篆额

至和二年冬,利州路转运使主客郎中李虞卿,以蜀道青泥岭旧路高峻,请开白水路,自凤州河池驿至兴州长举驿五十一里有半,以便公私之行。具上未报,即预画材费,以待其可。明年春,选兴州巡辖马递铺殿直乔达,领桥阁并邮兵五百余人,因山伐木,积于路处,遂籍其人用讫,是役又请知兴州军州事虞部员外郎刘拱惣护督作,一切仰给,悉令为具,命签署兴州判官厅公事、太子中舍李良祐,权知长举县事、顺政县令商应程度远近,按视险易,同督斯众,知凤州河池县事、殿中丞王令图首建路,议路占县地且十五余里,部属陕西,即移文令图通干其事。至秋七月始可其奏。然八月行者已走新路矣。十二月诸功告毕,作阁道二千三百九间,邮亭、营屋、纲院三百八十三间,减旧路三十三里,废青泥一驿,除邮兵、驿马一百五十六人骑,岁省驿禀铺粮五千石,畜草一万围,放执事役夫三十余人。路未成,会李迁东川路,令转运使、工部郎中、集贤校理田谅至,审其绩状可成,故喜犹已出事,益不懈于是,斯役实肇于李,而遂成于田也。嘉祐二年三月,田以状上,且曰:"虞卿以至和二年仲春兴是役,仲夏移去,其经营建树之状,本与令图同。臣虽承乏,在臣何力?愿朝廷旌虞卿、令图之劳,用劝来者。又拱之总役应用,良祐应之按规,修创达之,采造监领,皆有著效,亦乞升擢。至于军士、什长而下,并望赐与,以慰远心。"朝廷议依其请。初,景德元年尝通此路,未几而复废者,盖青泥土豪辈唧唧巧语,以疑行路,且驿废,则客邸酒垆为弃物矣,浮食游手安所仰邪?小人居尝争半分之利,或睚眦抵死,况坐要路,无有在我迟行人一切之急,射一日十倍之贵,顾肯默默邪?造作百端,理当然尔。向使愚者不怖其诞说,贤者不惑其风闻,则斯路初亦不废也。大抵蜀道之难,自昔以青泥岭称首,一旦避险即安,宽民省费,斯利害断然易晓,乌用听其悠悠之谈邪?而后之人见已成之易,不念始成之难,苟念其难,则斯路永斯不废矣。简夫之文虽磨崖镂石,亦恐不足其传,请附于尚书职方之籍、之图,则将久其传也。嘉祐二年二月六日记。

前利州路诸州水陆计度转运使、兼本路劝农使、朝奉郎守尚书主客郎中、上轻车都尉、赐紫金鱼袋李虞卿

利州路诸州水陆计度转运使、兼本路劝农使、朝奉郎守尚书工部郎中、充集贤校理、轻车都尉、赐绯鱼袋借紫田谅。

塔影河声中山桥

清穆宗同治十一年（1872年），陕甘总督左宗棠准备收复为阿古柏所侵占的新疆。出于西征的需要，左宗棠设想在黄河上架一座铁桥，以取代黄河上的镇远浮桥。然而德国商人福克索要白银达60万两，造价昂贵，只好放弃。1906年农历五月初，德国泰来洋行包桥工人喀佑斯自天津来兰州旅游。这时彭英甲在兰州劝业道、甘肃农工商矿总局（即甘肃洋务总局）任职，便再一次提出修建铁桥的建议。时任陕甘总督的升允，立即表示支持。经过彭英甲同喀佑斯协商，修桥费用初步定为16.5万两白银。这个价格比较适中，却遭到了省内保守派们的强烈反对。甘肃布政使丰坤泰以修桥属于"新政"为由，报陕甘总督升允，并请升允直接奏请朝廷批准修建（甘肃省档案局《天下黄河第一桥》，下同）。

光绪三十二年（1906年）九月十一日，代表甘肃地方政府的彭英甲、丰坤泰、白遇道同德国商人喀佑斯签定了修桥合同。合同规定，国内运输由甘肃洋务总局派员自天津运到兰州。期间如有损坏则由泰来洋行负责修理，自首批材料机具运抵兰州之日起，十八个月内完成全部工程。工程款分四期付清。铁桥自完工之日起计算，保固期80年。在保固期内，无论冬夏，倘因河水起蛟（暴涨），漫溢进城，将桥冲毁时，与泰来洋行无关，除此而外，如有损坏，泰来洋行一定赔修。所有材料由德国运到天津，由天津运到甘肃后由甘肃自运，议定每车不准超过1 200斤，重大材料由泰来洋行运输。修桥机器由甘肃运输材料时捎来，竣工后运到河南新乡，回程运价由泰来洋行支付。还对材料运输、铁桥施工、质量保证、验收程序作了严格的规定。

铁桥设计为：上部构造系穿式钢桁架，共计5孔跨径45.92米，全长243米（原始档案称用德国密达丈量，再折合中尺，一密达折合中尺二尺八寸，南北两岸共七百尺左右，东西横宽二十二尺四寸），行车道宽6米，两侧各设人行道宽1米，桁架高5.1米。桥面为木纵梁铺铁板，下部为砂浆砌条石台，料石重力式墩，石条接缝处，采用楔形卯榫技术，生铁浇注。墩中竖立铁柱，沉井基础。铁制构件全用铆固。

光绪三十三年（1907年）十二月十五日，升允给慈禧太后和光绪皇帝上了奏折，次年二月二十一日奉到朱批："该部知道，钦此。"

光绪三十三年五月至次年十月，修桥所需要材料陆续海运到天津。国内所有转运任务由洋务局派人负责，西安、新乡、天津派驻有转运委员，在兰州设立收料委员。当时，从天津到河南新乡一段均有铁路，运输并不困难，花去运费2.3万两。运输最难的一段是新乡至兰州，得由大车转运。整个运输分为两个阶段，即新乡至西安和西安至兰州。光绪三十三年八月，铁料从郑州开始起运，共征集旧式大车320辆，人力手推车349辆，驼骡85头。到十月中旬共发38批。计运洋灰1 533桶，其他材料已运过半。孰料连日阴雨，道路泥泞不堪。洛阳以西谷水、新茅、硖石、观音堂路段素号羊肠，艰同蜀道。前后两月时间，到西安的材料仅有一半，有些承运者半途而卧，不愿向前，令官方焦头烂额，车家叫苦连天。所幸组织有方，材料未损。当时运料官员在运输大件时就将大件截为二段，但还是无法装运，便想到了特制四辆大车，被彭英甲拒绝。按合同材料超过1 200斤由泰来洋行运送，经过多次交涉，泰来洋行同意对锅炉、天汽帽等超重机器拆解运输，这才加快了运输步伐。光绪三十三年八月，到陕物资分批向甘肃转运。由陕西到泾川，由陕西局负责，泾川到兰州由沿途各县兵役、驿站驿夫护送。同年十一月初四日，头两批桥料到达平凉，计有大车5辆，小车3辆，到十二月十四日已通过大车、小车300辆，大车装货重量达2 000斤，小车也有1 500斤左右。冬季严寒，冰天雪地，修路的修路，推车的推车，保护的保护，运输未停，每日过境的大、小车辆三四十辆，紧张有序。为了加快运输速度，保障运输安全，防止私自搭载客货，甘肃藩、臬二司和洋务总局向皋兰到泾州东路各县发传牌44面，严饬车辆鱼贯而行，不得擅自分批。宣统元年（1909年）闰二月，第1批至36批桥料抵兰，其中第1批~第23批总重量80.7万斤，第23批~

陕甘总督升允（左一）在兰州秦州会馆宴请马达汉（右一）等工程技术人员

32批，计16.5万斤（按运费6100两折合），第33批~第36批计重19.4万斤，合计总重量116.5万斤。车辆仅第33批~第36批就征雇85辆。由于管理有方，组织得力，机器、材料未损未失。新乡到兰州运费总计10.1万两，其中西安到兰州运费4.5万两，每百斤运费4两左右。整个运输过程，可谓是历尽艰辛。

修桥合同签定后，德商便将兰州黄河铁桥的设计委托给了美国桥梁公司，而具体的施工则由德国泰来洋行负责。

负责施工的是美国工程师满宝本、德国工程师德罗、华工刘永起（档案资料称刘工头，相当于工程队队长），其他技术工人计六十余名，是从天津、上海和甘肃招募的。中方管理人员督办一切，始终其事者为兰州道彭英甲，协助照料者为兰州府知府刘振镛、署皋兰县知县赖恩培；监理工程者为洋务总局坐办候补知县樊鼎枢、徐登弟，英文翻译为县丞江连庆并孙照磨贤、林巡检庆椿、蒲千总生禄；委运桥料者为麦方垩、赵毓岳、巡政傅晟、典史臧炳文等。

光绪三十二年（1906年）四月十日，铁桥正式开工修建。工人们先是在水深2.6米的黄河中围堰，然后开挖至距水面6米处的基岩，下入沉船（即沉箱），在围堰和沉船之间灌入混凝土，上设桥墩。然后，在墩上架设钢桁架，铺筑桥面。宣统元年（1909年）七月四日（公历8月6日），黄河铁桥竣工，"车辆开行"。验收时，承修方因将桥面铺以砂石，当时护理陕甘总督毛庆藩，不予验收凭证，几经交涉，将石子桥面改为木板桥面，才准予验收。桥面工程于七月十八日开工，九月下旬交工使用，九月二十七日向朝廷上报了桥面工程费用清单。整个工程工料总包价白银15.96万两，另送工程师往返川资1916两，各项费用合计共耗费国库白银30.6691万两。

为数不多的历史图片记录了当时的场景。有一张照片是芬兰人马达汉于1908年1月29日拍摄的。马达汉担任过芬兰总统，其时芬兰处于俄国的统治之下，马达汉以俄国军官的身份来甘肃"考察"，所拍照片真实地记录了20世纪初人们修桥的场景。照片的左边是两个组装完成的沉船。沉船高度将近3米，一些戴着黑色毡帽的人是来自天津、上海等地的技工，而头上扣着瓜皮小帽的则是兰州本地人。远处牵着毛驴的人们正从镇远浮桥上走过，黄河北则是低矮的土屋。

铁桥建成后，甘肃洋务总局于宣统元年十月初五日颁布了《铁桥管理、岁修法程和巡兵站岗、车马行来往条规》，次年五月二十日兰州巡警道和甘肃洋务总局颁布《严禁在铁桥上驰跑车马告示》。由皋兰县招募巡兵五名，驻桥巡逻、维护，每岁由统捐局支银400两，作维修费用，由兰州税项下提解银200两，开支巡兵工食，添换木板。华工刘永起留下帮管铁桥，月俸白银12两。

在铁桥建设过程中，得到兰州上自官方、下到民间的大力支持。洋务总局在省内部分府、县购买和运来急需木杆176根（其中桥木原材102根），长2.5丈，直径1.2尺~1.8尺的木杆266根，桁条松木50根。从河州、华亭、永登等地购进大麻1.59万斤，加工麻绳1.57万斤。购买桥头民宅铺面多处，扩展为路面，又将桥门统捐局搬迁别处。此外，抢修木船6只，赶制了一些急需的构件等。以上共花费白银2.7万两。铁桥竣工后，在桥南北两端各增建一座华式牌厦。牌厦两面悬挂由升允题写的"第一桥"牌匾两块和"九曲安澜"、"三边利济"匾各一块。牌厦于20世纪30年代拆除。

铁桥竣工后，甘肃巡抚升允撰文并书立《创建兰州黄河铁桥碑记》于桥端，记述铁桥的修建始末。

桥名俗称"兰州黄河铁桥"，孙中山逝世后，为了纪念孙中山而改称"中山桥"。铁桥原先是红色漆涂面，抗战时期为了避免日本飞机轰炸，刷成了灰色。1949年8月解放兰州时铁桥局部被毁，随即进行了抢修，保证了人民解放军西进。1954年，对中山桥进一步加固维修，在梯形的桁架上安装拱形钢梁，这就是今天所看到的中山桥模样。此后又历经多次维修。桥端有小型广场，旧碑立于桥北侧，南端西侧为"天下黄河第一桥"碑。南端东侧立有镇远桥一铁柱（铁柱共有4根，其他3根有两根仍埋于泥沙下，一根毁于1958年），铁柱高5.8米，直径0.61米，上有铭文34字，曰："洪武九年岁次丙辰八月吉日总

1909年建成的兰州黄河铁桥

兵官卫国公建斯柱于浮桥之南系铁缆壹佰贰拾丈。"

兰州黄河铁桥与1905年5月建成的郑州黄河铁桥、1912年11月建成的济南黄河铁桥并称为"黄河三大铁桥"。其中济南、郑州两座铁桥早已拆除，唯兰州铁桥留存至今。兰州黄河铁桥不再是一座简单的桥梁了，它已成为一种文化的象征，成为兰州的名片。2006年，黄河铁桥被列为第六批全国重点文物保护单位。

渭水源头灞陵桥

渭源灞陵桥位于渭源县城清源河上，创建于明代，时为石台木面桥，屡修屡毁。民国8年（1919年），渭源知县马象乾派徐立朝为督工，招聘柯寨书院的何遇江、何遇海兄弟，仿照兰州西津卧桥的式样，在原桥址上游200米处建成一座伸臂木梁桥。所用木料取自县内五竹寺，用钱1500串，工期7个月。民国9年（1920年）地震后，桥身开始倾斜，危及行人安全。民国21年（1932年），知县王端甫倡议拆除，设立桥工委员会，重建该桥，时称"波涛工程"。这次以黄治中为督工，仍以何氏兄弟为技工，其中何遇江为帖尺（工程竣工后，被渭源县政府授予桥梁工程师）。工程款从地方烟亩罚款项下拨出银币2000元，绅民捐助数千元。从临洮县采购了主要木料。民国23年（1934年）8月竣工。这座桥南北座落，全长40.2米，跨径29.5米，桥高15.4米，桥面宽4.48米。全桥分为15间、64柱、有台阶通道3条，其中两旁小道供老百姓通行，中间道较宽，称"官道"，供达官贵人通行。配有扶手栏杆。桥顶覆以灰瓦长廊，与桥两端飞彩挑阁式的廊房浑然一体。桥面与桥的底部，每排10根方木并列为11组，从两岸桥台底部逐次递级飞挑凌空卧起。在10根粗壮的方木中间，又交替相夹同样粗壮的方木9根，从两岸直线伸向河心，与顶端一挑横木相互衔接，使桥体成半圆形状。远眺如长虹卧波，典雅美观。灞陵桥建成后，蒋介石题"绾毂秦陇"；辛亥革命元老、著名书法家于右任题写了"大道之行"匾额；孙中山长子孙科题"渭水长虹"，汪精卫还撰写了碑文。甘肃省书法家裴建准题写了桥名。爱国将领杨虎城题联："鸟鼠溯灵源，雪浪云涛，东行汇泾渭黄河，函关紫气；陇秦资利涉，月环虹跨，西望是金城杨柳，玉塞葡萄"。1984年，甘肃省文化厅拨款12万元对桥梁拆除进行维修，更换了一些部件，按编号顺序安装时，桥中一榫无法就位，无奈又拆除重新安装。维修工程竣工后，中国著名书法家启功题写了桥名。之后先后筹资50万元，加强了基础设施建设。2003年动员干部职工捐款8万元，对灞陵桥公园进行了修葺。同年，灞陵桥被评为国家AA级风景名胜区。2005年，甘肃省文物局拨款20万元，对灞陵桥进行了全面维修。2006年，国务院公布的第六批全国重点文物保护单位名单中，灞陵桥名列其中。渭源灞陵桥结构精巧，工艺精湛，具有很高的科学研究价值，被著名桥梁专家茅以升誉为中国古典伸臂木梁桥的代表。

 兰州永安桥

1999年岁末，在兰州古城沟发现了清代古砖拱桥——永安桥。据考证，该桥是丝绸之路甘肃段仅存的一座古砖拱桥，具有一定的研究价值和观赏价值。

永安桥坐落在兰州古城坪东侧阳洼沟内，东岸为榆中来紫堡界，西岸为兰州东岗界。该桥为实腹式砖拱桥，桥长15米，其中主桥8米，桥净宽9.5米，高6.2米，单孔跨径4.7米，拱圈厚1.1米，拱顶到桥面1.75米，桥台为砖包石砌台，高1.34米。桥面由骨料和黄粘土组成，骨料厚2.5厘米，粘土厚10厘米，密实度在90%以上。拱顶正中为砖雕铭文，南北各一方，高50厘米，宽1.5米。铭文为阳刻，右竖题建桥年月，中为横书桥名，左竖题修桥者姓名，均为楷书。铭文破损严重，漫漶不清。可喜的是铭文缺失处，南北正可互参。其中南面可认的字有："丁卯（年）五月"和"永安"；北面存留的字有："安桥"和"陆恩春（泰

捐）修"。根据当地人对此桥的称谓，可以定名为"永安桥"。丁卯年五月，为清同治六年五月，即1867年6月。落款者生平不详。

清代永安桥位于金县、皋兰县交界处，清甘肃三部通志均未记载。但通过史料对比分析，永安桥是明、清陕甘驿道上的一座桥梁，东通歇驾嘴，西越古城坪（王保保城）抵兰垣，现今化工厂西有一道浅壕，正对古桥，是这段驿道的残迹。历史上永安桥可能数次修建，同治六年为最后一次重修。因为此桥建成不久，左宗棠便移师西北，在整修陕甘驿道兰州路段时，路线南移至较为平缓的柳沟一带，永安桥一线即废。虽然此后有行人走动，但终因该桥地处偏僻、远离村落，加上后来工厂围墙的保护，客观上使这座桥梁保存至今。

从永安桥的型制和建筑工艺来看，该桥无疑是甘肃古桥梁中的代表。它设计合理，工艺精湛，外观精巧，远望如门，与西津握桥堪称兰州古桥中的双璧，东西相映。然握桥已没，此桥独存，价值尤大。

兰州永安桥

动人传说

远古帝王过甘肃

据《甘肃通志》载："秦源之地先有成纪，其后空同、流沙等均为古代声教所及，唐虞夏后以来，眛谷、积石、猪野、河滨均属雍地。成汤时期，羌氏来王复沦为夷狄。"传说中的三皇五帝时期，伏羲、黄帝、尧、舜、禹等氏族部落首领均曾涉足甘肃，从侧面证明了远古交通的存在。

相传伏羲的母亲华胥氏履"雷泽"而怀孕，怀胎十二年后生了人首蛇身的儿子。古人以十二年为一纪，所以人们把伏羲出生的地方叫成纪，就是今天秦安以北、静宁以南的地方。伏羲长大后，和妹妹女娲结为夫妻，繁衍了人类，还创制了八卦，教民结网捕鱼，驯养牲畜，烹饪熟食，创造了书契和嫁娶之制，为人类文明进步做出了贡献。当时，伏羲活动的范围就在今天水地区，至今这里还留有以伏命名的村庄，伏姓人口以魏店乡、安伏乡居多，而且这一带的乡村还保留着"结网捕鱼"的风俗。传说伏羲部落壮大后，向中原迁徙，都于陈（今河南淮阴县）。

炎帝、黄帝是华夏人文初祖，均诞生于今天水市，有关他俩的传说很多。炎帝据说诞生于天水市东柯谷神龙山，他长大后成为部族首领，沿渭河向东一直将势力扩展至陕、豫交界，实现了中国远古史上第一次大联合，后来将势力扩展至整个黄河流域，创造了远古农业文明。炎帝死后葬陕西宝鸡。黄帝诞生于清水县山门镇的"轩辕谷"，37岁时推为王。当时炎帝神农氏衰微，大行无道，于是黄帝率领十万神兵，十万人众，十万鬼卒与炎帝战于玦泉之野，打败炎帝，与炎帝部落融合，之后又打败蚩尤，成了新的天下共主。黄帝一生"披山开道，未尝宁居"。黄帝在位19年后，便西行至今天平凉的崆峒山，向广成子问治国之道。还曾"游乎赤水之北，登乎昆仑之丘"。赤水在今武威，昆仑在今酒泉。《史记》也说，黄帝"西至于崆峒，登鸡头"。黄帝之所以号轩辕氏，是说他是车的发明者，而且经过他创制，车开始有了供牵挽用的辕。

到了五帝时代，尧曾"迁三苗于三危（今敦煌境内）"，"身涉流沙"，到昆仑地区会见西王母。西王母也曾到中原向尧帝献玉玦等。西王母本是西方古国的部落首领，居住在出产美玉的地方。在传说中，她是一个"其状如人，豹尾虎齿而善啸"的怪物。舜是尧的继承者，他也曾到昆仑地区会见了西王母。禹接替舜为王，时值天下洪灾剧烈，他毅然离家从遥远的西北开始治理洪水。他先劈开积石山，使黄河水倾泻东下。这里的积石山是小积石山，劈开的峡谷叫积石峡。走出积石峡，经木场村，翻过索屯坡，在斩蛟崖斩断蛟龙。出关门用剑劈石崖，开通了整个积石峡谷。导积石后，大禹率众足临终南山（陕西）、敦物（天水），溯流而上，寻找水源，在今天渭源鸟鼠同穴的地方开崖凿石，开辟水道，将渭水导入黄河。之后他还"岷山导江，东别为沱"，"蟠冢导漾，东流为汉"，"导弱水至于合黎，余波流于流沙"。岷江、漾水（西汉水）、弱水（黑河）都在甘肃境内，合黎即河西走廊北部的合黎山。今金塔县通往鼎新的"小三峡"传说就是大禹所开。另据史书记载，大禹西行治理洪水时，"陆行乘车，水行乘舟，泥行乘橇，山行乘檋"。车是两轮车，舟是独木舟，橇如同雪橇，适用于沼泽泥泞之地。这种工具在今天南方仍能见到。檋是人抬轿。史书记载，黄帝时已有大辂之类的车，夏时"乘殷之辂"，而且还有车正一类的官员。"夏后氏五十而贡"，说明四方贡献已成常例。

传说不一定可信，但不能一点不信。在无文字记录的上古时代，口传是唯一记录历史的方式，虽然有些事件传至后世不一定准确，但可从侧面猜测出远古时代部落首领的行动轨迹。最起码说明人类活动的初期是有道路存在的，而河谷是当时唯一能通行的道路。

周穆王与西王母宴饮图（砖画）

时间推迟到前976年—前922年的周穆王时代,发生了穆王亲征犬戎于太原的事。太原在今平凉、庆阳北部一带。这本身是一件真实的历史事件,却被后人演绎成了神话传说,并在战国时期写成了《穆天子传》。说周穆王驾着八骏马拉的车到崇尚虎豹图腾的西王母国与西王母会面,让周穆王乐而忘返。回来后不久,西王母东游,在今平凉的王母宫与周穆王再次相会,并献上了玉器。令人称奇的是,《穆天子传》将周穆王西游的路线写得一清二楚,以致后来的史学家为研究经过的地名而绞尽脑汁。据考证,当年穆天子出镐京,经河北、山西、雁门关进入今宁夏河套地区,折西南行今甘肃的平凉、临夏,越积石山,过青海乐都,入河西走廊,登昆仑入西王母境。而且还翻越了帕米尔高原,到吉尔吉斯大草原。穆王游历时,带着大量的铜器、贝币、丝绸,沿路赏赐给部落酋长们。考古工作者在今阿尔泰地区的墓葬中发现丝绸和织锦,其中有一件绣着龙凤图案,在同一地区还发现了战国时期的素面小铜镜。这一传说中的路线倒与后来史书记载的许多路线相吻合。其实这时甘肃已经有了道路雏形,只是把它融进传说而已。因为这时生活在甘肃的少数民族如北狄、西戎都已十分强大,建立了许多方国。通往中原的道路事实上已开辟了出来。早在武王伐纣时,陇西、陇南的羌、氏就组成大队人马,越过陇山参加了灭商的战争。

春秋时代的老子,名李耳,号老聃,楚国苦县(今河南鹿邑)人。后被道教尊为始祖。老子晚年,见周之衰,便弃官西来,经函谷关,遇关令尹喜,著《道德经》五千言。相传老子西游曾到达河西居延等地。东汉延熹七年(164年),襄楷上书中提到"或言老子西入夷狄为浮屠。"老子西游所走路线虽不能采信,但老子时代,由长安通往甘肃的道路已经存在却是事实。

鲁班造桥的故事

鲁班,公输氏,名般,春秋时鲁国人,我国古代著名工匠。般与班同音,故称鲁班。他创造攻城的云梯和磨粮的硙,又相传曾发明木工工具,被后世工匠尊为"祖师"。

古代有关鲁班的传说很多,甘肃省就有许多有关他帮助当地百姓修桥的传说。这些传说一方面反映了桥梁工程的浩大和修造的艰难,另一方面反映了人民群众渴望改变交通落后面貌的迫切心情。

甘肃交通史话

炳灵寺桥的传说

很早以前，临夏的炳灵寺佛事兴盛，香客云集，东西往来的商队络绎不绝，但黄河天险阻挡了人们的往来。当时过黄河只有用木船或皮筏渡运，由于河水汹涌，翻船之事时常发生。鲁班知道这件事后，迅速赶到炳灵寺，和当地老者一起勘察后，选定桥址。于是他运用神功上积石山搬运巨石，一时间斧砍鞭抽，震得积石山隆隆声响。忽一日，人们望见鲁班左手提神斧，右手握神鞭，驱赶着一队马、一群猪蜂涌下山。正赶上一帮脚户为渡河一筹莫展，看到鲁班这等闲情逸致，很是奇怪。上前施礼道："鲁班老哥，赶这许多猪、马到哪里去哩，难道老哥不晓得这里的人急需一座桥吗？"鲁班捋髯大笑道："马浮黄河猪浮海，搭梯能上九重天。"说时迟，那是快，只见鲁班扬起神鞭，顿时空中一声霹雳，震得天摇地动。当四乡五镇的人们清醒过来赶到河边看时，一匹匹马和一头头猪全部变成巨石耸立黄河岸边。于是人们纷纷帮助鲁班建桥，经过3年的努力，炳灵寺桥终于建成。当地百姓为了纪念鲁班为民造福的功绩，在桥头一块巨石上镌刻"天下第一桥"五个大字。把架桥的工地称作"鲁班滩"。

骆驼石的传说

很久以前，鲁班携夫人周游天下，一天到了皋兰什川的石门湾，见这里山清水秀，花香宜人，便停下来小憩。这时，他看到有不少人在艰难地渡河，顿时起了慈悲心肠，下决心在这里建一座石桥。

鲁班选择了河床窄而基岩外露的地方作桥址，次日就动工。鲁班发神功时，不准别人偷看，连夫人也不行，身边只带一只脖子上挂着铃铛的黄狗娃，当鲁班听到铃铛响时，说明有人来，就得停工。一日，夫人送饭来，她偷偷解下黄狗娃脖子上的铃铛，走到老爷跟前，见鲁班正手执神斧劈石，惊叫一声。鲁班马上停下神斧，回头一看，原是夫人。他也不好责怪，长叹一声，顺手搬下一块石头，像是一峰骆驼，便想用这块石头另找一个桥址摆放。于是他未理夫人骑着石骆驼顺水漂流而下。行到河口，没想岸边的一个妇人惊叫起来："快来看呀，一个人骑着石骆驼在河当中走哩！"鲁班被这妇人一搅合，更是扫兴，下了石骆驼踏浪而去。石桥再未建成。

如今人们把石门湾鲁班劈开的石头叫"鲁班石"，把河口的那块石头叫"骆驼石"。

除了上述两则故事外，在岷县还留传着鲁班建造龙鳞桥的故事。

>>298

有的桥建成后，直接起名"鲁班桥"，并供奉鲁班像，常年祭祀，成为当地的民俗文化之一。传说，鲁班还帮助人们劈山开路，如宕昌化马境内的观音峡、成县西峡等都是鲁班用神斧劈开的。还传说，《西狭颂》是鲁班开山后，由一位神仙用指甲抠出来的，所以字迹古拙苍劲，一笔一画都像锯齿一样。

仙姑造桥渡汉兵

修桥补路是中华民族的传统美德，被视为一个人最高尚的品德。千百年来，有关修桥补路、积德行善的故事不少，有些故事渐渐演变成了传说，世代流传，从侧面起到了教化作用。

在张掖市临泽县板桥黑河两岸也流传着仙姑造桥渡汉兵的动人故事。这则故事的主人公仙姑本是一个积德行善的妇人，因为造桥被当地人尊奉为神仙，同时她又是忠孝节义的化身。在她身上有着"三教合一"的宗教色彩，说明这则故事在流传过程中随时代的变化和要求增添了新的内容，而故事的真实性则很难考证了。

仙姑造桥的故事可能汉代就已流传，至迟到了宋代，民间说唱艺人根据唐宋敦煌佛变文的体例，把它改编成了《仙姑宝卷》，再通过添枝加叶，增强了故事的趣味性，成为河西地区传唱的一种主要的俗变文。

《仙姑宝卷》的内容一直围绕西汉骠骑将军霍去病进军河西走廊，强渡黑河的前前后后为背景展开。全卷共分十一品，前五品的内容直接与桥梁有关。

话说西汉年间，合黎山下，有一位叫仙姑的妇人，为人向善。当她看到黑河水波涛汹涌，无桥无渡，时常淹死人畜，两岸百姓无法往来的情景后，发下誓愿，决心修一座板式桥梁，供人畜通行，广行方便，救渡众生。于是她以修桥为积累功德的途径，募化布施，修建桥梁。

仙姑的这一善举，感动了住在合黎山的黎山老母，她说："善哉！仙姑娘娘本是东岳泰山青阳宫内的仙女，前去西方显化，普渡众生，她今在彼岸之处，修造板桥。此事无人与她说破，我老母前去点化她一下。"说罢到仙姑跟前变成一个白发老太婆，点化仙姑。然仙姑并未听懂。于是黎山老母先后派遣猛虎、蟒蛇、魔王来试探仙姑的道行，仙姑意念坚定，终究不侵。最后护卫仙姑的山神说破了此事，仙姑才恍然大悟，转身朝合黎山跪拜，认黎山老母为师。此后她更坚定了修行的信念，不久便建成桥梁，修行圆满。

一日，她正在合黎山顶信步闲游，忽然听到山崩地裂的声音，犹如军马战阵。仙姑想这又是什么邪魔来了。睁眼一看，河水大翻波浪，直冲桥梁。仙姑说："我苦心发愿所修的一座桥梁，就这样被白白冲走不成！"又想："我师傅曾说，我修的桥梁自有毁断之日，便是我升仙得道之时，"于是，急忙回到茅庵，沐浴后来到黑河边，只见桥梁冲得仅剩两块桥板。于是她坐在一块桥板上逆水漂流。两岸观看的人不计其数，都惊奇地看着这一幕。一眨眼，桥板连同仙姑一齐落水不见了。其实，就在仙姑逆水漂流时，黎山老母已在半空中叫她，于是她的真神飘然升空，凡胎沉入河底。

仙姑随黎山老母到了天庭，拜见玉皇大帝。黎山老母向玉皇大帝介绍了仙姑"她发愿，修桥梁，普渡众生"的功行。玉帝听罢大喜，敕命仙姑为"至圣平天仙姑"和"冲和洞妙元君"，并降旨送仙姑到合黎山为神。

却说仙姑将凡胎脱于板桥西十里边墙（长城）以外的沙滩上，常有祥云缭绕，瑞气腾腾。一日有个放羊老汉发现了她，颜色如活人。老汉急忙叫来乡亲，凡认得的都说："这个就是当年募化修建桥梁的善人。"有一位84岁的乡尊说："这一位善人苦修

桥梁，为的是保地方老少人等的性命。我们托赖桥梁，方能将河北之地耕成熟地，我们多亏了这位善人。如今她的尸体有阴云遮盖，六月天也不腐烂，颜色如生的一般，必是成佛成仙，有神人护佑。我们随心布施，把她埋了，修建一座庙，四时供奉，保佑我们风调雨顺，五谷丰登。"不几日，庙宇盖成，神座下埋的便是仙姑娘娘金身。

自从娘娘庙盖成后，黑河两岸风调雨顺，暂且不提。又说汉武帝时，鞑子（匈奴）扰边，武帝便派霍去病率领十万大军征讨浑邪王，转战千里，打到张掖一带，过了黑河，即被浑邪王团团围住，不得向前。霍去病想原路返回，部下建议："原路回兵，路途太远，人困马乏，又无粮草，听说这里离觚得（今张掖西北）不远，恐有变故，应离觚得远些。"霍去病便领兵到远离觚得的黑河岸边。只见黑河水势很大，不能渡过，只好在北岸扎下营盘，等第二日水浪平稳后过河。浑邪王听得霍去病军中无粮，又不能过河，就连夜追赶，想把汉军困在北岸。

却说霍去病正在两难之中，忽听探马来报，说浑邪王离营寨不过三十里地了。霍去病便决定强渡黑河。他领兵到黑河岸边，但见岸边坐着一妇人，身材俊巧。她也不言语，用手往前一指，那水面上就有了一座桥梁。大将军惊奇万分，领兵过了黑河。刚

过完,那妇人连桥都不见了。再说浑邪王来到河边,见汉兵已在对岸,便催兵马涉水过河,不想刚到河心,水浪把兵马冲走了一半,只好退回,连称"怪哉,怪哉"。

霍去病也很奇怪,便问村民,才知是仙姑娘娘搭救了大军。听罢,望空一拜,答应回朝奏明圣上,重修庙宇,重塑金身。

却说霍去病回朝,将仙姑显化神桥救渡三军之事,奏知朝廷,武帝龙心大悦,差遣官员前来献祭,重修庙宇。正破土动工之际,忽然一阵大雨,现出一座石碑,上写"平天仙姑"四字。众人知道是仙姑,赶快将庙修成。

再说浑邪王部下有个叫绰什噶的鞑王,一日打围来到庙前,见庙宇比前宽敞宏大,就叫奸细打听,当得知原委后,一边嚷骂,一边要扯碎神袍,被长子丹进台吉抱到了大门之下,绰什噶觉得左边耳朵发痒,就拿箭头挖耳朵,没想一阵狂风吹来,门扇转将过来,拍在箭尾上,一下子箭从左耳穿透右耳,当场毙命。次子卜什兔怒火中烧,领着其他八个弟弟,冲进庙堂,一把火烧毁了庙宇。而仙姑关住庙门,躲到后殿,把九兄弟活活烧死在庙里。丹进台吉因守着父亲未进庙门躲过一劫。但此后浑身青肿,部落内人畜死亡贻尽。丹进台吉迫不得已重修庙宇,才得安宁。

此后,仙姑娘娘扶弱济贫,除恶扬善,保得张掖地面一方平安,这是后话。

仙姑娘娘修建的桥梁是木柱板桥梁,这与河西传统的桥梁相同,俗称板桥。历史上,在黑河搭建板桥无数,但都荡入历史的长河。唯有"板桥"这个地名尚能唤起人们对历史的记忆。

玉斯哈智搭便桥

在今天的东乡族自治县,有一个妇孺皆知的传说人物,他叫玉斯哈。玉斯哈家里很穷,长年给人家当雇工,受尽有钱人家的欺侮。但他机智勇敢,常常把一些贪财忘义、奸诈凶狠的有钱人整得哭笑不得,留下了许多佳话。其中有一则智搭便桥,是关于向有钱人收过桥费的传说。

在东乡与临洮交界的洮河上,有一处也松达板渡口,是东来西往的客商必经之处。原先这里设有义渡,免费渡河。有一年,一个外号叫吐古老赟的有钱人,雇人造了一艘大扯船(两岸栽柱扯绳索,上设滑轮,轮上系绳拴于船身),雇了两个船夫,专门摆渡挣钱。吐古老赟爱财如命，船票价很高，过一次一个银元，少半文都不行。

一日，玉斯哈从汪白户大山下来渡河。刚上船，吐古老赍就来要钱，他将拇指和食指捏在一起，构成环状，并不屑一顾地冷冷说道："穷小子，坐船要钱，你有这个嘛？"玉斯哈将身上仅有的几个麻钱掏出来递给他。吐古老赍把钱丢了丢装入口袋，阴阳怪气地催促玉斯哈："还站着干嘛，快下船呀！"玉斯哈不解，"我把身上仅有的钱都给你了，怎么不够船钱吗？"吐古老赍冷笑道："穷小子，你那几个臭钱只配在我船上站一站，要想过河，就像虚空里抓云彩，难哩！"玉斯哈被这老贪财气得憋了一肚子火，不得不返回汪白户山去了。

说来凑巧，过了些日子，吐古老赍要到一个地方去做生意，路过汪白户山。玉斯哈得知这一消息后，灵机一动，在大路上挖了一条宽丈余、深丈余的堑壕，上面搭了一块木板，躺在那里打瞌睡，专等吐古老赍前来。一会儿，吐古老赍骑着一头大青骡子，哼着野曲来了。见前面路忽然断了，仅有一块木板搭在那里。一个穿着破烂的小伙子躺在那里打瞌睡。他喊了一声，吵醒了玉斯哈。玉斯哈翻身站起，朝着吐古老赍喊道："吵什么呢，搅了我的好觉。"吐古老赍看着小伙子面熟，却一时想不起来，愣在那里。这时玉斯哈招起手，拇指和食指一摆，成环状，学着他在船上时的腔调，说："你想过这沟吗，先掏桥钱。有这个数吗？"吐古老赍恍然大悟，但他不认错，更不肯赔钱，骂道："天底下哪有你这缺德的人，把平展展的大路挖成沟，搭一块木板，要过桥钱，岂有此理！"玉斯哈不愠不火地反驳道："过河你要那么高的船钱，过我的桥自然也要和你一样高的钱呀！"吐古老赍本来就上火，早已气得两眼充血，掏钱犹如掏心，哪怕一文你也休想。玉斯哈一看这架势，咳咳一笑："不掏钱，想过我的桥，就像是虚空里抓云彩，难哩！"说完抽起木板就走。吐古老赍见玉斯哈来了这么一招。一想这壕沟肯定过不去，绕道走已来不及了，就很不情愿地掏出一文钱来抛向玉斯哈。玉斯哈接住，朝空中丢了几下，摆摆头说："一文钱，还不配在我桥上站一会哩。"吐古老赍吼道："你要多少？"玉斯哈答道："不多不少，和你的船钱一样多，而且这是两条腿一个人的价钱，你的骡子四条腿，再加两个人的价钱，总共三个人，三块银元。"吐古老赍听后，气得差一点吐了黑血，但想来想去没有别的什么办法，那边的生意要紧，最后乖乖地掏了钱，过了桥。吐古老赍连疼带气手捂着心窝子，哼哼了一路。据说，自那以后，吐古老赍得了个一见钱就心颤的毛病，但他河边渡船上的生意仍然继续着。

陇原通途

干线公路形成网络

甘肃公路主要是以兰州市为中心，以国道312线、109线、212线、213线、211线、310线等干线为框架，陇东、陇中、陇南、甘南、河西5个地区性公路为依托的纵横交错、四通八达的干线公路网。

1949年后，甘肃省公路事业的发展揭开了崭新的一页。

"一五"期间（1953年—1957年），重点整修的是甘新、兰包、甘青3条公路，计长1499公里。3条公路的改建，沟通了甘、宁、青、新、藏间的交通，顺利完成了重点物资运输任务。同时新建、改建了兰郎、会靖（会宁至靖远）、凤甜（凤翔路口至甜水堡）、江武（江洛镇至武都）、张青（张掖至青海）等13条公路，计长1952公里。新建和改建了通往林区、牧区、矿区的公路，主要是新城至冶力关、岷县至夏河、两河口至郎木寺、郎木寺至玛曲、卓尼至电尕寺、岷县至麻路、夏河至甘加、元山子至肃南和武威至九条岭、永登至天祝、张掖至大野口、河西堡至雅布赖盐池、镜铁山、兰州至刘家峡等公路，沟通了少数民族地区和一些矿区的交通，为实现"一五"计划奠定了基础。

从1958年开始，依据"全党全民办交通"的方针，3年内新增公路里程1万公里，但由于赶急图快，忽视了质量，一部分公路未经通车就被废弃。从1964年开始，省交通厅按照"先重点后一般"的原则，先后把西兰、甘新、甘青、兰郎、甘川、略武、红当、两郎等干线公路列入基本建设重点项目，进行改建、续建和新修。上述项目共投资1461万元，其中投资较大的是红当公路（原南疆公路）新修、改建工程619万元；兰郎、甘川、两郎公路续建、改建工程投资429万元；西兰、甘新、略武、凤甜等公路改建工程投资416万元。到1965年，全省修建、续建干线公路354公里，改建565公里。到1965年底，全省干线公路通车里程达到7515公里。

"文化大革命"期间，干线公路在曲折中发展。这一时期，养路道工通过自力更生共改造公路长5138公里，使一部分公路上等升级，新建国防、边防公路667公里，改建676公里。到1976年底，全省干线公路里程达到1.07万公里。

从1977年开始，交通部在改建、新建国道、省道公路和大型桥梁、隧道等重点工程投资方面给予了大力支持。"七五"期间（1986年—

1990年）经交通部和省政府批准，把"一洞三桥五路"列为重点工程项目，即七道梁隧道、大河家桥、玉垒关桥、庆阳东河桥、国道109线兰州至唐家台段、国道312线兰州至巉口段、国道109线兰州至享堂段、国道215线红柳园至当金山口段、省道216线桥湾至跃进山段，同时要求改建二级公路长376公里，三级公路长623公里。这些工程于1990年前后全部完成，总计投资3.4亿元。重点工程的完成，不仅解决了省会兰州东至定西、北至白银、南至青海出口交通拥挤问题，而且对全省经济发展起了重要促进作用。

"八五"末到"九五"期间（1991年—2000年），甘肃省交通部门先后对酒泉、嘉峪关、天水、白银、张掖、平凉、金昌、庆阳等地市的过境路和出口公路进行了改造。改建了永登至窑街、西和至成县、武威至双城、酒泉至双城等公路。建成了中川—幅高速公路和天北高速公路等一批二级以上标准的重点公路建设项目。逐步修建了10多座公铁立交桥，对兰州至敦煌、兰州至合作等1550公里路段实施了GBM工程，加紧国道310线牛背至北道段建设。10年间，全省共建成二级以上公路2522公里，其中高速公路13.15公里，一级公路23.1公里。全省干线公路网已逐步完善，开始进入高速公路建设阶段。

2000年，省养干线公路里程达到1.29万公里，2005年又实施了10条计619.8公里二级公路大中修的改造工程，干线公路技术状况进一步得到改善。

2007年甘肃交通部门加大了国、省道干线公路改造力度，更加突出了公路养护的基础性地位，全省公路路况整体质量进一步提升。全年投资1.57亿元对全省350公里高等级公路和国、省道干线公路进行大中修改造，对部分桥梁进行加固维修。其中，投资5197万元在天巉、白兰、尹中、徐古、永山等高速公路上实施了养护维修工程，对病害比较突出的高速公路部分路段进行集中处治；投资5000万元在国道309线、省道101线、省道209线等18条国、省道普通干线公路上实施养护维修工程；投资4500万元对全省普通干线公路128座桥梁进行了加固改造；投资1000万元，对全省9条铁路69处可能造成铁路运营安全的公铁立交、并行路段实施加固和完善，为社会提供了优质的道路服务条件。

截至2007年底，全省公路里程10.06万公里，其中二级以上公路达到6356公里。高速公路通车里程达到1316公里，高速公路建成和在建里程突破2000公里。

经过50多年的艰苦创业和努力，甘肃公路东拓西展、南连北接，一条条新路跨越万水千山，通到甘肃

的各个角落，初步形成覆盖全省的公路网络。纵横交错、四通八达的公路交通网，是一张连接2 607万甘肃各族人民的连心网，为甘肃经济和社会发展打下了坚实的基础，有力地促进了社会进步、经济发展，改变了甘肃的面貌，改变了甘肃人民的生活方式。

西兰公路华家岭路段

国道312线甘肃段

凤翔路口至兰州段（原西兰公路） 从1949年开始，对西兰公路进行了局部整修和改善工程，路况有所好转。1958年完成静宁东峡改线工程，长6公里，后因水库容量增加，4年内改移4次，1965年改线工程终于完成。70年代，以养路职工为主进行三级公路技术改造，其中华家岭段3个月内完成改造117公里。到1976年西兰公路全线达到三级公路标准。华家岭，海拔2000米至2457米，属黄土丘陵沟壑区的山脊和梁峁地带，部分地段花岗岩外露，地势高寒，雾重风大，是西兰公路上的一大险隘。为了确保国道畅通无阻，林业部门在20世纪70年代中期，进行了大规模的造林活动，经过数十年的艰苦奋斗，完成造林面积7.7万多亩。昔日老舍笔下秃岭不毛、荒凉满目的"风雪华家岭"，已成为历史的陈迹。如今华家岭一带树林集中连片，白杨树参天，郁郁葱葱。络绎不绝的车辆，在满目青碧中往来奔驰。平凉人孔晓风词《风入松·华家岭变迁》描写了华家岭公路沿线今昔变化：

烟村零落大风寒，百衲袄还单。低楣破败啼鸡哑，那堪忍、满腹辛酸。苦甲定西华岭，往时混沌荒峦。

绿波林带展新颜，雨骤雾云欢。清秋丹叶翻飞舞，喜今日、山菊斑斓。黛柳风姿百里，红甑松竹千竿。

1977年到1979年，重点改建了乔儿沟、马家沟至东岗段15公里，建成定西至巉口两处公铁立交。1986年以后，改建了兰州至榆中段、甘草店至清水驿段计长17.6公里，1990年建成兰州东岗公铁立交桥。上述

兰州东岗公铁立交桥

改建工程均达到二级公路技术标准，加快了行车速度。20世纪50年代西安到兰州的客货汽车一般要5天左右才能到达，以后行车周期逐年缩短。自1985年6月1日起，西安、兰州每天对开班车，只要1天即可到达，大大方便了旅客，促进了西北各族人民的物资文化交流，繁荣活跃了城乡经济。从1991年开始，平凉、定西公路总段先后对平凉市区段、静宁段、界石铺至会宁段、会宁至定西段进行了改建和改线，到1995年全线改建成为二级公路。改建后的西兰公路避开了华家岭。车道岭段改到溪线，中间有一座660米的隧道贯通，可缩短里程64公里，而且海拔低，为安全行车和提高运效提供了可靠基础。2000年以后西安、兰州间的部分高速公路相继开通，只需十几小时就可到达。

兰州至星星峡段（原甘新公路） 新中国成立后，尤其20世纪50年代初期，甘新公路在人民解放军进军大西北、玉门石油东运以及内地同新疆物资交流中，都处于十分重要的地位。因此，各级人民政府对甘新公路的建设和发展十分重视。1949年，人民政府为了配合人民解放军能顺利进军新疆，成立了甘新公路工程处，对甘新公路进行重点恢复。1953年，对酒泉、张掖、武威、永登、河口等路段进行重点改建。1961年以后，发动"民工建勤"进行重点整修。从20世纪60年代末开始，各总段采取"集中力量打歼灭战"方式进行了重点改造，改造路段宽度达到10米。同时为了保证公路质量和过往旅客的安全舒适，从60年代开始，养路工人在养好公路的同时，采取开渠引水、打井浇灌、开挖绿化沟、就地育苗等一系列措施，大搞公路绿化工作。据1985年统计，全线有行道树70余万株；育苗442.38亩，有苗木244万株，基本上达到苗木自给有余；打

河西公路上使用过的畜力刮路车

>>308

机井7眼,总深度313米,为公路绿化创造了条件。特别是张掖公路总段的绿化工作,曾于1984年受到中央绿化委员会的表彰奖励。治理公路沿线沙漠、戈壁路段的风沙灾害,是养路工人的主攻目标。由于气候干燥和风沙大的影响,搓板路形成周期短,养路工人劳动强度大。为了减轻道班工人的劳动强度,高台公路段的技术人员和工人一起,研究制作了畜力刮路车。这种刮路车制作简便,费用又少,效果显著。每车每日可刮搓板路5公里,约3万平方米。以后又经过不断改进,日刮路面达到6公里。1960年,西北5省、区在武威召开的"养路机械化和半机械化现场会议"上,畜力刮路车得到推广,在公路养护上产生了一定的影响。

1977年以后,对兰州至酒泉间部分路基进行了改建,建成二级公路121公里。1986年将几处铁路平交道口改为立交,保证了行车安全。"九五"期间,在河西走廊开展了的轰轰烈烈的"千里河西窗口路"建设活动,采取"民办公助""民工建勤",达到既节约又高效地改建公路的目的。当时被称为"天然高速"公路,使河西地区主干公路基本达到二级技术标准。

昔日的丝绸之路终成坦途,成为"兰新经济带"的重要组成部分。文县人朱鼎新在他的《忆江南·丝绸拓新天》一词中这样写道:

长廊好,丝路拓新天,昔日驼铃征险道,今朝车马越平川,繁茂史无前。

目前,甘新公路与沿线干、支公路衔接,形成了城乡公路网,并正在向加快高速公路化目标进行改建,为国民经济、国防、旅游事业发挥着巨大作用。

国道109线甘肃段

河口至享堂段(原甘青公路)

新中国成立后,逐步修复了战争时期遭受破坏的路段,在此基础上又进行了改善。筑路工人克服了种种困难,改建了"一湾、两峡、四崖"的险要路段。1951年至1952年,首战青土坡崖路段。2年内共投资60万元,调配了强有力的领导和技术骨干,组织了有经验的施工队伍,经过紧张的施工,终于修通和改善了历史遗留下的这段险要路段。新修的路基宽5米左右,最大纵坡为12%,

原国道312线甘新交界处星星峡路段

修建小型石拱桥1座、涵洞1道、防护工程3处，铺筑简易砂砾路面约3公里。改建工程取得了明显的经济效益，缩短里程约17公里。

1953年，进一步改造了咽喉路段。投资45万元，改善红土崖地段。红土崖全长约500米，崖高达70余米，由红色砂岩构成，崖顶山坡十分陡峭，工程量大而艰险。当时西北公路局工程总队及青海省交通厅对这一工程十分重视，联合组建了2个工程队。第一工程队负责甘肃境内的施工任务，历时6年时间，完成了红土崖改建工程，铺筑简易路面5公里；修建庄子桥2孔6米、花庄子桥1孔3米、火家沟桥3孔7米共3座石拱桥；完成防护设施长432米、3300立方米的工程量。竣工后大大改善了路况，以前由兰州至享堂需2天才能到达，公路改善后缩短里程23公里，当天即可到达享堂，提高了运输效率。

甘青公路经过多次改造后，通过能力有了很大的提高，但咽喉路段仍没有彻底解决。省交通厅在省人民政府的支持下，投资140万元，从1981年开始，对甘青公路进行全面的整修和改建。首先改建青土坡崖（84公里~87公里），加宽、提高积水路段的路基，降低原有纵坡，接长虎狼沟的石拱涵，整修了急弯，修建急流槽，削平路基边坡，设置护桩，铺筑了沥青贯入式路面。工程于1983年竣工，并达到三级公路标准。1982年至1984年，河口公路段对甘青公路87公里~95公里路段进行改建，加宽路基，增设桥涵，处理翻浆积水路段，改建急弯，铺筑新的沥青路面。这段公路全部按二级公路标准进行改建，共投资105万元。同年，第二工程队按二级公路标准改建了104公里~108公里路段，共投资275万元。随着车辆密度的不断增加，为了加强养护工作，又增设了平安、红古、海石湾3个道班。目前，甘青高速公路已建成通车，只需3小时可到西宁。

兰州至刘寨柯段（原兰包公

改建中的甘青公路河口至享堂路段

路）新中国建立初期，公路部门对兰包公路兰州出口的大砂坪至崖渠川路段的砂沟路线进行了技术改造，使路线由砂沟移到右岸，解除了洪水对过往车辆和行人的危害。1965年开始铺筑黑色路面，先后用了14年时间，到1979年完全实现了"路面黑色化"的目标，路面宽度在5.7米至10米之间。1979年以来，又开始有计划地进行大规模改造和整修工程，将兰州大砂沟、皋兰石洞寺、关山涝池峡（猩猩湾）、白银郊区、靖远刘川等处计长31公里的路段，按二级公路标准进行改建，约占全线总里程的11.5%。

为了保证行车安全，提高车辆通过能力，1984年将猩猩湾铁路平交道口改为立体交叉。与此同时，公路部门还配合科研单位，在兰州出口的大砂沟试铺了掺废橡胶粉的沥青混凝土试验路面140米，阳离子乳化沥青旧油皮再生路面1公里。前者为建设高级路面提供了参考，后者对节约能源、降低公路造价有着实际意义。截至1985年，甘肃所辖路段共有大中小桥梁18座、长926.9米；各种涵洞477道、长5468.2米。1956年安宁渡口撤销后，公路改线由靖远县城附近的红咀渡口通过。1971年，靖远红咀渡口由黄河铁路、公路两用桥所代替。靖远祖厉河七台砂沟、白银大坝滩、皋兰水阜河、兰州大砂沟也建起座座形态各异的桥梁。

兰包公路是甘肃省会兰州市连接皋兰县、白银市、靖远县重要的干线公路。由于白银有色金属公司的建设和发展，靖远煤矿的开发和大型煤炭基地的形成，以及每年从宁夏调运大量的无烟煤供广大市民生活和冬季取暖，导致公路交通量大幅度增长。据统计，1959年白银有色金属公司开始全面建设时，兰包公路过往车辆每昼夜交通量平均为126辆次，后因困难时期白银公司下马，下降到55辆次；1965年，随着经济情况的好转，白银公司恢复建设，交通量上升到每昼夜平均400辆次；1985年全线平均达到1879辆次，兰州附近的大砂沟高达3970多辆次。30多年来，国家先后拨款修建了皋兰大砂沟、西岔电灌工程、白银工农渠上水工程、靖远刘川、旱平川、兴仁堡电灌提水工程，使公路沿线的干旱荒漠面貌初步得到了改变，在年平均降水量仅200多毫米的气候条件下，出现了旱涝保收的米粮果菜基地，一个个新村庄沿公路陆续建成。沿路自然条件的改善给公路建设带来了生机，尤其公路绿化工作有了很大发展。沿途如皋兰的石洞寺、土龙川，靖远的旱平川一带已绿树成阴。据1984年统计，全线有行道树7万多株，主要集中在兰州至崖渠川，石洞寺至土龙川，靖远县城以东旱平川一带的农

靖远公铁两用黄河大桥

业灌区。

随着白银至兰州和刘寨柯至白银2条高速公路分别于2002年10月26日和2005年12月16日的建成通车,使丹拉国道主干线甘肃段形成了快速通道,兰州至银川、包头当天就可到达。

国道212线甘肃段

国道212线甘肃段(原甘川公路)在甘肃境内长701.6公里,起自兰州市,途经临洮、岷县、宕昌、武都、文县等县城及文县南部的商业重镇——碧口镇,在甘、川两省交接的罐子沟与四川接线。

民国时期甘川公路修至武都。从1953年开始,省人民政府决定重点修建甘川公路。甘川公路经过的主要大山有七道梁、分水岭、木寨岭、响崖坝、高楼山等;经过的主要河流有洮河、岷江、白龙江、白水江等。盘山路线和沿河路线多数地段植被破坏、泥石流严重,且山大沟深,修建工程量大,养护十分困难。在1956年农业合作化运动的推动下,掀起了筑路高潮。武都、文县两地群众提出了8个月内修通武都至文县公路的奋斗目标。经过广大群众的艰苦努力,当年就完成了这一任务。武都到文县的146公里路段主要是石方工程,只用了国家投资42万元。1958年又继续修通至碧口镇。据统计,修建每公里公路,国家投资加上民工的劳力合计为6000元左右,按当时直接收益计算,约2年即可收回投资。紧接着1959年12月,文县又动员民工1200多人,修建碧口至四川白水的公路。经过3年的努力,于1962年修通了甘川公路全线,与川陕公路衔接,沟通了甘、川两省交通,彻底结束了甘川间无公路的历史,使陇南交通闭塞的状况为之一变。

甘川公路分水岭盘山路段

国道212线甘川公路木寨岭盘山路段

甘川公路全线通车，耗时达30年之久。甘肃在四川昭化建立了汽车站，文县和武都县部分地区的物资，通过宝成铁路在昭化火车站下站，大大地缩短了运距，降低了运费。武都至昭化段，特别是文县至昭化成了陇南地区南部的主要交通路线，同时也是四川南坪的木材等山货输出和九寨沟旅游区的主要路线。

1966年至1976年，省交通厅累计投资236万元，对宕昌至武都全长110公里路段进行重点技术改造，排除了盲肠路段。1972年建成武都大岸庙至四川青川县姚渡段改线工程，全长56公里，避开了碧口水库。1973年又建成尹家坝至何家坝公路，全长124公里。1965年开始，对文县至碧口、碧口至白水段进行扩建。1972年，由四川省承担的罐子沟23公里扩建工程竣工，到1975年扩建工程结束。2005年，木寨岭隧道竣工通车，进一步提高了行车效率。

甘川公路是连接甘、川两省的一条捷径，比经华双路至成都或兰郎路至成都里程都短。沿线盛产药材、木材及皮毛等土特产品。每年通过甘川公路运出大量的药材、木材及皮毛、山货等，运入大量的工业品和粮食等供应当地，这条公路是一条重要的运输线，同时又是省会兰州通往陇南的主要干线公路。甘川公路的畅通，对陇南地区的政治、经济、文化的发展都有十分重要的意义。

甘川公路经过30多年的连续建设和改造，已达到了三级公路标准，一般情况下，可以保证正常通车，黑色路面里程已达586公里，昼夜交通量已达1000辆次左右。

国道213线甘肃段

国道213线甘肃段（原兰郎公路）是兰州经临夏，通往甘南少数民族地区的主干线公路，1943年修通兰州至临夏152公里路段（兰州至康家崖75公里路段与甘川公路重复）。临夏至郎木寺段长183公里，因限期内难以完成，故改修岷县夏河公路，全长254公里，另有卓尼支线5公里，工程于1945年完成。从1951年开始对临夏段进行整修的同

国道213线兰郎公路康临公路一段

时，组织沿线群众和当地驻军对临夏至郎木寺的路段进行了抢修，1953年3月竣工。此后对这段路进行了改建和改造，1966年—1976年先后给甘南州累计投资307.85万元，对路基进行加宽、降坡及局部改建工程，改建路段全长132.3公里。兰州市出口路段工程主要是提高路口基层强度、截弯取直、衬砌边沟、铺筑渣油路面，投资20.3万元。兰郎公路基本达到畅通。20世纪80年代以后进行了改善提高，实施了GBM工程，又进行了二级公路技术改造。进入新世纪后，国道213线甘肃段被交通部列为西南大通道建设项目进行二级公路改建。2003年7月，建成合作市区过境段8.7公里。2004年11月，合作至郎木寺153.65公里竣工通车。2006年8月康家崖至临夏段70公里改建工程竣工，同年11月，临夏至合作94.47公里建成通车。行车条件大大改善，促进了少数民族地区经济发展。

县乡公路快速发展

甘肃农村自然环境严酷，天水、陇南、甘南一带山区更是沟涧纵横、河谷交错，历史上人们深受交通不便之苦，所谓"登上阎王砭，铁人也心寒；抬头天打转，低头恶浪翻；错踏一步路，就到鬼门关"的歌谣形象地反映了这些地区交通落后的面貌。对于世世代代深居高山，远处荒原大漠的人们来说，有了路，就意味着打开了开放之门、文明之窗，看到了脱贫致富奔小康的希望。有了路，就意味着他们的生活轨迹将从这里转弯，他们的生活方式将从此改变。

1949年以来，甘肃省县乡公路经历了由少到多，由普及到提高，由低级到高级的过程，县乡公路整体质量得到提高，对发展农业生产，繁荣城乡经济，改善农村人口生活条件，丰富城乡文化、物资交流起到了积极的作用。到2006年底，甘肃省县乡公路里程达到8.14万公里，其中晴而通车里程4.84万公里。

1955年冬，在农业合作化高潮推动下，在全省农村范围内掀起了第一次县乡公路建设高潮,重点整修了平凉、庆阳地区的几条粮运公路。特别是陇南山区县乡公路建设量大、面广、任务繁重,尤其不通公路的康县、文县任务艰巨。在当地政府的努力下,在交通部门的支持下,当地人民群众克服困难,用钢钎和炸药硬是在悬崖绝壁间开凿出了一条条公路。1956年武都至康县公路竣工。1958年,在周恩来总理的关怀下康县又修通了连接宝成铁路、沟通甘肃双石铺与陕西略阳的公路。1956年全省就修建县乡公路里程3360公里,有19个县通了汽车,并于1957年底全省实现了县县通汽车的目标。

1958年夏秋之交,全省掀起了县乡公路建设的第二次筑路高潮,提出了3年实现"社社通公路、队队通大车"的奋斗目标。各地、县动员大量农村劳动力,突击抢修公路,仅天水地区就动员6万余人,平凉地区动员数万人,武都地区各县抽调部分劳力进行常年性公路建设。各地筑路大军逢山开路,遇河架桥,使县乡公路建设得到较快的发展。到1960年底,全省改建新修县乡公路1.18万公里,其中新修里程7271.6公里,改建4549.95公里。1961年以后,公路建设从筑路转向加强养护,以改善、提高公路质量。县乡公路在8年中累计净增7158公里,到1965年底,县乡公路通车里程达到1.21万公里。对全省国民经济的发展和调整及农村交通条件的改善起到了重要作用。

1969年到1976年,甘肃公路得到了较快的发展。全省各地公路交通部门开展了县乡公路建设第三次筑路高潮,重点是发展支援农业和山区、少数民族地区的县乡公路。从1970年开始,按照"山水林田路"互相配套的原则,通过民工建勤、民办公助大力修建县乡公路。到1977年,天水中滩公路通车后,全省实现了社社通公路的目标。在县乡公路建设中,沿线群众不畏艰难,自力更生,土法上马,在高山峡谷中凿开了一条条公路,汽车、拖拉机首次开进了山区,实现了几代人的梦想。西和县西高山公社修通公路后,县上组织了几辆汽车举行了通车典礼,方圆十数里的群众闻讯后,赶到公社驻地观看,有些人当晚睡在汽车傍,等待次日汽车回县城。有一位八十岁的老人,让儿子背到了公社,当他终于看到汽车时激动得问问这,摸摸哪,突然坐在汽车傍仙逝而去。天水元龙至东岔公路长84公里,沿线经过51座大山、130多条沟壑、24处悬崖,工程艰巨程度为全省之最,但经过沿线2000多名群众连续15个月的奋斗,终于在1976年1月竣工通车。全线仅开挖石方120万立方米,开凿隧道6处长270米,其中镜石里隧道由13名平均

陇原通途

年龄为17岁的姑娘完成，全线施工中有14个民工献出了生命。

随着经济政策的开放，农村经济发生了新的变化，城乡物资交流扩大，广大农民对修建公路有了迫切要求，响亮地提出"要致富，先修路"的口号。从1985年开始，国家对县乡公路的修建拨出专款，并以"粮、棉、布"的方式，采取"以工代赈"的办法，发展老区、边远山区、少数民族和贫困地区的县乡公路，使县乡公路的发展进一步加快。省交通厅为了巩固县乡公路修建的成果，更好地发挥经济和社会效益，采取"统一领导、分级管理"的办法，加强了养护工作。除了一些行车密度大的路段，由各地公路总段设道班实行专业养护外，大部分县乡公路由地、县、市交通部门负责管理和养护，切实做到修一条、养一条、巩固一条，逐步提高了技术标准。县乡公路修建和养护资金，除了按照交通部、财政部《关于在地方附加收入中安排县乡道路建设费用的联合通知》精神，由各地筹集部分外，省交通厅还在养路费中每年抽出10%至15%的资金，作为县乡公路建设的投资。不少地、县还建立了修路专业队伍，制定一些必要的工作制度，坚持年年修、不间断。甘南州玛曲是少数民族县，劳力紧张，全县只有2万多人。为了发展少数民族地区的交通，县人民政府在藏民群众中也动员了民工建勤，共投入7 230多个劳动工日，采运养路砂3 700立方米，为40公里的公路铺上了路面砂。清水、张家川、秦安等县每年冬季民工建勤时，由主管工交的副县长亲自指挥，修建、改造县乡公路。武威县铺筑油路工程、路基整修和路面材料的采集均由民工建勤来完成，加快了建设步伐。

到1995年，国家共下达七批以工代赈项目，投资计7.34亿元，共新建等级公路2 572公里，改建等级公路5 434公里，修建桥梁703座、2.5万米，铺筑油路334公里，县、乡公路技术状况进一步改善。公路修通后，农村产业结构发生了显著变化。如庆阳地区西合公路建成后，沿途铁李川一带群众大量开采马莲河天然砾石材料，开展短途运输，支援西峰建设，实现了当年脱贫。甘南州卓尼县建成洮柏公路后，沿途群众很快办起了竹编、药材加工，开采砚石和养殖等产业，仅洮砚乡当年产值就达47万元，很快改变了当地贫困面貌。秦安人冯良辅《初探秦南公路》一诗就描写了县乡公路给沿路群众生活和农村经济带来的变化：

南向新开路一条，
驱东欣趁柳花飘。
岚光翠叠高低嶂，
带色绿浸长短桥。

甘肃交通史话

已对残垣思既往，
更看甲第起今朝。
果林繁茂粮田秀，
遍地生机岂易描。

1996年以后，在党中央、国务院和甘肃省委、省政府的关怀下，省交通厅积极实施了"以工代赈"筑路工程、重点扶贫公路工程和国债项目中西部地区通县油路工程等政策，继续完善"通达工程"，实施"畅通工程"，逐步实现全省县、乡道通四级及以上等级公路，大力发展农村公路。特别是2004年以后，省政府与交通运输部签订了《关于落实中央1号文件农村公路建设任务的意见》，积极配合社会主义新农村建设，启动了历年来规模最大的农村公路建设。农村公路建设走上了"省部联手、各负其责、统筹规划、分级实施"的新轨道，全省掀起了农村公路建设高潮。仅2006年就完成农村公路建设投资45.19亿元，新建、改建农村公路5 900公里，新增18个乡通等级公路，全省县乡公路、农村公路里程达到8.085万公里。当年还实施了2市12县100个村新农村公路建设计划，引导农民群众按照"一事一议、民主决策"的方式投资、投劳，积极参与农村公路建设，取得了显著成效。到2006年底，县乡公路中等级公路达到2.7万公里。"十五"期间，全省共建成扶贫公路22条1 226公里，通县公路19条1 560公里，县际公路43条3 504公里，实施农村通达通畅工程2 459条、1.95万公里。

2007年完成农村公路建设投资49.16亿元，新建改建农村公路2 320项1.39万公里。2007年底，全省农村公路里程达到8.58万公里。实现全省所有乡镇通公路，91.2%的行政村通了公路。全省74.3%的乡镇通油路（水泥路），22%的行政村通了油路（水泥路），63.7%的行政村通了等级公路。金昌、兰州市实现了乡乡通油路，嘉峪关市实现了村村通油路。甘肃省县乡公路得到迅速发展，从而推动了甘肃省农村经济的发展，改变了千百年来边远山区群众，出门爬山涉水、人背肩负的交通运输方式，生产、生活起了翻天覆地的变化。一些从来出过远门的老人，通车之日，就坐上汽车出了大山，走进了城市，亲眼目睹了光彩斑斓的世界。永登县一个边远村通公路后，一位老人叫儿子雇了一辆三轮拖拉机，拉着他平生第一次下了山，进了城，他回到家深情地对儿孙们说："我该看的看了，该逛的逛了，死也闭眼了！"甘南州农牧村交通变化也很快，公路通到了各个自然村，班车开到了家门口，他们形容这种变化是"出了家门就上车，下了车门进家门"，过去出门骑马、骑牛的落后交通状况，已成

陇原通途

为茶余饭后的笑谈。

国防战备交通保障

为适应国防建设的需要，国家十分重视战备公路的修建。在1966年到1976年，甘肃战备公路在"备战备荒为人民"和"农业学大寨"的背景下得到较快的发展，这些公路的修建对开发河西、陇东和中部以及少数民族地区的经济、文化发展，支援工农业生产有着十分重要的作用。

1969年先后动工修建的国防、边防公路有：定临、双达、嘉二、南疆、皋营、张青、肃八、兴黄、南山10条、长937.52公里。1971年增修甘草店至黄坪、泉头至蒲滩、岷县至代古寺等公路。1972年交通部下达了宜兰、民门公路的修建任务。1975年改建酒泉至额济纳旗和公婆泉至红石山两条边防公路。同时为了配合中川飞机场建设需要，新修了兰州至中川、中川至龙泉公路。前后共计17条、长1313公里。到1976年，全省累计完成战备公路20条、长2 250公里，总投资1.32亿元。

20世纪70年代，在战备公路建设中群众修路的热情很高，参加筑路的民工涉及8个地、州、市的300个乡和8个公路总段，以及驻军、厂矿、机关的干部、职工、农民约10万人，共投入1 000万个劳动工日。筑路大军在地理条件恶劣、技术力量不足、施工设备简陋、生活环境艰苦的条件下，用铁锹、铁锤、扁担、箩筐、十字镐等工具，完成了筑路任务。

河西走廊是甘肃战备公路修建任务繁重的地区，共有8条、长1 001公里。酒泉、张掖、武威三地区，先后修建6条战备公路，其中酒泉地区修建嘉峪关至二只哈拉山口、阿克塞大草滩叉路口至拉配泉2条战备

宜（川）兰（州）公路一段

公路、长324公里。张掖地区承担的张青、张肃公路大部分通过戈壁沙滩，风沙弥漫，气候多变，尤其冬季，严寒地冻施工艰苦。为了加快工程进度，全区先后动员2.9万人投入施工。利用农闲季节，集中搞会战，先后建成了张掖至扁都口、张掖至肃南2条战备公路、长184公里，共完成移动土石方73万多立方米。为了赶进度，修路工人顶着严寒赤着脚在结冰的河水中捞块石。参加筑路的职工、农民付出了巨大的代价，有的献出了宝贵的生命。据记载，全省在那个年代共有60余名民工因修路受伤致残，有19人献出了宝贵的生命。

宜兰公路是国家重点国防公路，从陕西的宜川至甘肃兰州，全长933公里。其中甘肃境内长544公里，分东西两段，东段长222公里，主要经过庆阳老区；西段长328.59公里，主要经过定西和兰州等中部干旱山区。1971年由国务院、中央军委批准修建战备公路，由交通部第二公路勘察设计院测设，1972年交通部批准按三级公路标准施工。这条公路经过的大部分地区是丘陵起伏、沟壑纵横的黄土高原地带，并由庆阳、平凉、兰州、定西、临夏等地、州、市承担修建任务。自1972年开工，工程称为"7201"。经过9年的艰苦努力，排除干扰，克服困难，在沿线群众支持下，取得了较好的成果。

到1980年底，已修筑路基499公里，占甘肃段全长550.95公里的98%，修建大桥2座、长497.33米，中小桥55座，涵洞909道，隧道2道、长762.57米，铺油路221.87万平方米，修筑防护工程量2.65万立方米，修建道班房16处，累计完成工程投资8264.37万元。1981年8月正式完工，交付使用，历时8年。这条公路修建费用全部由中央拨款，这是甘肃省自有公路以来，所建的桥、涵、路面、隧道及人工构造物一次性完工通车的公路。宜兰公路通车后，在甘肃境内昼夜行车密度平均达到750辆，创下了当时的行车密度之最，尤其是客运发展迅速。但由于这条公路为战备所需要修建的，离沿线县城都比较远，旅客乘车不便，对发挥它的经济效益也有所不利。

酒额公路，是一条重要边防公路，起自酒泉北大桥东端，至内蒙古自治区额济纳旗，全长391公里，其中到建国营长346公里。这条公路始建于1946年，有120公里路段失修失养，不能通车。1974年开始修建，酒泉县动员12个公社的民工和县办萤石矿的职工共1050人投入施工。金塔县动员全县11个公社1289名民工，采取突击方法进行施工。到1976年1月20日，新建和改建工程同时竣工。改建后酒泉至额济纳旗革委会所在地，长389公里，至建国营为339公里。

酒额公路建成通车，改变了酒泉至额济纳旗交通不便运输困难的状况，提高了公路技术标准，改善了行车条件，缩短了里程和行车时间，对发展边远地区的经济、文化，解决民族地区广大人民群众的生产、生活困难，以及对建设边疆、巩固国防都具有十分重要的作用。

民门公路也是一条重要的战备公路。自青海省民和与甘肃省享堂镇，跨越大通河进入兰州红古区，再溯大通河而上，在岗子沟复入青海门源县，全长221公里。修建任务由兰州市组织群众4 400多人参加，自1972年开工，于1973年11月竣工。民门公路的建成，为加快窑街煤矿的开发和加强与青海省的联系起到了重要作用。

在修建主要战备公路的同时，还在定西、平凉等地又修建了定（西）临（洮）、泉（头）普（滩）、甘（草店）三（星墩）、宝平等公路，作为主要战备公路的迂回运输线。这些战备公路在修建和改建中得到了各级党委和人民政府的重视，工程进展快、质量好、标准高。

改革开放以后，继续实施了战备公路建设项目，重点修建了酒航公路和通往驻军营区公路的新建、改建，取得了显著效果。

酒航公路位于巴丹吉林沙漠深处，有一个令世界注目、让华夏儿女骄傲的地方，这就是中国酒泉卫星发射基地（东风航天城），它曾经创造了我国航天史上"十个第一"，从这里，中国人飞向太空，圆了中华民族千年飞天梦，成为世界上继美国、俄罗斯之后第三个把地球人送入太空的国家。这里也是我国向世界展示经济实力、国防实力和民族凝聚力的重要窗口。

1999年，随着西部大开发战略的实施和经济社会事业的迅猛发展，基于酒航公路对加强国防现代化建设和带动地方经济发展的重要意义，开始规划修建酒航公路。酒航公路建成后，可使酒泉城区至金塔县城的路程大大缩短，对途经的10多个乡镇、34个行政村及其村民而言，就意味着可以大做路边文章，发展路域经济。

2001年初，酒航公路由省计委批准立项，概算投资3.1亿元。资金来源为争取交通部资金1.24亿元、银行贷款1.24亿元、地方自筹6480万元。由于该公路既非国家主通道规划建设项目，也非省内重点路网改造项目，尽管项目批了，但资金难以落实。为了选择一条便捷的线路以降低工程造价，2000年初，金塔县工程技术人员在冰天雪地中，自金塔县大庄子、牛头湾、火烧沟横穿戈壁沙漠、洼地、沼泽地，30多公里路整整颠簸了6个多小时，终于走到了黑河边。一行人经过测算后初步认为，自此打一条通道，

不仅到航天城的路途可以缩短近40公里,而且可将金塔至鼎新两片绿洲连在一起,区间沉睡多年的土地也会得到开发。使东临黑河、西傍沙漠封闭多年的鼎新镇上、下夹墩湾村老百姓告别落后,走向文明。

在各级地方政府与部门的大力支持下,酒航公路的建设者不畏艰难,齐心协力,于2004年建成。酒航公路的建成,开创酒泉市在山丘、沼泽、沙漠、盐渍等复杂地质地段修桥筑路的先河,以较低的成本完成了这一光荣而又艰难的工程,实现了酒泉人民和基地官兵期盼多年的夙愿。酒航公路的兴建与开通,不但为酒泉卫星发射中心增加了一条方便快捷的进出通道,而且形成了三位一体的交通网络,极大地方便了中心科技人员的对外交流与沟通,为中心的生活保障开辟了一条新的绿色通道,进一步加强了中心与酒泉市委、市政府和人民群众的交往与联系。

"十五"(2001年—2005年)以来,还完成了山丹靶场道路、仙米寺至小沙河、七里寺至甘沟油库、嘉峪关至黑鹰山等10个总投资达7.6亿元的国防交通建设项目。"十一五"期间(2006年—2010年),总投资近5亿元在建的两河口至温江寺、石咀至贾家河、甘泉至十字路等20多条干支线国(边)防公路项目进展顺利。全省国防交通初步形成了"四纵四横"与若干支线连接的公路交通网。

以创新理念的方式推动全省国防交通的快速反应能力和保障能力,让驻地军营以"油路化"直通国、省道公路主干线是甘肃交通战备工作的一大亮点。甘肃的酒泉市是重要的国防区,境内有我国的航天城,也是我国主要的石油、钢铁和化工生产地,还有全省唯一的65公里中蒙国境线和边防口岸。"十五"期间,酒泉市在国防交通基础设施建设中,共计完成597.79公里的公路建养任务。张掖市为适应驻地军队的军事需求,先后建成通往6个军事驻地、总长25.6公里的油路。地处河西交通咽喉地带的武威市,历来视为兵家必争之地,当地政府和群众的国防意识深厚。他们自筹资金289万元,用于战备公路及驻地营区外道路建设和油路铺设。天水市在支援部队建设中,以团以上单位油路化为"军营畅通工程"的目标。兰州市先后投资398万元完成了空军机场道路改造、通信团道路改造和某部进出口油路改造等多项施工任务。全省交通战备系统通过完善国防交通网路、交通通信基础设施建设贯彻国防要求等为国防建设和部队的军事行动提供快速、便捷的服务。

甘肃的交通战备工作以高技术条件下局部战争交通保障需要为牵

引，依据新形势下我省交通保障准备的需要，认真落实国防交通战备要求，加强国防交通基础设施建设，较好地完成了各项交通保障任务。

油路的兴起和初期铺筑

在新中国成立前，甘肃有通车公路3272.8公里，但没有油路。最好的路面是泥结碎石和天然砂砾，更多的是土路，只能保持晴天通车。在国民经济恢复时期，兰新铁路通车前，甘新之间和省会兰州至河西地区之间的交通运输全赖于公路交通，这个时期甘新公路的行车密度日益增大。1951年，交通部工作组视察甘新公路时提出采用玉门油矿的沥青、渣油处治甘新公路路面的意见。随后，甘肃公路部门成立了机械养路队。1952年交通部配给沥青洒布机1台、推土机2台，租给自动平地机2台，并开始做处治路面施工前的技术培训等准备工作。1953年，完成甘新公路嘉峪关一段路面处治计3.94公里，这是甘肃试铺的第

一段油路路面，当时称"洒油灭尘"。实际上是照表面处治层铺法施工的，使用玉门油矿炼油厂生产的渣油，委托西安作材料试验，粘滞度仅有十几秒。由于缺乏经验，底层和面层结构不适应当时行车密度大、重型车多的交通情况，仅用了三四年就损坏了。通过总结经验，提高了工人和技术人员对油路的认识，从此甘肃开始了全省范围的油路建设。两年后，又在交通量较大的酒泉、高台、张掖附近试铺渣油路面，此后又在西兰、张火、河雅等公路上开始试铺。由于沥青材料供应不足，施工机械缺乏，油路发展缓慢，截至1959年底全省实有油路里程为104.9公里。

通过不断试铺，总结铺筑油路的施工经验，施工技术得到了提高。从1959年开始，在红当公路上采取沥青双层表面处治的施工方法铺筑油路，从此油路建设开始进入发展时期。1960年，省交通厅和张掖专署交管局组建了红当公路工程处，交通部派技术人员参加，共同组织施工。工程处下设3个施工队，由于机械数量少，通过交通部向兄弟省区交通部门租借了一些设备，每个施工队配备自动平地机1台、洒水汽车2辆、沥青洒布机1台、6吨~8吨压路机2台、10吨~12吨压路机2台~3台。经过一年的努力，共铺筑油路112.4公里，是1960年以前铺筑油路

最多的一年。施工中采取三种铺筑方法：一是粗面双层表面处治，二是三层表面处治，三是仿贯入表面处治，在缺粗矿料路段还采用液体沥青拌砂砾，试铺了4.4公里，效果良好，开创了甘肃油路史上先例。通过这条公路施工的实践，甘肃油路建设施工工艺和管理水平有了显著提高。

为了解决原材料供应困难的问题，1964年在交通部的大力支持下，采用兰州炼油厂的渣油试铺路面2.6公里，这一试验得到了西安公路研究所的协助和配合，工程进展比较顺利，从而扩大了渣油应用范围，并取得了宝贵的经验。同年交通部在北京召开了道路渣油表面处治技术鉴定会议，会议的鉴定结论是："修筑道路渣油表面处治在技术上是比较成熟的，在工程与运输经济上是合理的，是改善提高现有中级路面的有效养护措施，可以推广采用。"同时交通部交通科学研究院颁布了《道路渣油表面处治施工养护须知》，这次会议对甘肃铺筑渣油处治路面起了很大的推动作用。到1970年底，全省油路总里程723.2公里，占公路总里程的27%。

油路建设的全面发展

自1970年以来，随着油路建设的发展，铺筑油路的技术有了很大的进步。在此期间，交通部及时召开全国性的油路经验交流会议，通过这些会议，学到了先进的施工、养护以及组织管理的经验，对推进我省油路建设起了重要作用。甘肃地形、气候比较复杂，使用的有机结合料来源较广，由于品种来源各不相同，各地区在铺筑油路前对拟选用的结合料根据技术要求进行试验，务求粘滞度、针入度、延度和软化点等达到技术指标。为了达到上列指标，各公路总段设立了材料试验室，工地都有试验站。实践证明，单纯使用渣油或煤焦油、酸渣，以酸渣为最上；用沥青回配，以兰炼沥青配油砂掺"0"号柴油为最好；其次兰炼沥青配兰炼渣油效果也比较好。甘肃各地铺筑油路所使用的矿料，绝大部分是在沿线河滩或戈壁滩采筛的砾石，破口碎石使用的很少。庆阳地区的公路线多在黄土塬上，砾石材料运距过远，他

甘新公路永登路段的油路铺筑

们经过反复试验，曾采用料礓石铺筑油路也取得了较好的效果。

到1976年底，全省油路里程达到了5 942公里，其中干线公路5 246公里、县乡公路258公里、专用公路436公里。在此基础上，自1976年至1979年，平均每年以532公里的进度递增，至此全省共有油路里程为7 290公里。主要干线公路基本实现路面黑色化，全省12个地、州、市驻地都有油路通向省会兰州，有73个县城通了油路。

此后，油路建设速度不断加快，并取得了优异成绩。在油路建设中，公路部门为了弥补财力、物力的不足，利用老旧路发展油路，取得了较好的效果。各公路总段陆续配置了汽车1辆，大型拖拉机2台，小型养路机械67台。武威公路总段在甘新公路234公里处修建了150吨的太阳能蓄电池1座，远红外沥青加温房1座，利用"温室效应"对沥青加热脱水，在节能和降低成本方面，取得了较好的经济效益。永昌、天水公路段试用原路油皮翻修油路取得了成功的经验，为油路改造"修旧利废"闯出了一条路子。到1990年底，全省油路总里程达1.02万公里，其中干线油路里程为6 400公里，县乡油路里程为1700多公里，其他油路里程为1 060公里。国道、省道油路里程为7 068公里，县道为2 292公里，专用道为469公里，乡道为334公里。

1981年—1990年又对国道、省道油路进行了重铺和罩面，9年中共新铺500公里，重铺824.11公里。延续了油路面老化程度，防止了大面积损坏的发生。1987年，省交通厅决定从养路费中投资220万元，首次在省道201线即原中川公路175公里~185公里处，新铺沥青混凝土路总长10公里，结束了省养公路无高级路面的历史。这一时期，在油路建设中创造出阳离子乳化沥青试铺成功，并在兰郎、宜兰公路试验后，效果良好，这种新的冷铺法为油路施工带来了极大方便。

1990年以后，油路铺筑重点转入省道和县道，5年铺筑1 500公里。"十五"期间加大了铺筑力度共铺高级次高级路面3 100多公里，到2 000年，高级次高级路面达到1.487万公里（其中水泥路69.38公里），占全省公路总里程的73.8%。尚有卓尼、迭部、玛曲和文县4个县不通油路。

从2001年开始，重点加大了对不通油路县、乡的公路改造，优化路网结构。先后实施了22条1 189公里国扶县连接国道公路、19条1 561公里通县油路、43条3 528公里县际公路通乡油路工程。实现了从市、州到县区通油路的目标。随着高级公路建设的加快，高级路面增加迅速，到2007年底，高级路面4 959.771公里，次高级路面达到1.94万公里。

多年来，油路建设取得了可喜的成就，改变了"车过尘土飞扬，雨天泥泞难行"的面貌，提高了公路技术标准和车辆通过能力。不但给国家节约了资金，也受到了过往车辆和沿线群众的欢迎，油路建设逐步向农村公路推广与应用。

高等级公路连市通州

城市进出口道路是交通运输网的重要组成部分，甘肃省14个市、州除金昌、西峰外，均有国道从中引出或通过。地处黄土高原和地处青藏高原交汇处的甘肃，地理环境复杂，公路建设先天性"发育不良"，加上经济欠发达，政府对公路建设投入少，与东部一些省区相比，公路交通一度成为制约全省经济发展的"瓶颈"。多年来通过实施高等级公路连接到市、州建设工程，有力地促进了我省经济发展。"省会直达市州、市州彼此畅通、连接重要县市"的高速公路网络，支撑区域经济增长，提高民众生活质量，保障经济国防安全，满足甘肃全面建设小康社会和现代化建设的需要。

新中国成立后，甘肃高等级公路建设发展缓慢，到1980年全省8798公里干线公路上只有二级公路303公里。此后逐步实施主干道如国道312线、国道109线的升级改造，但因资金等问题，发展亦然不快，到1990年全省二级公路有645公里，这些公路大都集中在城市过境段或出口路段上，全省大部分路段仍以三四级公路为主，制约了全省经济的发展。"八五"期间（1991年—1995年），继续加大了对城市出口路的改造，对兰州至敦煌、兰州至合作等1550公里公路实施了GBM（公路标准化、美化）工程。全省有一级公路36.25公里，二级公路达到2485.77公里。1998年以来，国家实施西部大开发战略和加快公路建设步伐，我省高等级公路尤其是高速公路建设以前所未有的速度得到发展。1999年国务院总理朱镕基视察甘肃后，对甘肃公路工作作了重要指示。当年底，省人民政府向国务院上报了《关于加快甘肃公路建设有关问题的请示》，重新调整了2000年和"十五"加快公路建设的主要目标，计划6年投资507亿元（其中2000年85亿元），并依据这一精神制订了"十五规划"。从此以后，省交通厅紧紧抓住西部大开发这一千载难逢的历史机遇，切实加快交通基础设施建设步伐，掀起了轰轰烈烈的建设高潮，使甘肃交通面貌发生了翻天覆地的变化。据统计，"九五"期间（1996年—2000年），全省交通基础设施投资125.85亿元，"十五"期间，累计完成投资猛增到437.2亿元，年均增长19.29%，是"九五"期间投资的3.5倍，其中公路建设投资422.5亿元。至2007年底，全省建成通车的高速公路达到18条、1316公里，实现了东西和南北通道的高速化与高等级化，高等级公路连接到市、州。

经过15年的建设，连霍国道主干线甘肃境内全线实现高速或一、二级高等级公路标准贯通，其中高速公路占到41%，全线整体通行能力提高了15倍~20倍。甘肃已利用连霍国道主干线形成了中、东部的"两纵两横"井字型骨架和河西的鱼骨型骨架公路网络，为提高亚欧大陆桥综合运输能力创造了良好的道路条件。甘肃各市、州借助快速大通道，形成"当日交通经济圈"，为实施省委、省政府"工业强省"战略，引导群众致富，带动商贸、旅游、服务等第三产业蓬勃发展奠定了基础。

军旅诗人胡志毅有《江城子》一词赞道：

当年三陇塞关封。叠峦峰，锁城墉，贫瘠荒凉，滞阻路难通。古道悠悠驼迹乱，观雁阵，望鹰踪。

西陲开发撼天公。架飞虹，度春风，欧亚相连，高速贯西东。百业腾骧经贸蔚，龙起舞，凤翔空。

一、二级公路建设

1996年，国道312线武威过境二级公路建成，长45.5公里；同年河口至窑街二级公路一期工程竣工，长79.8公里。1997年，国道312线酒泉至嘉峪关过境公路竣工，长53.35公里；同年国道312线树屏至徐家磨二专公路竣工通车，长79公里。该线避开兰州市区，为省内第一条二级汽车专用公路。1998年开工新建了国道310线天水至岷口二专（193公里）、国道227线扁都口至张掖二级（91.96公里）、国道211线曲子至庆阳二级（50.26公里）和木钵至板桥二级（83.85公里）、国道316线江洛镇至天水二级（95.89公里）、国道312

武威过境二级公路武九立交路段

凤郿一级公路泾川路段

线天祝界牌村至古浪二专（84公里）、省道308线双塔至双槽至大岭二级（93.48公里）、唐家台至红会二级（24.81公里）、国道312线凤翔路口至郿岘一级（81.78公里）等一批高等级公路；1998年，牛背至北道二级公路竣工通车，全长114.42公里，这条公路为"八五"重点项目，施工期5年，总投资3.56亿元，它的建成打开了甘肃东大门，由天水至陕西宝鸡比绕道张家川或两当分别缩短里程129公里和196公里。1999年开工新建了国道312线徐家磨至界牌村二专（149公里）等公路。2000年开工新建了国道312线古浪至永昌高速（71公里）、永昌至山丹一级公路（二期）；当年竣工通车的有国道211线曲子至庆阳二级、木钵至板桥二级和国道316线天水市区段。2001年和2002年，永山、凤郿、天嶅、徐古、江武、江天等6条一、二级（含二专）公路建成通车或具备通车条件。整个"九五"期间，全省共

开工新建一级公路174公里、二级专用公路519公里、二级公路1014公里，建成二级或二级以上公路927公里，全省二级及以上高等级公路达到3368公里，占等级公路总里程的11.32%。

"十五"期间，继续加大二级公路建设力度，续建或新开工二级公路45条计长2705公里，已建成36条计长1755公里。2006年8月，国道213线康家崖到临夏公路改建工程竣工通车，11月，国道213线临夏至合作段建成，与此前建成的合作至郎木寺公路连接，通往西部大通道全部建成二级公路。由兰州通往各市、州基本以二级公路及其以上高等级公路连接。

高速公路建设

甘肃省的高速公路建设从1992年开始起步，1994年7月，第一条全长13.5公里的高速公路建成通车。由于条件所限，此后的五年时间里，

天（水）北（道）高速公路

嘉瓜高速公路一段

甘肃省重点建设了一批二级收费公路，高速公路建设处于停顿状态。1998年以来，国家实施西部大开发战略，甘肃省高速公路建设迎来了历史性的发展机遇。甘肃省交通部门以强烈的机遇意识、忧患意识和责任意识，抢抓机遇，积极筹划项目，坚持不懈地抓好交通基础设施建设，千方百计为全省经济社会发展提供良好的交通环境。这一时期成为甘肃公路交通建设发展速度最快、投资规模最大、技术水平提高最显著的时期。连霍、丹拉2条线路的高等级化建设，是这一时期甘肃公路建设的重中之重。

1999年开始，充分利用"贷款修路、收费还贷"的政策，加大公路建设投入力度，斥巨资修建高速公路。先后开工建设了巉口至柳沟河（77.74公里）、柳沟河至忠和（34.70公里）、白银至兰州（59.96公里）、刘寨柯至白银（110.75公里）、兰州至海石湾（99.73公里）、兰州至临洮（92.69公里）、尹家庄至中川机场（22.05公里）、树屏至徐家磨（22.92公里）、古浪至永昌（69.46公里）、武威过境段（44.63公里）、永昌至山丹（117.81）、山丹至临泽（97公里）、临泽至清水（99.72）、清水至嘉峪关（95.88公里）、嘉峪关至瓜州（235.42公里）、宝鸡至天水甘肃段（90.91公里）、平凉至定西（258.24公里）、天水至定西（235.08公里，含陇西渭源连接线）、天水过境段（36公里）、康家崖至临夏（70.48公里）、西峰至长庆桥至凤翔路口（78.43）、武都至罐子沟（130.41公里）等23条（段）高速公路，总里程达2193公里，总投资规模达到707.6亿元。

2002年，柳忠、白兰、巉兰、尹中、古永、永山6条计长320公里高速公路建成通车；2003年，忠和至树屏22公里建成高速公路，使兰州到中川机场高速公路全线贯通；2004年，兰海、兰临、永山（一、二期）、山临4条计长344公里高速公

兰海高速公路一段

柳(沟河)忠(和)高速公路一段

甘肃省成为全国第18个高速公路突破1 000公里的省份。2006年,武威过境段、永山一级改高速和嘉安一级235.42公里建成通车,甘肃定西以西路段基本实现高速化。2007年,嘉瓜一级改高速公路235.42公里建成通车。全省建成的高速公路达到18条总长1 316公里,其中连霍、丹拉2条国道主干线甘肃境内路段建成的高速公路达1 176公里,占甘肃已建成高速公里总里程的89.28%。

"十一五"末到"十二五"期间,甘肃还将开工建设徐家磨至古浪(146公里)、金昌至永昌(46公里)、瓜州至星星峡(154公里)和兰州南绕城段(64公里)等高速公路项目,规划建设沿川子至长庆桥

路建成通车,其中兰海高速公路建成标志着西北第一条省际高速公路(兰州至西宁)全线贯通,兰临高速公路的建成标志着兰州市6条出口路全部建成高速公路,形成了以兰州为中心呈放射状的高速公路网雏形;2005年,临清、刘白、树徐、清嘉4条计长319公里高速公路建成通车,丹拉国道主干线甘肃境内路段以及连接银川、兰州、西宁的高速公路全线贯通,连霍国道主干线甘肃段高速公路里程占全里程的50%以上,其他路段均为二级或二级以上公路标准。至此,全省共建成高速公路15条(段)长1 006.63公里,总投资241.27亿元,

树屏高速公路立交路段

兰（州）临（洮）高速公路一段

等级公路连接，首先实现"行车一日出阳关"的目标。甘肃是古丝绸之路的重要通道，如今，高速公路网的完善，使甘肃省在西部地区"座中联六"的区位优势和在全国乃至国际范围内具有重要通道地位和枢纽作用更加明显。

甘肃在西部大开发的几年中，对基础设施建设的投入已超过1 000亿元，是西部大开发之前50年投入总和的2倍。由于甘肃交通的巨变，地处西北腹地的定西市临洮县，高速公路通车后，在大冬天里，那里的花农们格外忙碌，他们将栽培好的一盆盆鲜花装上车，通过高速公路运往全国各地。花农高兴地说："兰（州）临（洮）高速公路一通，对临洮的花卉产业有明显的促进作用。"如今，他们的花卉生意非常红火，鲜花的销售收入1天能达到1万元。高速公路真正成了老百姓的致富路。

甘肃高速公路的发展，对全省

（126公里）、临洮至岷县（156公里）、营盘水至武威（165公里）等高速公路项目，高速公路网将连接全省14个市、州政府所在地、47个县（市、区）政府驻地，通过19个县，共计通达全省66个县。

为了给全省经济发展提供强有力的交通支持，2007年甘肃省政府批准了《甘肃省高速公路网规划》。该规划的总体框架是建成以兰州为中心，连接省内市（州）政府驻地和经济中心、旅游景区，外通周边省区省会城市的高速公路网，整个路网规划以放射状为主、纵横线为辅，包括围绕省会兰州的8条放射线、4条南北纵向线、2条东西横向线和1条环城高速线等，简称"8421"高速路网。到2030年，甘肃将规划建成高速公路4 750公里，其中，国家高速公路3 753公里，地方高速公路997公里，以兰州为中心的高速公路出口与主干线为骨架的高

永山高速公路一段

地区经济的拉动作用显现，也为西部大开发和"西陇海兰新经济带"的发展注入了新的活力，新城镇也依路崛起。定西市安定区巉口镇原是一个地图上找不到的小村庄，高速公路开工后给巉口镇人带来了发展良机，吸引了国内许多知名企业纷纷在此投资。如今的巉口初露新颜：36米宽的街道平整干净，两旁伸展着一溜新建的楼面，各种广告招牌鳞次栉比，大街小巷车水马龙。还有白银高速公路建成通车后，白银到兰州只需40分钟，快捷便利的交通使白银这座"铜城"重振雄风，一个接一个的投资商将目光注视到这里。白银成了兰州真正意义上的卫星城市。丝绸古道再展英姿，敦煌、酒泉、嘉峪关、张掖、武威等城市的旅游业，正随着高速公路的建成，呈现出蒸蒸日上的发展势头。与天巉二级专用公路相连的巉柳高速公路，改变了半个多世纪以来西安至兰州公路走向，这条路使天水至兰州的公路有效行车时间比铁路还短3个多小时，同时它增强了兰州向甘肃东部地区的辐射能力，大大促进了地区间的资源、人才、商品流通，以及工业、农业、旅游业的发展。沿祁连山伸展的河西走廊是全国著名的商品粮基地，也是"西陇海兰新经济带"最活跃的地区之一，柳忠、古永、永山等高速公路共同构成了甘肃中部通往河西乃至新疆的高速通道，这些路的修通，无疑为"西陇海兰新经济带"插上了腾飞的翅膀。张掖人施生民有《在312国道线上》一诗赞道：

　　兰新国道特平宽，
　　长驾如风度玉关。
　　危碛驼铃成旧事，
　　绿杨油井换新天。
　　凿空故杰功非小，
　　造绿今英志更坚。
　　铁线连欧几万里，
　　千秋伟业胜张班。

高速公路的发展使许多企业很早就"嗅"到高等级公路对发展客运的需求，提前加入了快速客运的行列。高速公路的通车，犹如一夜春风吹开了千年梨花，在古丝绸之路上抒写着前所未有的繁华。

甘肃高等级公路发展过程中，甘肃公路系统广大干部职工和省内外参与施工的企业员工付出了艰辛的努力。尤其在高等级公路发展初期，在缺乏施工经验、机械的情况下，建设者们栉风沐雨，饮雪卧冰，经受了常人难以想象的考验，受到了沿线广大人民群众的支持和拥护。甘谷人彭建文在他的《天巉公路工程纪实》一诗中，深情地记录了天巉公路艰苦的施工过程：

　　大军进驻渭南边，
　　拓展红旗舞夕烟。
　　越险攀高通大道，
　　移山填海造平川。

人声鼎沸荒凉地，
灯火辉煌不夜天。
任是冻冰飞雪日，
为民造福不知寒。

甘肃省建成和在建高速公路，设计标准均为全立交、全封闭、双向四车道（天北公路双车道），桥涵荷载汽—超20、挂—120，时速80公里~100公里（天北公路120公里），路基宽24.5米~26米（天北公路东段20米，柳忠公路21.5米），有完善的交通服务设施。其他情况如下：

天水至北道高速公路，全长13.150公里，总投资0.78亿元，1992年12月开工，1994年7月建成通车。兰州（柳沟河）至忠和高速公路，全长34.696公里，总投资13.558亿元，1999年6月开工，2002年10月建成通车。白银至兰州（忠和）高速公路，全长59.964公里，总投资15.894亿元，1999年9月开工，2002年10月建成通车。定西（巉口）至兰州（柳沟河）高速公路，全长77.740公里，总投资21.840亿元，1999年9月开工，2002年10建成通车。尹家庄至中川机场高速公路，全长22.052公里，总投资5.366亿元，2000年7月开工，2002年10月建成通车。古浪至永昌高速公路，全长69.455公里，总投资8.985亿元，2000年11月开工，2002年10月建成通车。永昌至山丹高速公路，全长117.800公里，总投姿14.440亿元，2000年11月开工，2004年10月建成通车。兰州至临洮高速公路，全长92.690公里，总投资32.638亿元，2001年10月开工，2004年12月建成通车。兰州至海石湾高速公路，全长92.690公里，总投资38.643亿元，2001年12月开工，2004年11月建成通车。山丹至临泽高速公路，全长97.000公里，总投资21.196亿元，2001年12月开工，2004年9月建成通车。临泽至清水高速公路，全长99.721公里，总投资18.480亿元，2002年11月开工，2005年8月建成通车。刘寨柯至白银高速公路，全长110.748公里，总投资27.710亿元，2002年12月开工，2005年12月建成通车。树屏至徐家磨高速公路，全长22.915公里，总投资3.299亿元，2003年11月开工，2005年12月建成通车。清水至嘉峪关高速公路，全长95.883公里，总投资18.446亿元，2003年11月开工，2005年12

刘白高速公路一段

古永高速公路一段

月建成通车。武威过境段（韩佐至青林）高速公路，全长44.634公里，总投资9.070亿元，2004年9月开工，2006年11月建成通车。嘉峪关至瓜州（安西）高速公路，全长235.418公里，总投资35.297亿元，2004年12月开工，2007年12月建成通车。天水至宝鸡（牛背）高速公路，全长90.908公里，总投资66.960亿元，2005年8月开工，将于2009年建成通车。平凉（罗汉洞）至定西高速公路，全长258.240公里，总投资76.790亿元，2005年9月开工，2009年建成通车。天水至定西（含陇西至渭源连接线）高速公路，全长235.087公里，总投资87.510亿元，2006年12月开工，将于2010年建成通车。康家崖至临夏高速公路，全长70.481公里，总投资25.880亿元，2007年11月开工，将于2010年建成通车。西峰至长庆桥至凤翔路口高速公路，全长78.435公里，总投资25.570亿元，2007年12月开工，将于2011年建

成通车。武都至罐子沟高速公路，全长130.415公里，总投资119.000亿元，2008年1月开工，将于2011年建成通车。天水过境段（甘泉至西十里铺）高速公路，全长36.000公里，总投资20.300亿元，2008年8月开工，将于2011年建成通车。永登至古浪高速公路，全长145.462公里，总投资60.000亿元，2008年10月开工，将于2012年建成通车。金昌至永昌高速公路，全长42.940公里，总投资15.000亿元，2008年10月开工，将于2012年建成通车。全省高速公路建成和在建总里程达到2381.561公里，总投资782.652亿元。

虹桥卧波连接四方

甘肃省地处黄河上游，地势高亢、地形复杂多样。全省境内8大水系主要支流有33条、共152条河流。山谷与河流将细长如一柄如意的甘肃一片片分割开来，河谷众多，给人们的出行活动造成困难，甚至有些人一生不出山。所谓"隔山绕道走，隔河两眼瞅；两山难相遇，亲戚也难走"等歌谣正是对甘肃尤其

碌曲洮河桥

是陇南山区交通不便的真实描写。

民国时期，全省仅有公路桥梁448座，多数是临时性和半永久性的桥梁。1949年以后，我省修建的第一座永久性的公路桥是华双公路麻沿河桥，1950年8月在原址利用旧墩台修建了1孔跨径8.55米简支梁组合桥，总长57米，宽7.5米。之后陆续有1953年修建的庆阳西河桥，跨径为3孔33米；1955年修建的酒泉北大河桥，跨径为11孔22.2米；1963年修建的甘川公路羊儿坝桥，跨径为5孔22.2米；1963年修建的碌曲洮河桥，跨径为1孔27米；1965年修建的天水罗裕河桥，跨径为1孔23米等，都是甘肃早期建成的梁桥。到1965年底，全省共有公路桥梁2 040座，总长2.78万米，其中永久性桥梁375座，长8 718米，占桥梁总长的31.3%，永久性桥梁虽比50年代有所增加，但与公路交通发展的客观需求相比仍然不足。且这一时期选用的桥型由于就地浇筑、耗费支架木料太多和采用的水泥、钢材等建桥材料标号与质量较低，跨径再大就显得很不经济，故很快就被其他桥型代替了。1969年战备公路建设开始，甘肃公路桥梁建设者们在施工条件比较落后、没有经验可供借鉴的情况下，自力更生，艰苦创业，突出发展了以双曲拱为主的拱式桥梁，就地取材修建了大量的石拱桥。张掖地区为实现桥梁永久化，经多次实验，连续修建了45座微弯板坦肋拱桥，平凉地区修建了10多

靖远新田黄河特大桥

座扁壳拱桥，都具有经济、易施工的特点。采用连续T型梁钢板、下承式钢桁梁和混凝土连续箱梁等结构形式，在甘肃公路上创造了桥梁建设史上的一个个奇迹。如靖远公铁两用桥、焦家川黄河大桥、高台罗城黑河桥、张肃公路黑河桥、卓尼洮砚桥、马莲河桥等都是这一时期重点桥梁。到1976年，全省共新建、改建大型桥梁82座、1.28万米。全省桥梁总数达到2 172座，长5.41万米，永久性桥梁比1965年增加2.55万米。半永久、临时式桥梁大大减少。这些大桥的建成，有力地推动了沿线各地的经济建设。

1977年以后，公路桥梁发展速度加快，桥梁设计、施工和维护技术水平有了很大提高。至1990年共建桥梁939座、3.73万米，全省桥梁总数达到3 111座、计长9.13万米。主要有兰州城关黄河大桥、玛曲黄河大桥、马营河大桥、牛头河大桥、大河家黄河大桥、北道埠渭河大桥、甘南齐哈玛黄河吊桥和文县玉垒关吊桥等。这些桥梁的建成，大大提高了公路通车能力。

靖远平堡黄河吊桥

从结构形式上，这一时期的桥梁，开始出现了预应力钢筋混凝土梁、鱼腹式钢桁梁、无铰双曲拱梁、新型大跨径钢桁架、下承式连续钢桁架等先进技术。

1991年—2007年间，随着高等级公路的发展，公路桥梁无论从数量上还是从质量上都得到快速增加和提升，技术含量也达到了一个高水平。公路桥梁永久化步伐进一步加快。1995年，全省公路桥梁3 408座，计长10.17万米，其中永久桥梁达到3 374座，计长10.12万米。到1999年，省养干线公路实现桥梁永久化，达到2 000座，计长5.97万米；县乡公路桥梁通过10多年的以工代赈投资，永久化程度大大提高，

忠和互通式立交桥

1999年桥梁总数达到1 715座，计长5.16万米，其中永久性桥梁1 688座，计长5.12米。2000年以后随着高等级公路里程的逐年增长和通县、县际、通乡公路项目的实施，公路桥梁进入一个全新的发展时期，桥型多样，工艺先进，施工速度快，平均每年以432座的速度增长，8年时间共新增桥梁3 458座，计长12.96万米。到2007年底，全省有公路桥梁7173座，计长24.09万米，其中互通式立交23座，计长1299米，特大桥11座，计长3202米，大桥471座，计长7.35万米，中桥1725米，计长8.67万米，小桥4966座，计长7.75万米。如我省第一座高速公路立交桥——北道董家沟桥，桥型为互通式钢筋混凝土"T"型连续刚构坡弯斜立交桥，桥长115.3为，宽5.25+2×0.50米，4条匝道长1191米，于1994年7月1日建成通车。我省已建成公路沿线布设桥梁数量密度最大的是国道310线牛背至北道二级公路，全长114公里，于1993年11月开工到1998年9月竣工。

该路段建于渭河南岸，穿越峡谷300公里，全线跨越沟涧130多条，翻越高山51座，工程浩大为省内罕见。全线除涵洞外，仅永久性桥梁就达43座，计长1751米，全线平均2.7公里就有一座桥梁。所建的桥梁桥型别致、外形美观、桥型各异，集现代桥梁技术之精华，是名副其实的桥梁长廊。

这一时期桥梁建造技术实现了大步跨越。从甘肃靖远新田黄河特大桥，到我省在白兰高速公路上修建的省内第一座公路大型互通式立交桥——忠和互通式立交桥，首次在施工中采用了GPS全球定位系统、WDJ碗扣件、泵送水泥混凝土、电子配料机、耐高温环氧板、UNF—3A高效缓凝减水剂等新材料、新技术、新工艺。优美的造型、良好的通透性、流畅的线形、光洁平整的外观成为该桥的一大亮点。该桥2003年作为全省十大"优秀重点建设项目"之一，多次受到甘肃省人民政府的表彰，同时荣获甘肃省建筑工程"飞天奖"，被未来西部论坛评为"西北十大标志性建筑"。兰临高速公路翻山越岭、穿山跨河，在我省高速公路工程中，创造了诸多"之最"：芦家沟特大桥拥有77.288米高的桥墩，是我省目前最高的公路桥梁；临洮特大桥全长1047.08米，桥面总宽25米，桥身上部为钢筋混凝土连续箱梁，下部采用矩形墩身，为我省目前最长的公路桥梁。尤其是在桥梁规划设计、制造架设和使用维护等方面，已经广泛运用计算机优化分析系统、自动监测和管理系统，使桥梁成为知识经济时代公路建设的领军之作。

公路桥梁对兰州这座城市的经济发展极为重要。沧桑巨变，随着时间的流逝，兰州市区已架起了10多座造型美观、结构新颖、工艺先进、气势不凡的公路大桥。于1971年建设的兰州市西沙黄河大桥是我省第一座鱼腹式钢桁架及钢筋混凝土组合桥，恰似长虹卧波、雄伟壮丽，当时为甘肃黄河上第一座最大的公路桥梁。根据规划，在2005年到2020年15年内，兰州拟再新建桃白云、固安、深安、世纪、金安、靖远、雁青等7座跨河大桥，桥梁设计分别采用提篮式连续钢拱桥、中承式钢管混凝土拱桥、独塔双索面异型塔斜拉桥、平行三拱肋钢箱系杆拱桥、双塔双索面斜拉桥、分离式连续钢构桥、双塔单/双索面组合桥，突出一桥一景特色。届时，兰州市的黄河大桥近20座，金城将成为中国的"桥梁博物馆"。

诗人张嘉光有《兰州黄河桥》一诗咏道：

黄河奔流向海隅，
波涛汹涌过城间。
从来难渡愁天堑，
今日长驱喜坦途。
便利交通千业旺，
悠悠旅客四时趋。
银滩桥上人如织，
笑数诸妃似串珠。

边远山区吊桥密布

1949年以后，甘肃各族人民在党和人民政府的正确领导下，在各级交通部门和相关部门的大力指导和协助下，采取"民办公""民工建勤"、"以工代赈"等方式，修建了大量的钢索人行吊桥、农用机动

文县口头坝吊桥

车吊桥和汽车吊桥，使边远山区群众"过河难"的问题得到了有效的缓解，从而促进了山区经济的发展。在大力修建钢索吊桥的同时，古代传承下来的溜索和竹索、藤索吊桥及铁索吊桥仍在继续使用。

吊桥的初步发展

人行吊桥　新中国成立初期，公路交通百废待举。党和人民政府在大力恢复和修建干线公路的同时，十分关心山区公路建设。1955年冬开展了第一次群众性筑路高潮，修建了大量的县乡公路。在修路的同时，陇南山区开始利用钢丝修建人行吊桥，第一座具有现代意义的吊桥就出现在武都县龙坝乡。

龙坝乡位于武都县东北部的群山峡谷中，距县城64公里。乡政府驻地秦家河村原有一座木桥被洪水冲毁，直接影响两岸群众的交往和农业生产。在乡政府的直接组织下，本着省工、省料、省时的原则，修建了一座用钢丝作主索的吊桥，既能通行人、畜，还能通行架子车，解决了7个村群众"过河难"的问题。秦家河吊桥的建成具有开创意义，它摒弃了传统的用竹索、藤索或绳索作承重索的悬索结构，而改用钢丝作承重索，在材料运用上是一个进步，它以跨度大、自重轻、使用时间长而受到群众欢迎。受秦家河吊桥的启发，当时陇南规划了多座这种型式的吊桥，终因经济困难而未能实现。文县口头坝吊桥修至中途而下马，直到20世纪60年代才建成。

1962年，交通建设进入"调整、改善、巩固、提高"的时期。干线公路恢复到原有水平，一部分县乡公路也通过改善恢复了通车，隔江而居的群众要求修桥连接公路的愿望变得越来越迫切。党和人民政府开始研究群众"过河难"问题。吊桥以其一跨过河、自重轻，且投资省、见效快等特点，而成为首选桥型。由于陇南地理条件特殊，故这一时期全省人行吊桥的修建集中在陇南各县。

陇南各县的人行吊桥建设采取"民办公助"、"民工建勤"方式进行，即由国家调拨钢丝绳和水泥，交通部

岷县中寨吊桥

门派出技术人员作技术指导,受益村庄群众投劳,桥面板就地取材。当时,群众的建桥积极性很高,许多不通公路的村庄要到几十里外的公路边上,由数十人把钢丝绳拉直肩扛运回工地,水泥也是人背运到工地的。除技工之外,普工都由当地群众承担。建成的吊桥均十分简陋。大型吊桥为单链柔式,平索上铺木板或木椽,两边缠绕钢丝绳作吊索。小型吊桥只在平索上搭木板、木椽即可。石砌桥台和索塔,塔高1米至2米。基础大都座于岩石,开挖较少。地锚一般嵌于崖岩,一部分埋于台地。技术含量小,工艺简单。在大江大河上,钢索过江时先埋置一端,然后用船牵扯至对岸,利用土卷扬机拉紧埋置即可。截至1965年,陇南各县共修建吊桥33座,计长2230.5米。洮河将台桥全长136米,白龙江白桥全长110米,白龙江陈家坝桥全长120米,白水江碧口桥全长170米,是这一时期修建的大型人行吊桥。

陇南各县通过修建吊桥,初步解决了主要江河和人口稠密村庄的交通问题,效果十分突出,同时也使其他地区边远山区群众受到启发

康县托河吊桥

教育,积累了十分宝贵的经验,为此后全省吊桥建设打下了坚实的群众基础。

同一时期,天祝县在大通河先明峡修建了一座人行吊桥,全长80米,这是新中国成立后黄河流域第一座人行吊桥。

1966年至1980年,是甘肃人行吊桥的一个重要发展时期,在省交通厅的支持和地方交通部门的指导下,陇南、天水、甘南、临夏各县山区人民群众在修通山区道路的同时,群策群力,就地取材,土洋结合,修建了一批能通行架子车的人行吊桥。这一时期,人行吊桥建造技术和施工工艺都有了很大的进步和提高,只要国家支援钢材、水泥,交通部门技术人员稍加指导,群众就能自行建造。吊桥结构大都为简易平索,荷载1吨至2吨的为单链柔

式、木梁木板面，极少数的为角钢梁。渭河上的一部分吊桥不少是利用废旧钢轨代替钢梁，节约了资金，加大了荷载。

1966年，是陇南山区修建吊桥最多的一年，共计20座。天水当年修建了西和何家山、龙凤和北道元龙吊桥。此后历年都投入一定资金安排修建吊桥，到1970年，仅5年时间，武都和天水两地区共建吊桥33座，计长2255米，其中超过百米的大型吊桥有岷县清水、岷山吊桥，均长100米；堡子吊桥长122.5米；武都桥头吊桥长190米；曹家坝、将军石吊桥均长110米；陈家坝吊桥长150米；文县向阳吊桥长105米；两当李家河吊桥长100米。这些吊桥均位于洮河、白龙江和西汉水上，工程量较大，修建难度也

天祝先明峡（大通河）吊桥

比较高。吊桥均按"民办公助"方式建造。因修建吊桥涉及当地群众切身利益，所以群众积极性很高，工程既快又省。如宕昌沙湾吊桥全长88米，净跨84米，桥面宽2米，工程比较艰巨，国家只投资2万元，其余全靠群众义务投工，每米平均造价只有250元。

吊桥建设使山区群众看到了希望。康县第一座吊桥——托河吊桥所需材料均是由人背肩挑完成，每米造价仅146元。吊桥建成当日，方圆数十里的群众赶来观看，激动之情溢于言表。

进入70年代，农村架子车成为田间运输的主要工具。为解决架子车过桥的问题，设计吊桥时考虑了桥宽、荷载、结构等因素，建成的吊桥一部分改平索式为悬索式，索塔高度由原先的

降差洮河吊桥

一两米提高至五六米。由于吊桥自重轻，纵向波动、横向摆动大，易被河风吹扭造成损坏，在桥两侧加设抗风缆。为了节约木材，采用角钢加劲梁或钢轨梁，木面板铺上铁皮或涂上沥青，延长了使用周期。但大部分吊桥仍沿袭60年代的结构模式，平索上铺以木椽，能通行即可。同时，国家更加关

榆中县桑园峡黄河吊桥

心山区人民群众的"过河难"问题，从1977年开始，从扶贫款中安排专项资金用于吊桥建设。仅1980年，省人民政府就给陇南拨吊桥修建专款100万元，大大提高了吊桥建设速度和水平。据统计，整个70年代，陇南、天水、甘南、临夏山区共修建人行吊桥51座，计长3 712.5米，吊桥开始由最初的大江大河向支流分布。这10年建成的最大的吊桥是文县中庙白龙江吊桥，全长194米，净跨154米。其他如武都白龙江上的桔柑、透坊、石门、城郊吊桥，岷县洮河上的堡子和天水渭河上的伯阳、立远、吴砦、桦林吊桥，以及大夏河上的双塔吊桥等都是超过百米的大型吊桥。甘南州在白龙江、洮河上修建了7座吊桥计长316米，其中洮河降差桥为机动车吊桥。这些吊桥虽跨径小、数量少，但也开

辟了甘南州修建吊桥的历史。这一时期，工矿企业、水电部门也投资共建了一些人行吊桥，既方便了职工生产、生活，也解决了当地群众过河难问题。如引大入秦工程第一次上马时，施工单位在大通河修建吊桥8座，计长571米。

农用机动车吊桥 1965年，天水新阳镇渭河上发生翻船事故，一次溺死20多人。在区工委的领导和兰州铁路局陇西工务段、省建五公司的技术人员指导下建成了全省第一座能通行手扶拖拉机的机动车吊桥，全长119米。该桥为单链柔式微型吊桥，悬索中置蝴蝶夹，钢梁木面。吊桥建设资金来自副业管理费、积累款和国家补助，受益乡村群众出动劳力。新阳镇吊桥的建成，无疑开创了在黄河流域宽浅河谷地带修建机动车吊桥的先例，为沿岸群

兰州什川黄河吊桥

跨128米。

新阳镇、平堡、什川等吊桥的修建为此后汽车吊桥的发展积累了技术和经验，激发了江河两岸地方政府和人民群众建桥的积极性。

吊桥建设的全面发展

众找到了一条解决"过河难"问题的途径。1970年，平堡吊桥建成，全长218米，该桥由高地群众利用民办公助、民工建勤完成，在技术运用、施工组织、群众参与等各方面起到了典型示范作用。同年，兰州柴家台黄河吊桥建成，全长210米。该桥由兰化公司投资建造，省交通厅派出技术人员作技术指导，是省内第一座由工矿企业投资，建成后直接服务于工农业生产的机动车吊桥。此后，全省机动车吊桥的修建主要集中于永靖县境内湟水上。1973年在抚川建成1座机动车吊桥，长120米；1975年在周家、红城、二房、瓦房建成4座机动车吊桥，合计长520米；1980年榆中县来紫堡乡在桑园峡修建了一座机动车吊桥，净

1981年10月27日至31日，省人民政府委托省交通厅在武都召开了陇南山区吊桥建设会议。参加会议的有陇南、天水、甘南3市、州和部分县的负责人及市、县交通局长等共65人。会议总结、交流了多年来甘肃吊桥建设的经验，参观了武郡、宕昌新建和修复的两座吊桥，制定了3年建桥规划（1981年—1983年）。会议认真学习讨论了省人

玛曲齐哈玛吊桥

民政府1981年6月15日《关于加快陇南地区吊桥建设，尽快解决群众过河难问题的报告》的批复精神，制定了加快吊桥建设的具体措施。会议进一步强调吊桥建设要认真贯彻"民办公助"原则。但对那些确有困难的社队可适当放宽政策，提高补助标准。这次会议给全省吊桥建设指明了发展方向，推动了吊桥建设的健康发展。

酒泉冰沟吊桥

吊桥建设速度 陇南、天水、甘南是吊桥建设的重点，也是吊桥建设任务繁重的地区。1981年全省吊桥建设会议后，省政府拨出专款修建吊桥，省交通厅也从养路费中拨出一部分补助困难的社队修建吊桥。1981年至1984年，各市、州利用这一优惠政策，共建吊桥67座，计长4781.8米。嘉陵江上的几座汽车吊桥均是这几年建成的。1985年，国务院决定动用部分粮、棉、布，采取"以工代赈"方式修建农村公路，吊桥被列入代赈项目。到1990年，6年时间全省就修建吊桥58座，计长706.58米。

除了采用"民办公助"、"以工代赈"方式修建吊桥外，省交通厅投资651.38万元，在国道212线玉垒关关头坝修建了一座荷载20吨的汽车吊桥，此为干线公路第一座现代化悬索桥。

1981年至1991年是甘肃吊桥发展最快的十年，共计修建吊桥125座，计长1.18万米。从此以后，甘肃吊桥建设进入一个改建、新建、重建或移地建造和维修并重的发展时期。一是钢筋混凝土桥替代吊

阳坝龙潭吊桥

玉垒关关头坝吊桥

桥，这一部分吊桥的取代主要是由于县乡公路向山区延伸的结果，以及吊桥所在地经济发达所产生的效应；二是在没有吊桥的村社新建吊桥；三是将替代下来的吊桥拆除移地建造；四是对年代久远的危桥进行加固维修，使之适应农村交通运输的需要。

1991年以后的吊桥建设中，除了地方政府和交通部门继续加大对吊桥建设的投资外，社会各界也积极参与到吊桥建设之中，包括电力、林业、旅游、财政、宗教及个人捐助等。其中电力、林业部门是吊桥建设的重要参与者，水库周边和林区道路上的吊桥基本由这两个部门资助修建。如黄河刘家峡吊桥、八盘峡吊桥、白龙江清峪沟吊桥等都是水库附近重要的吊桥。白龙江、白水江风光秀丽，近几年建成了多处旅游景点，旅游部门为了方便游客，都在景点附近建有吊桥，既增加了收益，又方便了附近群众。临夏州境内大夏河沿岸的清真寺积极号召群众修桥铺路，通过捐款修建了许多吊桥，方便了信教群众出行。据统计：1991年至2004年，全省共新建、重建和维修吊桥76座，计长5 606.1米。酒泉冰沟吊桥、安平吊桥、白银黄河糜滩吊桥、永靖湟水瓦房吊桥、天水渭河元龙吊桥、崇信汭河吊桥、岷县岷山、中堡吊桥、武都北峪河焦家坝吊桥、白龙江小山坪吊桥、文县白水江玉垒坪吊桥等都是20世纪90年代及21世纪初建成的大型吊桥。至此，46年中甘肃公路交通部门指导群众共修建吊桥340座，计长2.77万米。上述吊桥中有30%在20世纪八九十年代进行了改建、移地建造，甚至废弃拆除。依据2005年上半年考察资料获知，全省共建吊桥393座，计长2.9万米，现存350座，计长2.6万米。

吊桥建设水平 20世纪80年代以后的吊桥修建，突出反映在建造技术和施工水平的提高上。面对量大面广的简易人行吊桥存在年久失修、影响交通的问题,省交通厅和各级地方政府以及相关部门想方设法解决资金进行维修。将简易平索改为单链(双链)简单加劲梁(钢桁架),木板面改为混凝土预制板或钢板桥面。在全省人行吊桥中,第一座预制板桥面是康县1980年修建的阳坝龙潭吊桥;第一座钢板桥面是武都县1980年修建的桔柑吊桥。经过长期使用证明,这两种桥面能提高荷载等级,增加桥面稳定性,延长使用寿命。原先只能通行人、畜的吊桥,经维修后能通行架子车、小型拖拉机或小汽车,受到群众欢迎。平堡吊桥历经5次维修,将主桥木纵梁换成钢轨梁,横梁和木板面经过防腐处理,引桥桥面换为钢筋混凝土板,后又增加了加劲钢索,后又将横梁和木板面全部换为钢材,先后投入维修费46万元。像这种属结构性维修的吊桥,全省经过有计划、分阶段维修了30座,显著提高了吊桥通行能力,促进了江河两岸经济发展。

新建吊桥注重了设计、施工质量。

1981年后,省交通厅组织技术人员依据甘肃地理特征,参照国内已经成熟的吊桥设计理论,绘制了结构不同的吊桥图纸,下发各市、县参照执行,极大地方便了基层技术人员的工作。这个时期设计的几十座大型吊桥美观大方,远望如虹桥飞跨。如渭河上的吊桥悬索大都采用蝴蝶式,既稳定了桥身,又增加了美感。这一设计理论后来推广到嘉陵江干流。对于大江大河上的吊桥,设计时尽量考虑当地的地质、地形,一跨过江,不设中间墩。在石料丰富的地方,尽量少用混凝土。如白龙江玉垒关关头坝大桥索塔为等截面钢筋混凝土,岸边墩采用双柱式混凝土墩。80年代以后,在设计工作中普遍采用了计算机,对复杂结构的应力情况和变型状态能很容易计算出来,作出准确分析。

随着钢铁工业的发展,吊桥所

靖远糜滩黄河吊桥

用钢材不再困难。角铁钢、工字钢、圆钢普遍使用，从而增加了吊桥稳定性，荷载量大大增加。在现存的吊桥中，简单加劲梁和加劲钢桁梁桥达到219座，玉垒关关头坝、齐哈玛、安平、糜滩等吊桥都是这一时期设计建造的钢桁架吊桥。

工艺方面，除了少数桥梁采用螺栓拼接构件和结连外，部分吊桥构件使用了焊接技术，节省钢材20%，节省人力50%，提高了生产效率，缩短了工期。但也有一些大型汽车吊桥构件统一焊接后，运到工地再用高强螺栓拼装，这是吊桥施工艺上的一大进步。

在吊桥施工方法上，技术人员还作了很多探索工作。白水江上柳元桥和白马河魏家咀桥均为单链钢桁架桥，修建时将桥体一分为二进行建造，最后用螺栓拼接为一体。这种施工方法可使两个工程队同时进驻施工，加快了施工进度。

甘肃吊桥基础工程主要分布于宽浅河谷，简易入行吊桥采用明挖基础，大型汽车吊桥采用钻孔灌柱桩基础。墩台一般为石砌墩台，双柱式墩较少，地锚一般埋入台地或嵌入岩石，较大型的吊桥还建有地锚检查室。

甘肃吊桥在发展过程中由于受资金、材料和技术条件的制约，也出现了一些问题，尤其是部分等资修建的吊桥问题就比较多一些，如吊桥的钢索型号不一，受力不均，桥体稳定性差。有些吊桥所用钢材质量差，一经建成就成为危桥。还有一些吊桥在设计上不规范，将单跨改为两跨甚至三跨，一孔受力导致其余各孔都受力，最终桥体变形，无法使用。有些机动车吊桥建成后，因管理不善，任由重载汽车通行，终致桥毁。

吊桥养护与管理 甘肃吊桥的养护、管理基本按"谁修建、谁受益、谁管理"的原则进行。但由于体制方面的原因，多年来省交通厅把县乡、乡村道路上的吊桥一直列入地养范围，每年按实际情况拨款维修养护。1999年，全省列入养护的吊桥265座。从2000年开始，省交通厅只将46座、计长3477米的吊桥列入管养计划，其中兰州5座，计长576米；定西5座，计长214米；庆阳8座，计长91米；临夏1座，计长45米；甘南11座，计长328米；天水16座，计长2 223米。其余吊桥均由乡村自养。这些由乡村自养的吊桥一般由受益村庄群众管护，定期更换木面板，新建的吊桥还派人看护。

个人捐资或集资修建的吊桥收取过桥费，一次0.5元至1元不等。工矿企业、林业、电力、旅游部门修建的吊桥由各建设单位管养。

吊桥的大规模发展，使边远山区群众下了山、过了江，摆脱了千百年来"蛟龙锁扛"的桎梏,解放了生产力,精神面貌、生活水平发生了很大的变化,山区群众开始走上脱贫致富的康庄大道。吊桥也成为边远山区的一大景观,引得文人骚客流连忘返。天水人甄载明曾写有《参观大通河新建吊桥》诗:

　　　　吊桥十丈玲珑跨,
　　　　万壑千峰一抹青。
　　　　傍水重楼浑似画,
　　　　桥头小坐看云停。

文县农民张跃华有《文县关头坝吊桥》诗,他这样写道:

　　　　钢索凌空吊,桥飞百丈虹。
　　　　横江形势壮,锁岸画图工。
　　　　人影行波底,车声吼谷中。
　　　　旅游兴富路,天堑坦途通。

公路隧道贯穿山岭

甘肃公路隧道始建于1966年,第一座隧道就是当时的定天公路鸡嘴山隧道。鸡嘴山隧道位于原定(西)天(水)公路173公里加217米至173公里加882米之间,其间共长664.01米,其中隧洞长226.5米。全部工程共开炸洞身石方1.24万立方米,使用混凝土共3451立方米,砌石1 929立方米。耗用水泥975吨,木材850立方米,钢材3.5吨,炸药26吨,使用劳力6 795个工日,使用投资71.5万元。

定天公路原属傍山沿河路线。1952年铁路部门在渭河上游约600米处,修建了一座渭河铁路大桥,导致河床主流变迁,主河道直冲鸡嘴山脚下,从而使这段公路于1959年被洪水冲毁而中断交通,形成行旅绕山,车辆涉水,夏秋河水暴涨,阻断交通的局面。直到1965年,经天水公路总段申报,提出由二十里铺进沟翻越麦垒山再下到三十里铺接原公路的方案。在省上决定由省公路局县乡道路测设队施测,县乡道路科苏钰前往检查工作时,发现是一条不可采用的越岭路线,建议在去麦垒山脚下开凿一段200米左右长的隧道,衔接两端旧线,并提出

定天公路鸡嘴山隧道

10个不可采用的理由。由于意见不一，久议不决，1965年6月，省交通厅赵亚东厅长曾派副总工程师钱予格、公路局工程师陈达等9人，会同天水公路总段、甘谷县领导，经实地勘查，了解对比，决定采用隧道这一方案，由省交通厅测设队测设，工程师兰汝惠等设计，省交通厅第三工程队承建。

1966年9月20日开始测量布点、施工，当时正值"文革"，其间延误了很多时间，直到1967年9月竣工通车。

继鸡嘴山隧道建成后，又相继建成宜兰路柏林子隧道和子午岭隧道。其中柏林子隧道位于宜兰公路919公里加500米处，全长318.5米，两侧人行道各宽0.75米，行车道净空高5米，洞内利用自然通风，无照明设备。工程由省公路局第三工程队施工，1973年10月开工，1974年11月建成。1972年以后小型公路隧道也开始发展，主要有岷代公路八路峡，两郎公路下石门，元东公路金龙山、镜石、槐树梁、岭岗、石岭梁，槐大公路鬼门关，十石公路壮河，水皇公路蜗牛峡等。1978年以后在国道109线四道岘、国道212线七道梁和骆驼巷等处先后新建了中型和特大型隧道。到1990年底，全省共有各种结构类型的隧道31座，计长4247.82米。其中最主要的隧道是七道梁隧道。

兰州七道梁隧道位于原甘川公路23公里加020米处，距兰州市区22公里，扼兰州市南出口通道之咽喉要地，其进口段950米，出口段610米，隧洞全长1 560米，引线长810米，隧道净高5米（拱顶最高7米）。全洞开炸石方13万立方米，土方近500万立方米，衬砌填充混凝土6.7万立方米。

七道梁原行车条件不好，甘川公路通车时有很长一段路系便道通车，纵坡超出13%，个别路段平曲线半径只有8.1米。早在1958年，在改建七道梁路线时，就提出过修建隧道的设想，由于资金限制没有实现，直到1971年才进行勘测。省交通规划设计院曾用两年时间，直到1984

甘川公路七道梁隧道

年写出了可行性研究论证报告，随即由杜学诚、钱明、吴淑奇、戴永昌等工程师进行结构设计。1985年11月，经甘肃省计划委员会批准项目计划任务书，1986年1月，经甘肃省原建设委员会批准初步设计方案，并列入交通部国道重点项目建设计划，铁道部第一工程局五处三段承担修建任务，采用"新奥法"施工。隧道工程共安排投资3402万元，其中交通部补助投资1700万元，地方自筹共1702万元。隧道于1986年11月25日奠基开工，1987年12月13日断面顺利贯通。历经3年时间，终于1989年7月12日全部竣工，并举行了通车典礼，典礼盛况空前。

20世纪90年代，公路隧道是以国道312线车道岭隧道的开建为标志的。车道岭隧道是甘肃省"八五"建设项目之一，隧道设计全长660米，拱高7米，净宽9米，其中路面宽7.5米，两边人行道各0.75米，内有照明、排水设施，整个隧道为钢筋混凝土拱型结构。该工程由兰州公路总段中标承建，从1990年6月20日开工至年底，除完成开挖掘进、土方工程外，并完成洞身进尺200米，1991年又完成洞身进尺460米，并于11月27日提前35天全线贯通，12月22日完成全部拱圈浇筑任务，累计完成工作量1015万元。"九五"期间，高等级公路大规模发展，首先建成的是国道312线树徐段泉家沟岘隧道，全长245米，是全省第一座平曲线隧道。1996年6月15日开工，1997年11月16日竣工。1998年6月天巉公路开工，沿线共设计修建唐家凤台、葫芦峡、王铺梁、朱家峡、坡儿川、马营峡等8处隧道，其中唐家凤台隧道全长2225米，宽10.3米，高7米，由中铁二十局三处承建。在施工中采取了"短进尺、弱爆破、强支护"的办法，取得了显著效果。1998年11月开工，2000年12月31日贯通，2001年12月31日竣工。兰白高速公路有高岭子左（733米）右（743米）隧道，分别与2000年6月29日和7月6日贯通。同年，巉柳高速公路上建成6座隧道，计长9856.56米，其中土家湾隧道上行线长1289.5米，下行线长1210米；白虎山

白兰高速公路高岭子隧道

隧道上行线长1 235米，下行线长1277米，赵家楞杆隧道上行线长973.3米，下行线长995米，新庄岭隧道上行线长1455米，下行线长1 422米。这几处隧道都集中在一处，是全省公路上隧道最集中的路段。2003年完成兰海高速公路七道梁隧道2座，其中上行线长4 003.19米，下行线长4 070米，净宽9.75米，净高5米。两隧道均设有通风竖耳，内设5个紧急停车带，隧道之间有5个停车横洞，5个人行横洞相连。上下行线分别于2003年10月和12月贯通。兰海高速公路上有3处5座隧道，计长6 094.1米。值得一提的是宝天高速公路隧道成为我省公路上隧道最多的一条公路。全线共有大小隧道23座，其中大坪里特长隧道全长12.286公里，单洞长24.576公里，是目前仅次于秦岭隧道的亚洲第二长隧。大部分埋深200米~500米，技术要求很高。隧道分别由中铁二十局和中铁十三局承担，2005年12月26日正式开工。

除了在高等级公路上修建公路隧道外，一些国道、省道经过的山岭路段尽可能地建成隧道以提高经济效益。如国道212线木寨岭隧道全长1 712米；江天公路隧道885米，省道210线腊巴公路铁尺梁隧道全长1 035米。这些隧道已成为甘肃公路上一处处靓丽的风景，显示着甘肃公路建设成就。截至2007年底，全省共有公路隧道77处，计长4.28万米，其中特长隧道2处、长8 073米，长隧道9处、长1.54万米，中隧道12处、长9 044.5万米，短隧道54处、长1.028万米。

勘察设计 科技先行

1949年新中国成立后，甘肃交通部门公路测设工作一般纳入施工范围，设有专门的测试机构。1956年，成立省交通厅第一测量队，不久又成立第二测量队，即女子公路测量队，队长由林淑渊担任，指导员由杜培芬担任，工程师马承周主要承担选线任务。女子测量队测量的第一条路线是由武都至文县长146公里的山区公路。同时在省交通厅成立设计室，同测量队共同负责全省公路测设工作。先后测设公路41条，总长3700公里。通过一段时期的锻炼，测设人员测设技术有了很大提高。测设依据原苏联《公路桥涵国家标准图册》等标准执行，并根据甘肃实际提出线路标准。到1957年底，全省共有3个测量队，职工180多人，其中工程技术人员14人。1961年10月，省交通厅在厅基

勘测人员在野外工作时的情景

建处成立两个测量队,承担重点工程测设任务。为了加强县、乡公路测设力量,1964年5月11日,甘肃省交通厅成立厅县乡道路测量队,这支测量队是在社会公开招考的50名毕业学生培训的基础上建立的,队长由杨树贵担任,工程师是兰汝惠。县乡道路测量队第一次测量的工程为甘谷鸡嘴山盘山路线和隧道。1965年,合并成立省交通厅测量设计队,编制180多人。同时各公路总段的测设队伍也得到加强。1965年—1976年11月间,全省共测设新建、改建公路90余条,计长5152公里。测设工作保证了公路施工的顺利进行。

1978年8月,省革命委员会以省革字第122号文决定,在原省交通局测量设计队的基础上,成立甘肃省交通规划设计院,院长萧子善,副院长孙士华、王点、黄克让,书记由萧子善兼任,副书记由阎珍担任,下设办公室、技术生产科、情报资料科、政治处、规划室、交通科研所、第一测量设计队、第二测量设计队。省交通局以96号文通知:省交通规划勘测设计院于1978年11月1日开始办公。1980年,设计院院长由王点担任。1996年又将原名改为甘肃省交通规划勘察设计院,业务范围扩展为路业勘测和野外考察。设计院的成立标志着甘肃公路勘测设计进入一个正规发展的渠道。到1990年,全院共有职工224人。各地、州、市和公路总段都在工程队、工程科内配备了专职技术人员,主要承担县、乡公路大中小型桥梁和大、中修工程的勘测设计工作。

1991年以后,全省公路勘测设计工作适应高等级公路发展的需要,获得了长远发展,科技先行成为最突出的特点。2003年5月省交通规划勘测设计院通过ISO9001—2000质量管理体系认证。12月,省交通规划勘察设计院成功改制为省交通规划勘察设计院有限责任公司,是甘肃省内首家由事业单位改制为股份制公司的勘察设计单位,现有职工308人,其中教授级高工和博士4人,高级职称和硕士生学历人员74

人、专业技术人员比例为78%。下设行政管理部、科技研发部、经营开发部等7个管理部门,第一设计处、第二设计处、桥隧设计处、岩土中心、养护技术研究中心等11个生产部门,甘肃兴陇监理有限公司、兰州朗青交通科技有限公司等4个投资公司。持有工程咨询、监理、测绘,公路工程勘察、公路特大隧道、特大桥、交通工程、地质灾害治理勘查、设计共10项甲级资质,水土保持、建筑工程设计、试验检测综合3项乙级资质。主要承担各等级的公路、桥梁、隧道、交通工程的勘察设计,全省公路网规划及公路工程可行性研究,工业与民用建筑工程设计和公路沿线设施设计,工程地质勘探和土木工程试验与检测,工程测绘和工程技术咨询,公路工程施工、监理,公路CAD开发和推广应用,工程科学研究、环境保护、水土保持、公路沿线绿化设计等业务。

改制后,设计院开始全面运行企业机制,不断完善法人治理结构,企业内部形成了合理的决策、执行和监督体系。创新发展思路,正确分析内外形势,以"六个坚持,六个树立"的设计新理念指导勘察设计实践,由设计工作向设计创作的转变步伐明显加快,在我省公路建设中充分发挥着技术支撑、技术保障和技术引领的作用;创新生产机制,在统一核算的基础上,对生产单位实行全面承包经营和产值比例分成为主的技术经济承包责任制,对管理部门实行与公司经济效益挂钩的目标考核责任制,较好地调动了员工的生产积极性;创新分配机制,全面实行绩效考核,不断增强股权的激励作用;创新制度建设,逐步构建形成了层次合理、内容全面、易于操作、执行良好的制度体系;创新投资公司改革,按照扶优扶强的思路推进内部产业调整,理顺了投资和产权关系,逐步规范了各公司的法人治理结构;创新人才培养,实施人才"百十工程"战略,设立人才培养基金,努立构建一支层次合理的经营管理队伍和专业配套的技术专家队伍;创新质量管理,不断完善质量保证体系,严格强化责任追究,努力提高勘察设计质量,在各项工作中取得了突

勘测人员测设兰(州)临(洮)高速公路时的情景

出的成绩。

坚持科技兴院战略，不断引进开发新技术，更新各项设备，改进勘察设计手段。2007年，设计院拥有微机近400台，全站仪7台，GPS定位仪2套10台，投影仪、喷绘机等多台套计算机配套设备，以及CARD/1计算机辅助设计系统、道路CAD集成系统、桥梁博士结构分析系统、桥梁通CAD辅助设计系统等软件在内的几十套适用软件，计算机出图率达到了100%，网络覆盖率达到了100%。以GPS全球定位、航空摄影测量、卫星遥感技术等为代表的数字化公路勘察技术广泛运用于各项公路前期工作中，大范围的数字化勘察成果，开阔了路线方案比选的视野，使设计方案不断得到优化。在高等级公路测设中采用GPS全球定位系统进行准确的平面控制；在路线、路基、路面、桥涵、隧道、互通立交设计及概预算编制上，从结构分析、计算到图表绘制，全部采用CAD技术；建立三维数字化地表模型DTM，通过透视图和三维仿真动画检查平纵面设计、平纵组合和景观设计，并据此进行修改和优化。航测1:2000地形图制作数模，将GPS、航测遥感和公路CAD集成系统、CAD/软件运用于路线设计中，为路线设计和优化提供了强有力的

勘测人员测设武(都)罐(子沟)高速公路时的情景

手段。

30年来，设计院全体员工艰苦奋斗、锐意进取，勇当公路建设的开路先锋，主要完成了省内主要河流上的大桥、省内大部分公路和绝大多数高速公路的设计任务。先后设计了省内最高的公路桥梁卢家沟特大桥、西部高海拔地区最长的高速公路隧道新七道梁隧道和省部示范工程宝天高速公路等典型工程，积累了丰富的黄土地区隧道设计经验。设计了七道梁、六盘山、唐家风台等88座公路隧道，单洞总长230.81公里。桥梁设计方面先后完成了三滩黄河大桥关键技术研究、桥梁通用图设计等多项研究成果，设计了玛曲黄河大桥、大河家黄河大桥、三滩黄河大桥等千余座桥梁。公路设计方面设计了忠树路、树徐路、天巉路、徐古路等二级专用路、凤郿一级公路、永山一级改高速、永山二期高速、山临高速、临清高

速、清嘉高速、嘉安高速、兰海高速、刘白高速、兰临高速、白兰高速、宝天高速、罗定高速等十几条高速公路。在路网规划、地质勘探、土工试验、工程监理、工程技术咨询等方面也取得了显著的成绩，编制了1991年—2020年《甘肃省干线公路网规划》《甘肃省高等级公路服务区建设总体规划》《甘肃省农村公路工程技术标准》等专集。累计完成公路工程预可行性研究5305.325公里，可行性研究8375.9公里，初步设计4609.634公里，施工图设计7203.181公里，房建设计98.7万平方米，地质钻探29.35万标准米、9.49万米。

建院以来，共取得桥梁通用图设计、小流域流量计算、公路隧道道微机辅助设计系统（结构CAD部分）、涵洞CAD程序、高等级公路"一体化勘测"操作程序等几十项研究成果。承担或参与了湿陷性黄土地区路基路面病害处治技术研究、高路堤下复合地基性状试验研究、西北中高海拔地区特长隧道通风、消防、救援系统研究、黄土半干旱地区公路绿化技术试验示范研究等几十项交通科研课题。广泛开展QC活动，共有应用VB、OFFIC组件及AUTOCAD开发公路设计程序、曲线多点顶推连续箱梁临理质量控制、瞬态面波勘察技术在工程勘察中的应用、全站仪PC卡技术在公路中边桩放样中的实际应用等多项QC成果，共有30余项设计成果获得省部级优秀咨询和设计奖，近30项科研成果获省厅级科技进步奖，近40项QC成果获省部级奖励。先后荣获"全国交通系统先进集体"、"全国交通系统创建文明行业先进单位"、"甘肃省诚信单位建设示范点"、"全国创建文明行业先进单位"、第二届中国技术市场协会金桥奖先进集体奖等多项集体荣誉，涌现出了全国交通系统优秀科技工作者、交通部劳动模范等一批先进典型。经过30年的探索和实践，设计院在全省乃至全国公路勘察设计市场中均树立了良好的信誉，锻炼了队伍，增强了自身的技术和经济实力，已发展成为西北排名居前，省内一流的现代设计企业。

经过数十年的努力，甘肃公路行业已形成以省交通规划勘察设计院有限责任公司为龙头的规划勘察设计网络。厅属单位公路养护、施工企业均设立了专门的处、科（室）、所，基层单位也配备了专业技术人员。市、县交通局、县乡公路管理站也建立了相应的科、室或配备了专业技术人员。有些还为适应公路市场需求，成立了勘察设计公司（所）。全省交通规划勘察设计工作基本适应了全省公路交通飞速发展的需求。

依法管理路产路权

1949年，新中国成立后，国务院、交通部、甘肃省人民政府、省交通厅先后制定了一系列有关加强路政管理的法规和制度，保证了公路畅通和公路运输车辆的安全运行。1950年5月，省人民政府发布《关于保护公路禁止铁轮大车行走的通知》，把护路、查路工作列入公路养管范围。1952年9月，西北交通部颁布《禁止铁轮大车行驶公路处理办法（草案）》，省交通厅立即贯彻执行，动员沿路群众整修大车道或在公路两旁修筑便道，为铁轮大车提供道路通行条件。

1962年6月，中共中央、国务院颁发了《关于加强公路养护和管理工作的指示》，省交通厅设立路政处，各总段、公路段、道班设立管理机构，各地、州、市也成立了相应的机构，全省路政管理形成了统一领导、分级管理的格局。1966年5月以后，路政废驰，毁坏公路的事经常发生。省交邮局于1972年10月颁布了《甘肃省公路养护和管理工作规定（试行）》，重申了路政管理工作的重要性，首次规定了公路用地范围、毁坏公路的行为得到基本制止。

公路渣油路面发展后，群众在油路上碾场、晒粮、挖沟引水、堆放杂物，甚至摆摊设点、砍伐行道树行为比较严重，于是1979年6月，省革委会颁发了《甘肃省公路路政管理通告》，同年6月省交通厅制定了《甘肃省公路路政管理实施细则》。1983年，省人民政府召开路政管理工作座谈会。会后成立了由主管专员、市长、县长为主要领导的路政管理联合办公室。1983年下半年，开展了以清理违章为内容的全面整顿、综合治理工作，其中天水、定西、临夏、兰州等地、州、市针对境内占用公路碾场、晒粮、危及行车安全问题进行全面治理。平凉地区为群众特意划出碾场用地2242处，彻底解决了公路上碾场问题。1986年，交通体制改革，路政管理处于失控状态。省人民政府明确了

全省路政管理工作表彰大会

路政工作由交通部门管理的要求，全省公路部门所属路政管理机构又恢复起来。厅公路局和公路总段成立了路政科，各地、州、市交通部门恢复了路政机构。

1987年10月，国务院颁布了《公路管理条例》。1988年6月，交通部颁布了实施细则，路政管理进入依法治路的新阶段。为了依法办理路政案件，1993年9月25日，兰州公路总段经与兰州中级人民法院协商成立了"兰州市中级人民法院驻兰州公路总段巡回法庭"，并与各县人民法院联系，在5个公路段分别成立了"执行室"。"巡回法庭"和"执行室"的主要任务是协助公路路政部门依法处理路政管理工作中的重大案件和难度较大的案件。1995年，为加大依法治路力度，保护路产、维护路权，同时积极指导、协调全省各地人民法院驻公路总段"公路巡回法庭"的工作，依法维护和监督公路行政执法部门正确行使行政职权，使公路管理工作和法院审判工作更好地服务于经济建设，本着规范执法、方便诉讼的原则，经甘肃省高级人民法院与省交通厅公路局共同努力，设立"甘肃省高级人民法院驻公路局行政执法联络处"，5月11日，在省公路局举行了联络处挂牌仪式。在此之前，全省各级公路管理部门在司法部门的大力支持下，陆续成立了"公路巡回法庭"和"执行室"，仅1994年就审理强制执行路政案件250余起，依法维护了路产路权，使公路路政管理逐渐步入法制化轨道。

公路局行政执法联络处的主要职责有：开展法制宣传；提供法律咨询；受理非诉行政案件的强制执行；培训行政执法人员，提高执法人员的执法水平。

1997年1月20日，甘肃省第八届人大常委会第25次会议通过《甘肃省公路路政管理条例》，这是1949年以来，我省由地方人大颁布的第一

整装待发的白银公路总段路政执法队伍

部有关交通行业的地方性法规。条例共计39条，主要从管理职责、路产管理、公路两侧建筑红线控制、法律责任等方面做了规定，为公路养护管理部门有力保护路权、路产，提供了法律依据，同时对执法主体资格也做了明确规定。当年，省交通厅组织全省各级路政管理机构大量人力对《条例》进行了广泛宣传，使《条例》基本内容在沿线群众中深入人心、家喻户晓。当年共查处各类违章建筑3210处、11.18万平方米，查处各类路政案件2122起，收缴补偿、赔偿和占用费共计670余万元。路政执法进入新阶段。

自1988年国务院《公路路政管理条例》颁布施行后，甘肃省路政管理形成了两种管理模式：一种是"条条管理"，由省交通厅直属领导，形成省公路局——省公路总段（分局）——公路段的垂直管理体系，省公路局内设路政管理处，各公路总段（分局）内设路政科，县公路管理段设路政办（股）；另一种是"块块管理"，由地方交通主管部门领导，市、州交通主管部门内设路政办或路政科，县交通主管部门在其所属的县乡公路管理站内设路政管理机构。全省所有路政人员的聘任和经费均由省公路局核准和拨付。高速公路和其他收费公路以及在建、新建公路的路政管理，按照"属地管辖"的原则，分别由所在地公路总段（分局）派驻了路政大队。

2000年4月1日，交通部颁布实施《超限运输车辆行驶公路管理规定》。2003年4月16日，省人民政府以甘政发[2003]32号文件，发出了《关于加强对公路运输中超限车辆管理的通知》，明确了全省治超工作要依托安西柳园、武威六坝河、兰州盐场堡、兰州西果园、红古青土坡、泾川王家沟、定西十八里铺、靖远三滩、天水北道金龙、徽县江洛、宁县长官共11个公路通行费收费站（点），对超限运输车辆进行监测和卸载。同年11月，省政府以甘政发[2003]101号文件，将天水北道金龙、靖远三滩和徽县江洛超限运输车辆监测站点分别调整至天水北道伯阳、白银平川新墩和徽县麻沿，同时新增设嘉峪关监测站。2004年5月，交通部、公安部、发展改革委等七部委联合印发《关于在全国开展车辆超限超载治理工作的实施方案》，货运机动车辆超限超载治理工作在全国全面展开。同年6月，省政府办公厅成立了由副省长杨志明任组长的全省治理车辆超限超载工作领导小组，领导小组下设办公室，办公室设在省公路局。2006年10月，省政府以甘政发[2006]90号文件，在原有治超监控检测站点的基础上，调整并新增了兰州市花庄、白银市白墩子、新墩、定西市尖山、平凉市神峪、凤口、庆阳市板桥、甜水镇、天水市百花、莲花、陇南市两当、王坝、余家湾、甘南州王格尔塘、临夏市牛津河、酒泉市柳园、金塔、阿克塞、张掖市南华、老寺庙、民乐、武威市青林、石门河、金昌市下四分治超监控检测站，全省治理超限超载车辆监控监测网络得到进一步建立和完善。

2000年12月28日，兰州公路总段路政管理支队正式挂牌成立。这是兰州公路总段为进一步提高省城进出口路的通行能力，以适应即将转换的公路建、养、管新体制而率先成立的第一支依法治路的路政管理支队。支队下设兰州、榆中、永登、红古、中川、河窑所6个大队，具体参与有关路政诉讼活动，依法对兰州境内公路进行管理，行使行政处罚的权利。

2002年，省交通厅在厅属公路系统内推行"一分局四实体"改革试点工作，将全省其他13个公路总段（分局）内路政科更名为路政管理支队，全省75个公路管理段内设立路政管理大队。高速公路、收费公路和新建、在建公路路政管理工作由所在地公路总段（分局）路政管理支队派驻路政管理大队负责实施。地方公路系统的路政管理机构保持不变。

2002年12月31日，省物价局、省财政厅、省交通厅为加强我省公路建设和路政管理，依法保护公路路产，确保公路安全畅通，根据《公路法》和《甘肃省公路路政管理条例》，联合制定了《甘肃省公路路产损坏赔偿收费标准》，《收费标准》规定的是最高限额，各级公路管理机构为公路路产赔偿费的执收单位，当地物价部门办理《收费许可证》，所收费用按省级预算外资金实行"收支两条线"管理，收费使用省财政厅统一印制的收费票据，收费收入全额上缴省级财政专户，支出按批准的预算执行。同时，《甘肃省公路路政管理工作规定（试行）》《甘肃省收费公路路政管理实施办法（试行）》《甘肃省新建、在建公路路政管理实施办法（试行）》印发。这三个文件是从我省公路建、养、管工作实际出发，重点在甘肃省公路路政的管理体制、人员编制、行政执法、队伍素质等方面做出的新规定；为切实加强收费公路路政管理工作，保障公路完好畅通；确保新建、在建公路的路政管理工作而制定的。

为进一步理顺公路路政管理体制，建立与社会主义市场经济体制相适应的"依法行政、组织高效、管理科学"和适应国家公路管理发展需要的新的公路路政管理体制，2005年4月，根据省机构编制委员会甘机编办通字正2005 17号和省交通厅甘交人正[2005] 25号《关于成立甘肃省公路路政管理总队的通知》要求，将原省公路局路政处更名为甘肃省公路路政管理总队。2005年11月25日，甘肃省公路路政管理总队正式揭牌成立。省路政总队为正县级建制事业单位，隶属省交通厅管理，内设机构"一办五科"，即行政办公室、政工科、审理科、稽查科、财务科和高管科，高管科对外加挂省公路路政管理总队高速公路路政支队牌。经批准，甘肃省公路路政管理总队的主要职能是：负责全省公路路政工作的行业管理，指导各级公路路政管理机构的具体工作；负责宣传、贯彻执行公路管理的法律、法规和规章；负责公路两侧建筑控制区的管理及占用挖掘公路的管理、超限运输管理；负责依法查处各种违反路政管理法律、法规、违章的案件；负责对合法占用挖掘公路的行政审批；负责组织实施路政巡查，负责维护公路养护作业现场秩序。在省交通厅的大力支持下，全省国、省干线公路和高速公路路政管理机构形成了"总队——支队——大队"的三级管理体系。全省共有14个路政管理支队、75个国、省干线公路路政大队、16个高速公路路政管理大队。地养公路中各市（州）交通局和矿区交通局共设有路政科（办）15个，所辖各县（区）路政办81个。与此同时，治超常设机构变更设在省路政总队，全省经规划和批准的治超检测站达到36个，其中国家Ⅰ类站14个，省级Ⅱ类站17个，省级Ⅲ类站5个，目前建成运行的16个，在建的14个。全省共有正式在编公路路政管理人员1134人。全省路政机构共管辖高速公路（含一级和二专）1938公里，收费公路2341公里，省养公路7982公里，地养公路2.54万公里，合计管护公路总里程3.77万公里。各级路政机构共配备专用路政巡查车190辆、流动治超车3辆。

自2005年省路政总队成立以来，全省各级路政管理机构共出动执法人员42万人次，检查车辆254万辆，查处超限超载车辆18.4万辆，卸载货物16.5万余吨，使超限车辆比例由治理前的72%下降到目前的5%以下。共查处公路违法建筑1.32万平方米/2759起，查处损坏路基路面14.22万平方米/5616起，查处损坏公路行道树3012株/623起，查处蚕食侵占公路47.11万平方米/2.3万起，查处损坏标牌（桩）4126块（根）/849起，查处损坏桥梁栏杆、护栏、墩2.45万根/2011起，查处违法埋设电杆、广告牌1.34万根/6348起，埋设管线、管道4.22万平方米/833起、挖路引水7.25万平方米/1023起。路政案件查处率达到97%以上。省路政总队3年来共受理各类许可事项2360余项。自2006年省路政总

队设立财政专户至2008年4月底,全省共收缴路产赔补费和超限超载补偿费1.8亿元。共举办各类执法培训班、讲座266期次,累计培训路政执法人员3782人次,持证率达到100%。共张贴布告、宣传185.5万份,制作宣传标牌1.22万多块,喷刷宣传标语73.7万多幅,出动宣传车3.75万多次,散发宣传资料260多份。

2008年5月29日,《甘肃省高速公路管理条例》经甘肃省第十一届人大常委会第三次会议审议通过,于2008年7月1日起施行。《条例》的颁布,标志着我省将彻底改变高速公路管理缺乏法律依据、职能界定不清的局面,为高速公路管理提供了法律依据和制度保障。

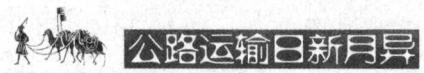

新中国成立以来,甘肃公路运输市场经历了由初级向高级的发展历程,运输工具也实现了由马车时代向汽车时代的转变。伴随着高等级公路的发展,公路运输也正式走上了快速发展的轨道。

以民间运输为主的"马车时代"

甘肃公路运输起步较晚,曾经发展缓慢,十分落后。1921年开始有第一辆汽车,1922年试办私营汽车运输公司,1935年西兰公路上正式开通客货运业务。但由于汽车数量少,公路运输的主力是民间运输工具。

1949年,全省共有汽车1866辆,其中国营营运汽车131辆、私营商车1 100辆,玉门油矿、甘肃田赋管理处等单位自备汽车635辆。汽车车型杂,配件不足,能行驶的汽车不多。

随着人民解放军的西进、南下,公路沿线运输机构组织车辆进行了大规模的支前运输,同时积极抢修报废汽车,恢复汽车运输业务。当年投入营运的国营客货汽车286辆,完成货运量28万吨。1951年,正式成立甘肃运输公司,同年修复和拼装旧废车辆200辆,壮大了国营运输企业的力量。1953年从四川、贵州等省调进小道奇、万国、雪佛兰牌汽车70辆,从省粮食厅移交汽车40辆。1954年前后,交通部分配苏联产吉斯150型汽车264辆,波兰产星20型货车540辆,又从上海打捞公司购美国产大蒙田大型货车41辆。1956年,分配国产解放牌汽车60辆。同年,完成私营汽车运输业社会主义改造,纳入国营运输业的私营汽车850辆,年底已有酒泉、兰州、天水、武都运输公司和公私合营平凉、河西堡运输公司,以及临夏、甘南州汽车队。

随着汽车运输业的恢复,跨省运输活跃。由最初的以甘肃运力承担甘陕、甘新、甘青、甘宁间客货运业务为主,发展到双方协运互营。当时由于客车(时称轿车)少,所以跨省路段的客运除轿车外,其余用货车代替。通常情况下,兰州至乌鲁木齐间日发3个~5个班次,酒泉至乌鲁木齐间日发2个~3个班次,兰州至西安间日发3个~5个班次。1952年,随着天兰铁路通车以及兰新铁路的西进,进出新疆人员往来频繁,客运量逐年增大。1950年,甘新间客运量3.47万人,1952年增加到37万人,1956年达到109万人,这种情况一直到兰新铁路通车才结束。甘青、甘宁间客运亦如此。货运方面主要是重点物资运输,如玉门石油东运和进藏物资运输等,不仅运输任务繁重,而且路途漫长,行车艰苦。

50年代初期的公路运输的主力是民间运输工具。1950年,全省共有胶轮马车1524辆,铁木轮车1.12万辆,

民间传统运输工具——马车

驮畜59.89万头,主要承担省内物资运输任务。由于铁木轮马车不宜行驶公路,所以逐年减少。1952年,全省从事营运的铁木轮马车减至5 323辆,从事营运的胶轮马车增至3819辆。由于运力不足,交通部门组织大量的民间运输工具从事公路运输业务。1953年,完成公路运输量268.15万吨,1957年达到1 242万吨,每年平均增长35.8%。当年,全省民用汽车达到8 109辆,但运量只占公路运输总量的19%。

1958年,"大跃进"运动在全省大规模开展起来,公路运输业出现了运量大于运力的矛盾,而全省汽车运力只能满足公路货运量的50%。为了解决这一矛盾,除组织机关企事业车辆和民间运力参与运输外,国营汽车运输企业开展了"双班"、拖挂和"列车化"运输。1959年,全省新增汽车800辆,主要投放省内煤矿,专门承担"炼钢"所需的煤炭运输任务,少量承度、高指标的影响,公路运输业损失巨大,汽车失修、失养严重。1961年货运汽车完好率由1957年的60%下降到43%。

从1961年开始,对公路运输业实行了调整,加强了运输经营和技术管理,运输企业由亏转盈,到1965年,完好车率达到了72%,创历史最好水平。对全省30种车型2260辆汽车按车型进行编组,改变

民间运输工具——机动板车

了车型杂乱、保修困难的状况。

地方运输企业发展壮大，全省有35个县都有了自己的汽车队，共有汽车285辆，每队拥有汽车六七辆不等。对国营畜力运输企业统一转为合作经营，下放一部分城市畜力支援农业生产。到1962年10月，全省共有32个运输合作社，有牲畜1 439头，畜力车443辆，人力车593辆，从业人员1537人。除上述归交通部门管理的企业外，沿公路各社、队都拥有自己的畜力车，主要承担农村物资运输任务。民间运力所承担的货运量仍占全省货物总运量的60%~80%。

马车运输与汽车运输并驾齐驱

1966年至1976年，我国石油工业发展迅速，国产汽车和汽油产量大幅增长，又由于公路路面改善，提高了运输效率，为汽车运输发展创造了条件。同时，由于公路交通部门运力不足，国家对厂矿企业实行了"谁有钱谁买车"的政策，调动了机关企事业单位购置自备车的积极性。到1976年，甘肃省民用汽车已发展到2.93万辆，比1965年增加1.85万辆，其中公路交通部门营运汽车发展到5 156辆，比1965年增加2 658辆。国产车大量增加，老旧车更新基本完毕，车型进一步简化。

公路运输企业在这一时期发展较快，除了省直属的第一、第二运输公司、直属车队和第一、第二汽车修配厂、轮胎修造厂、筑路机械厂、小汽车修配厂、交通水泥厂等企业外，各地、州、市也在下放公司、车队的基础上成立了自己的运输企业。1976年，全省地、州、市运输企业15个，客货运汽车4205辆。县级企业也发展较快，达到78个，有客货运汽车831辆。

国家机械工业的发展，直接促进了民间运输工具的更新换代。畜力车、人力车大量减少，各种机动车迅速增加。1965年全省畜力、人力车4720辆，1976年减到2964辆。1970年交通部门有机动板车61辆，1976年达到519辆。民间运输完成的货运量亦呈下降趋势。1976年完成货运量1219万吨，货物周转量6095万吨公里，占全省总货运量、周转量的50%和5.35%,同1957年相比,分别下降30.6%和25%。说明民间运输工具已开始向机械化、短途运输方式转变。

公路运输全面进入汽车时代

中共十一届三中全会以后,实行"对外开放、对内搞活"的新经济体制,工农业生产得到全面发展,城乡物资交流逐年扩大,公路运输业出现了新变化,各单位自备车大量增加。个体、联户和集体运输业迅速发展,运输市场得以开放,运输结构得到调整,公路运输业迎来了"人便于行,货畅其流"的大好局面。

在公路运输改革、搞活的过程中,变化最大的莫过于民间运输工具的变化。1978年,手扶拖拉机成为农村田间运输的工具,全省有5万台,到1980年迅速增加到7.2万台,公路沿线经营性质的畜力车和人力架子车彻底退出公路运输市场。1990年以后,三轮机动车逐渐代替手扶拖拉机,成为城乡短途运输的主要工具,到1995年,全省运输拖拉机已达25.42万台。同时,个体户汽车大量增加,并走上联营之路。1986年有公司、车行58个,汽车2287辆,到1995年发展到2.77万辆。当年,城乡个体(联户)客运量4675万人次,旅客周转量17亿

农村拖拉机运输

人公里,全年货运量5828万吨,货物周转量32.8亿吨公里。

汽车运输业已成为公路运输业的主力,但货运市场已退出专业交通运输企业,各类物资大部分由机关企事业单位和个体户自营自运,交通运输企业主要承担人次和839万人次,分别占全省总客运量的42.3%和48.9%,但旅客周转量分别为59%和33%,说明这一时期交通部门客车以长线为主,个体(联户)客车以短线为主,表现出农村客运业良好的发展势头。公路客货运量在五种运输方式中所占比重越显重要。由1990年的87.6%和85.5%提高到1995年的89.5%和87.3%。

公路运输进入现代化轨道

高等级公路建设推动了公路运输能力显著提高。首先是运输装备进一步改善。1997年,全省民用汽车保有量17.5万辆,其中营业性汽

汽车运输

车7.9万辆（货车6.1万辆，客车1.8万辆）。重型货车和小型客车、出租车分别占到25%和65%。集装箱、危险货物运输车等专用货车增加，达到5273辆。到2007年底，全省仅营运汽车就达13.5万辆，其中客车3.9万辆，货车9.6万辆，车辆结构得到根本改善，长线客车全部更新为豪华车辆，高级车达到679辆，卧铺车达到417辆，旅客真正享受到了快速、舒适、安全的优质服务。全省大型货车达到4.16万辆，重要货车达到1.63万辆。全省9.3万辆普通载货汽车中，8吨以上重型车达1.42万辆。其次是客货运量迅速增长。1997年，全省公路运输共完成客运量1.042亿人次，旅客周转量58.72亿人公里，完成货运量1.91亿吨，货物周转量98.34亿吨公里。到2007年底，全省公路运输完成客运量1.85亿人次，旅客周转量120.9亿人公里，完成货运量2.53万吨，货物周转量156.5亿吨公里。道路运输年产值达到93.4亿元。新增社会就业岗位2.16万个，从业人员达到29.93万人，包括农村道路运输从业人员在内，达到50万人，运输产值达270亿元。增加值40.6亿元，占全省第三产业增加值的24.1%，是对全省GDP总量增加值贡献最大的行业，也是全省开放程度最高的行业。第三，快速客运发展迅速。到2004年底，各市、州运输集团都组建了各自的快速客运公司，极大地方便了旅客出行。第四，站场建设加快，运输服务范围不断扩大。全省客运线路进一步拓展，达到3592条，全省乡镇通客车率达到99.84%，行政村通客车率达到75%。第五，运输结构进一步调整。随着高速公路的不断延伸，现代物流业开始起步，运输管理注入新的理念，实行了市（州）以下垂直管理体制。全省86户国有运输企业通过改制、联合、重组、完成产权多元化改革。各市、州运输企业二次改制全面结束，出现了庆阳三力、甘南雪羚等一批民营运输企业集团。在我省基本形成了以兰运、陇运集团为龙头，20家区域运输企业为骨干，450家客运企业和2.9万户道路运输业户共同参与的道路运输市场竞争格局。

2007年，道路运输结构调整取得新成果，市场主体活力进一步增强。全省拥有道路旅客运输业户1950个（含个体运输户），其中拥有100辆以上班车道路旅客运输业户达到112个，户均拥有车辆数由上年的16.2辆提高到20辆；从事班线客车运输经营业户274个，其中拥有100辆以上班车业户35个，户均拥有班车数由上年的25.7辆提高到40辆；从事汽车货物运输经营业户达到33305户（含个体运输户），其中从事普通货物业户2.94万个，从事货物专用运输业户3203个（同比减少了334个），户均拥有货车数由上年的2.79辆提高到2.89辆。货运方面由于普通散货准入运输市场门槛较低，依然存在经营户数过多、市场集中度较低的问题。2007年，我省优化运输企业组织结构，培育和壮大运输市场主体，全面完成了86户国有运输企业改制，重新确定了陇运、东运、兰运等15家省级重点联系企业，东运、天嘉集团和兰运集团联合对原兰运集团进行了改制重组，形成市场主体多元化格局。

随着轿车进入家庭，车辆维修、机动车驾驶员培训越来越受到社会的关注。全省车辆维修与检测、机动车驾驶员培训稳步发展，为道路运输提供了有力保障。2007年底，我省拥有机动车维修业户6288户，同比增长3.22%，其中：一类105户，二类823户，三类4751户，摩托车维修609户；机动车维修从业人员已达4.51万人，全年共完成维修245.04万辆（台）次。汽车综合性能检测站达21个，年完成检测量14.39万辆次。2007年，全省机动车驾驶员培训全面规范和加强管理，严格落实驾驶员培训大纲，强化节能知识和操作技能培训，逐步推广使用驾驶员培训模拟装置替代部分实车教学。全省机动车驾驶员培训业户174家，比上年增加8户，普通机动车驾驶员培训166户，从事驾驶培训的人员达3397人，教学车辆2304辆，教学场地699.94万平方米，年培训6.43万人次，培训合格5.77万人次，合格率达到89.73%。

高等级公路的发展，推动公路运输业进入一个全新的时代，路途劳顿不再是一种痛苦的旅途经历。军旅诗人胡志毅《陇原交通大发展感吟》（其一）这样描写道：

驶度立交桥，天光一望娇。
神怡驱寂寞，路阔任逍遥。
楼宇风驰过，车龙电掣飙。
物流通四海，经济举鹏雕。

各时期重点物资抢运

新中国成立后，甘肃的运力很大一部分投入到重点物资运输之中，重点物资主要包括石油、军需、食盐、煤炭、木材、粮食、饮用水等，有力地支持了国家经济建设。

石油东运 玉门油矿的石油东运开始于1939年，主要由玉门油矿自备车承运，运力不足时组织工商车辆承担部分运输任务。新中国成立后，玉门油矿作为我国的第一个天然油矿和供应原油、冶炼原油的基地，获得快速发展，原油外运增加，运输任务仍由油矿自备车运输，公路交通部门汽车运输企业承担部分运输任务。

玉门油矿原油、成品油运出，必须通过汽车运输，转到铁路线上，然后中转东北、华北炼油厂，或直接由汽车运至各炼油厂。1950年，西北石油管理局成立了运销公司，拥有汽车27辆，当年完成货物周转量2046万吨公里，次年又完成4415万吨公里。1953年运销分家，运输部分迁酒泉，与石油师三团组成玉门矿务局运输处。为了解决驾驶员不足的问题，培训驾驶员1226人，其中有一批女子驾驶员，组建了甘肃第一支女子运输队。同时，国家调拨一批车辆，汽车增加到810辆，其中参加原油东运的520辆。省交通厅也抽调国营和私营汽车协助运输油矿所需管材、油桶和基建物资，当时从波兰进口的20型汽车540辆，组成专用车队运输石油。1953年从玉门运出原油4403吨，1954年运出6.2万吨，1955年运出原油9.97万吨。

原油东运的车队浩浩荡荡、川流不息。冬天风沙弥漫，寒气袭人，尤其乌鞘岭、华家岭哈气成冰，往往导致油箱、油管、油料冻结，驾驶员不得不把大衣脱下来包裹油泵，甚至用棉衣点火烤烘油管。夏天烈日当空，驾驶室像蒸笼一样，使人口干舌燥。但广大驾驶员顽强拼搏，顺利完成了石油东运任务。

救灾粮运输 1960年，甘肃遭受自然灾害，中部和河西尤为严重，群众生活困难，救济粮运输成为压倒一切的大事。这一年，中共中央

国道312线上的石油运输

煤炭运输

决定从新疆调粮1亿斤,重点解决河西280万人的吃粮问题。

1960年12月,中共甘肃省委决定成立甘肃省粮食调运指挥部,由省委候补书记王耀华任总指挥,李萍任副主任,陈琦任办公室主任。西北局兰州会议后,中共组织部副部长李步新率工作组进驻定西地区,协同地委、专署及各县进行救灾调粮工作。中共张掖地委成立张掖专区粮食调运指挥部,地委书记薛程任指挥,副专员毛迎时、陈振国任副指挥。并决定在乌鲁木齐成立办事处和临时党委,由省交通厅厅长李萍任书记,陈振国、李材、胡广义任副书记。同时,省粮食调运指挥部在新疆大河沿火车站设立调运机构,各县设立了粮食接运点。省、地两级指挥部把运粮汽车编为7个大队,另成立公路养护大队和搬运装卸大队,于1961年1月到达大河沿。

粮食运输路途艰险,分散在10多个地区,先在鄯善或大河沿集中,然后火车运至张掖,再由汽车、大车运至粮点。最长运距1964公里,最短运距1076公里。在短短6个月内,把1亿斤粮食送到灾民手中,困难不言而喻。参加调粮的汽车1576辆,全部实行双班运输,每车配备5人,参加运粮的干部、工人达1.2万人。1961年7月,运粮任务胜利完成。

在1958年至1961年的调粮运动中,交通部门广大职工经受了考验,克服了运量成倍增长,运力严重不足,车况下降,配件奇缺的困难,共出车3000辆次,往返陕西、新疆、四川和省内各地,调运粮食达206.38万吨。为缓解全省灾情,解救人民生命做出了贡献。

腊子里木材运输 迭部县的腊子里林区,木材资源丰富,材质坚硬,经济价值很高。1960年,林业管理部门修通了腊子里公路,准备进行采伐。不久道路被冲毁,已采伐的2万立方米木材长期搁置山沟,成为困山木材。

1964年2月,省计划委员会和省交通厅商定整修腊子里公路,抢运困山木材。3月,成立会战指挥部,由省交通厅基建处处长王丁任总指挥,天水运输公司副经理牛玉山任副总指挥,并从交通部门抽调部分驾驶员会同岷县民工大队边修路、边运木。4月,又从各运输公司抽调300辆汽车参加木材运输。参加抢运任务的广大职工、民工克服生活上的困难,呕心沥血为木材抢运做出了突出的贡献。

经过4个月的艰苦奋战,共抢运出困山木材1万立方米,按时完成了任务,不仅锻炼了队伍,开辟了资源,而且解决了人民生产和生活的急需,减少了国家损失。这也成为规模最大的一次困山木材抢运行动。

会宁农村供水运输 会宁是甘肃中部干旱县之一,特别是北部黄土塬一带,人、畜饮水全靠储蓄雨水解决,若遇亢旱,往往人、畜迁陟数十里外生活,造成生产停顿,甚至人、畜死亡。因此,这里的人家以水窖的多少论贫富,素有"一碗油换不出一碗水"之说。新中国成立后,党和政府关心这里的群众生活,投巨资帮助这里的群众解决人、畜饮水困难,但水荒问题一直存在。1971年5月至8月,会宁县持续无降雨,全县有18万人口、13万头家畜无水可饮,引起中央和省上领导的高度重视。为了运水自救,会宁县除组织距水源较近的1万个劳力、1600辆架子车和3000多头牲畜运水外,还抽调汽车5辆、拖拉机2辆给边运山区供水。运输队伍每到一地,天上飞鸟闻讯赶来,地上牲畜嗷嗷吼叫,往往出现人鸟、人畜争水的场面。由于当时运力不足,运水几乎是日夜不停,受尽了酷暑的熬煎。

1972年,周恩来总理知道此事后,批示调拨定西地区解放牌汽车30辆,专用于会宁、定西、靖远3县缺水地区的运水任务。1973年,中央拨给会宁县救灾款买回水罐车7辆,省水利局无偿拨给汽车7辆,会宁县组建了抗旱救灾车队,先后给中、北部韩集、四方、甘沟、土高、河畔、新社等7个公社120个生产队运水2100多次,解决了3.3万人及4.8万头家畜的饮用水困难。灾区会宁县大规模、长时间地运水,在中国历史上是前所未有的举动。

开辟重点物资运输"绿色通道" 2004年,全省克服货运需求大幅增长、运力紧张等困难,千方百计挖掘运输潜能,加强运输市场的动态监测和市场整顿力度,采用多种形式,组建货运集团,全面完成了重点物资运输和紧急状态下的应急运输任务,为全省国计民生和国民经济的发展提供了道路运

兰郎公路上的木材运输

输保障。

2004年，全省加强对煤炭生产企业、电厂等重点供、用煤单位的煤炭供需、运输、运价等情况的调查，深入平凉、白银、金昌、嘉峪关等煤炭生产和电煤需求量大的煤矿、电厂、运输业户，调查煤炭生产、供需、运输、运价等情况，了解企业供需和运输现状，分析问题的症结，提出相应保障措施，加强对辖区内煤炭、粮食、石油及制成品、蔬菜及鲜活产品、化肥等重点物资运输市场的监测工作，结合全国"治超"工作，开通了粮食蔬菜农业物资运输的"绿色通道"、煤油工业物资运输的"黑色通道"，成功解决了榆中县蔬菜积压外运困难和平凉电煤运输紧张的问题，衔接好了来自全国各地的物资周转运输。全年全社会完成公路货运量和货物周转量2.12亿吨和129.97亿吨公里，同比增长2.4%和5.1%。

单位共同出资，以资产为纽带，以线路为依托，以国有骨干运输企业为龙头，组建成立了省内首家从事道路旅客快速运输的专业化公司——甘肃陇运快速客运有限责任公司。

甘肃陇运快客公司自2000年5月18日在兰州开业运行，截至当年底，就拥有豪华客车6辆（桂林大宇4辆、厦门金龙2辆），运营兰州至平凉和兰州至西峰线路，累计完成营业收入121万元，上缴税金4万元，提取各种规费6万元，累计行驶48.92万公里，完成客运量2.76万人次，旅客周转量966万人公里，平均实载率为50.1%。

陇运快客公司成立初期，就以强化服务为宗旨，创立名牌为重点，提高市场占有率为目标，依据"先行探索、积累经验、创立名牌、稳步发展"的指导方针，做了大量卓有成效的工作。首先，整章建制，初步建立起系统化的组织管理体系；第二，通过树立品牌意识，实施创品牌战略，运用包装、宣传、营销

快速客运驰骋陇原

2000年5月，经省交通厅批准，由省运管局、省公路局、兰州运输集团有限公司、平凉汽车运输总公司等

陇运快客公司的豪华客车

等方法，不断把陇运快客品牌推向社会；第三，树立"以诚为先，旅客至上"的服务宗旨，实施"一票直达、准点发车、正点到达、提供全程航空式服务、中途不随意上下旅客"的承诺服务；第四，积极开拓市场，开辟新的营销渠道，逐步形成快速客运网路，以兰州长途汽车站、长城宾馆为中心，向四周的车站、宾馆、学校进行辐射。通过上门服务、热线订票、订票卡等多种方式，扩大客源，延伸服务，方便旅客乘车；第五，根据客运市场需求，不断调整经营策略，通过季节性调价、团体优惠、节假日特价等营销手段，满足不同旅客的要求，又通过适时调整班次时刻，降低车辆成本费用，方便旅客出行。

2003年4月，经甘肃省工商行政管理局核准，"甘肃陇运集团"母公司名称定为"甘肃陇运实业集团有限公司"。由陇运集团公司控股，甘肃省公路局、兰运集团、平凉汽车运输公司等3家股东共同出资1000万元人民币，主要经营道路快速客运。2007年陇运快客公司加快减持国有股，

经营者持大股的产权结构转变，以混合所有制为主要形式，实现产权多元化，切实增加企业的竞争力。陇运快客自组建以来，取得了较好的经济效益和社会效益，公司经营状况年年盈利，"陇运快客"已成为甘肃快客运输的知名品牌，对带动全省快客发展发挥了重要作用。陇运快客公司现拥有控股、参股及加盟公司7个，资产总额近5000万元。公司现有中高级客车172辆（台），经营省际、省内快客班线29条，辐射邻省及省内14个市、州政府所在地和57%的县（区）。

2000年11月18日，"天水陇运快速客运有限公司"抓住宝天公路全线贯通的机遇顺利组建成立。公司注册资金500万元，年内投放8辆客车，开辟了全省首条跨省的天水至西安、天水至宝鸡的快速客运线

酒泉汽车运输公司的豪华快客

路。从运营情况看,实载率为80%。公司向社会承诺一票直达,准点发车,正点到达;开展航空式服务,中途不随意停车。公司的跨省线路开辟后,从天水至宝鸡只需3小时,到西安最多5小时。单发天水至宝鸡2个班次,天水至西安3个班次。

兰州运输集团公司的豪华快客

天水陇运快客公司是"甘肃陇运快客公司"的子公司,自成立以来,以其全新的经营理念和科学的管理方式,使公司得到了快速发展。仅2001年底,公司车辆已由当初的8台发展到17台,创出年营业额300余万元的佳绩。在企业经营发展的同时,还解决了47名下岗职工和城市待业青年的就业问题,取得了良好的社会效益和经济效益。

2000年12月12日,天水汽车运输总公司筹建的"天运准快速客运有限公司"挂牌成立。"快客公司"是天水汽车运输总公司吸引社会融资创办的。当年在天水至秦安的线路上,就投入了15辆南京依维柯豪华小型快巴,一票直达,实载率达85%,每月增加客运收入10万元。

2001年1月18日,"临夏陇运快速客运有限责任公司"在临夏汽车西站挂牌成立。"临夏陇运快客公司"是由临夏、甘南两州运输公司与省运输服务中心共筹措资金200多万元组建的股份制企业。公司购置了34辆豪华型金龙客车,专职培训了10名驾乘人员,开辟了4条营运班线。公司仅于当年底就完成旅客周转量7.878万人公里,实现营运收入115万元,盈利6.1万元。

2001年5月29日,酒泉汽车运输公司在原有班线的基础上,开通了酒泉至敦煌的"飞天"快客班线。

这条快客班线是酒泉运输公司根据多年来酒泉至敦煌班线班次多、旅客流量大的特点,经反复论证,为充分发挥敦煌当地的旅游资源,利用快客优势,满足不同层次旅客需求而开设的。公司一次性投资200万元,购进4辆宇通ZK6893中型高二级客车发展快客运输,并按快客的组织和运营方式,在敦煌客运公司成立了快客公司。"飞天"快客班线开通运营以来,以其一次到达、中途不上下旅客、司乘人员服务质量好，深受广大旅客的赞誉，已成为酒泉汽车运输公司的一条"品牌"班线。

2004年4月，酒运司又筹措资金440万元，新购2辆尼奥普兰高三级客车，更换了酒泉至敦煌的"飞天"快客。自新车投入运营以来，仅年底就实现营收200万元，产生利润49.2万元。

2002年，平凉公路客运有限责任公司联合自然人，多方筹资500万元，于5月加盟省陇运快客公司，成立了"甘肃陇运快客平凉有限责任公司"，并吸纳平凉市华荣运业有限责任公司为子公司，收购了崆峒区客运公司。公司组建后，积极调整车辆结构，添置高档豪华型客车，更新老旧车辆。经营方式上，从单一普通客货运，发展为快速客货运输、普客运输、汽车消费贷款代理的多元化经营格局。

"陇运快客平凉公司"的成立，使企业资产从8 000万元增至9 800万元，车辆由原来的405辆增至606辆（客车136辆：快客23辆、客运公司81辆、崆峒公司32辆）。载客车由年初30%上升到60%以上，当年实现营运收入600万元，上缴各项规费30万元。

2003年2月5日，陇运快客平凉公司又正式开通平凉直达北京客运班线，每天一个班次，下午14：00和14：30从平凉、北京两地发车，每个班次36个铺位，每铺280元，全程26小时，途经13个站点。此线路自开通以来就运行良好，以一票直达、准点发车、全程航空式服务、安全快捷的优势吸引了大量客源，在一定程度上也解决了乘客倒车换车的麻烦，一定程度地缓解了春运压力。

2004年4月，定西交通运输集团公司根据市场需要，投入300多万元，购置8部高级客车，对定西至兰州快

甘肃陇运集团购置的豪华型客运轿车

客运行车辆进行更新，进一步提高了服务档次。班次由原先30分/班调整到20分/班。由于定运快客信誉良好，营运收入一路攀升，快客收入也占到集团公司运输总收入的60%以上，成为集团公司客运的主力军。

2004年11月26日，兰州至海石湾高速公路正式建成通车，这标志着兰州至西宁两个省城之间的"直达"快速客运全线开通。甘、青两省参营企业兰州运输集团有限责任公司、甘肃陇运集团快速客运有限公司、青海奔羚达快客有限公司参加了快速客运首发仪式。兰西快速客运首期两省各核准参营客运车辆12辆，发车时间实行上午、下午切块发车形式，班次间隔为每30分钟一班，具体由参营企业根据客流疏密情况进行确定；兰西快速客运线路的开通，进一步促进了甘、青两省在道路运输领域和其他领域的合作与交流，对开放西部道路运输市场，实现西部道路运输的无缝链接和高效运转起到了重要的作用。

快速客运使饱尝交通不便之苦的甘肃人眼界大开，真正享受到了"朝发夕至"的优质、安全、舒适、高效的旅途环境，实现了"人便于行，货畅其流"的千年梦想。军旅诗人胡志毅《陇原交通发展感吟》（其二）中写道：

　　高速坦途千里驱，
　　　陇原大地遍良驹。
　　长空澄澈污烟少，
　　　绿水青山万木娱。

汽车站点遍布城乡

民国25年（1936年），西北国营公路管理局开办汽车运输业务时，在甘肃境内设有泾川、平凉、静宁、华家岭、定西、甘草店、兰州等车站。抗战时期，汽车站点相应增加，设在甘肃的有30个。但这些站点设施简陋，只是汽车停靠场所。到1949年底，设在甘肃境内的汽车站有46个，主要分布在西兰、华双、兰星、甘青、兰宁、兰武、岷夏及一部分支线上。新中国成立后，对老旧车站进行了改建、改造，新建了一些汽车站，站房均为平房，

民国时期的兰州汽车站

设备简单。从20世纪70年代初开始，逐年改善车站设施，新建大型汽车站7个，建筑面积达到10余万平方米，到1976年底，全省汽车站134个，代办站18个。在新建的汽车站中主要是张掖、西峰和临夏汽车站。其中张掖汽车站为新建3层楼房一座，候车室面积448平方米，宿舍78间，停车场5 600平方米，总建筑面积1.4万平方米。1974年竣工使用。西峰汽车站主体建筑为三层综合车站大楼，建筑面积4 391平方米，1973年投入使用，是当时省内设计较好，规模较大，建设较早的新型汽车站。临夏汽车站为三层砖混结构楼房，造型美观，宽敞明亮，设施齐全。此后车站建设投资规模进一步加大，"六五"期间，新建扩建车站总投资276万元，"七五"期间重点建投38个汽车站，此外修建县（市）乡（镇）汽车站17个。到1980年省属企业共有汽车站138个，到1990年，全省车站已发展到201个，公用型车站12个，代办站120个，公路客运线路1539条，营运里程5.7万公里。乡镇通车率达到84%，基本达到人便于行的目标。

这一时期，在新建的汽车站中，以兰州东、西站规模最大。

兰州汽车东站始建于1956年，为三层砖木结构楼房。1985年，省交通厅决定改建，同年12月31日正式开工，工程总建筑面积1.2万平方米，分两期建设，总投资6 825万元。1988年12月12日，车站改建竣工，交付使用。全部为框架结构，井桩基础。站楼主体共8层，高30米，候车大厅面积1405平方米，停车广场6 000平方米，设15个发车车位，每天发73个班次，每天运送旅客3 500多人次。兰州汽车西站始建于1978年1月，框架结构。4层楼房，建筑面积1.18万平方米，其中楼房面积6 736平方米。

"八五"期间全省建成一、二级汽车站13个，三、四级汽车站59个，货运中心9个。地、州、市客运站大都进行了新建和改建。1995年，全

兰州汽车东站

省一、二级汽车站达到52个，全部实现"三化"达标。河西五地、市的客运企业率先购置了豪华轿车，运输效率大大提高，实现了河西五地、市到兰州间的"朝发夕至"。

"九五"期间新建、改建汽车站47个，全省市、州汽车站完成改建工作。"十五"期间，制订并实施了"一主五辅"运输主枢纽规划，重点加快了"村村通班车"客运网路化工程为主的运输站场设施建设。5年共新建、改建等级客货运站89个，新建乡镇汽车站318个，行政村停靠点1 688个。实现了全省所有县区拥有等级客货运车站的目标。客运站达到414个，货运站达到32个。全省14个市、州汽车站智能化改造全部完成。全省客运线路进一步拓展，达到3 465条、1.58万个班次，其中跨省线路432个、790班次，全省乡镇通客车率达到94%，行政村通客车率达到75%。

2006年7月，省运管局在定西市鲁家镇举行"千乡万村"农村客运网路示范班线开通仪式，这标志着全省农村客运网路建设的全面展开。在启动仪式上，省交通厅厅长杨咏中宣布全省农村客运网路建设工程全面启动，全省"千乡万村"农村

新建成的兰州客运中心

客运网路示范班线正式开通。到年底，新建乡、镇汽车站150个，行政村汽车停靠站1 000个。全省乡镇通客车率达到99%，行政村通客车率达到89%。此外，当年建成4个客货运站场项目，新开兰州汽车南站等11个项目。汽车站场建设，特别是农村汽车站点建设进一步方便了人民群众出行，加快了道路交通的城乡一体化进程。

2007年，全省共完成道路运输固定资产投资30.13亿元，其中，站场建设项目完成投资8.71亿元（其中省交通厅补助站场建设项目完成投资6.39亿元，占年计划的100.6%；社会建站完成投资2.31亿元）；运输装备完成投资21.43亿元，占年计划的105.3%。公路运输枢纽站场项目建设有序进行，全年建成省道路运输站场资产监管中心、陇西宇臻物流中心等10个客货运站场项目；兰

新建成的兰州汽车南站

州客运中心站、白银汽车西站、嘉峪关物流中心、西峰汽车南站等15个项目开工建设;甘肃省快客汽车站等18个项目的前期工作取得积极进展。农村客运站项目建设稳步推进,全年新建乡镇汽车站120个,行政村汽车停靠站360个,城乡公交换乘站12个,全省乡镇汽车站达到588个,行政村停靠站达到3048个。亚行农村客运站项目开展了前期调研和选址工作。信息化项目建设完成了6个市(州)道路运输信息中心、22个县(区)信息站、8个运输企业信息站和43个企业应用平台建设。

2007年底,全省拥有等级客运站1033个,其中:一级站17个,二级站41个,三级站66个,四级站177个,五级站732个;简易站及招呼站778个,农村客运站1378个。货运站44个,其中:一级站3个,二级站15个,三级站9个,四级站17个。全省现已开通客运班线3592条,平均日发班次1.74万个,其中:跨省班线327条,平均日发班次641个,高速公路班线358条,平均日发班次1865个,跨市(州)班线685条,平均日发班次2137个,跨县班线815条,县内班线1765条。全省营运里程69.2万公里,延伸到了全国24个省(自治区、直辖市),快速客运覆盖到了全省100%的县(区),客运网络逐步完善。汽车站成为城乡迎来送往的重要场所,是文明建设的重要"窗口"。汽车站的建筑风格集中了各市、州的地域特点和民俗风情,给国内外游客留下了难忘印象。嘉峪关新汽车站楼顶有报时钟,声音达数里,夜阑时尤远,边关晨钟,唤醒亘古荒漠,令人浮想连翩。酒泉人薛长年《夜闻钟声》一诗饶有趣味:

静夜风清星满天,
钟声袅袅伴人眠。
依稀梦里姑苏渡,
错认寒山到客船。

民营运输最早称私营运输或非国有运输（个体运输）。根据运输工具的不同，民营运输又分为传统工具运输和机动车辆运输。传统工具运输指传统的人力、畜力和畜力车运输；机动车运输主要指拖拉机、三轮车、农用车和个体汽车运输。新中国成立后，民营运输经历了50年代的初步发展和改革开放后的蓬勃发展两个时期，运输工具也经历了由传统工具向机动车的过渡。在国民经济的发展过程中，它们承担了重要的任务，发挥了不同的作用。

私营运输业的恢复和社会主义改造

新中国成立初期，全省私营运输业务由军管会统一管理、组织。据1949年8月的不完全统计，全省有常年或季节性从事社会运输的各种畜力车1.27万辆，驼畜59.89万头。这是一支重要的运输力量，种类繁多，数量庞大。由于当时的汽车运输十分有限，全省80%以上的物资运量都由这些传统的运输工具承担，它们在解放初期支前运输和全省国民经济恢复时期都做出了积极的贡献。仅支前运输一项，当时的定西专区就组织畜力车5 000辆，牲畜6 367头，动员民工3 000余人，共承运军粮1 101万公斤，有力地支援了兰州战役。兰州解放后，军管会交通处就组织私营汽车140辆，承担了河西地区人民解放军军粮、军衣和弹药的运输任务。

1950年—1952年上半年，首先对兰州、天水等主要城镇的私营搬运行业进行组织整顿。废除了封建把头制度，成立了工会组织。1952年后半年先后成立了兰州市搬运公司和天水市搬运公司。其中兰州市搬运公司设立13个搬运站，共有各种私营车辆1 498辆（其中胶轮马车1 313辆，农村副业车185辆，小车585辆），非固定工人3 053人。对于私营车辆的组织方法，兰州市搬运公司以30辆~40辆为1队，民主推选队长1人，代表车队与公司之间办理业务手续。在兰州市的长途运输车辆由省联运公司通过大车店及车主自愿组织765辆。1953年曾一度扩大到17个车队，嗣后又合并调整为14个车队，共有胶轮大车1 304辆，另外，天水联运站也组织了一个车队，共有胶轮大车120辆。其他如酒泉、平凉、庆阳专区以及临洮县、岷县和碧口等地对私营运输工具也进行了组织。1955年,全省编组编队的畜力车达到3 718辆,占全省公路运输总量的90.34%,通过合理组织,顺利完成了省内粮运、武威盐运、乌鞘岭铁路工程所需物资运输任务。1952年,私营运输工具完成的公路货运量和货运周转量分别达到了83.5%和35.65%。1953年以后,私营运输工具完成的运输量每年以33.35%和22.5%的速度递增,私营运输业在国民经济建设中发挥了主力军作用。

解放初,甘肃的私营运输大部分是个体经济,少部分属于资本主义经济,尽管它们在解放初期支前运输和全省国民经济恢复以及承担物资运输等方面都做出了积极的贡献,但是私营运输业,尤其是私营汽车运输业,凭借资产阶级的经营方式和私有制经济随便开支等条件,进行违法营运,采取行贿等手段把持货源,哄抬物价,甚至投机倒把,私运违禁物资,转移资金等,从中牟取暴利。这一现状同坚持走社会主义道路,建立以公有制为主体的社会主义公路运输经济是不相适应的。

1953年,交通部提出"改进地方国营运输企业的经营管理,整顿和改造私营运输业。加强对民间各种运输力量的领导,以充分发挥现有运输工具与设备的潜在力量和逐步重点地发展现代化运输工具,以适应日益增长的经济建设和广大人民生活的需要"的意见,同时根据国家有关政策,面对国营汽车和私营汽车比重为1:3的力量悬殊的状况,为了扩大国营运输力量,建立以社会主义公有制经济为基础的公路运输事业,对1 000多辆私营汽车进行了编组编队和"三统"(即统一车辆报班营运,统一物资报运调配和统一运价)管理,进一步组织公私合营和合作社企业。随着全国农业、手工业、资本主义工商业社会主义改造高潮的形成,省交通厅决定加速改造的进程,尽快实现全行业公私合营,抽调部分干部加强了领导,组织力量,积极准备,大张旗鼓地宣传党对私营业社会主义改造的政策,进一步鼓舞车主接受社会主义改造的自觉性与积极性。经过努力,在1956年社会主义"三大改造"高潮中,私营汽车运输实行了全行业的公私合营,从而扩大了公有制经济,发展了集体经济。

在改造私营汽车运输业的同时,加强了对传统运输的管理和改造。

传统运输是公路运输业的重要组成部分。为了使传统运输工具充分发挥运输效能,保证运输质量,更好地为工农业生产服务,对传统运输业者进行了有效的管理,1955年,地、州、市、县都有了民间运输管理机构。1955年冬,各地、州、

市都根据省委、省人委的统一部署和1956年国务院《关于目前私营工商业和手工业的社会主义改造中若干事项的决定》和《关于私营企业在合营时财产清理估价几项主要问题的规定》，对地、州、市和县（市）两级民间运输业先后进行了社会主义改造。

1956年，在社会主义"三大改造"高潮中，在当地政府的领导下，认真贯彻了社会主义改造的方针、政策。针对运输工具各自的特点，根据自愿的原则，经业主申请，领导批准的程序，陆续成立了各种形式的运输合作社、运输队等。到1956年底，全省共组织畜力车运输合作社29个，有营运畜力车2 521辆，占畜力车总数的53.98％；组织骆驼运输社两个，计有骆驼1 842峰，占骆驼总数的12.32％。组织货运人力车合作社10个，参加合作社的货运人力车计1 653辆，占货运人力车总数的45.55％，共计有车驼4 412户，从业人员5 104人，全部资金454万元。全省传统运输业的社会主义改造的顺利完成，对壮大运输力量，提高运输效率，继续发展民间运输业，都起了积极的作用。至此，私营运输业的社会主义改造胜利完成，此后又陆续进行了赎买政策，私营运输业转变为国有、集体经济，从业人员大都成为国家产业工人。

民营运输业的蓬勃发展

中共十一届三中全会以后，尤其是农村实行土地承包经营后，一部分拖拉机分给个人，出现了拖拉机短途运输个体户。后来城、乡个人开始购买汽车，搞长途运输的民营运输业开始萌动，借机发展，但由于当时公路运输市场还没有开放，所以大多数民营运输业主以私挂公，由乡或某一单位出面经营。

1982年，交通部提出"要努力把交通搞通、搞活、搞上去"。1983年，中共中央、国务院提出了发展个体运输业的明确指示。中共中央颁发了《当前农村经济政策的若干问题》文件，交通部召开了全国交通工作会议，并拟定了《关于交通体制改革和若干政策问题的初步意见》，要求各级公路交通部门保护个体运输业，并在技术、驾驶人员培训以及车辆修理等方面给个体运输业以帮助。随后，交通部又提出了"有河大家走船，有路大家走车"的口号和"各部门，各行业，各地区一起干；国营、集体、个人以及各种运输工具一起上"的方针。国家在公路运输上实行"多家经营，鼓励竞争"的政策，运输生产由过去统得过死逐步转向放宽搞活。1983年7月，国家经济委员会、交通部下发了《关于改进公路运输管理的通知》，允许城乡个人或联户购买汽车，这使得民营运输业在消失了20年之后再次迈上运输行业的历史舞台。

1984年，中共中央又颁发了《关于1984年农村工作的通知》。同年2月，国务院颁发了《关于农民个人或联户购置机动车船和拖拉机经营运输业的若干规定》。这些文件对繁荣农村经济，进一步开创农村运输工作新局面有重大意义。交通部为了进一步贯彻上述文件精神，多次下发了有关改进公路运输工作的规定和办法。从此以后，全省民营汽车运输业如雨后春笋般地迅速发展起来。1983年，全省个体经营的汽车有1 633辆，1984年猛增到3 368辆，1985年底较上年又增加33%，共有个体运输汽车5 226辆，其中货车5 089辆，客车137辆，车辆总数占全省民用汽车总数的8%，超过了专业运输企业车辆总数。

甘肃民营运输业开办以后，为了求得生存和发展，一开始就萌发了进行联合经营的主动性和积极性。主要原因是由于在各部门、各行业开办交通运输业的新的条件下，尤其在多层次、多渠道并存而相互竞争的过程中，个体运输户在单独经营中，货源难找，"商务"事故多，资金缺乏，赔偿能力差，信誉还未树立起来等。为了解决这些问题，只有联营才能求得发展，才能更好地得到公路交通管理部门、工商、银行、税务等部门的支持。运输经济发展的实践表明，个体运输必须走"联合"的路子才有发展，同时运输联营的优越性也同运输经营者的实际利益息息相关，尽管开始组建时遇到了各种困难，然而，联合起来的愿望则是主流。

1985年12月，甘肃省交通厅举办了全省公路运输联营座谈会，交流了各地汽车联营的经验，推动了全省汽车联营运输的发展。到1986年5月，全省运输联营组织达58个，参加联营的营运汽车达2 287辆。联合运输的经营彻底打破了"大锅饭"的分配方法，职工的劳动积极性普遍较高，运输效率大大提高。

个体汽车联营在甘肃存在着两种组织形式：一种是由当地政府或运输管理部门牵线组织联营，并进行运输联营业务指导，纳入统一管理渠道，按提高劳动生产率规律提高经济效益，以减少社会运力的浪费，避免运输市场的混乱；另一种是由个体运输户在"自愿互利，收入归己"的原则上自发筹建的运输联营组织。

随着汽车运输业的发展，传统工具运输企业进行了合并、改组、解散，只存在少量的、分散的自由经营组织形式。20世纪70年代后期，汽车运输企业代替了传统运输合作社，传统运输的组织形式集中表现为城镇搬运。1980年后组织传统民间工具参加社会运输量逐年减少，交通部门拥有的民间运输工具也在逐年减少，到1985年有人力、畜力车561辆。传统工具运输业以其自身不可弥补的缺陷而退居次要位置，开始走向没落。传统运输工具完成了更新换代，大量的城镇搬运业和农村出现大量拖拉机运输则成为80年代民间运输业的显著特点。据兰州交通大队1982年8月27日晚两个小时的统计，进入市区白银路、滨河路、东岗路和西津路4条主干道路上的拖拉机就达716台。据统计，1989年全省农村已拥有运输拖拉机20.87万台。1990年大小拖拉机达到21.63万台，从业人员20万人。拖拉机成为沟通城乡贸易，繁荣集贸市场，发展零担、短途运输的主要工具，完全占领了运输市场，从此，传统工具运输彻底退出了运输业的历史舞台，农村个体运输业从此走上了现代化发展之路。

到1992年，甘肃省交通厅根据党的十四大提出建立社会主义市场经济体制的要求和国务院颁布的《全民所有制工业企业转换经营机制条例》，提出了建立和完善我省公路运输市场经济体制的八条意见。对货运市场及汽车维修、搬运装卸、运输服务等实行了全方位放开，只要符合开业条件的，一律批准开业。

全省货运市场取消了对新增营业性运力的额度控制，实行了全方位的开放政策，除救灾、抢险、战备物资仍实行指令性计划运输外，其余物资的运输一律走向市场。

1993年，根据交通部提出的"开放、统一、竞争、有序"的要求，甘肃省对运输市场进行了一系列改革，允许各种经济成份的运输经营者公平竞争，短途客运市场已全面开放，长途客运经1988年和1992年两次开放已基本上形成了公平竞争的局面。至此，公路客货运输市场已全面开放，国有运输企业和民营运输企业开始公平竞争。

1994年，为推动国有运输企业的发展，在转换国有企业经营机制的基础上着力进行企业制度创新成为国家众多改革任务中的重点。甘肃省交通厅要求有步骤地把国有大中型交通企业改组为规范化的国家独资有限责任公司和以国家控股为主的股份有限公司。地方小型国有交通企业加快产权改革步伐，采取承包经营，租赁经营，改组为股份合作制，出售给集体或个人等办法来转变经营机制。中小型运输企业可实行单车承包、租赁，有的可以在缴纳承包租赁费和折旧费的一定年限后，车归个人所有。

各地运输企业广泛开展了以提高经济效益为中心的内部改革，实行单车风险抵押承包，推行单车租赁及拍卖等各种形式的经济责任制，

▲陇原通途

使一些企业如兰州一运公司、金昌市汽运公司等单位初步遏制住了客运亏损的势头，经济效益有所增长。

1997年，非国有经济的发展迈开了新步伐，全省道路运输营业总户数达3.65万户，其中民营和个体2.18万户，占全省总营业户数的60%。到2000年，通过调整、合并、改组，全省道路运输营业总户数有2.63万户，其中客货兼营33户，旅客运输4 971户（班车2 617户，出租车1 627户），货物运输1.66万户，从业人员11.09万人。民营及个体拥有客运汽车2.48万辆，载货汽车3.15万辆。全年民营运输共完成客运量5 659万人，客运周转量27.41亿人公里；完成货运量7 213万吨，货物周转量45.71亿万吨公里。随着运输业的发展，民营和个体搬运业户发展到249个，从业人员4 538人，还组建道路货运交易市场11个，汽车修理3 964户，从业人数2.88万人。

"十五"期间，全省道路运输企业改革进入了以产权制度改革为突破点，以股份制为主要实现形式，建立健全公司法人治理机构的新阶段，国有运输企业多元化，民营企业集约化，个体业户公司化改革明显加快，全省86家国有运输企业有85家完成了股份制改造。同时，国有运输企业中的民营份额大大提升，客运车辆均为私人所有，货运车辆除国有大中型企业车辆外，大部分归私人所有。在国有、民营运输市场中，民营份额已占绝对优势，成为运输业实际上的龙头老大，民营运输业展现出前所未有的勃勃生机。

到2007年底，全省个体卧铺客车7辆，个体班车1223辆，个体出租客车4372辆，个体旅游客车11辆，个体公共汽车148辆，其他个体客车168辆。有个体货运汽车6.2万辆，其中个体营运货车3.72万辆，个体载货机动车9591辆，个体拖拉机1.43万辆。

科学管理运输市场

新中国成立时，甘肃的民间运输、私营汽车运输、机关企事业单位自备汽车运输等各自为阵，组织管理不力且缺少统一的管理制度，社会运力不能充分有序地发挥作用，时而哄抬运价，时而贬价运输，运输市场比较混乱。经过20世纪50年代的社会主义改造，运输市场消失，进入计划经济时期，后又经80年代的改革开放、发展市场经济后，甘肃公路运输市场复苏并逐步走上了科学管理、健康发展的道路。

1951年，为了加强对运输市场

的统一管理，西北交通部要求：军、公、商汽车参加社会运输，必须参加联营机构，实行"三统"管理。在实行"三统"管理后，初步改变了运输市场的混乱状况。

"一五"期间，甘肃运输市场在"利用、限制、改造"方针的指导下，加强了私营汽车运输和民间运输的管理，通过编组编队、公私合营等方式，逐步对私营汽车业实行社会主义改造。

对民间运输实行分级管理，采取编队形式，组织胶轮车、铁木轮车、架子车等运输工具参加社会运输。到1956年，全面完成了对私营汽车业及民间运输业的社会主义改造，并对机关、企事业自用货运汽车进行统一管理，组织各类非营运性货运汽车在完成自货自运的前提下参加社会运输，缓解运力不足。民间运输、私营汽车运输和机关、企事业自用汽车均由政府统一支配，运输业进入了计划经济时代，供需调节下的运输市场消失。

计划经济下的统一配置提高了运输效率，使原本混乱的运输业步入正轨。可是经过20年长期曲折的发展过程，计划经济体制下运输业的人员众多，缺乏活力，负债沉重等弊端开始凸显。公路运输业的改革势在必行。

中共十一届三中全会后，国家经济体制逐步由统一配置的计划经济向以市场调节为主的市场经济转型。随着改革开放政策的贯彻执行，甘肃运输市场复苏，各种运输力量迅速增长。

全省机关企事业自备汽车自1976年以后，增加很快，由1977年的2.69万余辆增加到1990年的8.7万余辆，占全省民用汽车总数的81.98%，这对满足本单位生产，生活物资运输的需要和缓解全省运力紧张的问题，起着重要的作用。

1978年，全国交通工作会议提出把机关企事业的汽车统一组织起来成立车队，由公路交通部门统一管理。甘肃省成立了"组织机关企事业汽车领导小组"，全省组建后的车队，运输效率普遍提高。随着物资运量的逐年增长，各系统纷纷购买汽车，组建车队，以达到"自货自运"的目的。到1978年底，仅兰州市内各机关企事业单位组建的车队达42个。社会车辆出现失控，不合理运输普遍存在。据1980年兰州市交通局在4个交通要道口进行了连续12小时的行车统计，在记录的1.41万辆（次）载货汽车中79%为空驶，空驶中有80%的车辆是机关企事业单位汽车，运力过剩导致某些企业消耗增大。1984年，"甘肃省机关企事业车辆办公室"撤销，业务并归运管局。

1982年4月召开的全省交通会议，就"在新形势下，如何把运输

市场搞活、搞通、搞上去"的方针政策问题进行研讨,并结合甘肃的实际情况,制定了《甘肃省公路运输市场管理办法》(讨论稿),从管理范围、组织领导、运输经营等方面入手,加强了运输市场的组织和领导。随后,甘肃省人民政府正式颁布了《甘肃省改善和加强公路运输管理试行办法》,省交通厅颁发了《甘肃省改善和加强公路运输管理试行办法实施细则》,切实整顿了公路运输秩序。1983年5月1日,省交通厅还正式颁发了《关于放宽公路运输管理的八项规定》,进一步调动了国营、集体和个体户搞运输的积极性。到1984年底,集体、个体和联户的汽车已达到3 368辆,有10万辆大小拖拉机进入了运输行列,运输紧张的状态大为缓和。为了公路运输的健康发展,省交通厅又颁布了《汽车运价规则》《关于集体所有制交通运输企业若干政策问题的规定(试行)》《甘肃省公路运输暂行办法》《甘肃省关于农民个人和联户购买机动车船和拖拉机营运运输业的实施办法》《甘肃省汽车客货运输规则实施细则》。甘肃省人民政府还颁布了《关于农村拖拉机经营运输业的规定》。这些文件的颁布,对加强运输市场管理,促进运输业的繁荣,起了积极的促进作用。进入"七五"时期以后,对运输市场进行了治理整顿,取得了显著的成效。一是完成了对运输经营者的清理和经营资格的审验,基本上制止了无证经营现象;二是初步整顿了经营行为,运输市场秩序有了好转,并制定了《整顿经营行为加强监督检查的暂行规定》,制止了违法经营,加强了经营行为的监督检查;三是从加强货源管理入手,逐步探索建立形成指令性计划运输,指导性计划运输和市场调节运输相结合的经济运行机制;四是初步建立了新增营运车辆"先审批、后购置"的制度,使运力的盲目增长得到了一定的控制,增强了交通部门对运输市场的宏观调控能力。

1987年和1988年对全省从事客货运输业务的单位和个人的车辆状况、经营资格等进行了全面的调查清理工作,并下发了《关于进一步深入开展运输市场整顿治理的意见》,特别指出:"鉴于厂矿企事业单位的自备车辆普遍存在着效率低,成本高,浪费大,且这种自货自运的封闭式的运输生产方式也不利于运输生产社会化问题,今后应适当控制自货自运的范围,除生活用车和内部生产环节用车外,其余车辆和货物都要进入运输市场,使其逐步向公用型运输发展。凡企事业单位拥有10辆以上大型客货运输车辆的,必须实行独立核算,自负盈亏,纳入交通运输行业管理,按统一规定缴纳税费。"

1989年和1990年，运输市场治理整顿工作在全省展开，通过检审"经营许可证"和"营运证"以及对车辆安全技术状况检测，取消了一部分机关企事业单位的经营资格和营运资格，公路运输运力结构趋于合理，机关企事业单位车辆逐步纳入行业管理轨道，运输市场秩序明显好转。

甘肃省交通厅结合甘肃实际情况，在交通运输行业管理方面，通过机构改革，改变原来的省、地（州、市）、县三级管理模式，于1987年逐步建立了厅（局）、处、所、站四级运输管理机构，并将厅直属的汽车运输企业下放给各地、州、市，加强了政府交通行政机构的职能，使政府交通部门真正从政，把主要精力由管理直属企业、事业，转变为管理全行业，从而加强了对运输市场的宏观调控和行业管理。同时，随着一系列运输管理规章制度的颁发，运输市场的管理也更加精细化，科学化。

1991年，各级运管部门坚持治理整顿和深化改革，落实全国和全省交通工作会议精神，全面开展了经营行为整顿。全年对15个地、州（市）公路运输市场治理整顿进行了阶段检查验收，验收结果表明，各地较好地完成了公路运输市场整顿第一、第二阶段的任务。1991年还紧抓行业管理制度建设，制定了各种规章制度292项。《甘肃省公路运输管理工作制度》，对运政管理各个岗位的职责、制度及五大市场开业、停业审批程序作了明确划分和规定，印发各项工作制度2.59万张，全省运管部门装框悬挂，公开了办事制度。

1992年，在运输行业管理中，省交通厅根据党的"十四大"提出的建立社会主义市场经济体制的要求，提出了建立和完善我省公路运输市场经济体制的八条意见，对货运市场，运输服务等实行全方位放开，进一步放宽了对客运市场的管理。当年全面顺利地完成了治理整顿的各项任务，运政管理的工作由治理整顿向正常的行政管理转变。运输市场全方位开放，凡申请从事运输业的经营者，只要符合开业条件的一律批准开业。

经过努力，到1993年初步形成了开放的运输市场。货运市场进出自愿，车货双方择优成交，运输价格向市场调节过渡。而长途客运市场经1988年和1992年两次开放已基本上形成了公平竞争的局面，城乡广大群众"乘车难"的问题基本得到了解决。

1992年11月—1993年5月，组织实施了《中华人民共和国道路运输证》的核发工作，加强了行业管理。

1994年到1996年，初步完成各运管处的微机配备，加强车辆技术管理；以培育统一、开放、竞争、

陇原通途

有序的运输市场为重点,建设客货运站,并建立运政、客运、货运三个服务体系。

为了不断提高运输市场的发育程度,促进统一、开放、竞争有序的运输市场尽快建立,抓好运输市场管理,搞好运输市场建设,各级运管部门加大对运输市场中的各种欺诈行为、不法行为的查处和打击力度,从规范经营行为入手,把好市场准入关,做到科学投放运力,改善运力技术构成,提高从业者的职业道德和职业技能,增强守法经营意识,逐步实现持证上岗,使运输从业者守法经营行为得到规范和保护。

1997年《甘肃省道路运输管理条例》颁布,依法行政迈出了重要的一步,"公路"运输科学界定为"道路"运输,运输市场管理进一步科学化、法制化。

全省形成铁路、公路、民航齐头并进的局面,公路运输已占全省客货运输总量的50%以上。

到1999年,企业车站进一步向社会开放,基本实现了"车进站、人归点"。客运市场以优化市场结构为目标,货运市场以实现"有形"、"成网"为目标,运输市场的站场建设从"布点"向"连网"发展。

同时,运政执法水平有新提高。首先,加强配套法规和规章建设,先后起草了《关于加快甘肃省道路运输业发展的若干意见》《甘肃省道路客运企业资质管理暂行规定》《甘肃省运政管理人员驻站(客运站)管理办法》等11个规章及规范性文件,法规体系日趋完善。其次,加强执法培训。采取分片培训,脱产学习的办法,对全省运政管理人员进行以法规条文、执法程序、法律文书等主要内容的专门培训,经考核1 610名运政管理人员取得行政执法"岗位培训证书",合格率为100%。第三,推行行政执法责任制,健全管理组织,明确责任,落实执法评议考核制度,错案追究制度和重大行政处罚案报备制度,全省运政执法水平不断提高,依法行政逐步得到加强。

2000年启动了"道路运输市场管理年"活动。

到2002年,全道路运输市场主体进一步优化,已拥有一级客货运企业3户、二级客货运企业9户、三级客货运企业29户、四级客货运企业64户、五级客货运企业91户,道路运输业户达2.97万户,危货运输业户下降57.45%;平均每户客运经营业户拥有客车数由上年的5.6辆提高到7.2辆,平均每户货运业户拥有的货车数由上年的2.5辆提高到了2.7辆。

甘肃省道路运输信息网站,GPS监控中心的前期工作已基本完成。10个一级车站配备了安全检测设备,

金昌市汽车站完成了智能化管理系统的试点工作,陇运快客车辆基本都安装GPS。

道路运输市场秩序逐步规范,对全省驾校重新登记,审查资质,实行总量控制,对驾驶员培训学校进行清理;完善了出租汽车宏观调控机制,对出租汽车的投放实行总量控制,提升运力档次。同时,加强政策法规建设,重新修订《甘肃省道路运输管理条例》。

2003年,以结构调整为主线不断优化企业组织结构、经营结构、运力结构和运输组织结构,全省道路运输规模化和集约化经营程度进一步提高。实施"小企业、大集团"战略,引导运输企业,民营企业采取多种形式,走公司化经营之路,走集约化发展之路。

通过在完善道路运输市场体系方面的努力,积极推进信息化项目建设。2005年,在38个县(区)道路运输信息站的建设过程中,26个改造项目已实现联网运行,12个新建项目均开工建设,在30个老旧汽车站运营管理智能化改造项目中,18个完成改造任务,其余12个年底前完成;在维修救援体系建设中进行了全省维修救援网点空白县的网点培育、选定工作,公示了维修企业名单,一个覆盖全省的汽车维修救援网络已初步形成。

在运输市场体系方面,基本形成了以兰运、陇运集团为龙头,20家区域运输企业为骨干,300家运输企业共同参与的道路运输市场竞争格局。全省86家国有运输企业有85家完成了股份制改造。

2006年—2007年,运输管理进一步加强,坚持"路运并举,和谐发展"的方针,全力实施"提速中部,东顾西拓"战略,为公路运输向网络化和纵深方向发展创造了良好条件。运输市场进一步繁荣,运输结构调整取得新成果,站场建设速度加快。

加强运输组织和运力调度,保障"绿色通道"畅通,确保客运尤其是"春运"、"黄金周"运输的"安全、有序、优质",确保重点物资及粮食、蔬菜等鲜活农产品运输。春运、"五一"、"十一"黄金周运输实现了历史最好的零事故、零投诉、零滞留;道路运输应急保障和组织协调能力进一步提升。建立和完善应对自然灾害以及突发性群体事件、处置电网大面积停电事件、生猪及猪肉等鲜活农副产品运输等应急保障预案,全力保障了人民群众安全便捷出行和社会经济重点物资运输。

全省加快信息网络建设,全面完成了信息化部省联网试点工作,实现了16个市(州)级道路运输信息中心、86个县(区)道路运输信息站、38个汽车客运站智能化改造、

14个运输企业信息站和130个企业GPS监控应用平台的基本联网。运政管理系统、OA办公自动化系统、视频会议系统、GPS监控系统、驾校监管服务信息系统和微机联网收费系统进一步完善。省、市运管机构和大型运输企业建设了门户网站,办公自动化系统、运政管理系统、视频会议系统在全省运管机构全面应用,GPS监控系统应用进一步加强。同时,开展了道路运输贡献率调查,《西部区域道路运输发展研究》《甘肃省道路运输状况调查及对策研究》等15项课题研究成果得到广泛应用。道路运输信息化建设被李盛霖部长称赞为"建成了一条比实际高速公路更有价值的'信息高速公路'"。

运输经营结构方面,加快快速客运、农村客运、旅游客运和劳务运输发展,引导货运向现代物流发展,危货运输向专项物流发展。全省确定了陇西宇臻等6家物流示范企业,引导组建了武威黄羊川等专业农村客运公司和定西旅游劳务汽车运输公司。加快整合辅助业资源,继续推行维修入市、驾培入市,平凉、定西、张掖等地建立了集维修、汽配、销售为一体的运输市场,庆阳、平凉、定西等地建立了教学、场地训练和考试为一体的驾培中心。

全省加强了安保设施建设,配备汽车站安全门检系统30个,车辆GPS终端安装达到6000台;道路运输安全形势明显好转。全年全省道路运输行业共发生重大以上交通事故22起,死亡72人,受伤179人,造成直接经济损失1000多万元。责任事故起数与上年持平,死亡人数、受伤人数、经济损失额分别下降了24.2%、47.2%、37.5%。

全省开展了行政事业单位资产清查及核实工作,建立省级财政"统收统支、收支两条线"全面预算管理制度。在受政策性减收影响的情况下,全省全年共征收运管费1.0578亿元,占计划的101%。上半年全省征收客附费3330.6万元,占年计划的60.05%。2007年7月份客运附加费平稳移交征稽部门征收。

交通规费逐年增长

新中国成立后,养路费成为公路建设的主要资金来源。1949年9月第七区公路工程管理局分布了公商汽车及胶轮大车在甘肃境内通行公路及缴纳养路费暂行规定并从同年10月1日开始正式征收。养路费的征收标准,主要依据物价涨落而厘订。1950年6月至1952年7月共调整养路

费率达17次之多,其中汽车费率调整幅度不大,胶轮大车调整幅度较大,但每次调整以不超过运价5%为原则。

1953年,养路费实行统收统支。1954年,省交通厅公路局正式颁布《征收养路费办法实施细则》。1956年4月,省交通厅调整了养路费率,兽力车每吨公里按0.012元征收,征费范围扩大到了行驶一般公路和车辆,同年8月又对农副业和专业运输大板车征收重量作了明确规定。

经各方面努力,全省养路费征收管理制度已基本确定,养路费征收渠道已基本理顺,养路费收入逐年增长。截至1957年,历年累计共收养路费3 283.8万元,为公路建设和养路事业的恢复和发展作出了贡献。

1958年至1960年,全省养路费权限下放各地、州、市,曾一度出现混乱,特别是养路费不能全部用于养路的情况相当严重。1958年养路费收入760万元,实际用于养路的仅407万元,占53.7%。1961年养路费权限重新收归全省统一管理后,当年征收养路费1 070.61万元,突破千万元大关,并由省交通厅统收统支,专款专用,保证了公路养路费用。

1963年加强检查,严格了票据审核,从而基本上防止了漏收现象。在完成计划任务1 100万元的基础上,又超额完成了20万元。1963年还制定了《公路渡口管理规则》,修订了《养路费征收实施办法》,从而进一步促进了养路费征收工作的改进和加强。

1965年,甘肃省再次修订了《公路养路费征收实施办法》,将征费分为四个类别,四个档次,即:专营车辆按月按吨位收费;自用汽车按月按吨减半收费;特种车(不包括急救车)和临时承担运输的车辆以及当月20日以后行驶公路的车辆按次征费;拖拉机(农业部门除外)按规定发动机马力收费,偶尔行驶公路者按次收费,履带式拖拉机、推土机、超重机等车辆因对路面破坏性大,按养路费率加倍征收。同时对养路费率和费额也作了调整。1965年养路费实现1 441万元,超计划20%,保持了养路费征收额。随着公路里程的增加和技术状况的改善,

交通征稽执法人员深入林区稽查

省交通征稽执法人员夜间稽查

以及车辆数量的增多,养路费征收额也不断增加,体现了以路养路的正确作法,保证了公路养护资金的来源,为公路事业的发展提供了条件、奠定了基础。

"文化大革命"前期,在养路费征收工作中欠交、漏收、挪用、自行印制票据的情况十分严重,为了整顿养路费的征收工作,彻底扭转这一混乱现象,省交邮局1971年9月6日颁发了《甘肃省公路养路费收入管理(试行)办法》,对欠收、挪用的单位和个人进行彻底的清查和处理,整顿票据管理,统一印制各种养路费的收据和杂项收据。定额票据,并实行一年一定计划,超收分成(5%)的管理办法,加强了征收工作。但随着财政体制的变化,养路费超收分成与变化的客观情况不相适应,因此从1975年起,超收的养路费不再分成,全部上交省交通局统一安排使用。据统计1970年—1979年10年间,全省共征收养路费5.32亿元,平均每年征收5300多万元。其中1966年至1976年,养路费共计收入3.68亿元,1972年共征收养路费1 181.54万余元,相当于1964年前15年全省养路费总收入。1978年普遍建立了车辆交费档案,并坚持每月25日—30日集中开票,每月1日—5日深入路线分兵把口,清查漏费车辆,使养路费收入逐年上升。

1980年实行"按车牌征收",凡领有牌证的车辆,除规定暂免征外,都按规定交纳养路费。1982年制定了《甘肃省养路费收入管理办法》,再次统一了票据,增加了"畜力车,拖拉机按次养路费收据"和"罚款滞纳金收据"。同时把养路费收入管理的好坏列为各站、所评比奖励的先决条件,凡利用职权和票证营私舞弊,从中牟取私利,以至贪污受贿者,轻者取消两年评奖资格,重者给予行政记过、降级、开除公职以至追究刑事责任的处分。

除对内部进行不断的整顿、改革、充实之外,从1982年开始,在养路费的征收上,各监理站先后推行了分片包干责任制和超收提成奖励制度,调动了征费人员的积极性,各项规章制度也趋于合理。使他们能够有针对性地深入有车单位督促交费,特别是对农业承包户、联户、个体户的私营车辆进行了整顿,在短期内将漏费重点户纳入正常管理的渠道,征费收入直线上升。1982年全省养路费收入共7 654万余元,1984年增至9 908万余元,1985年达到1.47亿元。

鉴于1980年制定的公路养路费征收标准过低,有些条款已不适应公路建设发展要求,故于1985年2月1日甘肃省人民政府颁布了《甘肃省公路养路费征收和使用实施办法补充规定》,对征费标准做了适当调整。

1985年3月6日和27日,甘肃省交通厅先后下发了《关于改变拖拉机养路费征收使用办法的通知》和《关于改变拖拉机养路费征收使用办法的补充通知》,规定从4月1日开始,拖拉机养路费征收改由各地、州、市交通处(局)管理,具体征收事宜由各县、市有关业务部门执行。拖拉机养路费的收入主要用于县乡公路的新建、改善与养护。

1987年是征费工作较为困难的一年,上半年体制还未改变,征费手段、工作条件有保证,计划完成情况较好。6月22日,甘肃省交通厅养路费征稽处成立。7月11日,全省养路费征稽和交通监管业务公开,省、地、州、市、县(市)养路费征稽机构开始办公。

1988年计划征收养路费1.7亿元,3月份省交通厅建议征稽处计划提高到1.768亿元,调增680万元。征稽处以保证包缴1.768亿元为基础,向各所、站下达任务,并先后同各所、站和省交通厅签订了目标管理责任书。在达标期间,根据一些有车单位和个体运输户不顾国家有关养路费征收政策,拖欠养路费、截留挪用养路费、拒缴养路费、偷漏养路费等问题,大抓了"四查四清"工作,即深入有车单位和乡村,以查车辆在册数,清车型吨位;查车辆停驶状态,清养路费交纳;查交通专营车和旅游出租车营收,清养路费缴解;查减免费车辆使用性质和经营核算方式,清漏费欠费。通过一系列有效的工作,既搞清现有车辆数和吨位数,又稽核出了部分单位和个体运输户偷漏费问题,为国家挽回经济损失150万元。1989年,

兰州交通征稽处执法人员在兰州城关区稽查

省建委、省财政厅、省交通厅联名发文起征客运附加费,以改变我省公路站点设施少、条件落后的现状。

为提高征稽部门的征管、稽查能力,省交通厅电算室还设计开发了养路费征收微机管理系统,并在酒泉、武威、白银、沈家坡、马岭、临夏等地推广应用。这种系统具有交费处理、车辆管理、车辆运行状态管理、车主单位管理、查询检营、统计分析及预测、数据存档等10项功能,增强了工作的目标性,减少了路查时的盲目性,特别在查找漏费车辆时起到了关键性作用。

1991年开始制定了第二个三年责任目标,开展"质量、品种、效益年"活动,在活动中为统一数量与质量指标计算口径,讨论制定了月吨征费额,单车全年实征月数以及实征率、报停率、漏征率、偷费率等14项考核指标,规范了计算公式,提高了统计的准确性。对人员定编、经费、微机开通、文档管理、廉政建设、会计达标、职工培训、代征员管理、稽查管理、安全管理等12项指标,纳入责任目标管理,与奖励挂钩,取得了比较好的效果。到1991年底,共有20个征费站使用微机进行征费,使科学化管理比重有了新提高。

1993年1月1日起,在全省范围内全面实施了《甘肃省公路养路费征收管理办法》。新养征办法的核心,就是取消车辆报停制度(特种车例外),改过去的按月按吨(费率)计征为按车龄档次实行养路费包缴。全省各征稽单位按照厅征稽处制定的《甘肃省养路费征稽所站基础工作标准化建设暂行规定》要求,基本完善了以岗位责任制为核心的各项规章制度,明确了各个岗位的职责和考核标准。定期讲评考核,

征稽人员宣传交通规费征收法规

奖金、差费分配和征管实效挂钩，调动了职工的积极性。并建立了车辆总台帐，征费车辆台帐，免、半费车辆台帐，个体车辆台帐，农用车、三轮车台帐。建立了征费车辆档案，对报废、解体的车辆取得了证明、照片、鉴定等资料，对符合退出运行条件的车辆进行现场勘验和贴封，加强了管理。根据实行包缴后征费频率相对降低，外业管理需要加强的实际，普遍采取了内外业结合，责任到人的征管机制，增强了职工的工作责任感，提高了征管效率。全年征收养路费4.29亿元，占年计划的110.8%，比上年增长了22.19%。

1994年起征建设费，当年就征收建设费3 000万元，完成年计划的136.4%。两项规费实征总额5.08亿元，突破了5亿元大关。同时，还在附加费征管环节改变后，紧密配合省附加费征收管理办公室理顺关系，加强了各地区附加费的征管工作。全年征收附加费1.49亿万元，是1993年征收总数的2.72倍，取得了较大的成绩。

征稽人员稽查车辆

1995年，省交通厅对征稽处实行全额分成的政策，极大地调动了基层单位和职工的积极性，使规费征收创造了历史最好水平。全年征收养路费5.48亿元，建设费征收8 127.64万元，分别占年计划的110.9%和162.52%，比上年征收计划净增1.2亿元，突破了厅征稽处确定的"争创六亿关"的奋斗目标。

1997年5月颁布《甘肃省公路交通规费征收管理条例》。从此，甘肃省交通规费的征收步入了依法征费的道路。1997年也是征稽部门组建以来困难最大的一年，由于全省经济环境偏紧，大中型企业缴费能力普遍下降；林区、矿区由于国家政策对其进行规范，车辆大部分停驶，给征费工作造成了较大的影响，省征稽局将大力宣传征稽法规与征费环境治理相结合，路查路检与上门上户相结合，采取灵活多样的稽查方式。特别在11月中旬，为了摸清漏费车辆的新动向，全局上下，协作配合，统一行动，进行了三天三夜不间断的封闭式稽查，取得了明显成效。

1998年是征稽工作面临新形势和严峻考验的一年，由于《公路法》正式颁布实施，国家加快费改税调研的步伐，全省车辆增长幅度比往年大为减少，致使全省征费难度和阻力不断加大，同时部分职工由于过多地考虑自己的出路，工作积极性和主动性不高。为此，全年工作中始终把稳定职工队伍放在首要位置，在稽查治理工作中，结合《公路法》宣传月活动，采取多种形式，加大了现行征稽法规、规章宣传的深度和广度，提高宣传层次，扩大宣传领域，加深了车主对征稽法规的认识和理解，提高了车主的纳费自觉性。在全省征费环境发生较大变化的关键时刻，先后报请省人民政府两次发布了《关于加强公路交通规费征收管理工作的通告》，不失时机地邀请在兰20多家新闻单位召开了记者招待和交通规费征稽新闻宣传工作座谈会，借助新闻媒介的力量，创造舆论环境，加大宣传力度，拓宽省政府《通告》的宣传覆盖面，为确保改革时期征稽工作的顺利进行打下了坚实的基础。全年共计征收养路费6.39亿元，客运建设费870万元，货运建设费1亿元。

1999年，费改税的步伐加快，

征稽人员军训

规费征稽工作的内外环境发生重大变化，一些单位和个人错误地认为，《中华人民共和国公路法》修改后即可不缴纳公路养路费等交通规费，因而出现了拖欠、拒缴、抗缴公路养路费等交通规费事件，造成国家交通规费大量流失。

2000年，征稽系统开展声势较大的关于国办〔2000〕2号文件的宣传工作，利用各种新闻媒体和上户上门上路稽查的机会，耐心做车主的思想工作，争取车主的理解和配合，创造良好的外部环境，同时在全体职工中广泛开展费改税的形势教育，传达全国相关会议精神，让广大职工全面了解费改税的进程和重大意义，在思想观念上实现由"怕改"向"盼改"的转变，在征税系统中出现了安心本职工作，积极进取的好风气。三项费用征收合计7.04亿元，超额完成任务。2000年，全省运管"两费"征收突破亿元。2001年车购费改车购税。

2002年启动了"甘肃省养路费征收网络系统"开发工程，完成投资500多万元，为全系统120个单位配置了征费微机及相关设备，于7月

征费营业大厅

1日在全省开通并正式投入运行，初步实现了区域信息网络资源共享，大大提高了征管效率。

2003年为基层单位新配"掌上稽查通"100台，给基层处所配备手提电脑123台，启动了养路费移动收费系统，并举办了移动收费系统学习培训班，强化稽查手段，改进稽查方式，提高了稽查成效。当年受"非典"影响，按照国家规费减半征收的政策，共征收运管费7 464万元，客运附加费5 134万元，均超计划完成。当年实征养路费75 574.58万元，货运附加费8 918.37万元，客运附加费1 333.82万元，三费合计85826.72万元。

2004年，根据《全国开展车辆超限超载治理工作实施方案》，认真配合省厅有关部门在全系统开展了

车辆超限超载治理工作。各单位严格执行《方案》中对普通载货类汽车暂按车辆行驶证核定吨位征收公路养路费的规定和交通部交公路发[2004]455号文件精神，对6月份以后因包缴而多征的费额予以退还，治超期间因政策性因素少征规费1500多万元，保证了治超期间的治超工作顺利进行和规费征收的稳定。省征稽局认真学习贯彻全国、全省车购税改革工作会议精神，积极配合省交通厅做好车购税人员划转工作，全系统共划转到国税部门人员共212人。

2005年，根据全省征费车辆的实际情况，改进了养路费缴费包缴方式，实现了以包促缴和规费及早入库。参照《公路汽车征费标准计量手册》的计量原则，制定了《低速汽车计量标准核定原则》，进一步规范了低速汽车规费征收管理。2005年下半年，在省交通厅的大力支持下，省征稽局投资1200万元开始研制开发甘肃省交通规费征稽管理信息系统一期工程建设。

2006年5月，甘肃省交通规费征稽管理信息系统一期工程完工并投入使用。2006年11月，在征得省交通厅等相关部门的批准后，甘肃省交通征稽局开通了省内异地缴纳规费业务，调整了交通规费缴费时间。2006年12月，国务院办公厅下发了《关于在燃油税正式实施前切实加强和规范公路养路费征收管理工作的通知》（国办发[103]号），要求各地要在燃油税正式实施以前，进一步提高认识，完善政策，改进方式，加强养路费征收管理工作。国办发[2006]103号文件的颁布，为交通征稽工作的顺利开展提供了有效的政策保障和舆论支持。

2007年是甘肃省交通征稽局成立20周年。全系统成功举办了20周年庆典活动，召开了甘肃省交通征稽局第二次党代会。全系统广大干部职工以局20周年庆典和局第二次党代会为契机，统一思想认识，振奋精神，坚持以规费征收为中心，不断强化费源管理，认真开展了"加大执法和清欠费力度百日竞赛"和"大干一百天、确保全年任务超额完成"等活动，实现了规费征收的持续稳定增长。2007年3月，交通部下发了《关于进一步规范公路养路费征收管理工作的通知》（交公路发[2007]111号），从缴费时间、滞纳金计算办法、养路费征收标准、减免征行为、计量核定办法、票证管理、调驻车辆管理等方面进一步规范了规费征收行为，对今后一个时期的规费征收工作提出了明确的要求。按照省交通厅、省发改委、省公安厅、省财政厅、省地税局、省工商行政管理局的统一安排部署，从2007年12月起，在全省分宣传筹备、集中整治、总结上报三个阶

段开展治理车辆外挂活动。2007年6月27日省交通厅以《关于规范营运客车公路客运附加费征收管理的通知》（甘交发[2007]45号）规定："从2007年7月1日起，原由全省各级公路运输管理机构负责征收的营运客车客附费交由全省各级交通征稽机构负责征收。"7月—12月份，全省交通征稽系统征收营运客车客附费1301万元。2007年全省实征交通规费13.7383亿元，完成省交通厅下达任务的106.58%，比2006年增收1.381亿元，增长11.17%。其中，征收养路费11.835亿元，货运附加费1.427亿元，非营运客车客附费3456万元，规费总额继续保持了两位数增长速度。

甘肃省交通规费的征收稳定增长，为全省交通事业的发展提供了可靠的资金保障。

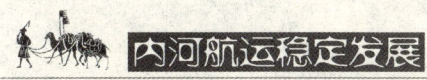

内河航运稳定发展

1949年以后，党和政府十分重视内河航运事业的发展，先后进行过几次较大规模的航运规划、整治工作。同时对航运工具进行了更新换代，开展了客运业务，安全性、舒适性和运输能力显著增强。

1950年左右，甘肃水上运输业务基本上处于船、筏户自主经营状态。1953年以后开始对水上运输业进行组织和管理。1954年，甘、宁两省合并，宁夏的所有船舶归甘肃省交通厅管理，省交通厅因此成立了内河航运管理局，甘肃水上运输进入新的阶段。当时，黄河中卫至石嘴山段航线上有航运木帆船565艘，其中国营90艘，县联社11艘，私营464艘，不仅能运输小件货物，而且能运输大型机械设备，载重能力达16.7万吨。白龙江碧口至昭化航线110公里，运输旺季有船舶100多艘，其中属碧口镇商人的有30多艘。随着天兰铁路通车，由碧口上下行物资运量锐减，1954年，碧口仅有木质船舶4艘，只承担零星的物资运输任务。

1955年，开始对水上运输业进行社会主义改造，使个体运输业开始走上集体运输业的轨道。当年，全省水运职工总数达678人，共完成货运量8.1万多吨。1956年水运交通体制变化，甘肃黄河航运重点移动到兰州市区，主要开展客运和建筑材料运输业务。随着船舶修造业的发展，皮筏不再承担水上运输任务，但白龙江、洮河、大夏河的木筏运输仍在进行。

1958年—1960年，有条件的地、县都开展了水上运输，没有条件的地区也利用冬季河水封冻的时机,开展冰道运输。运输的物资主要有粮食、钢铁、煤炭、建筑材料等。这一时期,还制定了全省水运发展规划,并积极组织实施,先后整治了白龙江临江至姚渡94公里和黄河兰州段部分航道。1960年兰州市航运筹建处先后建造了"红旗一号"等5艘木质机动船和2艘铁质小型机动船。民勤县利用"跃进渠"灌溉渠道,造船54艘,开展渠道运输。但是由于政策上的失误和管理混乱,船舶破损严重,运输效率低下,到1960年底,全省完好船舶只有30多艘。

1962年—1975年,先后在白龙江、黄河上建成了碧口、盐锅峡、刘家峡、八盘峡水电站,相继将白龙江和黄河干流截流,长途筏运和航运中止,从此开始了库区水上运输业。为加强管理,甘肃省交通厅恢复了曾一度撤销的水运机构,成立了甘肃省水运处,全面负责全省水运的规划、开发和运输业务。甘肃省水运处成立后,便积极组织交通部科技委员会和甘肃、兰州两级军区等几个单位对黄河兰州——中卫段进行了察勘,编制了水运发展长远规划和近期开发计划。1975年,用时速14公里的两艘登陆艇,在2 700立方米秒流量情况下,从兰州市穿过小峡到皋兰县什川40公里往返试航成功,肯定了开发黄河水运在技术上的可能性、战备上的必

要性和经济上的合理性。1976年,利用枯水期对小峡内桑园子、浪拍子等4处险滩进行了炸礁、捡滩整治工程。又对青白石浅滩进行了长顺坝封弯导流整治工程,取得明显成效。1978年由甘肃自行建造的80吨客货轮——"兰州号"下水试航成功,结束了从外省调船、购船的历史,用于旅游客运,年客运量15万人次。同时刘家峡库区、碧口库区航运也得到稳步发展,对发展当地经济,改善交通布局起到了积极的作用。

中共十一届三中全会以后,甘肃水运事业发展迅速。1987年,船舶已遍及全省14个地、州、市,有营业运输地区8个,有9条航线219公里航运里程,200多艘各类船舶在省境内江河、湖泊、库区从事客货运输业务,

洮河水上木材运输

"兰州号"客货船试航成功

初步形成了国营、集体、个体共同发展、相互依存的运输格局。省内经船检部门技术认可的造船厂家已有2个，不但能承接修造适合省内各类航区使用的船舶，而且还承担邻省造船业务。"七五"期间，省、地政府和交通部门投资400万元用于基础设施建设，在刘家峡库区设立了简易航标，配备了无线电通讯设施；建成刘家峡航运站"迎宾厅"和兰州港中心客运码头候船楼；完成了黄河兰州市区38.4公里河道测量和航运开发工程可行性研究。

与此同时，省交通厅水运管理处将刘家峡航运站、兰州航运站等企业下放地方政府管理，对全省水运实行行业管理。为加强水运安全，1985年省交通厅成立了甘肃省港航监督处、船舶检验处，在兰州、白银、临夏、陇南4个重点水域成立水上安全检查站，其他地、州、市也配备专（兼）职干部，负责水运安全监督、检查。省政府颁发了《甘肃省水路运输安全管理实施办法》、《甘肃省实施航道管理条例办法》，省交通厅和各地也制定了管理规则和办法，使全省水运航道、航运、航改走上了依法管理的轨道。截至1990年底，全省共有船舶1 170艘，其中机动船206艘，总吨位4 984吨，总功率6 865千瓦。全年完成旅客运输量23.6万人次，旅客周转量548万人公里。水上运输通航里程987公里（其中机动船通航里程达到219公里），全省水运从业人员1 000多人，营运航线和季节性旅游航线9条。

1992年省水运局圆满完成水路运输市场治理整顿的总结验收工作，制定了《甘肃省水路运输市场治理整顿验收标准》，完善了具有我省水运特点的安全管理制度，健全了船舶、船员表、证册、卡等基础资料，杜绝了无证驾船。1997年核发了《水路运输许可证》、《船舶营业运输证》等证照，持证率达100%，加强了水运行业管理，初步形成了有序的水运市场。

1998年甘肃省人大颁布《甘肃省水路交通管理条例》，标志甘肃水运行业依法行政的开始。

2000年，全长38.4公里，历时3年的黄河兰州段航运开发工程完工，并于2002年7月通过了竣工验收。同时期黄河兰州段兰航3号交通船通过交工验收，成为黄河兰州段的推广船型，开辟了新的黄河旅游航线，激活了兰州市区水运市场。同年，

黄河兰州市区段的旅游船

陇南港主体工程完工。

2001年,省港船监督处和四个站更名为地方海事局,其他市、州交通局内设置了地方海事专干。水上安全形势有所好转。

2003年,继续开展了运输船舶经营资质的清理整顿活动,对原有木质船、挂桨船舶和水泥船实行了分阶段逐步淘汰制度,开展了个体船舶企业化改制工作。临夏州黄河三峡旅行社等6家水运企业通过了开业批准。

与此同时,全省水运工程建设稳步推进,开展了黄河白银四龙至龙湾段航运建设项目、黄河刘家峡库区航运工程和98个码头泊位,计划改造农村渡口码头116个,已建成90个,整治5级航道79.4公里。目前在建的有黄河兰州段航道延伸整治工程、黄河盐锅峡库区航运建设工程、黄河白银四龙至龙湾段航运建设项目一期工程、兰州水上搜救中心、全省水运信息化建设项目、船舶检验起泊设施、质量渡船更新改造等项目。

到2007年,甘肃内河航运基本形成了包括黄河兰州段、白银段、刘家峡库区段人工航道和其他自然航道以及若干库区和小码头构成的以临夏、兰州、白银、陇南4个港口为龙头的水运体系。全省航道总里程1355.92公里,通航里程873.77公里,其中等级航道347.2公里。各类船舶1 438艘,其中营运船舶490艘,客位1.18万个,总吨位8550万吨;渡口116道,渡船99艘,已建成简易船舶停靠泊位67个,其中公用码头泊位33个。全省现有水上从业人员5 500多人,持证船员1.12万人,全省共有27条营运航线,41家航运企业。2007年,全省水路运输完成客运量246万人,旅客周转量2340万人公里,货运量53万吨、货物周转量758万吨公里。基本满足了江河两岸人民出行、物资交流以及水上旅游的需求。

为贯彻落实科学发展观,理清甘肃省内河水运发展思路,明确发展重点,更好的指导内河水运科学发展、健康发展,甘肃省水路交通部门编制了《甘肃省内河水运发展规划》,2008年9月9日经甘肃省人民政府正式批准实施。《规划》是指导和组织本世纪头二十年甘肃内河水运发展的纲领性文件,规划主要包括内河水运现状,未来发展形势与需求分析,水路交通发展总体目标,航道、港口的空间布局与发展,运输船舶、支持保障体系的规划与建设,内河水运分阶段建设目标与重点,建设资金需求以及环境影响评价,政策措施与建议等内容。到 2020 年全面实现通航航道等级化,形成干支结合、布局合理、功能完善、技术先进、保障有力的内河水运体系;运输船舶的技术状况显著提高,运输能力明显增强,内河水运的优势得到进一步发挥。

甘肃地形复杂,气候多变,自然灾害频繁,诸如水毁、雪灾、泥石流、塌方、滑坡、沙尘暴,甚至地震等时常发生。每当灾害来临,公路被毁,交通中断,灾区告急。紧急时刻,甘肃交通系统广大干部职工奋勇争先,抢通公路,恢复交通,保证了物资运输。同时在应突发事件,承办重大活动等方面,顺利完成了交通保障任务,赢得了社会广泛赞誉。

水毁和冰雪灾害抢险

甘肃公路历史欠帐多,抗灾能力差,水毁带来的公路病害频年发生,尤其陇南、甘南十分严重,公路水毁损失动辄上百万甚至千万元。公路系统干部职工常常疲于奔命,连续转战,昼夜抢险,短期内恢复了交通。近十几年来,公路建设投资加大,公路抗灾能力提高,加之平时养护时注重了水毁预防与治理,常见的公路病害逐年减少,但大的灾害性事故仍时有发生。

1991 年夏,全省各地连降暴雨,尤其舟曲县十分严重。从 5 月 23 日到 6 月 13 日,连降 8 次大到暴雨,毁坏省道 313 线两阿公路路段 155 处,路面淤积泥石流和塌方量达 10.67 万立方米,冲毁路面 24 万平方米,冲毁桥梁数座(道),累计经济损失达 110 万元。正当广大养路职工抢修水毁时,6 月 13 日下午,舟曲县境内南峪乡炭窑山发生大型深层次滑坡,滑体造成白龙江断流,回水漫延成灾,淹没公路、桥梁以及乡政府、卫生院、商店和 103 家居民,直接经济损失达 450 万元。使舟曲县受阻达一月之久,交通运输瘫痪。

水毁发生后,舟曲公路管理段根据甘南公路总段的部署,召开紧急会议，制定措施，采取重点突击、集中兵力打歼灭战的方法，保证两阿公路短期内恢复交通，保证救灾物资的运输。6月16日，6个道班和段机关全体人员以及民工队、合同队，从早上7时到晚23时连续抢修阻车路段37处。省道313线两阿公路21公里处水毁路基51米，修复工程量大，在县、乡两级地方政府的大力支持下，投入劳力1000多人，奋战3昼夜，清除了塌方。6月20日下午，正当第一批救灾物资从兰州起运的当天，两阿公路59公里加300米处发生连续塌方，9辆运输救灾物资的车队和十几辆其他车辆受阻。舟曲公路管理段在立节乡政府的大力支持下，调集花年、巴藏道班工人，发动乡政府机关干部、中学生、街道村民共140余人，雇用民工80余人，在没有任何机械的情况下，奋战3天，于22日晚20时，恢复交通，运输救灾物资的车辆顺利驶达舟曲县城。之后，对73公里处的滑坡采取专人把守、人工拓宽的方法，保证各种车辆顺利通过。

6月底，南峪滑坡趋于稳定，悬崖飞石渐渐稀少，省交通厅根据省政府的指示，要求在7月15日前打通便道。甘南公路总段立即在现场商定抢修方案，设计便道长度1.99公里。鉴于民工建勤组织较涣散、工效低的实际，决定雇用民工队。7月4日，便道工程开工，雇用民工队15个、计1000余人，调用装载机1台、推土机2台、汽车2辆。施工期间，工兵部队正在拓宽河道，每日投放4吨至5吨炸药的大炮两次，对便道施工带来很大影响，每次放炮都要将施工队伍撤至施工区2公里外。炎炎烈日下，便道施工队伍每天坚持施工10小时以上，到7月13日下午13时，提前两天完成了任务。舟曲公路管理段当年被交通部评为全国抢险救灾先进集体。

1996年3月15日下午14时许，永靖县焦家村附近的山体发生大面积滑坡，造成309国道宜兰公路2299公里处3户农民房屋和125米路段被埋，交通中断。灾情发生后，刘家峡公路管理段根据省交通厅制定的抢修方案，组织抢险突击队，进驻滑坡现场施工。历时14天，清除塌方3100多立方米，恢复了交通。

江天公路稍子坡塌方路段抢修场景

2001年9月6日上午10时，国道109线1773公里处红古境内发生严重塌方，长达50米的路面被堵塞，交通中断。接到灾情后，红古公路管理段立即组织20名职工和两台装载机冒雨连夜清理，至次日凌晨3时清开一条便道。之后经过22小时的连续奋战，全面恢复了交通。

　　2002年2月9日，牛北公路伯阳段史家窝隧道两侧283.9公里处石体突然大面积坍塌，宝鸡至天水间交通中断。巨大的石体塌方长70米，宽20米，高8米，总石方量1.1万立方米，急需开炸移动的石方量3000立方米。塌方发生后，省交通厅工程处派专人到现场组织抢修，天水市交通局和北道区政府多方协调，联系抢修设备。天水公路总段调集装载机、挖掘机、空压机、风钻和工程车13台（辆），动员80名职工于当天下午赶到塌方地区展开抢修。经过30多个小时的清石施工，便道于10日晚22时恢复通行。到4月底，塌方体全部清除。

　　2002年6月27日，天巉公路17.1公里处发生山体滑坡，山体下滑高度约50米，东西长60米，滑坡造成交通中断5小时，经过天巉公路项目办组织抢修，当日上午恢复交通。天巉公路通车后，塌方不断，仅2003年全线共发生塌方390处，其中完全中断交通的塌方174处，累计阻车时间865小时，造成经济损失达1707万元。2004年2月、2007年和2008年5月份先后在北道史家窝路段、通渭碧玉路段和秦安王铺路段的塌方阻车都在四五天，损失严重。管理单位均在第一时间赶赴现场实施救援，恢复了交通。

　　2004年1月13日，正值春运期间，国道312线会宁太平乡境1967公里加800米处突然大面积山体滑坡，滑坡量达32万立方米，一段长110米的公路连同3台车辆一同滑入40多米深的深沟，庆幸的是满载乘客的一辆依维柯车、一辆桑塔纳轿车和一辆双排座货车随着下滑的山体、路基而下，车辆人员安全无恙。灾情发生不久，又伴随着一次高强度地震，乘客生命受到严重威胁。紧急时刻，白银公路总段抢险队赶到现场，首先抢救乘客，设立禁止通行标志。下午4时，由40多人组成的抢险队和6台装载机开始抢修便道，被困的3台车很快被拖了上来，22时便道打通。14日下午便道通车。

　　2008年1月—2月，受全国大范围持续低温雨雪天气的影响。全省部分地区出现严重的冰雪灾害天气，交通严重受阻，一大批车辆滞留在路上。交通系统各单位树立全省一盘棋、部门齐联动的思想，主动应战，协调配合，全力投入到抗灾保通工作当中。公路养护部门以雪为令，不畏严寒，组织一万多名职工上路清雪除冰、撒盐撒砂。省公路局下拨 100 万元的抢险救灾专项资金，各养护单位自筹资金 2480 万元，购置清雪除冰设备材料，积极开展公路清障、保畅、应急救援工作，有效改善了公路行车条件。路政管理人员全部上路巡查，积极协助公安交警部门疏导交通，及时解决了公路拥堵状况。运政人员驻站进场，全面加强市场监控，保持了良好的运输秩序。各收费管理机构组织 1000 多名收费人员，积极为受阻车辆的司乘人员提供路况信息和免费的食品、药品、御寒衣被，保证了受困人员不饿、不渴、不冻。加强"绿色通道"建设，对整车合法装载鲜活农产品的运输车辆一律免收车辆通行费。开通"电煤运输快速通道"，保证了煤、电、油等重点物资运输畅通无阻。应对冰雪灾害期间，全省公路做到了路通、车通、信息通，取得了应对冰雪天气、确保春运安全生产的重大胜利。

武威"5·5"沙暴灾害抢险

1993 年 5 月 5 日下午 5 时，一场百年不遇的沙尘暴突袭武威地区。当时最大风力 10 级，最大风速每秒 28 米，持续时间两小时，能见度为零。隆隆雷鸣，狂风所过之处，吹折树木，掀翻民房，摧毁农田，毁坏公路，吹走人畜，景象恐怖。无情的灾害使当地人民生命财产蒙受了巨大损失，因灾遇难 43 人，受伤 213 人，死伤和丢失各类牲畜 4.57 万头，倒塌和火烧房屋 200 间。农作物、林果业和供电设施毁坏严重，造成直接经济损失 1.36 亿元。公路交通设施也遭受严重破坏，在 12 条 456 公里县乡公路中，民西、民昌、南湖公路中断，黄沙侵害面积 18.2 万平方米，部分涵洞淤塞，边沟淤塞 44.8 公里，吹走路面砂 3000 立方米，民东公路道班房玻璃无一完整。国道 312 线、省道民仙、海古公路受灾严重，毁坏行道树 250 棵，被风沙压埋、损失的路基、路面、边沟 117 公里，毁坏标志牌 25 块，围墙 26 米，防护墙 4 处。全区公路直接经济损失 70 万元。

灾害发生后，武威地区经委和武威公路总段立即组织人力边察看灾情，边指挥抢险。总段组织的 23 个道班工人自力更生修复了被毁设施，疏通了边沟。受灾严重的海古公路道工在沙暴略有减弱的情况下就立即上路指挥交通，灾后总段组织 130 名干部职工，16 台机械，用一个月时间清理流沙 1.8 万立方米。各县、市经委也紧急动员，调动推土机 5 台，机关人员、养路道工全员上路清理沙害，仅用 15 天时间恢复了主要受灾公路交通。共清理路面沙 5000 立方米。民勤县地处巴丹吉林沙漠腹地，公路受害面积达 15

万平方米，通往金昌市的民西、民昌公路全部中断，其中民昌公路上的沙丘高达5米。为了不影响省"八五"重点项目物资运输，民勤县经委紧急抽调受灾轻的道工20人，雇用民工20多人，租用拖拉机2台，投入资金6.2万元，人工压砂60万平方米，堆砂3.2万立方米，清理边沟8.8公里，仅用10天就恢复了交通。

武威"5·5"沙暴袭击，公路损失虽不及其他灾害，但其突发性和受害面积集中的特点引起公路管养部门的重视，这次成功的抢险救灾活动为今后应对此类突发事件提供了经验和借鉴。

抗震救灾保通畅

甘肃是地震多发区，历史上曾经历过几次灾难性地震。1949年以后，虽无高强度地震，但小规模的地震也发生过数次。每次地震都给当地人民生命财产造成了不同程度的损失，面对灾情，全省交通系统广大干部职工充分发挥"先行官"的作用，抢修公路，恢复交通，保证了救灾物资的运输和灾后恢复重建。

1996年6月11日20时49分，天祝县发生里氏5.4级中强度破坏性地震，天祝、古浪县17个乡镇遭受不同程度的破坏。6月3日又普降暴雨，余震不断，灾情进一步扩大。公路受损主要集中在金代、十条、炭天等10条公路。灾情发生后，按照省交通厅"先通后畅"的原则，制定了抢险方案，天祝、古浪两县公路部门职工积极投入抗震救灾活动中，并得到沿线广大群众的支持，短期内恢复了交通，确保救灾车辆运行顺畅。

2003年11月13日零时35分，临潭、卓尼两县境内发生了里氏5.2级地震，造成10条公路和部分桥梁、涵洞等构造物发生塌方、滑坡、断裂、下沉，共造成损失179.42万元。地震发生后，州交通局立即派人赶往灾区，指导县交通部门组织人力对影响交通的大面积滑坡、塌方路段进行了抢修。2004年9月7日，临潭县境内又发生里氏5.0级地震，致使县乡村道路受损严重。陈店、岷洮、东新公路累计塌方92处4.5万立方米，受损较重的乡村道计16条，共48.46公里，直接经济损失1437.5万元。地震发生后，州、县交通部门立即启动应急预案，在县抗震救灾指挥部的指导下，组织大量民工、租用机械进行抢修。至9月10日，县道091线岷县至洮砚桥公路马家浪段和陈旗至陈庄、立新、马旗3个重灾村农机道路打通，确保了省、州、县灾情检查车辆的通行和救灾物资的及时运送、发放。

2008年5月12日，四川汶川特大

地震波及到甘肃省10个市、州的70个县市区，对陇南、甘南、天水、平凉等市、州的交通基础设施造成严重损毁，全省有1条国道主干线、7条国道、26条省道、28条县道（专道）严重受损，有104条乡道、1251条村道交通中断，共造成经济损失76.36亿元。灾情发生后，省交通厅将打通生命线、确保运输畅通作为抗震救灾工作的首要任务，立即启动应急预案，迅速动员和组织全省交通系统的干部职工投入抗震抢险救灾一线，全力协助抢救受灾群众生命，不到26小时抢通了受阻的国道主干线，96小时抢通了所有的国省干线公路，240小时抢通了所有的农村公路，使抢险救灾队伍和救灾物资及时运送到武都、文县等重灾区，为抗震抢险救灾工作提供了有力的交通运输保障。受损公路抢通以后，省交通厅按照"逐点排查、分类治理"的原则，组织了15支370人的抢险保通突击队、机械设备209台，分段、定点、划片保通，明确责任，落实措施，严防死守。一方面清理塌方、滑坡和落石，一方面加强对重点路段和危险路段的监测监控，保证了救灾生命线的畅通。同时，确立"内保陇南、外援四川"的公路抢险救灾方针，组织三支抢险救援队近百人，配备机械30余台，赶赴四川支援抢险救灾工作，率先打通了国道213线松潘至茂县的公路通道，为保证济南军区红军师进入茂县抢险救灾提供了有力的交通保障。担负了国道273线叠溪至石大关、飞虹桥至茂县等公路的保通任务，积极开展了公路设施的恢复工作。参加了支援四川的抗震救灾工作，派遣20辆大型客车分别从合作和武都前往四川九寨沟转运受困旅客，共转运300余人。派遣40辆客车，装载5吨面粉和大米，赴马尔康执行救灾任务。救灾物资送达后，立即转赴汶川，顺利转移1000多名受灾人员，组织400多辆货车，积极向灾区拉运救灾物资，为全国抗震救灾大局做出了积极贡献。抗震救灾期间，全省交通系统组织抢险救援人员1.46万人次，投入机械设

省交通厅抗震救灾抢险队在碧口路段抢修公路

备1.8万台次，抢通公路1.91万公里。全省收费公路从5月13日起，开辟抗震救灾专用通道，共为197.71万辆抢险救灾车辆减免通行费1.95亿元。在抗震救灾全面转入灾后恢复重建后，针对大批救援物资、人员进入灾区的运输需要，专门开辟了3条公路运输大通道，同时储备客货救灾运力1.27万辆、设置维修救援站点46个。及时组织力量开展交通设施损失调查、核实工作。按照科学规划、突出重点、兼顾一般、有序推进、分步实施、质量效益并重的原则，及早开展交通重建规划方案的编制工作。多次向交通运输部汇报交通设施受灾情况和灾后重建计划，积极争取灾后重建资金支持。到10月，《甘肃交通设施灾后恢复重建规划方案》编制上报并开始实施。省交通厅专门成立了地震灾后恢复保通工程领导小组，初步在陇南、甘南等地确定了13个项目1188公里的灾后恢复重建项目，其中5个项目于2008年开始实施。

全省交通系统在抗震救灾工作中做出的突出贡献，得到了党中央、国务院、甘肃省委、省政府和交通运输部的充分肯定。2008年10月9

省交通厅抗震救灾抢险队奔赴灾区

日，中共中央、国务院、中央军委在北京人民大会堂隆重召开全国抗震救灾总结表彰大会，甘肃省交通厅被授予"全国抗震救灾英雄集体"荣誉称号，甘南州道路运输管理局局长石华雄被授予"全国抗震救灾英雄模范"荣誉称号。甘肃省公路局赵彦龙、陇南公路总段殷金峰被人力资源和社会保障部、交通运输部授予全国交通运输系统抗震救灾英雄，文县公路段被授予英雄集体；庆阳公路总段庆城公路段徐建明、陇南公路总段碧口公路段申明义被中华全国总工会授予全国"五一"劳动奖章；甘肃路桥建设集团抢险队、甘肃省公路运输管理局救援队、甘南公路总段工程处、天水公路总段、陇南公路总段文县公路段石洞滩养管站被中华全国总工会授予全国"工人先锋号"，甘肃省公路运输管理局被授予全国"五一"劳动奖状。省公路局党委和6名个人受到了省委的表彰，省交通厅、省公路局和11名个人受到了交通运输部的表彰，还有5个基层党组织和4名个人受到省直机关工委的表彰。

奥运火炬传递交通保障

2008年7月初，奥运火炬在甘肃省境内传递，省交通厅及早着手，成立了奥运火炬传递甘肃省公路交通转场协调领导小组，加强与公安、体育部门的沟通联系，全力以赴做好火炬传递的交通保障服务工作。安排专项资金对火炬传递预计经过路段进行养护维修。积极开展路面翻浆处治、防护设施的修复、交通安全设施的完善工作，并在危险路段、视距不良路段设置告示牌、示警桩、钢筋防撞墙、避险车道等，进一步改善公路安全行车条件。路政部门加大执法力度，拆除公路沿线违章建筑，集中整治路容路貌。配合商务部门积极开展退市还路工程，确保了路面整洁，路况完好。省高等级公路运营管理部门筹措资金1900多万元，对高等级公路14个服务区的23个厕所和其他附属设施进行全面改造和完善，全部工程于6月底完工并交付使用。各收费处所积极营造良好的火炬传递氛围，在瓜州、嘉峪关、兰州等火炬传递通过的收费站点制作安装了大型宣传牌和"北京奥运会火炬传递专用通道"指示牌，对持有奥运火炬传递专门通行证的转场车辆按照现有"绿色通道"政策予以免费通行，确保了奥运火炬传递车辆顺利通过收费站点。为了确保火炬传递万无一失，由省高等级公路管理部门牵头组建500人的奥运火炬传递应急保障队伍，积极应对和处置奥运火炬传递中有可能发生的各类突发事件。加强黄河兰州段的水运市场整顿和海事执法工作，火炬在兰州传递期间，"甘海巡100号"配合火炬传递，营造了良好的黄河风情线文化氛围。为了支持北京奥运期间的运力调配，甘肃省交通厅选派49名技术过硬、素质较高的驾驶员，组织40辆性能良好的奥运交通服务保障车，到北京执行服务保障任务，圆满完成了奥运服务保障任务。

精神文明建设硕果累累

从20世纪80年代初开始，为适应改革开放的需要，树立行业形象，全省交通系统逐步开展了一系列精神文明创建活动并收到实效。

1982年，省交通厅部署全省交通系统各单位，搞好第一个全民文明礼貌月活动，重点解决脏、乱、差的问题。参加文明礼貌月各种活动的人数达1万多人，共清除垃圾5 556吨，回收废钢铁115吨，洗刷门窗和墙壁5.32万余平方米，擦洗机具设备4 872台，做好人好事1 260余件。

1983年，全省交通系统的广大职工积极开展了群众性的读书活动，截至1984年7月，据34个单位的不完全统计，已组织各种类型的职工读书小组814个，参加读书活动的职工达8 761人，占职工总数的22.3%；出现了一批读书活动先进单位和积极分子，形成了群众性的读书求知热潮。

酒泉公路总段在干部中开展"假如我是一个驾驶员，假如我是一个养路工"活动，教育干部面向基层，面向生产，为第一线工人服务，为公路养护生产服务。张掖公路总段开展了"我为改革献一计，我为提高路况立一功，我为文明建设做一事"的"三个一"活动。

1986年3月，省交通厅成立"双文明"竞赛委员会，日常工作由厅工会负责组织实施。1987年初，省交通厅要求全省交通系统各单位，进一步加强精神文明建设和思想政治工作，深入开展创建文明单位活动。全省交通系统各单位的文明创建效果显著，1982年，甘肃省酒泉汽车修理厂、康乐交通监理站被省人民政府表彰为"双文明建设先进单位"；省交通厅养路费征稽处在1987年和1988年连续两年被交通部表彰为"双文明先进单位"；1989年，甘肃省酒泉公路总段被省委、省人民政府表彰为"双文明模范单位"；甘肃省天水汽车运输在1989年、1990年连续两年被省委、省人民政府和交通部评选为"双文明模范单位先进集体"；1990年，兰州汽车站、西峰汽车站被交通部表彰为"文明汽车站"。

1990年到1993年，省交通系统广泛深入地开展了"学雷锋、学严力宾，奉献在岗位"的活动，组织职工开展摄影书画展、歌咏比赛、文艺演出，开展纪念毛泽东同志诞辰一百周年活动，缅怀老一辈无产阶级革命家，进行爱国主义、集体主义、社会主义的思想教育。期间涌现出了一大批先进单位和模范人物，全省交通系统共评出两个文明建设先进单位13个，先进集体41个，先进个人100人。白银公路总段、柳园运管站和甄华亭、许晓安、叶佩华、徐步文、赵荣广等还被评为交通部双文明建设先进单位和个人。

1991年，省交通厅下发《关于进一步深入开展纠正行业不正之风和治理"三乱"工作的安排意见》，在全省交通系统开展了纠风工作取得了明显效果。省运输管理局制定了阶段性目标和措施，向全省运管系统提出了八点要求，为杜绝运管系统主要存在的利用发证收费、审批线路、维修企业开照审批等搞吃、拿、卡、要、乱收、乱扣、乱罚现象，"纠风"工作一开始，运管局向全省公路运输管理系统提出了"三查三定"即：查行业不正之风的表现，查行业管理的漏洞，查行业不正之风的问题；定纠正行业不正之风的措施，定端正行业风气的目标，定廉政建设制度。通过"纠风"和"治乱"，全省运管系统完善了各项制度，设立了举报电话、举报箱，聘请了社会义务监督员，发出征求意见书500份，强化了监督机制，自身建设有明显变化。

为了认真贯彻交通部大连会议精神，适应甘肃省经济改革开放的形势，省交通厅提出了"搞好河西一条线，建成我省窗口公路"的目标。从1991年10月开始，在河西国道312线上开展了旧路改造和实施GBM工程工作。河西窗口路建设的成功，为甘肃西部经济发展打下了良好的基础。

各单位还继续开展了段队创建"模范职工之家"，道班创建"先进职工小家"的活动。张掖总段小寨子道班被中华全国总工会授予"全国模范职工小家"的称号，还有一批道班被省总工会、地（市）总工会授予先进"职工小家"的称号。全省养路道班职工生活条件大大改善，大部分告别了土坯房，建起了楼房或砖木结构的房屋，宿舍内床褥被单、桌椅板凳、衣橱一应俱全，会议室有电视、影碟、图书，院内有小花园，有条件的道班还辟有菜地。

1992年全省征稽系统开展了"廉洁奉公好党员"的争创活动，对涌现出的16名先进个人给予了表彰奖励，各位先进模范拒收贿款贿物，严格执法的模范事迹树立了良好的形象，据不完全统计，全体征稽人员一年共拒贿115人次，拒收贿款1.65万元、拒吃请188人次，所、站收到廉政表扬锦旗7个，为征稽工作树立了榜样，作了表率。

1993年在交通系统广泛开展了"双文明"建设和"两学一树"活动。各单位组织职工认真学习邓小

20世纪50年代养路职工生活过的道班

平建设有中国特色的社会主义理论，加深了对两个文明建设之间的辩证关系的理解。大多数单位和部门提出了"两个建设一起上"、"两个任务一起下"、"两个成果一起要"的要求和标准。公路部门提出"闪光在岗位"，"路兴我荣，路衰我耻"的口号；运管部门开展了以"安全运输，优质服务"为内容的文明车辆评估和优质服务竞赛活动；征稽部门开展"优质征稽服务竞赛"、"优质征稽服务年"等活动，使职工们"远学有榜样，近学有目标"。促进了交通行业风气的进一步好转。

周恩来总理赠给十工道班的东方红75型推土机

公路运输市场放开以后，公路"三乱"（乱设卡、乱收费、乱罚款）时有发生，影响了交通部门的正常管理工作，更重要的是严重污染了运输环境，阻碍了运输市场的正常发育。1993年10月，省交厅按省委、省政府的要求和交通部门指示精神，重点对全省交通行业行政事业性收费进行了自上而下和自下而上的清理。取消了1991年省政府审定同意保留了特种车辆报停费和由各地物价部门批准自今年第二季度以来陆续开征的养路费缴讫塑封费，改为无偿项目，经检查，交通部门"三乱"现象虽少，但影响甚大，这次检查活动，涉及面广，社会反响强烈，基本达到了交通部要求在年底以前使公路"三乱"扼制有成效、公路路风有好转的预期效果，从而促进了公路运输业的健康发展。

省公路局和省交警总队根据《关于开展警民共建文明路活动的决定》，成立了由交警、公路管理部门联合组成的警民共建文明路领导小组，认真开展专项治理，对违章建筑、摆摊设点、乱堆乱放、打场晒粮等违章行为进行综合治理，改善了路容路貌。

1994年，全系统广泛宣传、学习包起帆、"华铜海"轮精神，积极发现、培养新一代劳模，先进工作者等英模人物，推进两个文明建设。省交通厅党组年初部署各单位积极响应，使这一活动在全省交通职工中造成声势，形成热潮。7月初，包起帆来甘肃省作报告，把这场学习活动推向了高潮。厅公路局、运管局等单位开展了学习包起帆演讲活动。经过开展丰富多彩的学习活动，广大交通职工的精神风貌进一步改观，整体素质进一步提高。全省评选出的"十佳道工"、"十佳道班"、"双十佳"的事迹赢得了社会各界的赞誉，也受到省委领导的表扬。"八五"期间，酒泉、金昌、张掖、定西、平凉和天水公路总段被交通部授予全国交通系统"先进单位"，并有一批优秀职工获得了省、部级"劳动模范"及先进工作者称号，为全省公路系统争得了荣誉。

在加强文明建设的过程中，省交通厅重视优良传统教育。1994年，酒泉公路总段为弘扬安西十工道班精神建立了全国首家"公路陈列馆"，开辟了优良传统教育的崭新渠道。陈列馆藏有周恩来总理赠送的推土机及不同时期养路工人使用的生产、生活用具实物210多台（件），图片资料共72幅（本）。安西（瓜州）公路段十工道班成立于20世纪50年代末，养护安西至敦煌公路39公里，有职工16人。三年困难时期，为渡过难关，道班工人在班长张富贵的带领下，开荒种地，到1970年，道班已有耕地270亩，年收获粮食4万余斤，同时还饲养了鸡、猪、牛、羊等家禽、家畜，取得了养路种地双丰收。1971年在北京召开的全国工交会议上，张富贵作为全国交通战线先进集体代表，应邀参加了会议，受到周恩来总理、李先念副总理的亲切接见，并与之交谈。当了解了十工道班的工作情况后，周恩来被养路公人靠洋镐、铁锨发展生产的自力更生、艰苦奋斗精神所感动，亲自安排为十工道班赠送了一台东方红75型推土机。三十多年过去了，安敦公路已铺筑了油路，养路工人生产、生活条件也发生了巨大变化。如何看待过去，认识现在，面对未来，成为酒泉公路总段经常思考的问题。1993年初，在省交通厅的支持下，总段做出了修建公路陈列馆的决定。同年7月开始筹建，1994年1月11日，在纪念周恩来总理逝世十八周年的日子里，酒泉公路陈列馆在十工道班开馆。建馆十多年来，参观人数已逾两万。1996年，陈列馆被中共酒泉地委列为全区爱国主义教育基地之一。

文明样板路建设是交通系统文明创建的重要举措。1994年12月全省首条文明样板路国道109线白银市境内198.64公里，通过验收。这条样板路的建成对全省公路建设和"三乱"治理有示范作用。

1995年修订《甘肃文明样板路实施细则》。同时省上成立了省治理公路"三乱"办公室，并在全省范围开展自查自纠工作后进行了检查，通过明查暗访和督查落实、防止了公路"三乱"的反复，巩固了治理成果。并把国道312线张掖至酒泉的221公里确定为省级文明样板路，年底建成。各地、州、市也按照省上要求，共建成文明样板路943公里。到1996年底，文明样板路达到2 382公里，带动了整个行业的精神文明建设。

1997年1月7日，省交通厅党组决定成立省交通厅精神文明建设指导委员会。从此，全省交通系统精神文明建设工作成为一项日常化的工作，常抓不懈。到2000年底，全省交通系统共建成国家级文明单位2个，省级文明单位（行业）23个，省级"青年文明号"15个，部级文明样板公路1 276公里、省级文明样板公路9条1 123公里。

"十五"以来，全省交通行业认真开展了"三学四建一创"活动。"三学"，即学习包起帆、华铜海轮、青岛港等先进典型；"四建"，即建设"交通基础设施优质廉政工程"、"交通行政执法素质形象工程"、"交通运输通道文明畅通工程"、"交通运输企业安全效益工程"；"一创"，即创建文明交通行业。全行业坚持"两手抓，两手都要硬"的方针，大力加强精神文明建设，坚持开展职工思想道德教育，不断深化"三学四建一创"活动的形式和内容，为全省交通事业的持续快速健康发展提供了坚强有力的思想保证、精神动力和智力支持。"十五"期间，全省交通行业共创建国家级文明单位4个，省部级文明行业、文明单位19个，全国交通系统创建文明行业先进单位5个、先进集体8个、文明示范窗口3个；创建全省文明诚信示范行业、示范单位5个，全国青年文明号8个，并创建成一大批市、州、厅级和县区文明行业、文明单位，同时涌现出了全国及省部级劳动模范、先进工作者、"五一"劳动奖章获得者、职工创新能手、青年岗位能手等一大批省部级以上先进个人。

2006年10月，省交通厅召开了全省交通行业精神文明建设工作会议，安排部署了"十一五"期间全省交通行业精神文明建设工作。会议讨论通过了"十一五"期间全

省交通行业精神文明建设工作安排意见和关于加强交通文化建设的意见，修订了全省交通行业文明行业、文明单位创建管理办法，制定了全省交通行业文明示范窗口管理办法，表彰了"十五"以来全省交通行业十佳文明单位和先进集体、十佳执法标兵、服务标兵和生产技术标兵。根据这次会议的安排部署，全行业以"学先进、树新风、创一流"活动为龙头，不断深化精神文明创建工作和交通文化建设，深入开展了"迎奥运、讲文明、树新风"、"学刚毅、看行动"、"文明礼仪伴我行"等精神文明建没专项活动，进一步提升了全行业精神文明建设工作水平，文明创建工作也取得了可喜成绩。2003年以来省交通厅先后四次被省委、省政府表彰为社会治安综合治理工作先进单位，2006年被省委表彰为民族团结进步和双拥工作先进单位，2007年被省委评为全省思想政治工作先进集体，2008年初又被交通部表彰为全国文明交通行业。到2007年底，全省交通系统共建成国家级文明单位6个，省部级文明单位（文明行业）25个，市（州、厅）级文明单位114个，县（区）级文明单位122个。在省交通厅直属单位中，省、部级以上文明单位占到8.1%，市、厅级以上文明单位占到70.3%，县区级以上文明单位占到81.5%。另外全行业共建成国家级青年文明号12个，省级58个；3人获得全国劳动模范，54人获得省部级劳动模范；5个集体获得全国五一劳动奖状，7名个人获得全国五一劳动奖章。

甘肃交通系统广大干部职工在省交通厅党组的领导下，几十年如一日，自力更生，艰苦奋斗，"献了青春献子孙"，为改变甘肃交通落后面貌贡献了力量，得到党和各级人民政府的表彰奖励。据不完全统计，从1949年到2008年，全省交通系统仅荣获国家级表彰的先进个人有60多人次；荣获省部级表彰的先进个人有700人次左右；荣获厅级表彰的先进个人超过了2 000人次。他们是全体甘肃交通建设者的楷模。其中获得全国劳动模范、"五一"劳动奖章、先进个人的有：赫振中、张金榜、赵文秀、蔡峻岭、任其泰、周子彬、谭正苍、史天明、王玉松、邵文彬、李玉祥、张富贵、赵清、王玉兰、李志齐、吴彩霞、庹述芬、杨凤萍、郑茂兰、唐恩俊、都存录、马汝阳、彭永恒、吴玉凤、许晓安、马明继、王建东、尹华山、周莲英、李延平、吕亚琴、徐国玺、姚元生、尹华山、刘玉琴、郝银仓、徐广辉、郭丽生、张维国、李潭、陈宏斌、马玉芳、朱平、刘永忠、申明义、徐建明、王宝明、石华雄等。

通过持续不断地开展精神文明创

建活动，甘肃交通行业整体形象得到提升，职工素质大大提高，成为外界了解、认识甘肃的"窗口"。

"十一五"规划描绘蓝图

盛世修路，造福子孙。交通作为国家和民族文明程度的重要标志，肩负着民族复兴和构建和谐社会的历史重任。甘肃地处"座中联六"的战略位置，是亚欧大陆桥必经之地，发展公路交通，振兴丝绸之路，密切与中亚、西亚和欧洲的经贸往来，适应全球经济一体化已势在必行。今后甘肃公路交通建设任重道远，需作长期的努力，这样才能为甘肃全面建设小康社会做出积极贡献。

针对目前甘肃交通建设存在的问题和困难，甘肃省交通厅制定了《甘肃省公路水路交通"十一五"规划》和2020年远景蓝图，届时，甘肃公路交通将以崭新的面貌呈现在世人面前。

"十一五"期间，甘肃交通建设将以加快发展为主题，以项目建设为重点，以结构调整为主线，以深化改革为动力，以行业文明和队伍建设为保障，全力推进交通又好又快发展。深入实施交通建设"挺进西部、突破中部、会战东部"战略和道路运输"提速中部、东联西拓"战略，"抓两头，带中间"，即抓高速公路和农村公路建设，带动干线路网改造，同时提高公路养护水平和运输服务水平，逐步形成便捷、畅通、高效、安全的公路交通运输体系，使交通运输更好地适应经济社会全面协调可持续发展和广大群众出行的需求。

根据甘肃省2010年"超越小康水平"的目标和交通部关于本世纪头20年交通发展的主要目标，力争2010年甘肃交通建设取得突破性进展，交通条件发生明显变化，对甘肃国民经济发展的制约状况得到全面改善，并为2020年全面建成小康社会打好基础，为构建人与自然、社会和谐统一的、资源节约的循环型社会探索新路，为建立比较成熟的市场经济体制组织攻坚，最终为我省全面实现现代化发展提供可靠的交通保障。

高速公路连市州

依据2007年4月省政府批准的《甘肃省高速公路网规划》的基本思路和总体目标，"十一五"期间，公路网建设重点实施"一二三"工程，即：

形成"一圈一线"：即兰州1小时交通圈和天(水)嘉(峪关)千公里高

速运输线。配合甘肃省全面建设小康社会第一阶段推进西陇海——兰新经济带甘肃段建设和兰州、白银核心经济区建设，形成以兰州为中心，百公里为半径，辐射白银、永登、临夏、临洮、定西、榆中等地的1小时交通圈；建设横贯全省经济增长带的天嘉千公里高速运输线。

建设"二纵二横二重"：即省域路网"四纵四横四个重要路段"主骨架公路剩余的"两纵两横两重"。

实现"三高三通"：即国道主干线甘肃段以高速公路贯通，西部通道甘肃段以高等级公路贯通，省会与各市、州以高速公路连通（甘南、陇南"十二五"实现）；出省通道畅通，县乡公路"畅通"，乡村道路"通达"。

到"十一五"末，甘肃东出口（牛背、凤翔路口）、西出口（海石湾、星星峡）和北出口（刘寨柯）实现高速化，南出口（罐子沟、郎木寺）实现局部高速化或高等级化：省城路网主骨架剩余的"两纵两横两个重要路段"基本以二级及二级以上标准建成。干线公路网建设总规模达3 661公里，其中续建1 249公里（高速639公里，一级12公里，二级565公里，三级33公里）；新开工建设2412公里（高速1241公里，一级46公里，二级560公里，三级565公里）。"十一五"末建成3041公里（高速1495公里，一级58公里，二级890公里，三级598公里），其余转"十二五"续建。

农村公路继续完善"通达工程"，实施"畅通工程"，实现全省县、乡道达四级及以上等级公路，所有具备条件的乡镇和50%的行政村建沥青（水泥）路。全省农村公路新增里程3万公里，铺筑沥青（水泥）路4.97万公里，其中县道8 282公里、乡道1.12万公里、村道3万公里。

"十一五"期间建成的高速公路主要有：2006年已建成连霍高速武威过境段韩（佐）青（林）公路45公里、清（水）嘉（峪关）公路96公里；2007年完成连霍高速嘉（峪关）安（西）公路235公里；2010年完成国道312线徐（家磨）古（浪）公路146公里；2009年建成国道310线宝天公路牛背至甘泉段91公里（已开工），天定公路202公里（已开工）、陇渭连接线（天定公路与临罐公路）39公里和国道312线安星公路154公里。

2010年将建成西部开发省际公路项目将建成沿川子至长庆桥高速公路126公里，康家崖至临夏高速公路70公里，敦煌至当金山口二级公路117公里。其他干线公路项目完成西峰至长庆桥高速公路61公路，司家桥至定西高速公路132公里（已开工），武都至罐子沟高速公路133公里（2011年竣工），临洮至岷县高速公路156公里，营盘水至武威高速公路165公里，金昌至永昌高速公路46公里。

城乡运输一体化

围绕"四主九辅"运输主枢纽和农村客运网络体系建设，着重实施"五个一"工程，即：100个公用型客货集散中心，与现有客货运站展开竞争合作，建立统一开放、竞争有序的运输市场；建成1 000个乡镇车站，1万个行政村站，完善农村客运网络，为农民出行和增加收入服务，实现城乡客运一体化；形成省、市、县三级1 000个信息终端为基础的道路信息网络，提高道路运输市场的运营与监管能力；调动社会资金更新1万辆中高级客货运输车辆，提升专业运输装备能力。力争到2010年，基本形成以"四主九辅"公路运输枢纽为龙头，以区域运输枢纽站场为骨干，以遍布全省的农村客运站点为基础，与公路发展相协调，布局合理，功能完善的社会化、网络化、智能化的站场服务体系，对甘肃国民经济发展的制约状况得到全面改善。

"十一五"期间，建设规模为11个国家级公路运输主枢纽项目25个，9个省级公路运输枢纽项目25个，四个区域公路运输枢纽站场项目50个（提速中部项目10个、东部联网项目24个、西部拓网项目16个），乡镇汽车站1 000个、行政村停靠站1万个。

水运建设，力争到2010年，建设V级航道3段141公里（黄河兰州段上下延伸50公里，盐锅峡库区31公里，白银龙湾至五佛段60公里），建设港口泊位30个（临夏港20个、白银港10个）和滩航电结合枢纽工程（洮河）。

上述运输枢纽站场项目中，"四主九辅"为建设重点，其中兰州、酒嘉、张掖、天水4个国家级公路主枢纽总建筑面积40.87万平方米；白银、定西、金昌、武威、平凉、庆阳、陇南、临夏、甘肃9个省级公路枢纽总建筑面积25.26万平方米；区域公路枢纽项目分布在50个县区，总建筑面积25万平方米；农村客运站建设均为五级，总建筑面积75万平方米。水上项目除白银港外，其他均已开工。

甘肃交通建设在"十一五"期间将投入资金702.6亿元，其中交通基础设施建设投资693.8亿元，交通保障系统投资8.8亿元。在交通基础设施建设投资中，公路项目664.3亿元（国家高速公路148亿元）；公路主枢纽及站场项目26.7亿元；水运项目2.7亿元。这些资金均通过交通部、国债、自筹、贷款等途径解决。鉴于"十五"期间银行贷款占总投资的53%，贷款余额超过300亿元，还贷压力大的实际，《规划》提出了国家、省上加大交通建设投资力度、出台优惠政策，争取国内外金融组织贷款、扩大招商引资，吸引社会投资，发挥地方政府和群众积极性,加强交通规费征收,加大产业开发和优化设计,降低工程成本等措施。同时提出了加强项目前期工作、坚持科学发展观、建养管并重和科技兴交、人才强交等思路。

规划实现后的交通状况

甘肃公路交通经过"十一五"的发展,将于2011年进入更高级阶段,到2020年,全省将建成以高速公路为骨架,以高等级公路为主体的干线公路网和以沥青(水泥)路面为主体的农村公路网;建立比较完善的快速客货运输网络与便利的农村客货运输网络,形成现代公路交通市场体系,交通安全水平显著提高,能耗大幅度降低,可持续发展能力显著增强。高速公路里程达4 000公里以上,14个市、州政府驻地以高速公路连通,重要出口路高速化,所有县、市以高等级公路连接,二级及二级以上公路约占总里程的25%,高级、次高级路面里程约占总里程的60%。农村公路实施网化工程,重要县道达二级以上,重要乡道达三级以上,实现村村通沥青(水泥)路和通班车,为农村全面建设小康社会提供交通保障。

枢纽站场体系及农村客运网络全面建成,继续进行提高站场设施科技含量、信息化水平和综合服务能力工作,形成布局合理、功能齐全的社会化、网络化、智能化的站场服务体系。

进一步完成黄河适航河段和库区航道,码头建设和航运开发,等级航道里程达到682公里,进一步开发水路运输的潜力,使水路交通中长距离运输优势得到发挥,水路保障系统基本适应水路交通发展的需要。

交通基础设施的大规模建设和不断完善,势必带动民用汽车迅猛增加。到2010年,全省民用汽车拥有量将达到42.08万辆,2020年猛增到150万辆,年增长速度约8%;公路客运量2010年达到2.25亿人次,2020年达到3.83亿人次,货运量将分别达到2.86亿吨和4.50亿吨,客运量和货运量年增长6.1%和4.64%。水路客运量2010年将达到273万人次,2020年达到403万人次,货运量分别达到60万吨和98万吨,客运量和货运量年分别增长3.49%和4.87%。

国道、省道干线公路网交通流量2010年将分别达到8400辆和4600辆,到2020年将猛增到2.1万辆和1.18万辆(2005年为5100辆和2750辆),年增长速度分别达到9.89%和10.20%。

不难看出,甘肃交通事业在今后十五年将获得真正意义上的发展,交通落后面貌得到彻底改善,城乡间人员往来更加频繁,物资交流更加顺畅,过去那种道路坎坷不平、出行爬山涉水、肩挑背负的"行旅图"只能永远留在历史的记忆中,几千年来人们追求的"人便于行,货畅其流"的和谐交通的美好愿望将完全实现。

后　记

　　《甘肃行业史话丛书》是甘肃文化出版社策划出版的甘肃史话系列丛书之一。甘肃各个行业历史悠久，成就辉煌，每个行业发展的历史和现状，是省情的重要组成部分。甘肃文化出版社在成功出版了《甘肃市县史话丛书》的基础上，又不失时机地策划了《甘肃行业史话丛书》，旨在全面研究和介绍甘肃省情，总结甘肃各个行业的发展历史和成功经验，反映各个行业的重大历史事件和重要历史人物，真实记录各行业在新中国六十年里，特别是改革开放以来所取得的辉煌成就，以史为鉴，面向未来，弘扬甘肃精神和优秀行业文化，促进各行各业实现科学发展，构建和谐社会。该项目提出后，得到甘肃省新闻出版局的大力支持，将其列入甘肃省"十一五"重点图书出版规划项目，并上报甘肃省人民政府办公厅。2007年8月16日，甘肃省人民政府办公厅批准了甘肃省新闻出版局《关于立项出版甘肃行业史话系列丛书的报告》，同意组织出版甘肃行业史话丛书。

　　甘肃省人民政府副秘书长兼办公厅主任火荣贵同志，甘肃省新闻出版局局长张余胜同志，副局长管钰年、李玉政、袁爱华以及出版处处长罗和平等同志，对本丛书的立项和出版给予了高度重视和大力支持；甘肃省地方史志学会会长、甘肃史话丛书编委会副主任兼总主编张克复同志对丛书的编纂工作给予了科学指导，认真谋篇审稿和严格把关。甘肃文化出版社社长兼总编辑谢国西同志策划提出了这套丛书选题，并精心组织了丛书的出版工作；副总编辑车满宝同志也参与了这套丛书的策划和终审工作；徐晋林先生设计了独具特色的丛书封面和版式。正是这些同志的共同努力，使《甘肃行业史话丛书》得以顺利出版面世。

　　《甘肃交通史话》是《甘肃行业史话丛书》之一。2007年底，

经甘肃省交通厅研究，决定编纂《甘肃交通史话》一书。《甘肃交通史话》按照"详古略今"的原则，分类逐条编写，旨在弘扬悠久的甘肃交通文化，显示甘肃各族人民在交通建设和发展中发挥的聪明才智，凸显甘肃在东西方交流史上所处的战略地位，以及新中国成立以后交通系统广大干部职工为改变甘肃交通落后面貌所付出的心血和取得的巨大成就，唤起全社会关注交通事业、支持和参与交通建设的热情，推进甘肃交通事业又好又快发展，为促进全省经济社会发展和构建社会主义和谐社会提供有力的交通运输保障。

甘肃省交通厅对本书的编纂十分重视，专门成立了《甘肃交通史话》编写组，由杨咏中厅长任主编，辛平、杨映祥副厅长任副主编，由省交通厅办公室和省交通史志年鉴编写委员会编辑部具体负责编写工作。期间，厅领导专门抽出时间，组织相关部门负责人对《甘肃交通史话》目录进行了审议，对篇目设置和书稿撰写提出了具体意见和要求。经全体工作人员共同努力，于2008年7月完成了初稿。然后分送厅有关处室、厅属有关单位广泛征求了意见，对有关篇目特别是当代的内容进行了修改、补充和完善。2008年10月省交通厅主持召开了审稿会议，听取了有关专家的意见。会后对书稿作了进一步修改，统一了文风、体例，顺利完成了编写任务。全书共6大部分，96篇。

本书在搜集整理资料、编辑审稿过程中，得到了省交通厅办公室、规划处、人事处、交通战备办公室、机关党委、省交通工会、省公路网规划办、省公路局、省运管局、省交通征稽局、省水运局、省路政管理总队、省交通规划勘察设计院有限公司、中国交通报驻甘肃记者站、甘肃交通新闻信息中心、甘肃文化出版社等单位的大力支持和帮助。特别是甘肃省地方史志学会会长张克复先生，不仅亲自参与了本书的策划和指导工作，而且在协调、审稿等方面做了大量的工作，为本书的编纂倾注了心血；甘肃文化出版社谢国西社长亲自担任本书责任编辑，精心审稿。在此，谨向支持和帮助本书出版的单位和个人表示衷心的感谢！

甘肃行业史话丛书编委会
2008年10月

图书在版编目（CIP）数据

甘肃交通史话/杨咏中主编.—兰州：甘肃文化出版社，2008.12
（甘肃行业史话丛书）
ISBN 978-7-80714-639-1

Ⅰ.甘…　Ⅱ.杨…　Ⅲ.交通运输史–甘肃省　Ⅳ.F512.9

中国版本图书馆CIP数据核字（2008）第196188号

甘肃交通史话
主　编　杨咏中

责任编辑/谢国西
责任校对/周桂珍
装帧设计/徐晋林

出版发行/甘肃文化出版社
地　　址/兰州市城关区曹家巷1号
邮政编码/730030
电　　话/0931-8454870
网　　址/www.gswenhua.cn
经　　销/新华书店
印　　刷/兰州新华印刷厂
厂　　址/兰州市七里河区硷沟沿115号

开　本/787×1092毫米
字　数/509千
印　张/27.625
版　次/2008年12月第1版
印　次/2008年12月第1次
印　数/1–4 000册
书　号/ISBN 978-7-80714-639-1
定　价/62.00元

如发现印装错误，请与印刷厂联系调换